유럽연합(EU) 학술용어사전

"이 책은 2004년 한국학술진흥재단 사전편찬지원사업(B00015)에 의해 출간되었음."
본 책은 한글학회의 감수를 거쳐 출간되었습니다.

유럽연합(EU)학술용어사전

- 발행일 | 2007년 4월 17일 초판
- 기 획 | 높이깊이
- 저 자 | 한국유럽학회
  유럽연합(EU) 학술용어사전 편찬위원회
  김시홍·방청록·송병준·신상협
  이선필·이종원·채형복
- 편 집 | 편집부
- 표 지 | 조성준

- 발행처 | 높이깊이
- 발행인 | 김덕중
- 등록번호 | 제4-183호

- 주 소 | 서울 성동구 성수1가동 22-6
- 전 화 | (02)463-2023(대), 2024
- 팩 스 | (02)2285-6244
- E-mail | nopikipi@shinbiro.com
- 정 가 | 30,000원

- ISBN 978-89-7588-079-7 03320

| 서 문 |

고대 그리스의 철학자 헤로도투스의 말처럼 유럽은 항상 변한다. EU의 지도는 끊임없이 넓어지며(widening) 석탄철강공동체나 경제공동체로부터 단일시장이나 경제통화동맹으로 심화(deepening)되었으며, 이제 EU는 단일 대통령 등의 내용이 포함된 유럽헌법의 비준 마지막 단계에 와 있다.

사실 국내에는 유럽통합사전이 하나밖에 없다. 그것도 1993년에 윤현수 박사(현 한국상호저축은행 대표)의 단독 저술이었다. 90년대 이후 유럽연구 관련 학회가 수 없이 만들어지고 다수의 유능한 젊은 학자들이 유럽으로부터 귀국하였지만 유럽통합 사전에 대한 도전은 없었다. 이에 한국유럽학회를 중심으로 유럽연구에 뜻있는 학자들이 모여 본 사전작업에 착수하여 2년여 만에 출판의 결실을 보게 되었다.

전공을 달리하는 7인의 대학교수들이 공동작업을 하는 과정에서 학제 간 시각의 차이보다 더 큰 어려움은 유럽이 끊임없이 변화한다는 것이었다. 새로운 용어와 제도가 만들어지고 회원국이 증가해 왔다. 이렇게 바뀌는 것을 외국에 사는 외국인이 시시각각으로 따라가는 것은 불가능한 일이었다. 또한 우리나라 말로 옮기기 어려운 용어들도 있었으며, 끝으로 국내에서 달리 사용하고 있는 용어들의 통일 작업 또한 만만한 일이 아니었다. 그래서 때로는 원어를 사용하기도 하였으며, 또 복수의 한국어 용어를 병기하기도 하였다. 또한 영어를 원칙적으로 사용하였지만 가능한 한 다른 유럽어를 복수로 사용하여 독자들의 이해를 돕도록 하였다.

이제 유럽이 우리에게 다가오고 있다. 우리는 EU와 2007년부터 FTA 체결을 위한 협상을 할 예정이다. EU는 미국과 비슷한 경제대국이며 선진국 집단이지만 농업에 취약하며 상대적으로 덜 공격적인 통상정책을 보유하고 있으므로 미국보다는 용이한 협상타결이 기대된다. 그 이유 중의 하나는 우리가 이미 EFTA와 FTA를 가동하고 있다는 것이다.

세계 최대 무역블록이며 우리의 제2시장인 EU가 우리에게 머지않아 개방될 것이다. 이 개방된 시장을 잘 활용하기 위해서는 우리의 EU에 대한 정보와 지식이 전제되어야 한다. 이 작은 책이 이를 위하여 조금이라도 기여할 수 있게 되기를 소망한다.

본 유럽연합 학술용어사전은 학술진흥재단의 후원을 받아 2004년 8월부터 2006년 7월까지 2년여 간 연구를 진행한 결과물이다. 본 연구진은 연구책임자 이종원 교수(수원대학교), 김시홍 교수(한국외국어대학교), 신상협 교수(경희대학교), 채형복 교수(경북대학교), 방청록 교수(한동대학교), 이선필 박사(한국외국어대학교) 그리고 송병준 박사(서강대학교 국제지역연구소) 등 7명으로 구성되었다. 본 연구진은 보다 충실한 내용을 담기 위해 유럽학회의 후원을 받아 법학, 경제학, 정치학, 사학 그리고 사회학 등 다양한 학문 전공자로 구성되었다. 2년여 간의 집필기간 동안 유럽연합 회원국이 증가하고, 프랑스와 네덜란드에서 유럽헌법의 비준이 부결되는 등 주요한 사건이 있었다. 이에 따라 연구진은 집필과정에서 새롭게 바뀐 제도를 적극 반영하였다. 또한 영어권 국가 이외에도 프랑스, 독일, 이탈리아 등 여러 유럽국가에서 발간한 관련 사전을 참조하였으며, 유럽연합의 홈페이지와 많은 전공서적을 통해 보다 충실한 내용을 담도록 노력하였다. 사전의 내용은 어느 한 학문 분야에 치우치지 않고 균형된 시각으로 주요한 사안을 담았으며, 특히 유럽연합의 제도와 기구 및 정책에 대해서는 보다 자세한 설명을 담도록 노력하였다.

본 연구진은 유럽학회와 관련 전문가들의 의견을 취합하여 용어의 국역에 많은 노력을 기울였다. 사실상 유럽연합 관련 용어들은 국내에서 학자와 언론 등 전문 분야에 따라 다양하게 번역되어 쓰이고 있는 것이 현실이다. 학문발전을 위해 외국어의 한국어 표기는 무엇보다도 중요하다. 이 점에서 다양한 용어들을 기존 학계에서 널리 쓰이는 국역을 존중하여 표기하고, 이외에 한국어 표기가 없는 경우 새롭게 국문 용어를 만들었다. 다만 comitology와 같이 한국어 표기가 곤란한 경우는 그대로 한국어 발음으로 표기하였다.

　본 사전이 유럽연합 관련 용어를 모두 담은 것은 아니며 우리의 시각에서 중요한 용어와 개념을 추려 정리한 것이다. 따라서 향후 EU의 발전과 더불어 본 사전을 지속적으로 보완 및 개정할 계획이다. 끝으로 한국에서 유럽학이 뿌리내리는데 중요한 계기가 될 수 있는 용어사전 편찬을 지원해준 한국학술진흥재단과 상업성과 무관하게 본 사전의 발간을 흔쾌히 수락해주신 높이깊이 김덕중 사장님께 감사드린다.

2007년 2월
연구책임자 이종원

| 인 | 사 | 말 |
_____

학문의 시작은 관련 연구영역에 대한 개념의 정확한 이해와 체계적 분석으로부터 비롯된다. 개념은 학문의 일차적 출발점이다. 동시에 구체적 학술용어로 표현된다. 개념에 대한 정확한 이해의 여부가 연구대상을 얼마나 객관적으로 파악하고 비판적으로 재구성을 할 수 있는가에 대한 전제조건이 된다. 그런 점에서 학술용어는 해당 연구영역에 대한 공부가 아직 깊지 못한 초학자뿐만 아니라 기성학자들에게도 공통의 담론을 가능케 하는 사회적 의사소통수단이 된다.

유럽연합은 유럽대륙에 위치하는 국가들이 상호 통합과 확대를 시도한 인위적 정체(polity)이다. 유럽연합은 유럽에 사는 사람들이 보다 나은 삶의 공동체를 마련하기 위하여 고안된 산물이다. 그러므로 통합과 확대를 주도하던 인물들과 주변 환경이 끊임없이 바뀜에 따라 인위적 정체인 유럽연합은 지속성을 유지해야 하는 과제를 안고 있다. 이를 위해 유럽연합은 자체 내의 동질성과 정체성을 확립하고자 노력하고 있으며, 외연적으로도 확대를 지속하였다. 유럽연합은 지속과 변화라는 두 모습을 동시에 보여주고 있기 때문에, 이에 대한 연구는 정확한 개념의 이해가 전제되지 않으면 자칫 연구의 초점을 상실하기 쉽다.

이런 측면에서 볼 때 사단법인 한국유럽학회가 2004년 한국학술진흥재단으로부터 지원을 받아 학술작업을 시작한 지 3년여 만에 유럽연합(EU) 학술용어사전을 편찬하여 발간하게 됨은 여러모로 매우 뜻있는 학문적 기여가 아닐 수 없다.

우선 사단법인 한국유럽학회가 한국의 유럽학 진흥에 커다란 공헌을 하였다는 점은 아무리 강조하여도 지나치지 않을 것이다. 이미 여러 학술연구와 저서 그리고 다양한 문헌을 통하여 국내·외 유럽학 연구에 혼신의 노력을 기울여왔던 한국유럽학회가 기존 연구물 위에 하나의 새로운 학문적 '벽돌'을 새로이 얹어 놓았다.

둘째로 유럽연합(EU) 학술용어사전은 유럽학에 대한 입문서로도 귀중한 문헌이다. 이 사전에 소개된 학술용어들은 유럽연합의 지속과 변화를 이해하고 분석하는데 일차적 자료를 제시해 준다. 나아가 유럽연합의 특징과 속성을 개념을 중심으로 파악하는데 중요한 학술적 가치를 지닌다.

셋째로 기존 학술용어사전은 대체적으로 범(凡)학문적 차원에서 편찬되었으나, 유럽연합(EU) 학술용어사전은 보다 구체화된 협의의 연구대상인 유럽연합에 대한 학제적 접근이자 종합적이고 심도있는 연구문헌이다. 이는 유럽연합을 연구대상으로 하는 학문의 심화를 가능케 하는 새로운 시도의 결정판이 아닐 수 없다.

이러한 중요한 학문적 성과는 인문·사회과학분야에 대한 국가적 차원의 학술지원을 바탕으로 가능했다. 한국학술진흥재단은 유럽학 분야에서 새로운 학문적 성과를 도출하는데 크게 기여하였다. 동시에 이 학술용어사전 편찬 작업에 참여한 학자들의 혼신의 노력이 있었던 까닭에 다른 동학들도 유럽학 연구에 귀중한 학문적 도움을 받게 되었다. 유럽연합(EU) 학술용어사전이 국내·외에서 유럽학 등 학문분야 뿐만 아니라 다른 분야에서도 훌륭한 지침서가 될 것으로 확신한다. 관련된 모든 분들에게 깊은 감사의 마음을 표한다.

2007년 2월
사단법인 한국유럽학회
회장 이 규 영

| Forward |

I would like to congratulate the authors of this Korean dictionary of phrases and terminology used in the European Union. The Republic of Korea and the European Union are increasingly important partners in tacking the challenges of our age. These range from the new security threats to climate change and energy security. The European Union will continue to support efforts to build peace and prosperity in Northeast Asia and on the Korean peninsula. In commercial terms, the EU, the largest single market in the world, is already Korea's second largest export market. I am confident our trade relations will go from strength to strength in the coming years.

The publication of the dictionary comes as the European Union celebrates the 50th anniversary of the Treaty of Rome. After 34 years of working for the European Commission I am struck by just how well the Treaty of Rome was drafted. The institutional framework that it created - a council of national governments, a parliament and an executive commission has more than stood the test of time. The institutions are much more than simple international organizations. They embody a set of political values that human life is improved by overcoming mistrust between peoples and pooling strength in common endeavors. The constantly evolving nature of the institutions means that their mode of operation and terminology are not always easy to understand.

I hope that this dictionary will therefore serve as a useful tool for Korean speakers to understand the European Union's institutions and method of work. Its publication in March 2007 could not be more appropriate.

Dr. Brian McDonald
Ambassador
European Union
Head of the Delegation of the European Commission to the Republic of Korea
March 2007

|일|러|두|기|

1. 본 사전에 수록된 용어는 유럽연합 연구에서 가장 빈번히 사용되는 학술용어이다. 또한 정치, 경제, 사회, 문화, 기술, 과학 등 여러 관련 분야에서 사용빈도수가 높은 용어를 포함하였다.

2. 본 사전에 수록된 용어는 영어 표기를 원칙으로 하였다. 그러나 프랑스어를 원어명으로 가지는 경우에는 프랑스어 원어를 그대로 실었다.

3. 표제어의 배열은 영문 용어의 알파벳 순서에 따르고 해석을 붙였다.

4. 유럽연합 관련 용어는 축약형이 많이 사용되기 때문에 축약형을 표기하고 이를 통해 용어 원문을 찾을 수 있도록 하였다. 그러나 용어 설명은 원문에 수록함을 원칙으로 하였다.

5. 표제어에 관련된 용어를 ➡ 를 사용해 표기해 주었다.

6. 본문 설명에 나오는 용어가 본 사전에 수록되어 있는 경우 굵은 글씨와 밑줄로 표기해 쉽게 찾아볼 수 있도록 하였다.

7. 인터넷 주소를 병기해 설명된 용어를 직접 인터넷에서 찾아 학습할 수 있도록 하였다.

8. 독자들이 표제어를 쉽게 찾아볼 수 있도록 영문과 한글로 각각 찾아보기를 수록했다.

9. 본 사전의 맞춤법·외래어는 한글 맞춤법에 준해 표기하였고, 표제어의 경우 학술용어의 특성상 관행적으로 널리 사용하는 표기를 따르기도 하였다.

10. 본 사전에서는 agreement와 convention은 각각 협정과 협약으로 통일하여 명기하였다. 그러나 Schengen Agreement와 같이 기존에 관행적으로 쉥겐협정으로 일컫는 용어는 그대로 따랐다.

A

Accession Criteria : 가입기준

- ➡ Accession Negotiation
- ➡ Accession Process
- ➡ Accession Treaty

유럽연합 가입기준은 가입 후보국들의 유럽연합 가입을 위해 제시된 충족 조건이다. 1993년 6월 중·동유럽국가들과의 유럽연합 가입협상 개시를 앞두고 코펜하겐에서 개최된 유럽이사회에서 가입 조건이 제시되었으므로 코펜하겐 기준(**Copenhagen Criteria**)이라고도 불린다. 유럽연합 가입기준에 따르면 유럽연합에 가입하기를 희망하는 국가는 다음과 같은 3가지 차원의 충족 조건을 만족시켜야 한다.

첫째, 민주주의와 법치주의 그리고 인권 및 소수민족 보호를 위한 제도적 안정을 꾀해야 한다(정치적 기준).

둘째, 안정적으로 기능하는 시장경제체제와 유럽연합 내부에서 시장경쟁을 감당할 수 있는 능력을 갖추어야 한다(경제적 기준).

셋째, 정치·경제 및 통화동맹의 목표를 포함한 회원국으로서의 의무를 준수할 수 있는 능력을 입증해야 한다(유럽연합 제반 제도 및 법적 의무 준수 기준).

특히 세 번째 기준은 유럽연합의 다양한 정치·경제 및 통화정책 목표를 모두 포괄한 공동체의 축적된 법체계(*Acquis Communautaire*)를 말한다. 이러한 유럽연합 가입기준은 1995년 마드리드 유럽이사회에서 확정되었다. 하지만 후보국들이 이 기준을 충족시켰다고 할지라도 가입 결정권은 유럽연합에 있다. 가입 후보국들은 상기 가입기준에 따라, 구체적 진전 사항을 유럽연합에 보고해야 한다. 이후 유럽연합은 각 세부 사항에 대한 평가를 근거로 가입 후보국과의 가입협상을 진행한 이후 가입 허용

여부와 가입조건 및 시기 등을 결정한다.

Accession Negotiation : 가입협상
- Accession Criteria
- Accession Process
- Accession Treaty

유럽연합 가입협상은 유럽연합 가입을 위해 유럽연합과 가입 후보국 정부 사이에 진행되는 일련의 협상을 의미한다. 이 가입협상은 1998년 사이프러스 및 5개 중·동유럽국가들(체코, 헝가리, 폴란드, 에스토니아, 슬로베니아)과의 협상으로부터 시작되었다. 가입협상은 통상 유럽연합 회원국과 가입 신청국의 각료급 정부대표들 간 양자 회담을 통해 진행된다. 가입협상 과정에서 유럽연합은 가입 후보국이 공동체의 축적된 법체계(*Acquis Communautaire*)를 포함한 유럽연합 기존 제도 및 법적 의무를 준수할 능력 및 여타 가입기준 충족을 위한 제반 노력을 평가한다. 또한 신규가입에 따른 구체적 조건과 필요하다고 판단될 경우 분야별로 유예 기간을 정한다. 예를 들어 1986년 가입이 확정된 스페인과 포르투갈의 경우 유럽공동체조약(EC 조약) 제48조(현 EC 조약 제39조)가 규정한 사람의 자유이동 규정 적용은 1993년 1월에야 적용되었다. 이러한 가입협상의 결과는 가입조약(**Accession Treaty**)에 명시된다.

Accession Partnership : 가입동반자관계
- Accession Criteria

가입동반자관계는 유럽연합이 가입 후보국의 가입 준비 과정을 지원하려는 여러 정책을 말한다. 유럽연합은 가입동반자관계를 통하여 가입 후보국들에 대한 구체적인 지원 사항, 재정지원을 위한 조건, 그리고

■ Accession Process

유럽연합의 제반 제도 및 법적 의무를 충족시키기 위해 요구되는 정책적 우선순위 등 가입에 필요한 사항을 파악한다. 이러한 평가를 통해 유럽연합은 가입 신청국의 개별 상황에 따라 재정과 제도적 지원을 행한다. 기존까지 유럽연합은 중·동유럽국가의 가입을 위해 중·동유럽 지원프로그램(**PHARE**), 가입지원 구조개혁조치(**ISPA**), 그리고 농업발전프로그램(**SAPARD**) 등 다양한 형태의 지원을 하였다. 이러한 정책을 통해 유럽연합은 가입 후보국들이 최대한 이른 시일 안에 가입기준(**Accession Criteria**)을 충족시키도록 국내 개혁을 지원한다.

Accession Process : 가입절차

- ➡ Accession Criteria
- ➡ Accession Negotiation
- ➡ Accession Treaty
- ➡ Pre-Accession Strategy

유럽연합과 가입 후보국은 유럽연합조약 제49조에 규정된 절차에 따라 가입협상을 진행한다. 가입절차는 신규가입을 희망하는 국가가 각료이사회에 가입신청을 하면 공식적인 절차가 시작된다. 가입신청 이후 각료이사회는 집행위원회와 협의 이후에 유럽의회로부터 동의를 얻어 가입협상을 개시한다. 이때 각료이사회는 집행위원회가 제안한 공동협상 입장 안에 근거하여 협상을 진행하는데, 협상은 통상 유럽연합 회원국의 각료급 대표와 가입 신청국의 협상대표를 중심으로 이루어진다. 협상 과정에서 집행위원회는 협상 대상국과 긴밀히 협력하여 협상 과정에서 제기되는 문제를 함께 해결하고 정책적 조언을 한다. 협상의 결과는 가입조약(**Accession Treaty**)에 명시되며, 가입조약은 각료이사회의 승인과 유럽의회의 동의, 그리고 유럽연합 회원국 및 가입 후보국에서의 비준 절차를 거쳐 발효된다.

Accession Treaty : 가입조약

➡ Accession Criteria
➡ Accession Negotiation
➡ Accession Process

유럽연합은 가입 후보국과의 가입협상 결과를 토대로 가입조약을 체결한다. 가입조약에는 유럽연합 가입에 따른 가입 후보국의 법률 및 제도적 의무와 권리가 포괄적으로 명시된다. 체결된 가입조약은 각료이사회의 승인과 유럽의회의 동의, 그리고 유럽연합 회원국과 가입 후보국에서 비준 과정을 거친 후 발효된다.

Accountability : 책임성

➡ Democratic Deficit
➡ Openness

유럽연합의 운영에 대한 책임성 문제는 1990년대 전반에 걸쳐 지적되어 왔던 문제이다. 유럽의회는 직접선거(**Direct Elections**)를 통해 구성되므로 표면상 민주적 절차를 충족시키지만 실제 정책결정 과정에서 유럽의회의 권한은 집행위원회에 비해 취약하다. 한편 유럽연합을 운영하는 집행위원회의 유럽관료(**Eurocrat**)는 회원국 정부나 유럽의회의 견제와 통제로부터 상당히 벗어나 있다. 이러한 유럽연합의 운영 과정에서의 정치적, 행정적 책임 문제는 특별히 예산 운용부분에서 많은 지적을 받아왔다. 이에 따라 유럽연합은 여러 기구의 공식 문서와 정책결정 과정을 공개하고, 옴부즈만(**Ombudsman**)과 같은 제도를 통해 유럽연합의 운영 과정에서 투명성과 책임성을 강화하고 있다.

ACP ➡ African, Caribbean and Pacific Countries 참조

■ Acquis Communautaire

Acquis Communautaire : 공동체의 축적된 법체계

공동체의 축적된 법체계(Community acquis or Community patrimony)란 '지금까지 달성한 유럽연합 업적의 합계' 혹은 '기존의 모든 공동체법'을 말한다. 이는 결국 '유럽연합의 범위 내에서 모든 회원국을 구속하는 권리와 의무의 실체'를 의미한다. 하지만 이를 국내 법률 용어로 번역하는 것은 쉽지 않다. 이 개념은 그동안 부단한 발전과정을 거쳐 다음과 같은 내용을 포함하고 있다.

- 제 조약의 내용, 원칙 및 정책적 목적
- 제 조약을 적용하는 과정에서 채택된 법률 및 유럽사법재판소의 판례
- 유럽연합 차원에서 채택된 선언 및 결의
- 공동외교안보정책(**CFSP**)의 영역에 속하는 입법 행위
- 사법 및 내무의 영역에 속하는 입법 행위
- 유럽연합에 의해 체결되거나 공동체의 활동의 범위 내에서 회원국에 의해 체결된 국제협약

순수한 의미의 공동체법과는 별도로, 공동체의 축적된 법체계는 유럽연합의 제2, 3지주의 범위 내에서 채택된 모든 입법 및 제 조약에 의해 만들어진 공동목적에 의해서도 형성된다. 유럽연합에 가입하고자 하는 후보국들은 가입 전에 공동체의 축적된 법체계를 수락하여야 하는 데, 이에 대한 적용의 예외는 매우 제한적인 범위에서만 인정된다.

Action Committee for the United States of Europe(ACUSE) : 유럽합중국 설립위원회

이 위원회는 1955년 '유럽통합의 아버지'라 일컫는 모네(**Jean Monnet**)가 유럽석탄철강공동체 6개국과 영국의 주요 정치인들을 중심으로 만든 유럽통합기구이다. 모네는 1954년까지 유럽석탄철강공동체(**ECSC**)의

고등관청(**High Authority**) 의장을 역임하고 이듬해에 이 기구를 설립하였다. 유럽합중국 설립 실행위원회는 당시 드골(**Charles de Gaulle**)과 같은 반 연방주의자들에게 맞서 유럽경제공동체 설립과 발전에 기여한다. 이 위원회는 이후 1975년 모네에 의해 자진하여 해체된다. 유럽연합에서는 1985년 모네의 사상을 이어받아 유럽실행위원회(Action Committee for Europe)라는 기구를 형성하였다.

ACUSE ➡ Action Committee for the United States of Europe 참조

Adenauer, Konrad : 아데나워(1876~1967)

아데나워는 1876년 쾰른에서 태어나 본(Bonn) 대학에서 법학을 전공하였다. 그는 젊은 시절 독일 가톨릭 당에 입당하면서 정치활동을 시작하였고, 1917년 쾰른 시장에 당선되어 1933년까지 재임하였으나 히틀러의 등장 이후 내란죄로 체포되면서 정계를 떠났다. 그러나 전후 기독교민주당연합(CDU)을 통해 정계에 복귀하여 1949년 서독의 초대 총리가 되었다. 1963년까지 재임하는 동안 1954년 북대서양조약기구(**NATO**) 가입을 비롯하여 독일의 주권회복과 경제발전을 위해 많은 공헌을 하였다. 한편 아데나워는 친유럽통합주의자로서 프랑스와의 화해정책을 통해 유럽석탄철강공동체(**ECSC**)뿐만 아니라 유럽경제공동체(**EEC**), 유럽원자력공동체(**Euratom**) 형성에도 큰 기여를 하였다.

Advisory Committee : 자문위원회

집행위원회 내부에는 500여 개가 넘는 각종 자문위원회가 있다. 이러한 위원회는 집행위원회의 의제 제안과 정책 실행 과정에서 기술적 자문이나 감독업무를 수행한다. 이슈에 따라 자문위원회의 수는 유동적인데 매년 유럽연합 관보(**OJ**)를 통해 발표되는 유럽연합의 일반예산 내역에 위

Advocate General

원회 리스트가 게재되므로 이를 통해 위원회 수를 추정할 수 있다. 집행위원회 내의 자문위원회는 크게 전문가위원회(Expert Committee)와 협의위원회(Consultative Committee)로 나뉜다. 전자는 주로 회원국 정부 관료들로 구성되며, 후자는 유럽 내의 각종 이익단체 대표들로 구성된다. 양 위원회의 임무가 명확히 구분되는 것은 아니지만, 전문가위원회는 국내 관료가 주로 참여하므로 입법에 필요한 실무적 업무를 수행한다. 전문가위원회의 위원은 경우에 따라 이사회 산하의 실무그룹(Working Group)에도 참여하므로 자연스럽게 회원국과 집행위원회의 입장을 조정하는 역할을 수행한다. 한편 자문위원회는 유럽경제인연합회(**UNICE**)나 농업단체위원회(**COPA**)와 같이 유럽 내 각종 이익단체가 참여하여 관련 정책 수립 과정에서 전문적인 지식을 제공한다.

Advocate General : 법률고문관

➡ Court of Justice

유럽사법재판소는 27명의 판사와 8명의 법무심의관으로 구성된다. 법무심의관은 특정 판결에서 견해(**Opinion**)를 통해 법적 원칙을 재확인하고 사법재판소 본연의 임무를 확인하는 자문 역할을 수행한다. 따라서 법무심의관의 주장은 법적 구속력을 갖는 것은 아니며, 판결과정에서 매번 법무심의관의 자문을 구하는 것은 아니다. 그러나 법무심의관의 견해는 최종 판례와 함께 공표된다.

AER ➡ Assembly of European Regions 참조

African, Caribbean and Pacific Countries(ACP) : 아프리카, 카리브 및 태평양 도서국가

➡ Lomé Convention

African, Caribbean and Pacific Countries(ACP)

아프리카, 카리브 및 태평양 도서국가는 아프리카, 카리브해 그리고 태평양 도서(The islands of the Pacific)에 산재한 국가들을 말한다. 이들 국가는 대부분 유럽의 과거 식민지 국가들이다. 1975년 당시 유럽공동체 9개국은 아프리카 토고(Togo)에서 아프리카, 카리브 및 태평양 지역의 45개 국가들과 경제·사회 협력을 담은 로메협정(**Lomé Convention**)을 체결하였다. 이 협정은 변화하는 국제경제 질서에 부응하여 선진국과 개도국 간 협력모델을 만든다는 취지 아래 유럽연합에서 아프리카, 카리브 및 태평양 도서국가로의 일방적인 지원정책을 담고 있다. 구체적으로 유럽연합에서 이 지역 국가들에 행하는 지원책은 다음과 같다.

첫째, 아프리카, 카리브 및 태평양 도서국가에 대해 원칙적으로 유럽연합으로의 시장접근을 보장한다. 그러나 경제적으로 낙후된 이들 국가들이 유럽연합의 단일시장(**Single Market**)에 진출하기에는 어려움이 따른다. 이를 고려해 유럽연합은 상호주의 원칙보다는 일종의 최혜국 대우(**MFN**)를 통해 아프리카, 카리브 및 태평양 도서국가의 역내 수출을 지원한다.

둘째, 아프리카, 카리브 및 태평양 도서국가의 주요 수출품목인 1차 산품의 국제경쟁력 강화를 지원한다.

셋째, 장기적으로 아프리카, 카리브 및 태평양 도서국가의 산업발전을 위해 1차 산품의 과도한 수출의존 구조를 개선하는 프로그램을 실행한다.

로메협정은 그동안 4차에 걸친 협정 개정이 이루어지고 아프리카, 카리브 및 태평양 도서국가는 71개국으로 증가한다. 유럽연합에서는 인도적 지원국(**ECHO**)을 비롯하여 여러 부서가 이들 국가들과 관련된 정책을 담당하고 있다.

■ Agenda 2000

Agenda 2000 : 아젠다 2000

아젠다 2000은 1997년에 집행위원회에 의해 작성되어 2000년 3월 베를린 유럽이사회(Berlin European Council)에서 24개의 조항 형태로 채택된 유럽연합 확대를 위한 프로그램이다. 이 프로그램은 유럽연합 공동농업정책(CAP)과 구조정책에 대한 개혁 그리고 10개 중·동부 유럽국가의 가입에 대한 집행위원회의 견해를 담고 있다. 아젠다 2000은 공동농업정책과 관련하여 유럽연합 농산물의 국제시장 경쟁력을 위한 보조금 제도의 개혁, 농촌지역의 경제 및 환경개발 그리고 공동농업정책 예산안 조정 등을 담고 있다. 한편 구조개혁 부분은 회원국 간 경제·사회적 격차를 바로잡기 위해 경제·사회적으로 낙후된 회원국에 대한 노동력 경쟁강화와 사회기반 시설 확충 프로그램으로 구성된다. 유럽연합은 아젠다 2000 계획을 실현하기 위해 회원국들의 분담금 확대방안과 효율적 예산 사용에 관한 여러 제도적 개혁방안을 강구하였다. 또한 회원국들은 유럽의 발전적 미래를 위해 제 5차 회원국 확대를 최대한 신속히 진행키로 합의하였다. 유럽연합은 이후 2000~2006년의 기간을 정해 정책을 집행하고 있다.

Agricultural Marathon ➡ CAP 참조

Airbus : 에어버스

에어버스는 유럽연합 회원국 정부와 항공 관련 산업계가 만든 컨소시엄으로 동일 이름의 항공기를 생산하고 있다. 이는 미국의 보잉(Boeing)사에 대항한 유럽 산업계의 전략적 연합을 보여주는 대표적 사례이다. 에어버스 컨소시엄은 1965년 프랑스와 영국정부의 합작으로 시작되어 1967년부터 독일정부가 참여하였다. 이후 1969년에 영국정부가 공식적으로 사업에서 철수하였다가 1972년에 다시 참여하였다. 그러나 당시 영국의 컨소시엄 참여 회사인 Hawker-Siddeley(후에 British Aerospace로 개칭)는 사업에 계속 참여하였다. 에어버스는 1972년부터 본격적으로 항공기를 생산하고, 2001년부터 프랑스 국내법에 따라 주식회사로 전환되었다. 현재 Airbus는 프랑스의 EADS사와 독일의 Daimler Chrysler사 그리고 스페인의 CASA사가 80%의 지분을 가지고 있으며 영국의 British Aerospace사가 나머지 20%의 지분을 가지고 있다.

Aja Summit ➡ European Political Cooperation(EPC) 참조

Albania : 알바니아

발칸반도 위에 있는 알바니아는 1913년에 오스트리아-헝가리제국의 도움으로 터키로부터 독립하고 1928년부터 군주국이 되었다. 이후 알바니아는 1939년에 이탈리아에 복속되었다가 2차 대전 직후 공산국가가 되었다. 알바니아는 1961년부터 1977년까지 당시 유럽 대륙에서 유일하게 유럽안보협력회의(**CSCE**)에 참여하지 않는 국가로 철저한 고립주의 원칙을 고수하였다. 그러나 1990년에 공산당 일당체제가 붕괴하면서 1992년에 유럽연합과 무역준회원국협정(TCA)을 맺고 1995년과 2000년에 각각 유럽평의회(**Council of Europe**)와 세계무역기구(WTO)에 가입하였다. 2000년 예테르부르크 유럽이사회(Göteborg European Council)는 안정과 연합협정(**SAP**)을 통해 알바니아와 광범위한 협력관계를 맺기로 결의하고 2001년부터 중·동유럽지원프로그램(**PHARE**)을 통해 경제·사회적 지원을 행하고 있다. 그러나 알바니아는 발칸 국가 중 가장 낙후되어 있으며 여러 민족문제가 얽혀 당분간 유럽연합 가입은 불투명하다. 현재 다수의 알바니아계 민족이 마케도니아와 코소보, 몬테네그로에 산재하고 있어 잠재적인 분쟁요

인으로 자리 잡고 있다.

AMUE ➡ Association for the Monetary Union of Europe 참조

Andora : 안도라

스페인과 프랑스 사이에 있는 소규모 도시국가로 스페인의 우르겔(Urgell) 교구 사제와 프랑스 대통령이 공동으로 국가원수를 겸하고 있다. 안도라는 1986년 스페인이 유럽공동체에 가입함에 따라 농산품에 대한 특별 규정을 제외하고 유럽공동체와 관세동맹(**Customs Union**)을 맺었다. 또한 스페인과 프랑스가 유로화를 도입함에 따라 안도라도 유로화를 도입하였다.

Annual Work Programme(AWP) : (집행위원회) 연간사업계획

집행위원회는 매년 연말에 집행위원회의 통보(Commission Communication) 형식을 통해 주요 활동 내용을 담은 연간사업계획을 각료이사회, 유럽의회, 지역위원회(**CoR**) 그리고 경제사회위원회(**ESC**)에 제출한다. 이 보고서 내용은 전년도의 정치·경제적 활동과 현재 진행 중인 사업을 평가하고, 다음 년도 사업진행 등과 관련된 입법 및 여러 행정조치 등을 망라한다. 연간사업계획은 통상 2월에 채택되어 그 해의 사업 전략에 활용된다.

Applicant Countries : 가입 신청국

➡ Candidate Countries : 가입 후보국

모든 유럽 국가는 유럽연합조약 제49조에 의해 유럽연합에 회원국 가입 신청 권리를 갖는다. 따라서 유럽 내 비유럽연합 국가가 유럽연합에 가입 신청을 하면 통상 준회원국 자격을 거쳐 여러 충족조건을 만족

시킬 경우 정식 회원국이 된다. 유럽연합은 그동안 5차에 걸친 확대과정을 거치면서 2007년 1월 현재 회원국이 27개국으로 증가하였다. 루마니아와 불가리아는 각각 1995년 6월과 12월에 가입신청을 하여 1997년 12월부터 양국 모두 가입 후보국 지위를 얻었고, 2007년 1월에 유럽연합의 회원국으로 합류하게 되었다. 이외에도 현재 터키, 크로아티아 및 마케도니아 3개국이 유럽연합에 가입 신청을 한 상태이다. 이 국가들 중 터키는 1987년 4월에 가입신청을 하여 1999년 12월부터 가입 후보국으로 인정받았다. 한편 크로아티아는 2003년 2월에 가입신청을 하여 2004년 6월에 가입 후보국 지위를 얻었다. 반면 구 유고연방국가인 마케도니아는 2004년 3월에 유럽연합 가입신청을 하였으나 아직 공식적인 가입 후보국 자격을 얻지 못하였다. 한편 서유럽 국가 중 비유럽연합 회원국은 노르웨이, 스위스, 아이슬란드(리히텐슈타인 및 모나코와 같은 소규모 도시국가 제외)가 유일하다. 이중 노르웨이는 두 번에 걸쳐 유럽연합에 회원국 가입을 신청하였지만, 모두 자국에서 비준에 실패하여 비회원국으로 남아 있다. 스위스 역시 1994년에 유럽연합과 가입협상을 진행하였으나 국내 비준에 실패하면서 가입이 무산되었다. 이외에 아이슬란드는 어업문제 등을 들어 아직 유럽연합에 가입의사를 표명하지 않고 있다.

유럽연합 가입 후보국 현황

	유럽연합 가입 후보국 현황
터 키	1987년 4월 가입신청 → 1999년 12월 헬싱키 유럽이사회에서 가입 후보국 자격 인정
크로아티아	2003년 2월 가입신청 → 2004년 6월 브뤼셀 유럽이사회에서 가입 후보국 자격 인정
마케도니아	2004년 3월 가입신청

Area of Freedom, Security and Justice : 자유안전사법지대

➡ CJHA(Cooperation in the Fields of Justice and Home Affairs)

자유, 안전, 사법지대라는 용어는 유럽연합조약 제2조와 제29조에 명기된 내무사법협력(**CJHA**)의 목표이다. 이 개념은 1998년 각료이사회와 집행위원회가 제출한 실행계획(Action Plan)에서 처음으로 제기되었는데, 동년 비엔나 유럽이사회(Vienna European council)에서 승인되어 통상 비엔나 실행계획(Vienna Action Plan)이라고 불린다. 여기서 '자유'는 사람의 자유이동, 유럽연합이 2000년에 채택한 유럽기본권헌장(**Charter of Fundamental Rights of the European Union**)에 명기된 인권내용, 비차별 조치 및 이민과 망명에 관련된 문제들을 포함한다. '안전'은 조직범죄, 테러, 부정행위(fraud) 및 마약 밀매 등에 대한 대응을 말하며, '정의'는 회원 각국 간 범죄에 대한 사법협력을 일컫는다.

Ariane : 아리안 로켓

유럽우주국(**ESA**)이 1979년 12월 발사한 인공위성 발사 로켓으로 유럽개발은행의 지원을 받아 이루어졌다. 1992년 우리나라의 '우리별 1호'가 이 로켓으로 발사되었다.

Article 133 Committee : 제133조 위원회(ex-Article 113 Committee)

제133조 위원회는 유럽연합의 통상정책을 결정하는 실질적인 기구이다. 이 명칭은 암스테르담조약의 제133조에서 비롯되었다. 제133조 위원회는 집행위원회와 각료이사회를 연결하는 기구로서, 유럽연합 내의 여러 기구에서 정책 수립과 집행의 통일 그리고 각 회원국과 유럽연합 목표의 조화를 꾀하는 역할을 맡고 있다. 각 유럽연합 회원국은 전권 대표와

대리 대표 각 1인을 제133조 위원회에 파견하여 자국의 이익을 대변한다. 또한 제133조 위원회의 위원장은 유럽연합 의장국이 맡는데, 2001년 7월부터 2005년 7월까지는 영국이 맡고 있다. 제133조 위원회는 매주 개최되며, 모임은 통상적으로 금요일에 이루어진다. 제133조 위원회는 세계무역기구(WTO)와 협상을 위한 전략수립에서부터 개별 통상 분쟁과 수출확대 방안 등 통상에 관한 다양한 의제를 결정한다. 제133조 위원회는 별도로 서비스와 섬유무역과 같은 복잡한 통상 이슈를 다루기 위해 전문가 모임을 두고 있으며, 최종 결정은 각료이사회에서 이루어진다. 몇몇 의제들은 제133조 위원회 안에서만 단독적으로 다루어지고 상주대표부(**Coreper**)에서 최종 결정된다.

Arusha Convention : 아루샤 협정

➡ Lomé Convention
➡ African Caribean and Pacific Countries(ACP)

아루샤 협정은 1969년 당시 유럽공동체 6개국이 동아프리카의 케냐, 탄자니아 및 우간다와 탄자니아의 아루샤에서 체결한 협정으로 1971년부터 발효에 들어갔다. 그러나 1975년에 유럽공동체가 아프리카 토고에서 아프리카, 카리브 및 태평양 도서국가(**ACP**)와 로메협정(**Lomé Convention**)을 체결하면서 아루샤 협정은 로메협정으로 흡수되었다.

ASEM ➡ Asia-Europe Meeting 참조

Asia-Europe Meeting(ASEM) : 아시아-유럽정상회담

아시아-유럽정상회담은 유럽연합과 ASEAN, 한국, 중국 및 일본 간 매 2년마다 개최되는 회담이다. 이 회담은 1996년 제1회 방콕회의로부터 시작되었으며, 제2차 런던회의(1998), 제3차 서울회의(2000),

■ Assembly of European Regions(AER)

제4차 코펜하겐회의(2002), 제5차 하노이회의(2004), 제6차 헬싱키 회의(2006)가 개최된 바 있다. 아시아-유럽정상회담은 쌍무적 정치대화 확대, 경제관계 심화 그리고 사회·문화적 교류를 확대하기 위해 출범하였다. 이 회담은 비공식적(informality)이며 다차원적 성격(multi-dimensionality)의 회담으로 양측이 폭넓은 주제에 관해 자유로이 의견을 교환할 수 있는 대화의 장이다. 아시아-유럽정상회담은 국제관계에서 3대 중심축을 형성하여 온 북미, 유럽연합, 그리고 아시아 간에 상대적으로 관계가 미약한 아시아와 유럽 간 관계를 심화하였다는 데 의의가 있다.

Assembly of European Regions(AER) : 유럽지방의회

유럽지방의회는 제2차 세계대전 이후 서유럽에서 많이 결성된 각 지방정부들 간 협력체 중 하나로, 1985년에 결성된 유럽지역이사회(Council of European Regions)를 모태로 한다. 유럽지역이사회는 스위스의 지방정부(cantons)를 포함한 107개의 지방정부가 참여한 대규모의 지역협력체였다. 유럽지방의회는 결성 이후 유럽연합과 긴밀한 협력관계를 맺고 유럽연합이 시행하는 지역정책(Regional Policy)과 구조기금(Structural Fund) 정책에 관여하여 왔다. 이후 1988년에 유럽지방의회를 비롯한 유럽 내 여러 지역 간 협력체가 참여하는 지방정부협의위원회(Consultative Committee of Regional and Local Authorities)가 결성되었다. 그러나 1992년 마스트리히트조약이 체결되면서 유럽지방의회를 비롯한 여러 범유럽 지역협력체는 유럽연합의 지역위원회(CoR)로 흡수되었다.

Assent Procedure : 동의절차
→ Majority Voting

동의절차는 단일유럽의정서(**SEA**)에 의해 도입된 의사결정 절차로, 일부 형태의 결정을 하는 데 있어서 반드시 유럽의회의 승인을 얻도록 하는 절차를 말한다. 유럽의회는 단순다수결(Simple Majority Voting) 또는 절대다수결(absolute majority voting) 방식으로 승인 여부를 결정하지만, 승인을 요청한 결정사항의 내용을 수정할 수는 없다. 유럽의회의 동의절차가 절대다수결 방식이 아닌 단순다수결 방식으로 하도록 한 이유는 절대다수결 방식을 사용해서 안건을 승인하는 것이 현실적으로 어렵기 때문이다. 실제로 공동체조약은 유럽의회가 새로운 회원국 가입에 대한 결정을 제외한 모든 사안에서 절대다수결이 아닌 단순다수결로 의사를 결정하도록 명기하였다. 한편 공동체조약에 의해 동의절차의 적용범위가 확대되었다. 이에 따라 유럽시민의 거주 및 이전의 권리행사에 대한 결정, 구조기금(**Structural Fund**)의 운영에 관한 결정사항, 주요 국제협약 체결에 관한 결정, 결속기금(**Cohesion Fund**)의 창설문제에 관련된 사항 등은 동의절차에 의해 결정된다.

Association Agreement : 연합협정

→ Development Association Agreement
→ European Economic Area(EEA)
→ Europe Agreement
→ Stabilization and Association Agreement(SAA)

연합협정은 유럽연합이 개별 국가 및 국제기구와 특별한 절차를 규정해 공동의 목적을 취하기 위해 맺은 협정이다. 유럽연합에서 연합협정 체결을 위한 협상 주체는 각료이사회의 위임을 받은 집행위원회로 일원화되어 있다. 또한 최종 체결을 위해서는 동의절차(**Assent Procedure**)에 따라 유럽의회의 동의와 각료이사회의 만장일치 승인을 요한다. 유럽연합이 역외국가 및 기구와 맺은 연합협정은 다음과 같이 4가지로 구성된다.
- 주로 중·동유럽국가와 체결한 사전가입동반자협정(**Pre-Accession Partnership Agreement**)으로 불리는 유럽협정(**Europe Agreements**)
- 안정과 연합과정(**SAP**)을 통해 발칸지역 국가들과 체결한 안정과 연합협정(**SAA**)
- 지중해 연안의 마그레브(**Maghreb**) 및 마슈렉(**Mashreq**) 국가들과 맺은 이른바 발전연합협정(**Development Association Agreement**)
- 유럽경제지역(**EEA**)을 발족시키기 위해 유럽자유무역연합(**EFTA**) 회원국과 맺은 유럽경제지역협정(**EEA Agreement**)

Association for the Monetary Union of Europe(AMUE) : 유럽통화동맹협회

➡ Economic and Monetary Union(EMU)

유럽통화동맹협회는 1987년 단일통화 도입을 촉구하기 위해 유럽 내 기업인들이 만든 압력단체이다. 유럽통화동맹협회는 파리에 사무국을 두고 단일통화 도입에 따른 기업의 대응 방안을 강구하기 위해 모든 유럽기업들에게 문호를 개방하였다. 그러나 실제 이 협회를 주도한 기업들은 Philips, BP, Amco, Volkswagen, Fiat 등 유수의 다국적 기업이다. 유럽통화동맹협회는 정기적인 회합을 하고 이후 단일통화 도입이 산업계에 미치는 영향을 연구하고, 다양한 정책 제안을 발표하여 경제통화동맹(**EMU**) 창설에 간접적인 영향을 주었다.

Asylum Policy : 망명정책

➡ Dublin Asylum Convention
➡ Eurodac
➡ Immigration Policy

유럽연합의 망명정책은 1975년 당시 유럽공동체 회원국들이 대테러 대처협력 및 정보교환을 위해 만든 트레비그룹(**Trevi Group**)에서부터 비공식적으로 논의되어 왔지만, 공식적인 정책은 1989년 이전까지 존재하지 않았다. 1990년대 초부터 유럽연합은 중·동부유럽의 공산주의 체제 붕괴로 서유럽으로의 인구유입이 급증할 것으로 예상하였다. 이에 따라 1990년에 덴마크를 제외한 유럽연합 회원국들은 망명에 관한 더블린 망명협정(**Dublin Asylum Convention**)에 서명하고, 1991년에 구소련과 유고지역으로부터의 난민유입 문제를 다루기 위해 신속대응자문센터를 설치하였다. 이러한 결과로 유럽연합조약에서는 망명정책을 내무사법협력(**CJHA**)에 포함시켜 회원국 간의 협력 사항으로 두었다. 이후 1990년대 중반 들어 유럽연합 차원의 망명정책이 더욱 엄격하게 변화하였고, 1997년 암스테르담조약에서는 이민과 망명 분야를 공동체화 해 유럽연합 차원으로 공동정책화 하였다. 현재 유럽연합의 망명정책은 2001년에 신설된 집행위원회의 내무사법총국(DG Justice and Home Affairs)에서 관장하고 있다.

Austria : 오스트리아

오스트리아는 제2차 세계대전 종전 후 독일과 같이 연합국에 점령통치를 받고 1955년 소련군이 철군하면서 중립국 지위로 헌정을 회복하였다. 이러한 중립국 지위로 오스트리아는 현재까지도 북대서양조약기구(**NATO**)와 같은 군사안보조직에 가입하지 않고 있다. 오스트리아는 1960년부터 유럽자유무역연합(**EFTA**) 회원국이 되었으나, 독일과 이탈리아에 인접한 지리적 위치에 의해 오히려 유럽연합 회원국들과 활발한 경제적 교류를 하였다. 이후 오스트리아는 1989년 동유럽 사회주의 국가들이 연이어 붕괴하면서 유럽연합 가입에 걸림돌이었던 중립국 문제가 퇴색하자 동년에 유럽공동체 가입신청을 하였다. 1994년 오스트리아는 국민투표에서 66.4%의 찬성으로 국내비준을 통과하여 1995년 1월에 유럽연합 회원국이 되었다. 오스트리아는 2000년 연정을 구성한 오스트리아 자유당(<u>Freedom Party of Austria</u>) 당수인 하이더(<u>Jörg Haider</u>)의 극우성향이 문제가 되면서 유럽연합 회원국들로부터 많은 비난을 받았다. 당시 일부 회원국은 오스트리아에 대한 제재를 거론하였으나, 일반이사회(<u>GAC</u>)에서 제재논의가 무산된 바 있다.

AWP ➡ Annual Work Programme 참조

B

Balkans : 발칸

→ Stabilization and Association Process(SAP)
→ Stabilization and Association Agreement(SAA)

유럽의 남부에 있는 발칸지역은 유럽연합에서 정치·안보적 차원에서 매우 중요한 곳으로 지정학적으로는 서 발칸과 동남 발칸 두 지역으로 나뉜다. 서 발칸은 알바니아, 보스니아-헤르체코비나, 크로아티아, 마케도니아 및 세르비아-몬테네그로 등으로 구성되며, 동남 발칸에는 루마니아와 불가리아가 위치한다. 유럽연합은 서 발칸 국가들을 대상으로 안정과 연합과정(**SAP**)이라는 지원프로그램을 시행하고 있는데, 이들 국가 중에서도 크로아티아와 마케도니아와는 안정과 연합협정(**SAA**)을 별도로 체결하였다. 한편 동남 발칸 지역의 루마니아와 불가리아는 2007년 1월 유럽연합에 가입하였다.

Balladur Plan : 발라뒤르 계획

→ Pact on Stability in Europe

발라뒤르 계획은 1992년 프랑스 총리인 발라뒤르(Edouard Balladur)에 의해 제기된 계획으로 동유럽 국가들 간의 긴장완화와 무력충돌 억제를 위한 쌍무조약 체결 내용을 담고 있다. 발라뒤르 총리는 이 계획을 통해 공산주의의 붕괴 이후 점증하는 동유럽에서의 정치, 군사적 불안정을 없애기 위해 모든 유럽국가들이 협력해야 한다고 역설하였다. 발라뒤르 계획은 1995년 공동외교안보정책(**CFSP**)의 유럽안정화협약(**Pact on Stability in Europe**)으로 구체화되었다.

▪ Baltic

Baltic : 발틱

북유럽 발틱해에 있는 에스토니아, 라트비아 그리고 리투아니아는 모두 2004년 유럽연합에 가입했다. 1980년대 말 사회주의 국가가 붕괴하면서 이들 국가도 차례로 소련의 영향력에서 벗어나 1994년에 유럽연합과 자유무역연합을 체결한 이후 유럽협정(Europe Agreement)을 체결하고 빠르게 서유럽의 정치경제체제로 편입했다. 1992년에는 발틱 3국과 덴마크, 핀란드, 독일, 아이슬란드, 노르웨이, 폴란드 그리고 러시아를 포함한 10개국이 발틱해 국가이사회(Council of the Baltic Sea States)를 결성했다.

Banana Regime : 바나나 레짐

바나나 레짐은 탈냉전 이후 유럽연합과 미국 간 대표적인 무역 분쟁 사례이다. 이 사건의 발단은 유럽연합이 아프리카, 카리브 및 태평양 도서국가(ACP)로부터 수입하는 바나나에 대해 특혜를 주면서, 유럽연합으로 수출하는 미국계 다국적기업이 재배하는 중남미산 일명 '달러 바나나(dollar banana)'가 불이익을 당한 것이다. 유럽연합은 프랑스와 영국의 식민지였던 아프리카, 카리브 및 태평양도서국가에서 수입된 바나나에 대해서 일정 한도까지 무관세를 적용하고, 한도를 초과할 경우 톤당 750 ECU의 관세를 부과하였다. 반면에 미국계 다국적기업이 유럽연합에 수출하는 중남미산 바나나에 대해서는 톤당 850 ECU의 관세를 부과하고 쿼터제한까지 하였다. 미국은 유럽연합의 차별적인 바나나 수입정책에 대한 보복으로 슈퍼 301조를 발동하여, 미국으로 수출되는 유럽연합산 일부 수입품에 100%의 관세를 부과한다고 발표하였다. 이에 유럽연합은 미국의 규제대상 품목은 바나나분쟁과는 관계없는 것들이라며 비난하고 세계무역기구(WTO)에 미국의 보복관세 부과를 제소하였다. 그러나 세계무역기구는 유럽연합이 옛 식민지로부터 수입하는 바나나에 특혜를 부과해 자유무역을 저해하였다는 이유를 들어 미국의 대 유럽연합 제재 조치를 인정하였다. 그러나 세계무역기구는 1억 9140만 달러어치의 보복관세를 소급 적용할 수는 없다고 결정했다. 이러한 세계무역기구의 결정에도 미국은 프랑스산 핸드백, 독일산 커피메이커 등 9개 품목에 100%의 보복관세를 소급 적용시켰다. 이와 같이 양측은 무역 분쟁을 중재한 세계무역기구의 결정을 존중하지 않음으로써 분쟁해결 기구로서 세계무역기구의 위상이 크게 흔들리게 되었다.

Barcelona Declaration : 바르셀로나 선언

➡ Euro-Mediterranean Partnership(EMP)
➡ Mediterranean Special Programme(MEDA)

유럽연합은 1970년대 초부터 당시 지중해 연안의 비회원국인 스페인, 포르투갈, 그리스 및 터키에 대하여 향후 회원국 가입을 염두에 두고 여러 정치·경제적 지원정책을 실행하였다. 또한 이 지역의 평화 정착을 위해 마그레브(**Maghreb**) 및 마슈렉(**Mashreq**) 등과 같은 인근의 북아프리카와 중동국가와도 밀접한 관계를 맺어 왔다. 이미 유럽연합은 1971년과 1972년에 지중해 지역의 발전을 위한 종합계획을 내놓고, 1973년에는 지중해 연안 국가들과 상설회의를 출범시켰다. 그러나 유럽연합과 지중해 연안 국가와는 교역규모가 미비하여 양측 간 실질적인 협력은 이루어지지 않았다. 이후 1990년대 중동에서 군사적 분쟁이 빈번하게 발생하면서 이들 지역의 난민들이 지중해 국가를 거쳐 유럽연합으로 대량 유입되는 사태가 발생하였다. 이러한 사태를 근본적으로 바로잡기 위해 유럽연합은 1995년 바르셀로나 회의(Barcelona Conference)를 통해 바르셀로나 선언을 채택했다. 뒤이어 유럽연합은 1997년 유럽-지중해 회의(Euro-Mediterranean Conference)를 개최하여 유럽-지중해 동반자관계(**EMP**)를 만들었다. 유럽-지중해 협력

■ Barcelona Process

프로그램에 서명한 지중해 국가는 알제리, 모로코, 튀니지 등 마그레브 3개국, 이집트, 요르단, 레바논, 시리아를 포함한 마슈렉 4개국 이외에 터키, 사이프러스, 몰타, 이스라엘 및 팔레스타인 등 5개국을 포함하여 총 12개국이다.

바르셀로나 선언은 지중해 국가에 대한 유럽연합의 폭넓은 외교적 관심을 표명한 것이며, 동시에 사회·경제 측면에서도 다음과 같은 협력 내용을 담았다.

첫째, 정치·안보적 조치를 통해 지중해 지역에서 평화를 정착한다. 이를 위해 적법한 분쟁 해결 절차를 담은 유럽-지중해 협약(Euro-Mediterranean Pact)을 채택한다.

둘째, 유럽연합의 사회정책과 연계하여 이들 지역에서 생활조건 개선과 고용증진을 꾀하며 장기적으로 양측 간에 자유무역연합을 체결한다.

바르셀로나 선언에 뒤이어 유럽연합은 에게 해(Aegean Islands) 연안과 사이프러스에서 군사적 충돌을 억제하기 위한 여러 조치를 취하였다.

Barcelona Process ➡ Barcelona Declaration 참조

Barre Plan : 바르플랜

바르플랜은 1969년 헤이그 정상회담 이후에 경제통화동맹(**EMU**)에 대한 대안적 전략으로 만들어졌다. 이 계획은 집행위원회의 요청에 따라서 당시 프랑스 경제·재무장관인 바르(Raymond Barre)가 만들었으며 벨기에가 지원하여 이루어졌다. 바르플랜은 회원국 간 경제정책의 수렴을 위해 통화주의적 접근과 즉각적인 고정환율제 도입을 담고 있다. 참고로 바르플랜의 다른 대안인 경제주의적 접근은 쉴러플랜(Shiller Plan)으로 불린다.

Basic Research in Industrial Technologies for Europe(BRITE) : 산업기술기반연구프로그램

산업기술기반연구프로그램은 1984년 집행위원회가 신기술개발을 활성화하기 위해 만든 프로그램이다. 이 프로그램은 신기술 개발뿐 아니라 자동차, 화학 및 섬유산업과 같이 전통적인 산업에서 생산공정 개선과 같은 실용적인 기술개발을 목적으로 만들어졌다. 산업기술 개발이라는 측면에서 이 프로그램은 기존에 유럽연합의 유럽정보기술 연구개발 전략(**ESPRIT**)과 매우 유사한 정책 목표를 갖고 있다. 구체적으로 산업기술기반연구프로그램은 다음과 같이 두 부분으로 구성된다.

- 전통적 산업에서 제품의 내구성과 신뢰성을 향상시키기 위하여 조립 기술이나 분석방법 개선과 같은 기반기술을 개발한다.
- 섬유·피혁산업 부분에서 소재개발을 위해 연구 투자를 확대한다.

산업기술기반연구프로그램은 1984년부터 1988년까지 진행되었으나 이후 소재기술연구프로그램(EURAM : European Research in Advanced Materials)과 합병하여 BRITE-EURAM으로 개칭된다.

Basket of Currencies : 통화 바스켓

통화 바스켓은 유럽통화단위(**ECU**)의 가치를 결정하는 통화단위를 의미한다. 이는 통화를 발행하는 각 국가의 GNP, 무역량, 단기신용쿼터에 따라 바스켓 안에서 각 통화의 비중이 결정된다. 그 비중은 5년에 한 번씩 특정 통화의 바스켓 내 비중이 25% 이상 변동될 때 요청에 따라 재검토된다. 영국은 파운드화를 통화 바스켓에 참여시켰으나 1990년 10월까지 유럽통화제도(**EMS**)의 정회원국이 되기를 거부했다. 스페인과 포르투갈은 1989년 9월에 바스켓에 참여했다. 이 바스켓은 독일 마르크의 영향을 가장 크게 받았다. 바스켓은 경제통화동맹(**EMU**)으

▪BCC

로 가는 임시조치의 성격을 가지고 있었으므로, 유로화 출범 이후 폐지되었다. 1999년 1월 1일부터 유럽통화단위는 1:1의 비율로 Euro로 대체되었다.

BCC ➡ Business Cooperation Center 참조

BC-NET ➡ Business Cooperation Center 참조

Belgium : 벨기에

벨기에는 유럽통합 초기부터 적극적으로 참여한 서유럽 국가이다. 벨기에는 1921년 룩셈부르크와 경제동맹을 맺었고, 1948년에는 향후 유럽경제공동체의 모형이 되는 베네룩스 동맹을 맺는다.

벨기에는 1950년 유럽석탄철강공동체(ECSC), 1957년 유럽경제공동체(EEC) 그리고 유럽원자력공동체(Euratom)에 가입한 이후 초국가적 통합에 대한 지지를 주었다. 특히 스파크(**Paul-Henri Spaak**) 전 외무장관은 유럽경제공동체 창설의 주역이었다. 벨기에는 프랑스나 독일 등 강대국에 비해 소규모 국가이지만 공동체 내에서 네덜란드, 룩셈부르크와 함께 강대국의 지배적 역할을 견제하는 역할을 해 왔다. 벨기에에는 집행위원회, 경제사회위원회, 유럽의회 사무국 등 많은 공동체 기구들이 있다.

Belgium-Luxembourg Economic Union(BLEU) : 벨기에-룩셈부르크 경제동맹

➡ Benelux Economic Union(BENELUX)

벨기에-룩셈부르크 경제동맹은 1922년에 출범하여 성공적인 운영이 이루어지고, 이후 경제통화동맹(**EMU**)으로 통합되었다. 룩셈부르크는

제1차 세계대전 이후 독일 관세동맹(Zollverein)과 전통적 유대가 단절된 후 벨기에와 상업과 금융을 포함한 포괄적인 경제동맹을 체결하였다. 그러나 인구나 경제규모 등 모든 지표면에서 벨기에 경제가 지배적이었다. 벨기에 프랑은 두 국가 내에서 통용되는 완전한 법화의 지위를 가졌으며, 벨기에만이 완전한 중앙은행 제도를 유지했다. 반면에 룩셈부르크 프랑은 발행량이 고정되었을 뿐만 아니라, 룩셈부르크 내에서만 법화로 통용되었다. 이러한 양측 간 격차로 벨기에-룩셈부르크 경제동맹은 공식적인 공동의사결정기구가 있었지만 룩셈부르크가 벨기에에 일방적으로 종속되어 왔다. 이후 이 동맹은 1944년 베네룩스관세동맹(Benelux Customs Union)으로 발전하게 된다. 1948년에 발효된 베네룩스 관세동맹은 체결국 간 관세 철폐와 제3국에 대한 공통관세를 내용으로 하였다. 이후 이 관세동맹은 1960년에 지역 내에서 노동, 자본, 서비스, 상품 등의 자유로운 이동을 보장하는 베네룩스 경제동맹(**BENELUX**)으로 발전하여, 1951년의 유럽석탄철강공동체(ECSC)와 1957년의 유럽경제공동체(EEC) 설립에 토대가 되었다.

Benelux Economic Union(BENELUX) : 베네룩스 경제동맹
➡ Belgium-Luxembourg Economic Union(BLEU)

베네룩스 경제동맹은 벨기에, 네덜란드, 룩셈부르크 3개국의 경제동맹을 의미한다. 이 경제동맹의 전신인 베네룩스 관세동맹(Benelux Customs Union)은 1944년 3개국 망명정부에 의해 런던에서 서명되었으며 1948년부터 발효되었다. 이후 1958년 베네룩스 국가들은 헤이그에서 경제동맹을 위한 조약에 서명하여 베네룩스 경제동맹이 출범하였다. 규정된 목표가 일치하는 한 지역 간 경제 집단화를 허용하는 로마조약 내용에 따라 베네룩스 경제동맹은 유럽연합 내에서 계속 존재한다.

■ BENELUX

Benelux : 베네룩스

베네룩스는 벨기에, 네덜란드 및 룩셈부르크 등 3개국을 지칭한다. 베네룩스란 용어는 원래 1947년 벨기에의 이코노미스트(The Economist)지 특파원인 에스레라(F. F. Aspelagh)가 3개국 간 관세동맹 기사를 쓰면서 처음 사용한 이후 널리 쓰이고 있다. 이들 국가는 모두 2차 대전 중 독일의 침공을 피해 런던에 망명정부를 세우고, 전시 중인 1944년에 3개국 간 관세동맹(Benelux Customs Union)을 논의하였다. 이후 관세동맹은 1948년에 출범되었다. 이들 3개국은 유럽경제공동체 설립국가로 지정학적 위치와 역사적 경험에 의해 모두 친 통합 노선을 갖고 있다. 단적으로 2차 대전 이후 베네룩스 국가는 스파크(**Paul Henri Spaak**), 만숄트(**Sicco Mansholt**) 등 유명한 친 통합 정치인들뿐만 아니라 상테르(**Jacques Santer**), 쏜(Gasto Thorn) 그리고 레이(Jean Ray) 같은 집행위원장을 배출하였다.

BENELUX ➡ Benelux Economic Union 참조

Beyen Plan : 베옌 플랜

베옌 플랜은 1955년 당시 네덜란드 외무부장관인 베옌(Johan Willem Beyen)이 작성한 유럽석탄철강공동체(**ECSC**) 6개국 간 관세동맹(**Customs Union**) 계획을 담은 보고서이다. 이 보고서는 유럽경제공동체(**EEC**) 설립을 논의하기 위해 개최된 메시나 회담(**Messina Conference**)에 제출되었다. 베옌 보고서에서는 독일과 프랑스 간 무역과 투자협정은 네덜란드와 같은 소국을 배제하므로 베네룩스(Benelux) 국가를 포함하여 6개국 간 공동시장(**Common Market**) 설립이 필요하다고 역설하였다. 당시 베옌 보고서는 단순히 공동시장 창설뿐만 아니라 유럽정치공동체(**EPC**) 실현을 위한 계획까지 담은 혁신적인 것이었다.

BICs ➡ Business Innovation Centers 참조

Blair, Tony Charles Lynton : 블레어(1953~)

블레어는 1953년 5월 6일 스코틀랜드 에든버러에서 출생했으며, 더럼과 에든버러에서 교육을 받은 후 옥스퍼드 대학교에서 법학을 공부하였다. 이후 블레어는 30세에 노동당 당원으로 정치에 입문하여 44세에 1812년 로드 리버풀(Lord Liverpool) 이후 최연소 수상이 되었다. 블레어는 노동당이 전통적인 국가사회주의에 대한 애착을 버릴 것을 바라는 젊고 편견 없는 노동당 하원의원 세대에 속한다. 1994년 노동당 당수로 취임한 블레어는 신 노동당이라 이름 붙여 당내에서 일대 개혁을 시도했다. 그는 당헌의 개정과 경제의 현대화 정책에 초점을 맞추어 시장경쟁의 장점을 명시적으로 인정하는 노동당의 새로운 방침을 세웠다. 블레어는 2001년 총선에서도 압승을 거두면서 재당선되었다.

BLEU ➡ Belgium-Luxembourg Economic Union 참조

Block Exemptions : 집단유예

집단유예는 유럽연합과 역외국가들 간에 체결된 협정으로서, 이 협정에 참여한 역외국가들은 유럽연합의 보호주의적 무역조항인 일반금지조항(Provisions of General Prohibition)에서 제외된다.

Bosman Case : 보스만 판결
➡ Freedom of Movement
➡ Citizenship of the Union

보스만 판결(Case C-415/93 Union Royale Belge des Sociétés de Football Association and Others v. Bosman and Others

Bosman Case

〔1995〕ECR I-4921, at I-5069)은 유럽연합 내에서 사람의 자유이동을 규정한 유럽공동체조약 제39조와 회원국 간 국적을 이유로 차별조치를 취할 수 없다는 유럽공동체조약 제12조가 적용된 상징적인 사건이다. 1990년 벨기에의 프로축구선수 보스만(Jean Marc Bosman)은 소속구단과 계약을 종료하고 자유계약선수가 되었다. 그러나 소속 구단은 보스만을 영입하는 구단에 이적료를 요구하였다. 벨기에 축구협회는 협회 소속의 프로축구 선수의 소속구단 이적에 관한 규칙을 정하고 있었다. 벨기에 축구협회의 규칙에 따르면 선수는 구단과의 계약종결 후 다른 구단과 계약을 자유롭게 체결할 수 있었다. 그러나 이적구단은 원구단에 선수의 연봉을 기초로 산출한 이적료를 지급해야 했다. 또한 선수의 이적이 국제적일 때 해당국의 축구협회가 이적료에 대한 합의를 인정하는 이적증명서를 발행해야 했다. 이에 대해 1995년 유럽사법재판소는 이적구단에 이적료 지급을 규정한 것은 계약 종료 후에도 소속구단 탈퇴를 방해하여 이동의 자유를 제한한다고 판결하였다. 단 그 규정이 조건에 합치한 적법한 목적을 추구하기 위한 것이고, 공공이익 등의 긴급한 이유에 의해 정당화되며, 더욱이 목적과 수단이 균형을 이루고 있는 경우에는 예외적으로 허용될 여지가 있다고 인정하였다. 따라서 판결은 구단 간 균형을 유지하고, 젊은 선수의 채용과 훈련을 촉진하기 위한 목적은 적법하다고 인정하였다. 그러나 이 사건의 보다 중요한 쟁점은 시합에 출전할 수 있는 외국인 선수의 인원 제한 규정에서 과연 유럽연합 회원국 시민을 외국인으로 간주할 것인가에 관한 것이었다. 대부분의 유럽 각국 프로리그는 출전할 수 있는 외국선수의 인원을 제한한다는 규정이 있다. 당시 보스만은 프랑스 프로축구리그에서 뛰기를 희망하였으나 외국선수 인원제한 규정으로 입단이 불가능한 상태였다. 이에 대해 유럽사법재판소는 외국선수 출전인원 제한 규정은 유럽시민권(European Citizenship)을 침해한다는 판결을 내림으로써 회원국 시민은 자국시민과 같은 권리를 가짐을 재확인하였다.

Bosnia-Herzegovina : 보스니아-헤르체고비나

1990년대 초 유고연방이 해체되면서 슬로베니아와 크로아티아 등 유고연방을 구성한 국가들이 차례로 독립을 선언하였다. 이에 고무된 보스니아-헤르체코비나의 이슬람계 주민은 1992년에 세르비아계의 반대를 무릅쓰고 독립을 묻는 국민투표를 하여 99.78%라는 압도적 찬성을 얻어낸다. 당시 국민투표는 연방으로부터의 분리를 반대하는 세르비아계가 투표를 거부한 상태에서 치러졌다. 선거 직후 세르비아는 보스니아 내 세르비아계 주민을 보호한다는 명목으로 보스니아뿐 아니라 크로아티아와 세르비아 내의 이슬람계 주민에 대한 학살을 자행했다. 이후 1995년 국제사회의 중재로 유혈충돌이 종식되면서 유럽연합은 전쟁복구와 발칸지역의 평화를 위해 보스니아-헤르체코비나에 대한 대규모의 지원을 행하고 있다. 유럽연합은 이 지역에 대해 1996년과 2000년부터 중·동유럽지원프로그램(PHARE)과 안정과 연합과정(SAP)을 시행하고 있다. 또한 2001년부터는 발칸지역 발전지원계획(CARDS) 역시 실행하고 있다. 이러한 지원에 힘입어 보스니아-헤르체코비나는 2002년에 유럽평의회(Council of Europe)에 가입했다.

Bretton Woods : 브레튼 우즈 체제

제2차 세계대전 동안 선진국들은 국제 거래와 지급의 편의를 위한 새로운 환율제도의 필요성을 인식하였다. 이에 따라 1944년 미국과 영국이 이끈 연합국 대표들은 미국 뉴햄프셔 주(州)의 브레튼 우즈라는 작은 휴양지에 모여 국제통화기금(IMF) 협정을 체결함으로써 새로운 국제통화제도인 브레튼 우즈 체제를 출범시켰다. 브레튼 우즈 체제는 금환본위제도(Gold Exchange Standard)로 달러화를 금과 연계(금 1 once = $35)시키고, 국제통화기금 회원국들은 자국 통화를 미국 달러화에 연계하여, 미국은 각국의 중앙은행에 대하여 달러화의 금태환을 보장하면서 탄생하였다. 브레튼 우즈 체제하에서 각국의 대미 달러 환율은 ±1% 내의 변동 폭이 허용되었고, 변동 폭 유지를 위해 외환시장 개입이 이루어졌다. 이에 따라 회원국들은 미국 달러를 지불준비수단으로 보유해야 했다. ±1%의 변동 폭 이상의 환율변화가 필요한 경우, 즉 국제수지가 불균형 상태에 있을 경우, 애초 평가의 10% 범위 내에서 변동이 가능하였는데, 이 경우 반드시 국제통화기금의 승인이 필요했다. 따라서 브레튼 우즈 체제는 조정 가능한 고정환율제도라고 볼 수 있다. 브레튼 우즈 체제의 가장 큰 문제점은 국제통화인 달러의 공급(국제유동성)이 미국의 국제수지 적자에 의해 위협받을 수 있다는 점이다. 반대로 미국의 국제수지가 흑자로 전환되면 달러의 신임도는 회복되지만 국제유동성이 부족하게 되는 구조적인 모순이 내재하였다. 이를 '유동성 딜레마'라고 부른다. 이러한 문제점은 실제로 발생하여 1960년대 이후 계속된 미국의 국제수지 적자가 달러가치의 하락을 가져왔다. 이에 따라 1971년 프랑스를 비롯한 세계 각국이 동시다발적으로 보유한 달러를 금으로 태환하려 하였다. 그러나 당시 미국의 닉슨 대통령은 미국 달러의 금태환 정지를 선언하면서 브레튼 우즈 체제가 실질적으로 붕괴하였다. 달러의 금태환 정지에 따른 국제통화제도의 혼란을 수습하기 위해 같은 해 워싱턴의 스미소니언 박물관에서 선진 10개국 간 회의가 개최되었다. 스미소니언 체제로 불리는 이 회의를 통해 금에 대한 달러의 7.89% 평가절하(금 1 once = $38)와 주요국 간의 통화 환율 재조정 그리고 환율 변동 폭을 상하 2.25%까지 넓혔다. 그러나 이러한 노력도 브레튼 우즈 체제의 근본적인 모순을 제거하지는 못하였다. 6개월 만에 영국은 파운드 파동을 겪으면서 변동환율제도로 이행하였고, 미국은 달러화를 더욱 평가 절하했지만 결국 1973년 스미소니언 체제도 붕괴하였다.

BRITE ➡ Basic Research in Industrial Technologies for Europe 참조

Bruges Group : 브루헤(브르쥬) 그룹

1989년 런던에서 설립된 브루헤 그룹은 중앙 집중적 유럽통합에 비판적인 단체이다. 이 단체는 유럽통합 과정에서 국가이익을 가장 우선순위로 두는 단체로, 1988년 당시 초국가적 유럽통합에 반대하는 영국 수상인 대처(**Margaret Thatcher**)가 벨기에 브루헤의 유럽대학(**College of Europe**)에서 행한 연설에서 영감을 얻어 결성되었다. 이 단체는 출판물, 세미나와 컨퍼런스 등을 통해서 유럽에서 보다 긴밀한 연합(ever closer union) 형성과 보다 진전된 통합이라는 통합 원칙에 반대한다.

Brusselization : 브뤼셀화

브뤼셀화는 유럽연합이 공동외교안보정책(**CFSP**)을 수립하면서 회원국의 외교·안보 관련 정책이 유럽연합 차원에서 지속적으로 강화되고 발전하는 경향을 일컫는다. 1993년 유럽연합조약의 발효로 공동외교안보정책이 수립되면서 회원국 간 외교·안보협력을 가능케 할 제도적 근거가 마련되었다. 유럽연합의 외교안보정책은 여전히 회원국이 중심이 된 정부 간 협력에 기초하고 있지만, 브뤼셀에서 회원국 간 정책적 협의가 활발히 이루어져 시간이 지나면서 점차 공고한 협력이 이루어지고 있다.

Brussels Treaty : 브뤼셀조약

전쟁 기간에 프랑스와 영국 간에 맺어진 덩커크조약(**Dunkirk Treaty**)을 토대로 1948년 영국, 프랑스, 베네룩스 3국 사이에 맺어진 경제, 사회, 문화 협력과 집단안보 조약이다. 이 조약은 냉전의 격화에 따라 소련의 잠재적 위협과 독일 침략정책의 재탄생에 대한 대비 차원에서 형성되었다. 브뤼셀조약 형성 당시 기안자인 영국의 베빈(Ernest Bevin)은 이 기구를 통하여 전후 유럽문제에서 손을 떼려는 미국을 유럽문제에 결속

■ Budget

하려는 의도가 있었던 반면, 프랑스는 이를 유럽통합을 위한 시도로 연결하려 하였다. 브뤼셀조약은 1948년 초 헝가리 공산화에 영향을 받아 서둘러 서명되었다. 정부 간 협의체 수준에 머물렀던 브뤼셀조약은 그 기능이 유명무실했다가 1954년 유럽방위공동체(EDC)의 실패 이후 이탈리아와 독일을 포함하여 서유럽동맹(WEU)으로 변화되었다.

Budget : 예산

유럽연합에서는 설립 이래 예산의 조달방식, 편성 및 집행 등에 있어 회원국 간 첨예한 논쟁이 있었다. 1957년 로마조약 체결 시 유럽경제공동체(EEC) 예산은 회원국의 GNP 규모에 비례한 기여금에 의해 충당되었다. 이러한 GNP 대비 기여금 책정은 UN에서도 행하는 일반적 방식이다. 그러나 집행위원회는 1960년대 중반부터 유럽공동체는 여타의 국제기구와 운영원칙과 성격을 달리한다는 점을 들어 자체예산의 확보를 주장하였다. 이에 따라 1970년 당시 유럽공동체 6개 회원국은 룩셈부르크조약(Treaty of Luxembourg)을 통해 1975년까지 회원국의 기여금에 의존하는 예산조달 방식을 지양하고, 대신 유럽공동체 자체의 예산 확보를 위한 시스템을 구축하기로 합의하였다.

한편 유럽공동체에서는 어느 기구가 예산편성이나 집행권한을 갖는가에 대해서도 많은 논란이 있었다. 유럽의회는 1970년대까지 각료이사회가 예산편성과 집행권한을 독점하는 데 반발하여 유럽의회로의 권한 이전을 주장하여 왔다. 이후 1970년부터 유럽의회는 예산 편성에 관여하여 비 강제지출(Non-compulsory expenditure)에 대한 예산 승인권을 획득하고 1975년부터는 예산 부결권을 행사하게 되었다. 이후 1993년부터 집행위원회, 각료이사회 및 유럽의회 간 합의를 통해 예산편성과 집행이 이루어지고 있다. 유럽연합의 예산은 다음의 3가지 운영원칙에 준해 편성과 집행이 이루어진다.

첫째, 수입과 지출은 단일 회계 기준(unity)에 의해 이루어진다.

둘째, 예산은 연 단위(annularity)로 배정한다.

셋째, 예산 균형성(equilibrium) 원칙을 통해 지출은 수입을 초과할 수 없다.

한편 유럽연합의 예산은 다음의 4가지 방식을 통해 조달한다.

첫째, 단일시장(**Single Market**)으로 수입되는 상품에 대한 관세 징수 (농산물 제외).

둘째, 단일시장으로 수입되는 농산물에 부과되는 관세. 이 경우 공동농업정책(**CAP**)에 의해 유지되는 농산물 가격 기준에 준해 역외 농산물에 세금을 부과한다.

셋째, 1979년부터 회원국으로부터 징수되고 있는 부가가치세(VAT). 초기 유럽연합에서 징수하는 부가가치세 규모는 국내 부가가치세 수입의 1% 수준이었으나, 1984년부터는 1.4%로 증가하다가 다시 1999년 들어 1%로 조정되었다.

넷째, 1988년 들로로 패키지(**Delors Package**)에 의해 만들어진 회원국의 GNP 규모에 따른 기여금. 초기에는 회원국의 GNP 대비 1.15% 선에서 기여금이 책정되었으나, 1992년에는 1.2% 그리고 1999년에는 1.27%로 점차 확대되고 있다. 회원국의 기여금은 유럽연합 총 예산의 40% 이상을 차지하는 가장 큰 재원이다. 이외에도 집행위원회가 경쟁정책 위반 기업에 부과하는 벌금도 유럽연합의 자체 예산으로 귀속되는데, 유럽연합 예산의 약 2%를 점한다. 또한 유럽석탄철강공동체(ECSC)가 부과하는 석탄·철강생산품에 대한 세금 역시 주요한 재원이었다. 그러나 유럽석탄철강공동체조약이 2002년 7월 24일자로 종료되면서 이 예산 조달 방식은 폐지되었다.

■ Bulgaria

나아가 유럽연합의 예산집행은 크게 강제지출(Compulsory Expenditure)과 비 강제지출(Non-compulsory expenditure)로 나뉜다. 강제지출은 조약에 명기된 유럽연합의 일상적 업무와 정책집행을 위한 예산이다. 강제지출은 유럽의회가 예산 수정권만을 행사하며 최종적인 예산 채택 권한은 여전히 각료이사회가 보유한다. 강제지출은 유럽연합 총 예산의 약 45%를 점하며 주로 공동농업정책의 가격보장과 구조조정 부분, 공동어업정책(**CFP**), 각종 개발원조비용 및 회원국에 대한 상환금 등으로 구성된다. 한편 비 강제지출은 일반 경상경비 등으로 구성되며 최종결정 권한은 유럽의회가 갖는다. 유럽연합의 예산지출은 2006 회계 연도 기준 약 1,114억 유로에 이르며 이중 농업과 구조개혁에 전체 예산의 70% 이상이 소요되고 있다.

2005/6 회계 연도 유럽연합 예산

(단위 : 유로)

항 목	2006년 예산	2005년 예산
1. 농 업	51,202,620,000	49,114,850,000
2. 구조개혁(구조기금, 결속기금)	35,489,599,237	32,396,027,704
3. 공동정책	8,320,209,681	7,923,781,439
4. 대외협력	5,274,643,164	5,476,162,603
5. 행 정	6,577,886,113	6,292,367,368
6. 예비비	458,000,000	446,000,000
7. 유럽연합 가입 신청국 지원	3,024,900,000	3,286,990,000
8. 보상금	1,073,500,332	1,304,988,996
총 액	111,421,358,527	106,241,168,110

Bulgaria : 불가리아

불가리아는 1989년 공산정권 붕괴 이후부터 꾸준히 유럽연합 가입을 모색하여 1993년에 유럽협정(**Europe Agreement**)에 서명하고 1995년에 가입신청을 했다. 그러나 당시 유럽연합은 불가리아의 정치개혁과 시장경제 체제로의 전환이 미흡하다는 이유로 가입협상(**Accession Negotiation**)을 미루었다. 불가리아의 경우 정치개혁과 민주화로의 이행 정도는 유럽연합이 요구하는 가입기준(**Accession Criteria**)에 상당히 부합했다. 그러나 운송, 에너지 및 농업부분이 낙후되고 환경기준이 미비하여 가입협상이 지체되었다. 1999년 유럽연합은 헬싱키 유럽이사회(Helsinki European Council)에서 2000년 2월부터 불가리아와 가입협상을 시작하기로 결정했다. 이후 협상결과를 토대로 유럽연합은 2004년 브뤼셀 유럽이사회(Brussels European Council)에서 2007년 1월부터 불가리아를 회원국으로 받아들이기로 결정했다. 뒤이어 양측은 2005년 4월 룩셈부르크에서 가입조약(**Accession Treaty**)에 서명하였으며 2007년 1월 1일 유럽연합에 공식 가입하였다.

Bundesbank : 독일중앙은행

프랑크푸르트에 있는 독일중앙은행은 1957년에 설립된 독일연방공화국의 중앙은행으로 독일 정부로부터 실질적인 자율성을 확보하고 있다. 이 은행의 주된 정책 관심사는 물가안정이었다. 이러한 물가안정에 대한 집착은 다른 유럽경제에 많은 영향을 미쳤으며, 국내에서는 실업률 증가와 저성장을 가져오기도 하였다. 독일경제의 비중과 마르크화의 강세는 유럽연합의 경제정책에 크게 영향을 미쳤고 유럽통화제도(**EMS**)의 핵심사항이었다. 1990년대 말 경제통화동맹(**EMU**) 3단계가 출범하면서 독일중앙은행과 독일 국민들은 Euro화가 종전과 같이 물가안정에 취약할 것이라고 우려하였다. 그러나 경제통화동맹은 정치적 맥락에서 결정되어 이후 유럽중앙은행(**ECB**)이 설립되었다. 이 결과 독일중앙은행의 경제적 영향력은 종전보다 현저히 감소하였다.

■ Business Cooperation Center(BCC)

Business Cooperation Center(BCC) : 기업협력센터

기업협력센터는 비즈니스 관련 규정과 마케팅 관련 정보를 제공하고, 기업 간 협력을 고취시키기 위한 유럽연합의 연락사무실(liaison office)이다. 기업협력센터는 기업협력네트워크(Business Cooperation Network : BC-NET)를 통해 운영되고 있다. 이 네트워크는 유럽연합이 역내 중소기업의 대내외 활동을 지원하기 위해 구축한 것으로 기업정보, 금융, 기술, 산업 등 협력 가능한 전 분야에 걸쳐 정보 및 자문을 제공하고 있다. 기업협력네트워크는 2006년 기준 유럽연합 국가를 포함한 39개국 3백 여 기관이 참여하고 있다. 유럽연합은 현재 운영 중인 각종 비즈니스 네트워크를 기업협력네트워크에 통합해 운영할 계획이며 가입회원에게는 비공개 기업자료까지 제공한다.

Business Cooperation Network ➡ BCC 참조

Business Innovation Centers(BICs) : 기업혁신센터

➡ European BIC Network

기업혁신센터는 유럽연합 안의 혁신적인 중소기업과 기업들을 지원하기 위한 기관이다. 이 센터는 공공의 이익을 위해 존립하지만 운영 자체는 시장원리에 따라 이루어지는 등 공공적 성격과 사기업적 성격을 융합한 기구이다. 이 센터는 혁신적인 중소기업의 설립과 중소기업에 혁신프로그램을 제공하는 임무를 갖고 있다. 기업혁신센터는 사업의 위험성과 예상 수익에 관한 평가, 재정과 회계에 관한 조언, 기술적 지원과, 기업가 정신에 대한 강의 등을 제공하고, 관련 업종의 기업들 간 공동 프로젝트를 지원한다. 이러한 기능을 보다 효과적으로 수행하기 위해 산하에 유럽기업혁신센터 네트워크(**European BIC Network**)를 1984년 브뤼셀에 설립하였다. 이 유럽기업혁신센터 네트워크는 설립 이래로

21개 회원국의 160개 기업혁신센터와 연계하여 지역마다 특화된 서비스를 제공하고 있다. 특히 기업혁신센터는 시장경제체제로 전환 중인 중·동유럽의 신규 가입국에 집중되어 있다.

Butter Mountain and Wine Lake : 농산물 과잉생산

➡ Common Agricultural Policy(CAP)

유럽연합의 공동농업정책(**CAP**)은 농민들을 보호하기 위해서 농산물에 대해 지나치게 높은 수준에서 가격보전정책이 책정되었다. 그러나 이 정책은 그동안 과잉농산물 생산을 가져왔다. 이에 따라 1970년대 이후 유럽공동체는 농산물 과잉비축의 폐해를 떠안게 되었다. 이러한 현상은 '산을 이룬 버터와 호수를 이룬 와인'라는 풍자적 표현을 낳았다. 과도한 농산물 매입에 따라 유럽공동체 재정이 위협받으면서 집행위원회는 농민들에게 보조금 지급을 조건으로 제3국에 대한 수출을 유도하였다. 그러나 1970년대 농민들에 대한 수출보조금 지급은 재정압박을 더욱 가속화하여, 결국 1980년대 이후 공동농업정책에 대한 여러 개혁조치를 가져왔다.

■■■■■■■■■■■■■ C ■■■■■■■■■■■■■

Cabinet : 내각

내각은 집행위원회(**European Commission**)를 구성하는 행정관료 조직을 말한다. 집행위원회 내 27명의 집행위원은 각각 보좌관 7인과 비서 1인을 두고 있는데 이들을 내각이라 통칭한다. 집행위원회 사무총장은 각 내각의 장들을 이끌어 집행위원회 회의를 준비한다. 각 내각의 장들은 집행위원들이 회의에 참여할 수 없을 때 직접 결정에 참여하기도 한다. 보통 집행위원회의 결정 중 약 25% 정도는 서면이나 내각의 장이 참여해 결정한다. 2001년 니스조약에 따라 집행위원은 회원국 증가와 무관하게 일정 수를 유지하여 회원국 간에 순환적으로 임명된다. 이렇게 되면 집행위원을 보좌하는 내각 기능이 이전 보다 축소될 것으로 전망된다.

CAP ➡ Common Agricultural Policy 참조

CARDS ➡ Community Assistance for Reconstruction, Development and Stabilization 참조

Cassis de Dijon : 까시스 드 디종 판결
➡ Mutual Recognition

까시스 드 디종 판결은 1979년 2월 20일에 내려진 것으로 역내시장에서의 상품의 자유이동과 관련한 주요 판례 중의 하나이다(Case 120/78 Rewe v. Bundesmonopolverwaltung für Branntwein [1979] ECR 649, at 664). 독일법은 알코올 음료에 대해 최저 알코올 함유량을 정하고, 이를 만족하는 알코올 음료에 대해서만 국내 판매를 승인하고 있었다. 그리고 과실주(fruit liquor)에 대해서는 최저 알코올 함유량이 25%라고 정해져 있었는데, 프랑스 회사인 까시스 드 디종이 생산하는 과실주는 그 함유량이 15~20%로서 그 기준을 밑돌고 있었다. 이 때문에 독일당국은 프랑스산 과실주의 국내 판매를 인정하지 않았다. 독일은 이러한 규제가 보건과 소비자 보호를 위해 정당하다고 주장하였다. 국민보건은 도수가 낮은 알코올 음료가 시장에 널리 보급되면 알코올 대한 관용적 태도가 사회 저변에 확대된다는 취지이며, 소비자 보호란 특정한 알코올 음료에 대해 최저 알코올 함유량을 정하는 것은 생산자와 판매자 측의 불공정행위로부터 소비자를 보호한다는 취지이다. 이는 소비자들이 알코올 음료란 25% 이상의 알코올이 포함되어 있다는 사회적 통념을 반영한 것이다. 그러나 유럽사법재판소는 최저 알코올 함유량 규정이 필수요건이라는 독일정부의 주장을 인정하지 않았다. 독일 정부의 규제는 결과적으로 국내규정에 맞지 않는 여타 회원국의 상품을 배제하기 때문이다. 따라서 최저 알코올 함유량에 관한 독일정부의 규제는 유럽공동체조약 제28조에 위배된다. 즉, 다른 회원국에서 적법한 기준에 따라 생산·판매된 제품을 국내 규정을 들어 수입을 금지할 수 없다는 것이다.

결국 이 사건은 회원국 간 제품의 품질과 생산규정의 차이에서 비롯된 것이다. 유럽연합의 2차 입법(**Secondary Legislation**)에 의한 공통규칙(**Common Rules**)이 존재하지 않기 때문에 회원국은 국내의 알코올 음료의 제조·판매 및 최저 알코올 함유량을 정할 수 있다. 그 의미에서 규제 자체에 차별적 요소는 없다. 그러나 판결은 타 회원국에서 국내규정에 맞게 생산되어 유통되는 제품이 수입국의 기준을 만족시키지 않는다는 이유로 판매를 금지하는 것은 동등한 효과를 갖는 조치에 해당한다고 판시하였다. 따라서 회원국은 국내법에 따라 자유로운 규제를 정할 수 있지만 이러한 규제를 다른 회원국에서 적법하게 유통하는 제품에 적용하여 수입을 금지할 수는 없다. 이 사건 판결 후 제품의 품

질규제에 대해서 유사한 취지의 판결이 계속되어 왔다. 실제로 유럽사법재판소는 까시스 드 디종 판결 이후 맥주의 원료를 한정하여 그 이외의 원료를 사용하여 제조된 맥주의 유통을 제한하는 것도 동등한 효과를 갖는 조치라고 판시하였다(Case 178/84 Commission v. Germany [1987] ECR 1227, at 1269-1273). 까시스 드 디종 판결은 1980년대 회원국 간 국내법에서 인정된 상품의 자유로운 이동을 규정한 상호인증(**Mutual Recognition**) 원칙을 낳아 단일시장(**Single Market**)의 중요한 원칙이 되었다.

CCP ➡ Common Commercial Policy 참조

CCT ➡ Common Customs Tariff 참조

Cecchini Report : 체키니 보고서

체키니 보고서는 1988년에 단일시장(**Single Market**) 출범의 효과를 분석하기 위해 체키니(Paolo Cecchini)를 위원장으로 한 집행위원회 내 전문가위원회에서 작성되었다. 16권의 분야별 보고서는 요약된 한 권의 책으로 만들어져 "*The European Challenge 1992 : The Benefits of a Single Internal Market*"이라는 제목으로 발간되었다. 이 연구를 위해서 체키니위원회는 경제 및 금융자료와 정부 및 학계에서 발간된 방대한 연구결과를 참고하였다. 그 뿐만 아니라 공동체 내 11,000개의 회사를 인터뷰하였다. 이러한 조사의 결과는 각국의 관행, 규정 및 표준규격이 회원국 간 상품의 자유이동을 방해하고 있다는 것이다. 따라서 이러한 장벽들을 제거한다면 약 2,000억 ECU 또는 유럽공동체 GDP의 약 5%를 증가시킬 수 있다고 이 보고서는 제기하였다.

CEDEFOP ➡ Centre Européen pour le Développment de la Formation Professionnelle 참조

CEE ➡ Central and Eastern Europe 참조

CEEC ➡ Central and Eastern European Countries 참조

CEFTA ➡ Central European Free Trade Agreement 참조

CELEX ➡ Communitatis Europae Lex 참조

CEN ➡ Comité Européen de Normalisation 참조

Central and Eastern Europe(CEE) : 중·동유럽

유럽 대륙의 중앙 및 동부에 속한 지역을 통칭하여 중·동유럽으로 칭하고 있다. 일반적으로 지정학적 요인, 정치, 문화적 지표에 따라 중유럽과 동유럽을 구분하지만, 이는 자의적 기준에 따른 것으로 보편적 기준은 존재하지 않는다. 유럽연합 차원에서는 라트비아, 루마니아, 리투아니아, 불가리아, 슬로바키아, 슬로베니아, 체코, 폴란드, 헝가리 등을 중·동유럽국가로 분류한다.

Central and Eastern European Countries(CEEC) ➡ Central and Eastern Europe(CEE) 참조

Central European Free Trade Agreement(CEFTA) : 중부유럽 자유무역협정

■ Centre Européen pour le Développement de la Formation Professionnelle(CEDEFOP)

➡ Visegrad

중부유럽 자유무역협정은 1992년 12월 21일 폴란드 크라코우(Kraków)에서 당시 비쉐크라트(Visegrad) 3개국 간 체결된 자유무역협정으로 후에 슬로베니아, 루마니아 및 불가리아가 가입하였다. 중부유럽 자유무역협정은 1993년부터 2001년까지 참여국 간 자유무역지대를 형성하였다. 그러나 중부유럽 자유무역협정의 궁극적 목적은 참여국 간 공동시장(Common Market) 창설로 1997년부터 일부 품목을 제외하고 공동시장 기능을 수행하였다. 중부유럽 자유무역협정을 통해 회원국들은 서유럽 기관들과의 통합을 위한 노력과 유럽의 정치, 경제, 안보, 법적 시스템과의 동맹을 꾀하고 이를 통해 민주주의와 자유시장 경제를 강화한다는 목적을 갖는다. 이 협정에 참여하는 국가들은 이미 유럽연합과 유럽협정(Europe Agreement)에 서명하였기 때문에, 유럽연합 회원국이 되기 위한 예비과정으로서의 기능을 수행하였다. 그러나 참여국들이 모두 유럽연합에 가입하면 중부유럽 자유무역협정은 반드시 폐지토록 하였다.

Centre Européen pour le Développement de la Formation Professionnelle(CEDEFOP) : 유럽직업훈련 개발센터

➡ European Training Foundation(ETF)

유럽직업훈련 개발센터는 유럽연합의 관련 기구 중에서도 드물게 프랑스어를 기구 명으로 쓰고 있는데, 영어명은 'European Center for the Development of Vocational Training'이다. 유럽직업훈련 개발센터는 집행위원회의 공식 산하기구로 1975년에 베를린에 설립되었으나, 1995년에 그리스의 테살로니키(Thesaloniki)로 본부를 이전했다. 이 기구의 주 임무는 집행위원회에서 진행하는 직업교육훈련에 대한 지원이다. 이외에도 유럽직업훈련 개발센터는 유럽차원의 직업교육에 대한 연구와 정보교류, 각국의 직업교육에 대한 분석 등 다양한 연구와 정책개발을 담당한다. 최근에는 산업현장에서 퇴직한 여성의 재교육과 동유럽 회원국과 직업교육 네트워크 형성에 주력하고 있다. 유럽직업훈련 개발센터는 집행위원회뿐 아니라 회원국 정부, 노조 및 사용자 단체 대표들로 구성된 운영이사회가 운영책임을 지고 있으며, 유럽교육훈련재단(**ETF**)과 긴밀한 협력관계를 유지하고 있다. 또한 유럽직업훈련 개발센터는 1988년부터 직업교육훈련 정책결정자, 사회단체 및 연구자들이 참여하는 유럽교육훈련마을(European Training Village)이라는 네트워크를 운영하고 있다.

CERD ➡ European Research and Development Committee 참조

CERIF ➡ Common European Research Project Information Format 참조

CERN ➡ European Organization for Nuclear Research 참조

CESDP ➡ Common European Security and Defence Policy 참조

CET ➡ Common External Tariff 참조

CFI ➡ Court of First Instance 참조

CFP ➡ Common Fisheries Policy 참조

CFR ➡ Charter of Fundamental Rights of the European Union 참조

CFSP ➡ Common Foreign and Security Policy 참조

■Charlemagne Prize

Charlemagne Prize : 샤를마뉴상

독일의 아헨(Aachen) 시민들로 구성된 위원회에서 유럽통합에 헌신한 인물이나 기관에 주는 국제적인 상으로 1950년부터 수여되었다. 이 상과 함께 수여되는 메달에는 유럽통합의 선구자라 칭송받는 샤를마뉴(Charlemagne) 왕의 초상이 조각되어 있는데, 이는 800년 이 도시에서 대관식을 거행한 그를 기념하기 위한 것이다. 이 상의 주요 수상자는 쿠덴호프-칼레르기(Richard Coudenhove-Kalergi, 1950년), 데 가스페리(<u>Alcide De Gasperi</u>, 1952년), 모네(<u>Jean Monnet</u>, 1953년), 아데나워(<u>Konrad Adenauer</u>, 1954년), 처칠(<u>Winston Churchill</u>, 1955년), 스파크(<u>Paul-Henri Spaak</u>, 1957년), 슈만(<u>Robert Schuman</u>, 1958년), 할슈타인(<u>Walter Hallstein</u>, 1961년), 집행위원회(European Commission, 1969년), 키신저(Henry Kissinger, 1987년), 미테랑(<u>François Mitterrand</u>, 1988년), 콜(<u>Helmut Kohl</u>, 1988년), 들로르(<u>Jacques Delors</u>, 1992년), 유로화(EURO, 2002년), 지스카르 데스텡(<u>Valery Giscard d´Estaing</u>, 2003년), 교황 요한 바오로 2세(Pope John Paul II, 2004년), 융커(Jean-Claude Juncker, 2006년) 등이다.

Charter of Fundamental Rights of the European Union(CFR) : 유럽기본권헌장

➡ European Social Charter
➡ Social Charter

유럽기본권헌장은 1999년 6월에 개최된 쾰른 유럽이사회(Köln European Council)에서 제안되어 이듬해 6월 개최된 비아리츠 유럽이사회(Biarritz European Council)에서 회원국의 만장일치 표결로 초안이 승인되었다. 이후 이 헌장은 유럽의회와 집행위원회의 동의를 얻어 동년 12월에 개최된 니스 유럽이사회(Nice European Council)에서 서명되었다. 유럽기본권헌장은 유럽연합 역사상 처음으로 유럽시민과 유럽연합에 거주하는 모든 사람들의 정치적, 경제적, 사회적 권리를 보장하는 단일 문서라는 점이다. 이러한 권리는 이 헌장에서 인간의 존엄성, 자유, 평등, 연대, 시민의 권리 및 정의(Dignity, Freedoms, Equality, Solidarity, Citizens' rights, Justice)의 6개 분야로 나뉘어 규정되어 있다. 또한, 시민의 권리는 회원국들의 헌법적 전통뿐 아니라 1950년 유럽평의회(**Council of Europe**)의 지원하에 로마에서 조인된 유럽인권협약(**ECHR**)과 1961년에 유럽평의회에서 작성한 유럽사회헌장(**European Social Charter**)에 기초하고 있다.

Charter of Fundamental Social Rights of Workers
➡ Social Charter 참조

Charter of Paris ➡ Charter of Paris for New Europe 참조

Charter of Paris for New Europe : 신유럽헌장
➡ Conference on Security and Cooperation in Europe(CSCE)

신유럽헌장은 1990년 11월 유럽안보협력회의(**CSCE**)에서 서명된 문서로 통상 파리헌장(**Charter of Paris**)으로 불린다. 신유럽헌장은 유럽에서 냉전이라는 갈등과 대립의 시대가 종식되었다는 사실을 천명한 문서로 회원국 간에 민주주의, 인권보호, 소수민족 문제의 해결 및 환경보존 등을 고무한다는 내용을 담고 있다. 파리헌장은 '민주주의, 평화와 통합'과 '미래를 위한 지향점'이라는 두 장으로 나누어져 있는데 첫 장은 다음과 같은 6개 부분으로 이루어져 있다.

- 사상, 종교, 신념, 표현 및 결사의 자유가 인정되는 인권, 민주주의

그리고 법치
- 시장경제 발전이라는 공동목표가 내재된 경제적 자유와 책임
- 무력충돌을 피하고 회원국 간에 협력정책과 우호적 관계형성
- 회원국의 독립적인 안보에 대한 자유
- 독일 통일의 의의
- UN의 중요성과 유럽안보협력회의

한편 두 번째 장은 다음과 같은 4개 부분으로 이루어져 있다.
- 인권과 소수민족 문제
- 민주적 제도의 보호를 위한 협력
- 진 세계적 경제협력의 필요성
- 유럽의 안정을 위한 지중해 지역에서의 안보와 협력 강화

Churchill, Winston : 처칠(1874~1965)

영국 보수당 소속의 전임 수상. 그는 제2차 대전 중인 1940년 영국-프랑스 연합을 제의하였고, 1946년에는 스위스의 취리히에서 유럽합중국(United States of Europe) 창설을 주제로 연설을 하는 등 유럽통합이란 대의에 열정적이었다. 또한 친 유럽통합 단체인 유럽운동(**European Movement**)을 주도하기도 하였다. 그가 1951년 수상에 복귀한 후 유럽인들은 그의 유럽통합을 위한 적극적 활동을 기대했으나, 그는 유럽통합에 소극적이었던 노동당 노선을 크게 변화시키지 않는 범위 내에서 유럽정책을 펼쳤다. 그러나 그는 1955년 유럽통합에 기여한 공로로 샤를마뉴상(**Charlemagne Prize**)을 수상했다.

Citizens Europe Advisory Service : 유럽연합 시민자문서비스
➡ Citizenship of the Union
➡ Committee for a People's Europe

유럽연합 시민자문서비스는 1990년 1월 집행위원회에 의해 설립된 제도로 유럽연합 시민으로서의 권리에 대한 자문과 의료혜택, 주거 및 연금제도 등에 대한 정보제공 기능을 수행한다.

Citizenship of the Union : 유럽연합 시민권
➡ Citizens Europe Advisory Service
➡ Committee for a People's Europe

1992년 마스트리히트조약의 체결로 도입된 것으로 유럽연합 회원국 소속 시민의 권리와 의무를 총괄하는 법적 조건을 의미한다. 유럽연합조약 제8조는 회원국의 국적을 보유한 모든 사람은 유럽연합의 시민이 된다고 명기하였다. 일반적으로 유럽시민권(European Citizenship)으로 불리는 유럽연합 시민권은 그동안 유럽통합이 경제통합 위주의 기능주의적 통합에 머물러 민주성 결핍(**Democratic Deficit**) 현상을 초래하여 유럽시민들이 통합에 능동적으로 참여하지 못한다는 현실을 인식하여 마련되었다. 유럽시민의 권리는 로마조약과 기타 유럽조약에서 규정된 바에 의해 결정되고 보장된다. 그러나 이들 조약들은 일반적 원칙에서 권리만을 다루고 있고 경제 분야에 치우쳐 있다. 또한 유럽사법재판소와 관련된 내용에서도 특정 분야에 국한되는 제약을 보여 왔다. 이에 반해 마스트리히트조약에서 마련한 유럽연합 시민권은 회원국의 국적을 지닌 자가 자동으로 보유하는 권리이다. 즉 회원국의 시민이면 누구나 유럽연합의 시민으로 인정된다. 유럽연합 시민권은 유럽공동체조약에 명시된 유럽시민의 권리와 의무와 함께 다음의 네 가지 권한이 새롭게 추가되었다.

- 유럽연합 내에서 국경을 넘어 거주 이전의 자유
- 거주국에서 지방선거와 유럽의회 선거에 출마하고 선거에 참가할 권리
- 유럽연합 밖에서 자국의 외교 및 영사업무가 존재하지 않을 경우,

유럽연합 집행위원회 대표부(**Commission Delegation**) 및 기타 유럽연합 회원국으로부터 보호받을 권리
- 옴부즈만(**Ombudsman**)을 통한 청원권(**Petition**)의 설립

그러나 유럽연합 시민권은 개별 국가의 시민권을 대체한 것은 아니며, 회원국의 시민권에 부여된 권한이다. 이후 암스테르담조약에서는 사회정책에 대한 의정서를 포함하였고, 2000년의 니스 유럽이사회에서는 시민의 권리와 연관된 유럽기본권헌장(**CFR**)이 서명되었다.

CJHA ➡ Cooperation in the fields of Justice and Home Affairs 참조

Cockfield White Paper : 콕필드 백서

영국 출신의 콕필드(Francis Cockfield)는 1985-89년 사이에 집행위원회 위원을 역임하면서 단일시장(**Single Market**) 창설에 깊숙이 관여한 인물이다. 그는 1985년에 정상회담의 요청을 받아 단일시장 창설에 필요한 제도개혁을 담은 백서를 발간했다. 이 백서는 그의 이름을 붙여 콕필드 백서로 불린다. 콕필드 백서는 각종 무역장벽을 철폐하고, 상호인증(**Mutual Recognition**)을 유럽차원에서 확대하며, 회원국 간에 소비세와 부가가치세를 조정한다는 내용을 담고 있다. 당시 유럽공동체는 콕필드 백서의 내용을 대부분 수용하여 단일시장계획에 반영하였다.

COCOM ➡ Coordination Committee for Multilateral Export Controls 참조

Codecision Procedure : 공동결정절차
➡ Conciliation Committee

➡ Trialogues

공동결정절차는 마스트리히트조약에 의해 개정된 유럽공동체조약 제189조 b를 통해 처음으로 도입된 것으로 집행위원회, 이사회 및 유럽의회 간 공동으로 정책을 결정하는 의사결정 방식이다. 이 정책결정절차는 노동자의 자유이동, 서비스, 역내시장, 교육, 보건, 소비자, 운송, 환경, 문화 및 연구 등 15개 정책 분야에 걸쳐 적용되었다. 암스테르담 조약은 공동결정절차를 더욱 단순화시켜 신속성 및 투명성을 강화하였으며, 그 적용 영역도 확대하였다. 또한 공동결정과정에서 조정위원회(**Conciliation Committee**)를 설립하여 최종 의제 결정 권한을 부여하였다. 유럽의회는 유럽공동체조약 제189조에 따라 조약상 부여된 권한을 행사하며, 역시 유럽공동체조약 제191조에 의해 공동결정절차에 참가한다. 공동결정절차의 도입으로 유럽의회는 그동안 유럽연합 입법권의 유일한 수호자(*le titulaire unique*)였던 각료이사회와 함께 공동수호자(*co-tituliare*)로 등장하게 되었다. 한편 공동결정절차는 다음과 같이 진행된다.

집행위원회가 서면으로 유럽의회와 각료이사회에 제안(proposal)을 제출하여 개시된다. 집행위원회의 제안에 대해 유럽의회는 견해를 제시하는데, 만일 어떠한 개정도 행해지지 않는다면 집행위원회의 제안은 채택된다. 만일 의회가 개정안을 제시하고, 각료이사회가 그 안을 모두 수용하면 역시 절차가 종료된다. 그러나 각료이사회가 공동입장(**Common Position**)을 채택하면 그 이유를 유럽의회에 알려야 한다. 마찬가지로 집행위원회도 그 입장을 유럽의회에 통보하여야 한다. 이러한 통보가 있고 3개월 이내에 유럽의회가 공동입장을 승인하거나 아무런 결정을 내리지 않는 경우 정책은 결정된다. 그러나 유럽의회가 재적의원 과반수의 찬성으로 각료이사회의 공동입장을 거부하는 경우, 조치안은 채택되지 않은 것으로 간주한다. 반면에 유럽의회가 재적의

원 과반수의 찬성으로 공동입장의 개정안을 제안하는 경우, 유럽의회는 개정안 문안을 각료이사회 및 집행위원회에 제출해야 하며 양 기구는 이에 대한 의견을 제시해야 한다. 이후 각료이사회가 유럽의회의 개정안이 회부된 때로부터 3개월 이내에 가중다수결(QMV)로 개정안을 모두 승인하는 경우, 해당 조치는 개정된 공동입장의 형태로 채택된다. 그러나 집행위원회가 부정적인 의견을 제출한 개정안에 대하여는 만장일치 찬성으로 채택해야 한다.

여기서 만약 각료이사회가 해당 조치를 승인하지 않는 경우, 각료이사회 의장은 유럽의회 의장과 합의하여 6주 이내에 조정위원회를 소집해야 한다. 조정위원회는 각료이사회와 동수의 유럽의회 대표자로 구성된다. 조정위원회는 각료이사회 구성원의 가중다수결 및 유럽의회 대표자의 과반수 찬성으로 공동문안에 대한 합의를 도출한다. 집행위원회 역시 조정위원회의 절차에 참여하여 유럽의회 및 이사회의 입장을 조정하는 데 필요한 조치를 취한다. 조정위원회가 소집된 때로부터 6주 이내에 공동문안을 승인하는 경우, 6주 이내에 유럽의회 및 각료이사회는 공동문안에 따라 해당 조치를 채택해야 한다. 상기 두 기구 중의 하나가 조치안을 승인하지 않는 경우 의제는 채택되지 않은 것으로 간주한다. 한편 조정위원회가 공동문안을 승인하지 않는 경우, 조치안은 채택되지 않은 것으로 간주한다.

Cohesion Fund : 결속기금

➡ Regional Policy
➡ Structural Fund

결속기금은 회원국들의 경제·사회적 편차를 완화하고 경제 안정화를 위한 결속정책을 실행하기 위해 설립한 기금이다. 이 기금은 환경과 교통 인프라를 포함하는 주요 사업 예산의 85%까지 지원된다. 기금의 수혜는 일인당 국민총생산을 기준으로 유럽연합 평균의 90% 이하인 저 발전 회원국이 받도록 규정되어 있다. 2004년 5월 기준으로 그리스, 포르투갈, 스페인 및 신규 회원국 10개국 모두가 이에 해당한다. 유럽연합은 2004~2006년 중에 1,590억 유로의 결속기금을 마련하여, 이 중에서 절반 이상을 신규회원국에 할당하였다. 결속기금은 조건적으로 지원되는데, 수혜국이 경제통화동맹(**EMU**)의 경제적 수렴조건(**Convergence Criteria**) 즉 안정과 성장협약(**Stability and Growth Pact**)을 충족시키지 못할 경우 즉시 중단된다. 가령 공공 재정적자가 국내총생산의 3%를 초과하는 경우 조건을 충족시키지 못하게 되어 결속기금 지원이 중단된다. 또한 경제적 수렴조건으로 회귀하지 못할 시에는 새로운 사업에 대한 지원이 전면 금지된다.

Cohesion Policy ➡ Cohesion Fund 참조

COJ ➡ Court of Justice 참조

College of Europe : 유럽대학
➡ European Cultural Center

이 대학은 당시 유럽회의(**Congress of Europe**)가 개최한 유럽문화회의(European Cultural Conference)을 통해 1949년 벨기에 설립되었다. 유럽대학은 다양한 전공에서 유럽통합 관련 학부과정을 운영하고 있다. 유럽대학은 유럽의 40여 개 국가에서 모인 약 400여 명의 학생이 재학하고 있으며, 수업은 영어와 프랑스어로 진행한다. 유럽대학은 매년 학기 초에 유럽통합과 관련된 주요 인물을 초대하여 특강을 진행하는데, 1988년 당시 영국 수상 대처(**Margaret Thatcher**)가 이곳에서 행한 브루헤 연설(Bruges Speech)은 반통합적 연설로 유명해지게 되었다. 이 대학은 유럽연합으로부터 재정지원을 받지만 공식적인 유럽연합 기구는 아니다.

Columbus : 콜럼버스

➡ European Space Agency(ESA)

1988년에 시작된 국제우주정거장(International Space Station) 건설 계획으로 미국, 캐나다, 러시아, 일본 및 유럽이 참여하였다. 유럽은 유럽우주국(**ESA**)을 통해서 콜럼버스 우주실험실(Columbus Orbital Facility)과 자동이동장치(Automatic Transfer Vehicle)의 건설에 대한 책임을 맡았다. 콜럼버스는 재료과학, 액체 물리학 등을 실험하는 일종의 실험실이다.

COM Document : 집행위원회 공식문서

➡ White Paper
➡ Green Paper

집행위원회는 입법과 정책실행에 모두 관여하므로 여타 기구에 비해 많은 공식문서를 만들어 낸다. 통상 집행위원회에서 나온 공식문서를 COM Document로 부르는데 여기에는 백서(**White Paper**), 녹서(**Green Paper**), 이사회를 비롯한 여타 유럽연합 기구에 제출하는 내부문서(Commission Communication), 실행프로그램(Work Programme) 및 각종 보고서(Report)가 모두 포함된다. 이것들 중 백서와 녹서는 집행위원회에서 가장 중요한 문서이다. 백서는 집행위원회가 중요한 의제제안을 할 때 제기하는 문서로, 뒤이어 관련 녹서를 발행하여 입법에 관한 여론과 자문을 청취한다. 반면에 녹서는 의제제안 이전에 정책의 필요성을 제기하여 여론과 논의를 환기시키는 목적에서 발행한다. 유럽공동체조약 제255조와 관련 규정(Regulation 1049/2001)에 따라 유럽시민은 유럽의회, 이사회 및 집행위원회 문서를 열람할 권한을 갖는다. 이에 따라 집행위원회뿐 아니라 유럽연합의 각 기구가 발행하는 공식문서와 입법과정은 인터넷과 문서를 통해 공개되고 있다.

COMETT ➡ Community Programme for Education and Training in Technology 참조

Comité Européen de Normalisation(CEN) : 유럽표준화기구

　　유럽표준화기구는 벨기에의 브뤼셀에 있으며 영어명은 'European Committee for Standardisation'이다. 이 기구는 1961년 당시 유럽공동체와 유럽자유무역연합(**EFTA**) 체결국이 시행하는 산업정책과 연구개발정책을 지원하기 위해 집행위원회의 재정지원을 받아 설립되었다. 유럽표준화기구의 업무 범위는 기술, 생산, 공정 및 정보기술 등을 망라하여 약 2,000여 분야에 이를 정도로 산업계 전반을 포괄한다. 1980년대 말 이후 단일시장계획이 본격화되면서 각국 간 다른 기술표준은 시장통합을 저해하는 가장 큰 장벽으로 인식되었다. 또한 당시 유럽 산업계에서는 프랑스, 독일 및 영국이 정한 기술규정이 유럽시장에서 통용되는 규정의 약 85%에 달하였다. 이에 따라 특정 회원국의 지배적 지위로 단일시장(**Single Market**)의 목적이 훼손된다는 우려가 팽배하였다. 이러한 문제를 시정하기 위해 집행위원회는 유럽표준화기구와 동반자관계(**Partnership**)를 맺고 유럽연합의 산업정책 입법에 관여토록 하였다. 이후 유럽표준화기구는 1990년대 이후부터 산업계의 자율규제(Self Regulation)를 지원하고 자유무역, 작업장 안전, 환경규제 등에 걸쳐 연구개발과 관련 프로그램을 시행하고 있다. 유럽표준화기구는 유럽연합 27개 회원국 외에도 스위스, 노르웨이 및 아이슬란드를 포함하여 총 30개 회원국이 참여한다.

COMITEXTIL ➡ Coordinating Committee for the Textile Industries in the EEC 참조

Comitology : 커미톨로지

커미톨로지는 집행위원회와 회원국 정부 관료가 공동으로 정책을 결정하는 전통적인 유럽연합의 정책결정 방식이다. 동시에 커미톨로지 위원회(Comitology Committees)는 이러한 공동결정을 위해 집행위원회와 회원국 정부 관료들로 구성된 정책결정 및 집행기구를 말한다. 커미톨로지의 시작은 1962년 각료이사회가 공동농업정책(**CAP**)의 입법과정에서 취약한 전문성을 보완하기 위해 만든 관리위원회(Management Committee)에서 비롯되었다. 당시 각료이사회는 농업정책 관련 기술규정 제정 시 기술적 한계를 보완하기 위해 회원국의 해당 관료들로 구성된 위원회를 만들었다. 이후 1968년 유럽공동체는 관세와 무역정책을 감독할 규제위원회(Regulation Committee)를 만들어 영구적으로 존속시키기로 결정하였는데, 이 역시 후에 커미톨로지 위원회의 하나가 되었다. 당시에 만들어진 커미톨로지는 원활한 기술입법 제정과 함께 집행위원회의 권한을 제어한다는 목적 역시 내재하였다.

그러나 1986년 이후 단일시장(**Single Market**) 계획이 본격화되면서 1987년에 각료이사회는 증대된 집행위원회의 업무를 감독할 독립적인 소위원회를 설치하는데, 이를 커미톨로지 위원회라고 정식으로 명명하였다. 또한 커미톨로지 위원회에 의해 이루어지는 정책결정방식을 커미톨로지라고 부르게 된다. 커미톨로지 위원회는 업무영역에 따라 관리위원회, 규제위원회 외에도 자문위원회(Advisory Committee) 등의 3개의 위원회로 나뉘며 각각이 고유한 기능과 정책결정 방식을 갖는다. 커미톨로지 위원회의 주요 임무는 집행위원회 결정이 기존의 법률에 근거하여 적절한 내용과 절차를 담고 있는가를 심사하고, 이후 정책집행에 따른 문제를 감시하며 이를 각료이사회에 통보하는 것이다. 만약 커미톨로지 위원회의 주장이 집행위원회 제안(proposal)과 불일치하는 경우 각료이사회에서 최종결정이 이루어진다.

커미톨로지가 적용되는 정책은 관리위원회를 통한 공동농업정책(CAP)과 공동어업정책(**CFP**), 규제위원회를 통한 반덤핑과 대외무역정책(**CCP**), 이외에 자문위원회를 통한 보건, 인권 및 여타 사회정책 등이다. 특히 자문위원회가 다루는 정책은 대부분 유럽연합의 예산이 직접 투입되는 중요한 정책이다. 커미톨로지 위원회는 이슈에 따라 한시적으로 구성되는데 통상 200~300여 개의 커미톨로지 위원회가 구성되어 있다. 유럽연합이 다루는 정책이 늘어나면서 커미톨로지 위원회의 업무 범위도 확장되었다. 그러나 위원회 특유의 정책결정의 폐쇄성이 문제가 되었다. 이에 따라 유럽연합은 2001년부터 커미톨로지 내부문서는 집행위원회의 공식문서와 동일하게 공개하며 인터넷을 통해 공개적으로 유럽의회에 제출하도록 하고 있다. 또한 집행위원회는 2000년부터 전년도 커미톨로지 위원회의 활동에 관한 보고서를 발행하고 있다.

Comitology Committees ➡ Comitology 참조

Commission Delegation : 집행위원회 대표부

집행위원회 대표부는 협력 대상국 및 주요 국제기구에 파견되어 유럽연합의 이익을 추구하는 역할을 담당한다. 대표부는 협력대상국 및 국제기구에 유럽연합의 정책을 알리고 설명하며, 현지국의 정책 현황을 조사하여 보고하고 공동통상정책(**CCP**), 공동외교안보정책(**CFSP**), 원조정책 등의 공동정책을 이행하며, 필요한 경우 국제적 협상을 수행한다. 2006년 기준 집행위원회(European Commission)는 전 세계의 118개국 및 주요 국제기구(UN, WTO, OECD, CSCE)가 주재하는 5개 도시(제네바, 뉴욕, 파리, 비엔나, 로마)를 포함하여 총 123개의 대표부를 설치, 운영하고 있다.

Commissioner : 집행위원

집행위원회에 소속되어 주요 정책 분야별로 정책의 수립과 이행을 관장하는 5년 임기의 유럽관료를 말한다. 집행위원은 회원국 정부로부터 각 1명씩 추천되어 임명된다. 2007년 현재 총 27명의 집행위원으로 구성되어 있다. 각 집행위원은 집행위원회 내부적으로 각 정책분야를 담당하는 하나 또는 그 이상의 총국(DG)의 운영을 책임지고 있다.

2000년 니스조약에서는 회원국 수가 27개국에 이를 때까지는 각 회원국 당 1인의 집행위원으로 구성되며, 유럽연합의 확대에 따라 회원국 수가 27개국을 초과할 경우 집행위원회 구성 문제를 다시 논의하도록 하였다. 각 집행위원이 회원국 정부의 추천에 임명되어도 일단 임명된 집행위원은 모국의 이익과 관계없이 유럽연합 전체의 공동이익을 대변하여 정책의 제안(proposal), 이행 및 관리 역할을 수행한다.

Commission President : 집행위원장

집행위원장은 집행위원회가 추진하는 정책의 방향과 틀을 제시하고, 여타 집행위원들과 함께 유럽연합의 정책 제안(proposal), 이행 및 행정 전반을 관장한다. 집행위원장은 유럽이사회에서 회원국 정부 간 합의에 의해 추천되고, 유럽의회의 승인을 거쳐 5년의 임기로 임명된다.

집행위원장은 대내외적으로 집행위원회를 대표하여 유럽이사회, 각료이사회, 유럽의회 등 유럽연합 기구 회의에 참여하며 G8과 같은 대외적 협상과정에도 참여한다. 집행위원회는 유럽연합의 입법부인 동시에 행정부로서 입법제안권을 독점하고 거의 모든 의사결정과 실행과정에 개입한다. 이러한 강력한 권한 때문에 집행위원장의 성향과 노선은 유럽연합의 발전에 많은 영향을 주었다. 1958년부터 67년까지 10여 년간 재직하면서 유럽통합의 길을 닦은 할슈타인(Walter Hallstein)과 1985년부터 95년까지 재임하면서 단일시장계획을 추진하고 경제통화동맹(**EMU**)을 성사시킨 들로르(**Jacque Delors**) 집행위원장이 그 대표적 예이다.

Committee for a People's Europe : 시민의 유럽위원회

➡ Citizenship of the Union

시민의 유럽위원회는 유럽시민들로 하여금 유럽연합에 대한 이미지를 개선하고 유럽적 정체성을 강화하기 위한 목적으로 1984년 퐁텐블로 정상회담(**Fontainebleau Summit**)의 제안에 의해 설립되었다. 위원회는 회원국의 대표들로 구성되며 당시 이탈리아의 유럽의회 의원인 피에트로 아도니노(Pietro Adonino)가 위원장을 맡았다. 시민의 유럽위원회는 그간 두 차례의 보고서를 발행하였는데, 이는 통상 아도니노 보고서로 알려져 있다. 1985년에 작성된 1차 보고서에서는 국경통과의 단순화, 면세 허용, 서적과 잡지에 대한 세제감면 및 대학학위의 상호인정 등을 담고 있다. 이 보고서는 장기적 시각에서 유럽의 이미지를 진작시킨다는 목적하에 시민의 권리, 문화정책, 청년교환프로그램 등을 제안하였다. 이들 제안들은 단일유럽의정서(**SEA**), 유럽시민권(**European Citizenship**)과 관련된 유럽연합조약에 포함되었다. 또한 시민의 유럽위원회의 제안은 암스테르담조약에서도 시민의 권리 확장, 유럽의회의 역할 강화, 보충성의 원칙(**Principle of Subsidiarity**)의 확대에도 기여하였다.

Comite d'organisations professionnelles agricoles(COPA) : 농업단체위원회

영어명으로 Committee of Agricultural Organizations in the European Union으로 불리는 유럽연합의 농업단체위원회는 1958년 6개 회원국에서 13개 농업기구들이 참여해 설립되었다. 이 위원회는

■ Committee of the Creation of the EMU

공동농업정책(**CAP**)에 관련된 문제에서 유럽연합 기구들과 수시로 접촉하여 견해를 표명한다. 현재는 27개국에서 58개의 단체들이 정회원으로 가입되어 있고, 터키, 스위스, 노르웨이 및 아이슬란드에서 7개 단체가 연합회원으로 가입되어 있다. 농업단체위원회는 각 농민단체 대표와 농업협력회의(COGECA) 의장, 농업단체위원회 내 여성위원회 의장과 유럽청년농업인회의(CEJA : European Council of Young Farmers)로 구성되는 의장단, 농업전문가들로 구성된 50여 개의 전문가그룹(Working Parties), 유럽연합 기구들과 여타 경제사회 기구들과의 관계를 조정하는 사무국(Secretariat), 그리고 전문가그룹과 의장단 간의 조정을 담당하는 정책조정위원회(Policy Co-ordination Committee)로 구성된다. 이 기구는 대부분의 정책영역에서 농업협력회의와 긴밀히 협력하고 있다.

Committee of the Creation of the EMU : 경제통화동맹 창설위원회

경제통화동맹 창설위원회는 1998년 프랑스의 지스카르 데스텡(**Valéry Giscard d'Estaing**) 전 대통령과 독일 슈미트(**Helmut Schmit**) 전 총리에 의해 설립되었으며 정치가뿐 아니라 산업계와 금융계 인사가 참여하였다. 이 위원회는 설립 이후 유럽통화제도(**EMS**)의 시행과정을 검토하여 경제통화동맹(**EMU**) 2단계 출범을 촉구하였다. 경제통화동맹 창설위원회는 유럽중앙은행(**ECB**)과 공동금융정책을 채택하고, 각 회원국으로부터 권한을 위임받아 각료이사회가 예산정책을 실행한다는 여러 실천계획을 제기하였다.

Committee of the Governors of the Central Banks : 중앙은행 총재회의

중앙은행 총재회의는 1964년에 설립되어 1994년 1월 유럽통화기구(**EMI**) 설립으로 그 기능이 정지되었다. 이후 유럽중앙은행(**ECB**)과 유럽중앙은행제도(**ESCB**)의 운영위원회(Governing Council)가 그 역할을 승계하였다. 중앙은행 총재회의는 원래 회원국 간 통화협력을 논의하는 기구로 유럽통화제도(**EMS**) 운영에 대한 기술적 자문과 지원을 해왔다. 이 위원회는 국가 간 순환 없이 1년을 임기로 자체의장을 선출하고, 스위스 바젤의 국제결제은행(Bank For International Settlement) 본부에서 매월 한 번씩 회동해 왔다.

Committee of the Regions(CoR) : 지역위원회

→ Economic and Social Committee

지역위원회는 유럽연합조약 제198a조에 의해 만들어진 유럽연합의 자문기구로 1994년부터 업무를 수행하였다. 지역위원회 창설 이전에도 오래전부터 유럽차원에서 지역적 연합이 결성되어 유럽연합과 밀접한 협력관계를 형성하고 있었다. 1957년에 만들어진 지방정부상설회의(Permanent Conference of Local and Regional Authorities)가 그 대표적 예이다. 그러나 이러한 많은 지역연합 기구들은 유럽연합조약 체결 이후 지역위원회로 대체되었다. 유럽연합조약 서문에는 "유럽연합 시민 간 결속을 지속하며, 보충성의 원칙(**Principle of Subsidiarity**)에 의해 모든 결정은 시민들에게 보다 밀접하게 적용된다."라고 명기되어 있다. 또한 유럽연합조약 제146조에는 지방정부 장관은 지역 대표로서 각료이사회에 참여할 수 있다고 명기하고 있다. 이러한 조약내용과 같이 유럽연합은 그동안 통합과정에서 지방정부의 참여를 적극 지원하였는데 그 구체적인 결과가 지방정부 대표들로 구성된 지역위원회의 창설이다.

지역위원회는 각료이사회에 의해 임명된 각 지역과 지방정부를 대표한 344명의 위원으로 구성되며, 위원의 임기는 4년이다. 경제사회위원회(**ESC**)와 유사하게 지역위원회 위원 역시 각 국가나 지방정부의 규모 그리고 정치적 중요성 등을 반영하여 인적 배분이 이루어진다. 유럽연

■ Committee of Three Wise Men

합조약에서는 경제 · 사회적 결속을 위한 범유럽 네트워크, 보건, 교육 및 문화정책 등은 반드시 지역위원회의 자문을 거쳐 결정을 행하도록 명시하고 있다. 나아가 암스테르담조약에서는 이러한 자문기능을 고용정책, 사회정책, 환경정책, 교육훈련정책 그리고 운송정책까지 확대한다고 명기한다. 이에 따라 지역위원회는 지역적 이해가 개입되는 정책에서 독립적인 판단에 의한 견해(**Opinion**)를 제기할 수 있다. 그러나 지역위원회는 각 지방의 대표성이 결여된다는 문제점을 갖고 있다. 대개의 경우 지역위원회의 위원들은 유럽의회와 같이 선거절차를 거치지 않고 중앙이나 지방관료들 중에서 임명된다. 이에 따라 독일이나 벨기에같이 고도화된 지방분권적 국가를 제외하고 대부분의 지방정부들은 지역위원회를 유럽연합으로의 로비창구 정도로 인식하는 실정이다. 이러한 이유는 지역위원회가 강제력이 없는 자문기능만을 갖기 때문이다.

Committee of Three Wise Men : 3인 현자위원회

프랑스 지스카르 데스탱(**Valéry Giscard d'Estaing**) 대통령의 제안으로 1978년 12월 브뤼셀의 유럽정상회담에서 설치가 결정된 위원회이다. 당시 유럽정상회담에서는 유럽 내의 탁월한 인물을 뽑아서 유럽공동체 기구들의 효율적인 운영 여부와 유럽통합의 미래 등을 검토하는 임무를 부여하였다. 이에 따라 네덜란드의 비에스후벨(Barend Biesheuvel), 영국의 델(Edmund Dell)과 프랑스의 마졸렝(Robert Marjolin)이 3인의 위원으로 선정되었고, 이들은 유럽공동체의 정책결정 과정의 문제점을 담은 보고서를 1979년 각료이사회에 제출하였다. 구체적으로 이 보고서에서는 집행위원회의 권한 강화와 각료이사회에서 다수결 표결제도 확대안 등을 담았다. 그러나 당시 3인 현자위원회와 유사한 내용을 다룬 틴더만 보고서(**Tindermans Report**)도 아직 토의되지 않은 상태였다. 따라서 3인 현자위원회의 보고서는 1979년과 1980년의 유럽정상회담에서 간략하게 언급되었고 후속 조치는 사실상 취해지지 않았다.

Common Agricultural Policy(CAP) : 공동농업정책
➡ Butter Mountain and Wine Lake
➡ Common Market Organization
➡ Community Preference
➡ Deficiency Payments
➡ European Agricultural Guidance and Guarantee Fund(EAGGF)
➡ Green Currencies
➡ Mansholt Plan
➡ Set-aside
➡ Target Price

공동농업정책은 1957년 유럽공동체조약에 의해 만들어진 유럽공동체의 첫 공동정책이다. 공동농업정책은 회원국 간 공동정책을 통하여 농업생산성 향상과 합리화를 꾀하여, 농민을 보호하고, 농산물의 안정적 공급을 통해 소비자에게 합리적인 가격을 보장해 준다는 목적을 갖고 출범하였다. 유럽공동체조약 제32조-제38조 그리고 제131조는 공동농업정책의 목표를 농업과 농산물 유통에 대한 공동시장 확대, 농업 생산성 증가, 농민의 생활수준 향상, 시장 안정화, 소비자에게 합리적 가격보장, 세계교역의 조화로운 발전, 환경보호 등에 두고 있다. 한편 이 조약은 공동농업정책은 공동가격 책정으로 이루어지는 농업시장의 통일성 원칙, 역내가격 지지와 공동관세 등으로 이루어지는 공동체 우선원칙 (**Community Preference**) 그리고 유럽농업지도보증기금(**EAGGF**)에 의해 이루어지는 재정 연대의 원칙을 밝히고 있다.

공동농업정책이 유럽공동체의 첫 공동정책이 된 배경에는 전후 유럽의 만성적인 식량부족과 주요 회원국인 프랑스에서 갖는 농업의 정치적

■ Common Agricultural Policy(CAP)

중요성 때문이었다. 초기 공동농업정책은 집행위원인 만숄트(Sicco Mansholt)에 의해 주도되었다. 만숄트는 농업시장보호, 구조조정, 농산물 가격정책을 도입하고 보조금 지급을 골자로 하는 가격보전정책을 제시했다. 만숄트가 제시했던 내용을 토대로 각 회원국들은 이른바 농업마라톤회담(Agricultural Marathon)으로 불리는 기나긴 협상 끝에 1962년부터 이 정책을 도입하였다. 당시 공동농업정책의 정책기조는 역외농산물에 대하여 관세와 수입과징금을 부과하여 역내농업을 보호하고, 유럽농업지도보증기금과 같은 유럽공동체 자체의 재원조달을 통해 초국적 정책을 실현하는 것이었다. 이러한 시행원칙을 통해 1968년에 이르러서는 유럽공동체 내 모든 농산물에 대한 공동시장 제도가 완성되었다.

일반적으로 공동농업정책은 집행위원회에 의하여 유럽농업지도보증기금의 운용과 할당을 통해 이루어진다. 집행위원회가 지역위원회(CoR), 경제사회위원회(ESC) 및 농민단체 등 여러 자문기구의 조언을 얻어 법안을 만들어 각료이사회에 상정하면, 각료이사회는 농업특별위원회(SCA)와 상의 후 가중다수결(QMV)로 법안을 결정한다. 초기 공동농업정책은 독일이 관세동맹(Customs Union) 형성으로 이익을 얻고 이에 대한 보상 차원에서 프랑스의 농업을 지원한다는 정치적 목적이 내재하였다. 이에 따라 공동농업정책은 그동안 유럽통합의 상징이면서도 회원국 간 견해차로 끊임없는 갈등을 야기하였다. 실제로 영국이 유럽공동체 가입을 시도했을 때 가장 큰 난항은 바로 공동농업정책에서 프랑스의 이익이었고, 1965년 공석위기(Empty Chair Crisis)도 바로 농업문제에서 촉발되었다. 국가 간 분쟁은 또한 분담금 수혜를 둘러싸고도 일어났다. 영국은 유럽공동체에 기여하는 금액보다 공동농업정책을 통해서 받는 분담금이 너무 적다는 이유로 분담금의 환수를 주장하여 관철한 바 있다.

공동농업정책은 짧은 기간 내에 괄목할 성과를 거두었으나, 유럽연합의 재정을 압박하는 주요한 요인이 되었다. 또한 과도한 가격지지제도 때문에 '산을 이룬 버터와 호수를 이룬 와인(Butter Mountain and Wine Lake)'이라는 농산물 과잉생산 문제를 야기했다. 이에 따라 공동농업정책은 1980년대부터 지속적인 개혁 대상이 되었다. 1988년에는 들로르 패키지(Delors Package)에 의해 유럽농업지도보증기금의 지출 수준을 제한하였고, 1992년에는 과잉 농산물 수출을 위해 지급되는 수출 보조금이 축소되고, 역외농산물 수입개방이 이루어졌다. 한편 1992년에는 농업경쟁력 강화를 위해 2006년까지 시행되는 아젠다 2000(Agenda 2000)이 승인되어 곡물개입가격 인하 및 신규가입국의 농업지원에 대한 조치가 이루어졌다. 최근에는 공동농업정책이 환경 친화적이며 농업지대의 구조개혁과 같은 사회정책의 성격이 강화되고 있다.

Common Commercial Policy(CCP) : 공동통상정책

➡ Article 133 Committee
➡ Common External Tariff(CET)

공동통상정책의 목적은 유럽공동체 차원에서 무역자유화에 입각해 단일의 무역조치와 무역협정을 취하며 특별히 반덤핑 및 보조금 지급과 같은 무역장벽 제거 등이다. 로마조약 체결 당시 유럽공동체가 공동통상정책을 주요한 공동정책으로 실행한 것은 역내 공동시장(Common Market) 창설에 걸림돌인 회원국 간 무역장벽을 철폐하기 위해서였다. 물론 공동통상정책은 국제무역협상과 역외무역에서 협상력을 제고한다는 목적 역시 내재한다. 이와 같이 초기 공동통상정책의 1차적 관심은 회원국 간 일관된 대외경제정책보다는 공동시장 완성과 역내에서 경제성장의 잠재력을 높이는 데 초점이 맞추어졌다.

유럽공동체조약의 제2조는 공동통상정책의 목적을 다음과 같이 명기하고 있다. "공동시장(Common Market)의 설립 및 회원국 경제정책

■ Common Commercial Policy(CCP)

의 점진적 접근에 의해 유럽공동체는 조화로운 경제활동을 증진시킬 임무가 있다." 뒤이어 유럽공동체조약 제3조 b에서는 "유럽공동체의 조치는 -중략- 공동관세율 및 공동통상정책의 설립을 포함한다"라고 명시하였다. 이러한 조약 내용에 따라 공동통상정책은 역내에서는 개발협력정책 및 경제, 산업정책과 조화를 꾀하고, 역외에서는 제3국과의 효과적인 대외경제관계를 유지한다는 목적을 갖는다.

공동통상정책은 유럽공동체조약 제110조-제116조를 통해 구체적인 정책 실행 목적과 과정을 담고 있다. 핵심 조항인 제113조는 공동통상정책은 관세율 변경, 관세 및 통상협정 체결, 자유화 조치의 통일, 수출정책, 반덤핑 및 상계관세와 같은 통상방어조치 등 모두 포함한다고 명기하고 있다. 1993년에 마스트리히트조약이 발효되면서 기존 유럽공동체조약에서 공동통상정책 내용을 담은 제111조, 제114조 및 제116조는 폐지되고, 제113조 및 제115조는 개정되었다. 1999년 암스테르담조약이 발효되면서 유럽공동체조약에서 공동통상정책은 제IX부의 제131조, 제132조, 제133조, 제134조로 조문이 변경되었다. 특히 제133조는 국제무역기구(WTO) 협정의 내용을 반영하여 "각료이사회는 -중략- 서비스 및 지적재산권에 관한 국제협상 및 협정에 유럽공동체조약 제133조 1항-4항을 확대 적용할 수 있다."라고 명기하였다. 동시에 133조에 제5항을 신설하여 공동통상정책은 상품의 교역뿐 아니라 서비스 및 지적재산권 분야에도 적용된다고 명기하였다.

1971년 유럽사법재판소가 유럽공동체는 대외무역협상에서 배타적인 권한을 갖는다고 판결하여 대외무역협상은 집행위원회, 각료이사회 및 133조 위원회(Article 133 Committee) 간 협력을 통해 이루어져 왔다. 대외무역협상은 먼저 집행위원회가 각료이사회로부터 협상에 관한 제안(proposal)을 승인받고 이후 133위원회의 자문을 거친 뒤 이루어진다. 집행위원회는 협상과정에서 각료이사회에 추가적인 권한을 요구할 수 있으며, 각료이사회의 가중다수결(QMV) 표결을 거쳐 집행위원회가 최종 서명권을 행사한다. 이와 같이 대외무역협상 과정에서는 유럽의회의 권한이 극도로 제약되었다. 이러한 이유는 1957년 유럽공동체조약에서 대외무역협상에서 유럽의회의 승인절차를 명기하지 않았기 때문이다. 이에 따라 유럽의회는 대외무역협상 과정에서 공식적인 권한이 제약되고 다만 비공식적 경로를 통해 이사회와 집행위원회와 접촉하여 의사를 개진하여 왔다.

Common Customs Tariffs : 공동관세율 ➡ CET 참조

Common Defence Policy : 공동방위정책
- ➡ Common Foreign and Security Policy(CFSP)
- ➡ European Security and Defence Policy(ESDP)
- ➡ Western European Union(WEU)

공동방위정책은 정치적 통합을 추구하는 과정에서 회원국 간 군사안보 협력을 제도화하기 위해 제기된 유럽연합 차원의 공동정책이다. 1993년 발효된 유럽연합조약에서는 유럽연합 차원에서 공동방위정책의 필요성을 제기한 바 있다. 그러나 회원국 간 군사안보적 협력은 사실상 관행적인 협의수준을 벗어나지 못하고 있다. 이에 따라 공동방위정책은 공동외교안보정책(**CFSP**)의 틀 안에서 운영되는 유럽안보방위정책(**ESDP**) 차원에서 추진되고 있다. 또한 유럽연합에서는 군사적 행동을 비롯한 방위 관련 정책의 실행권한은 서유럽동맹(**WEU**)이 보유하고 있다.

Common European Research Project Information Format(CERIF)
: 공동유럽연구개발정보

공동유럽연구개발정보는 회원국들 간 연구프로젝트에 대한 정보교환을

■ Common European Security and Defence Policy(CESDP)

위해 1991년에 만들어졌다. 공동유럽 연구개발정보는 유럽연구데이터베이스(European Research Database) 네트워크 구축을 위한 선결과제로 추진되고 있다.

Common European Security and Defence Policy(CESDP) : 공동유럽안보방위정책

➡ Common Foreign and Security Policy(CFSP)
➡ Western European Union(WEU)
➡ European Rapid Reaction Force(ERRF)
➡ Political and Security Committee(PSC)

공동유럽안보방위정책은 공동외교안보정책(**CFSP**)의 한 부분으로 마스트리히트조약에 의해 만들어졌다. 1999년 쾰른 유럽이사회(Köln European Council)와 헬싱키 유럽이사회(Helsinki European Council)에서는 유럽연합이 국제질서에 능동적으로 대처하기 위해 공동외교안보정책(CFSP) 기조 안에서 운영되는 안보방위정책을 수립하기로 결정하였다. 이에 따라 만들어진 유럽안보방위정책은 유럽연합의 대외위기관리와 분쟁예방을 위한 여러 정책과 활동으로 구성된다. 구체적으로 유럽연합은 유럽안보방위정책을 통해 유럽과 인접 지역에서 유사시 60일 이내 6만 명 규모의 유럽신속대응군(**ERRF**)을 배치토록 하였다. 또한 정책의 원활한 수행을 위해 각료이사회 내에 정치안보위원회(**Political and Security Committee**)와 유럽연합 군사위원회(**Military Committee of the European Union**) 그리고 군사참모부(Military Staff)를 설립하였다. 이와 같이 유럽안보방위정책은 유럽연합이 국제환경의 변화에 적극적으로 대응할 수 있는 물리적 역량을 강화하고, 향후 공동유럽방위(Common European Defence)로 나가기 위한 제도적 장치라고 할 수 있다.

공동유럽안보방위정책은 원래 유럽안보방위정책(**ESDP**)으로 불렸으나 북대서양조약기구(**NATO**)의 관련기구와 이름이 유사하여 1999년 헬싱키 유럽이사회(Helsinki European Council)에서 공동유럽안보방위정책으로 개칭되었다. 한편 유럽연합조약 제17조는 공동외교안보정책과 서유럽동맹(**WEU**)에 대한 내용을 담고 있는데, 이 조약 내용에 따라 공동유럽안보방위정책은 북대서양조약기구와 병립하는 군사정책으로 존속한다. 그러나 이 정책은 그동안 회원국 간 느슨한 협력을 통해 운영되고, 유럽연합 차원에서 자체 군대가 없어 큰 기능을 하지 못하였다.

Common External Tariff(CET) : 공동역외관세

➡ Common Commercial Policy(CCP)

공동관세율(Common Customs Tariff)이라고도 불리는 공동역외관세는 관세동맹(**Customs Union**)을 결성한 국가들이 역외로부터의 수입에 공통적으로 부과하는 관세를 말한다. 이는 자유무역연합(Free Trade Association) 체결국이 비협정 체결국에 대해 각기 관세를 적용하는 것과 대응되는 개념이다. 유럽연합의 공동관세율은 유럽공동체조약 및 여러 2차 입법(**Secondary Legislation**)에 근거하고 있다. 유럽공동체조약 제29조는 "공동관세율의 변경 및 연장은 집행위원회의 제안(proposal)에 따라 각료이사회에서 가중다수결(**QMV**) 표결로 결정한다."고 규정하고 있다. 공동역외관세는 회원국 간 1968년 7월 1일자로 발족한 관세동맹의 핵심적 내용을 이루고 있다. 1968년 유럽공동체에서 관세동맹이 출범하면서 역내시장에서 회원국 간 관세 및 이와 동등한 효과를 갖는 과징금이 폐지되었다. 동시에 역외국에 대해서는 공동관세율이 적용되었다. 원래 유럽공동체조약 제111조는 공동관세율 부과 이전의 과도기간에 제3국과의 대외통상 및 협상에 대해 명기하였으나, 이 조항은 암스테르담조약에 의해 폐지되었다. 이를 폐지한 이유는 유럽공동체가 관세동맹을 예상보다 앞당겨 도입하여 회원국 간 관

■ Common Fisheries Policy(CFP)

세율 조정이 미비하여 한시적인 조치가 필요하여 111조를 두었기 때문이다. 한편 공동관세율은 이사회 규정(Regulation 950/68) 및 그 부속서에 의해 정해지며 부속서는 매년 개정되어 공표된다. 또한 관세율 변경이나 관세협정 체결과 같은 대외관세 조치는 공동통상정책(CCP)의 일환으로 시행된다.

Common Fisheries Policy(CFP) : 공동어업정책

유럽공동체는 1960년대 말부터 해양수산 자원의 남획 방지와 관리를 위해 유럽공동체 차원의 공동정책을 논의하였다. 그러나 당시 유럽공동체의 가입을 준비하고 있던 영국, 아일랜드, 덴마크 및 노르웨이가 자국의 어업수역에 대한 평등한 접근을 담은 공동어업정책 안에 크게 반발하여 정책도입은 난항을 겪게 되었다. 이에 따라 유럽공동체 회원국들은 1970년에 회원국에 대한 어업수역의 평등한 접근이란 원칙은 고수하되, 1982년까지 한시적으로 연안국의 6해리 내에서 배타적 어업권을 인정하는 절충적인 내용을 담은 공동어업정책을 출범한다. 이후 1975년부터 아이슬란드, 노르웨이 및 캐나다 등의 대서양 연안국가들은 200해리 경제수역을 선포하였다. 유럽공동체 역시 1977년부터 200해리 경제수역을 선포하여 북해와 북대서양에서 회원국의 어업권을 200해리까지 연장하고 해양자원의 보호정책을 강화하였다. 이후 6년간의 긴 협상을 거쳐 1983년에 새로운 공동어업정책이 만들어졌다. 이에 따라 총 어획 가능량(Total Allowable Catches : TACs)과 쿼터제가 도입되었다. 총 어획 가능량에 따라 유럽공동체 회원국과 아이슬란드와 같은 일부 역외국에 대해 매년 어종별로 쿼터량이 부여되었다. 또한, 200해리까지 회원국 어선의 접근을 허용하고, 12해리까지는 연안국의 배타적 어업권을 인정하였다. 다만, 과거로부터 해당 연안에서 조업을 해왔던 국가에 대해서는 12해리 영해 내에서 어업권이 보장되었다. 반면에 유럽공동체는 지중해에서는 200해리 경제수역을 적용하지 않았다.

이후 1986년 유럽 내 주요 어업국가인 스페인과 포르투갈이 유럽공동체에 가입하면서 공동어업정책에 일부 변화가 있었다. 당시 스페인과 포르투갈의 어업행위는 프랑스, 아일랜드 및 영국 근해에서 많이 이루어지고 있었다. 이에 따라 유럽공동체는 스페인과 포르투갈에 대해 2002년까지 점진적으로 공동어업정책을 적용하고, 여타 회원국의 수역에서 입어하는 어선의 수와 어획량을 엄격히 제한하였다. 1992년에는 12마일 배타적 어업권, 스코틀랜드 연안의 어족자원 보호를 위한 특별수역(Shetland box) 유지 등 기존 조치 이외에 가공판매 등 어업 전반에 걸친 규정이 도입되었다. 이와 같이 공동어업정책은 1970년대 이후 신규회원국 가입을 기점으로 변화되어 왔으며, 회원국의 조업량과 해양수산 자원 관할권은 유럽연합에 귀속되어 있다. 유럽연합의 어업 수역에서는 원칙적으로 역외국가의 어선은 입어가 금지되며, 유럽연합과 쌍무협정에 따라 제한된 어로행위만이 허용된다.

Common Foreign and Security Policy(CFSP) : 공동외교안보정책
→ European Security and Defence Policy(ESDP)
→ European Rapid Reaction Force(ERRF)
→ Petersberg Task
→ Western European Union(WEU)

공동외교안보정책은 1993년 유럽연합조약의 발효로 만들어지고 이후 암스테르담조약을 통해 외교·안보 부분에서 국가 간 더욱 공고한 협력을 위한 제도적 조정이 이루어졌다. 공동외교안보정책은 유럽공동체 조약의 여러 공동정책 그리고 내무사법협력(**CJHA**)과 함께 유럽연합을 구성하는 3개의 지주 중 두 번째 지주를 형성한다. 유럽연합은 공동외교안보정책을 도입하면서 1970년대 이래 추진되어온 유럽정치협력(**EPC**)이라는 정치·군사적 협력을 구체화하였다. 이후 유럽연합은 1999년에 코소보 사태와 같은 국제적 분쟁에 효과적으로 대응하기 위

■Common Foreign and Security Policy(CFSP)

해 공동외교안보정책의 범주 내에서 유럽안보방위정책(**ESDP**)을 추진하여 왔다. 유럽안보방위정책은 유럽과 인접지역의 위기 상황 시 유럽연합의 대처능력을 강화하고, 유사시 60일 이내에 6만 명 규모의 '유럽통합군'을 배치하여 운영한다는 내용을 담고 있다. 또한 이 정책을 통해 각료이사회 내에 정치안보위원회(**PSC**), 유럽연합 군사위원회(**Military Committee of the European Union**), 군사참모부(Military Staff)를 설립하였다. 이로써 유럽연합은 공동의 유럽방위라는 오랜 목표를 실현할 수 있는 전기를 마련하였다.

공동외교안보정책은 다음의 구체적 목표를 담고 있다.

- 유럽연합 공동의 가치와 이익, 그리고 독립성 유지
- 유럽연합 차원에서 안보 강화
- 국제적 차원에서 안보와 평화보전
- 국제협력 증진
- 민주주의와 법치주의, 인권 및 자유 수호

공동외교안보정책은 유럽연합의 일반적인 공동정책의 정책결정방식과 확연히 차이를 갖는다. 공동외교안보정책의 기본원칙과 정책 방향은 회원국 정상들로 구성된 유럽이사회에서 결정된다. 이에 근거하여 이사회 의장국과 집행위원회가 구체적 정책을 제안하고, 최종적으로 일반이사회(**GAC**)에서 회원국 간 공동의 조치를 마련한다. 일반적으로 공동외교안보정책의 주요 정책결정은 회원국 간 전반적인 합의와 조정을 통해 만장일치 표결로 이루어진다. 이 과정에서 집행위원회는 여타 공동정책과 달리 상대적으로 제한적인 역할을 갖는다. 한편 유럽의회는 의장국과 집행위원회로부터 공동외교안보정책 추진현황에 대해 정기적으로 보고를 받고 질의 및 건의를 할 수 있다. 1999년 암스테르담조약의 발효 이후 공동외교안보정책 수립을 관할하는 각료이사회 사무총장(**Council Secretary-General**)이라는 직책이 만들어져 공동외교안보정책 고위대표(**High Representative for CFSP**)직을 겸하고 있다. 각료이사회 사무총장은 각료이사회와 의장국의 활동을 지원하고 외교·안보 분야에서 대외적으로 유럽연합을 대표한다. 또한 유럽연합은 각료이사회 사무국 산하에 정책기획 및 조기경보기구(**Policy Planning and Early Warning Unit**)를 설치하여 국제관계의 변화를 분석, 평가하고 정책수립에 필요한 전략을 마련한다. 나아가 공동외교안보정책의 주요 정책수단으로는 공동전략(Common Strategy), 공동입장(**Common Position**), 공동행동(**Joint Action**) 등이 있다. 유럽연합은 중요한 이해관계를 갖는 국제문제 및 사안에 대해서는 공동전략을 수립, 채택한다. 이후 이러한 전략적 목적을 실현하기 위해 유럽연합 차원에서 공동입장을 견지하고 공동행동을 행한다.

Common Market : 공동시장

→ Single Market
→ Internal Market

공동시장은 경제통합의 한 형태로 역내에서 4대 자유(상품, 노동 자본, 서비스의 자유이동)가 보장되지만 여전히 관세 국경이 존재하는 경제공간을 의미한다. 공동시장은 역내 관세와 수량제한을 철폐한 자유무역연합(**FTA**)과 여기에 더하여 공동역외관세(**CET**)를 시행하는 관세동맹(**Customs Union**)보다 더욱 진일보한 통합 형태이다. 유럽연합은 1958년 유럽경제공동체 출범부터 공동시장의 성격을 갖추어 이 때문에 공동시장이 유럽경제공동체 자체를 의미하기도 한다. 유럽공동체조약 제2조와 3조는 공동시장의 설립을 유럽공동체의 목표라고 명기하고, 이의 실현을 위한 도구를 다음과 같이 열거하고 있다.

- 회원국 간 상품 수입과 수출에 관한 역내관세 및 수량 제한 철폐
- 회원국 간 노동과 서비스, 자본 이동을 저해하는 장벽 제거

■Common Position

- 운송과 농업 등 공동시장 내에서 경쟁왜곡을 방지하기 위한 공동정책 실행
- 환경, 에너지, 문화 등 유럽공동체 차원의 새로운 정책 채택

유럽공동체법은 관세를 점차 철폐하여 12년의 이행 기간을 거쳐 1969년 12월 말까지 공동시장을 완성하기로 하였다. 그러나 이보다 1년 6개월 앞당겨 1968년 6월 말 공동시장을 출범시켰다. 그러나 4대 자유가 보장되는 공동시장이란 개념은 1986년 서명된 유럽단일의정서(SEA)에 의해 보다 확장된 개념인 역내시장(Internal Market)을 의미하게 되었다. 따라서 공동시장은 완전히 통합된 시장, 즉 역내시장이 완전히 완성된 단일시장(Single Market)을 칭하는 일반적 용어로 사용되고 있다.

Common Position : 공동입장(공동결정절차)
➡ Codecision Procedure

공동결정절차에서 집행위원회의 제안(proposal) 이후 유럽의회의 개정안에 대해 각료이사회의 입장을 개진하는 조치이다. 각료이사회가 공동입장을 개진하고 3개월 이내에 유럽의회가 공동입장을 승인하거나 아무런 결정을 내리지 않는 경우 정책은 결정된다. 그러나 유럽의회가 재적의원 과반수의 찬성으로 각료이사회의 공동입장을 거부하는 경우, 조치안은 채택되지 않은 것으로 간주한다. 반면에 유럽의회가 재적의원 과반수의 찬성으로 공동입장의 개정안을 제안하는 경우, 유럽의회는 개정안 문안을 각료이사회 및 집행위원회에 제출해야 하며, 양 기구는 이에 대한 의견을 제시해야 한다.

Common Position : 공동입장(공동외교안보정책)
➡ Common Foreign and Security Policy(CFSP)

외교·안보 분야는 여전히 유럽연합 차원에서 단일정책이 이루어지지

않고 회원국 간에 협력을 통해 정책이 진행된다. 경우에 따라서는 개별 회원국이 독립적인 정책을 취해 회원국 간 협력이 제약되기도 한다. 이에 따라 유럽연합의 공동외교안보정책(**CFSP**)에서는 집행위원회나 유럽의회의 개입이 제한된다. 이러한 문제점을 시정하기 위해 만들어진 공동입장은 유럽연합조약 제12조와 23조에 근거한다. 공동입장은 특정 사안에 있어 가중다수결(**QMV**) 표결을 통해 유럽연합 차원의 단일 노선을 취하는 것으로, 외교안보 분야에서 구체적 정책수단이다. 공동외교안보정책과 관련한 특정 사안에 대해 이사회가 공동전략(Common Strategy)을 채택하고 공동입장을 정하면, 회원국들의 국내정책 역시 공동입장에 준하는 범위 내에서 시행되어야 한다. 이와 같이 공동입장은 공동외교안보정책과 관련하여 회원국 간 정책 협력 및 조정이 보다 체계적이고 효과적으로 수행키 위한 수단이다.

Common Transport Policy : 공동운송정책

유럽연합 차원의 공동운송정책은 그동안 매우 취약한 공동정책 중 하나였다. 유럽공동체조약 제3조와 제71조에서는 회원국 간에 공동의 운송규정을 정하고 관련 안전조치를 취한다고 명기하였지만, 단일유럽의정서(**SEA**) 전까지 관련 정책은 충분히 발달하지 못하였다. 유럽연합 각국은 전통적으로 기간산업인 운송부분을 국유화하여 보조금 지급을 통해 운영하여 왔다. 특히 철도운송은 폐쇄적인 국유화 정책이 두드러진 분야이다. 1965년에 각료이사회는 철도, 도로 및 내륙수로 부분에서 유럽차원의 조치를 강구하였지만, 이후 이 조치는 1968년에 이르러 경쟁정책(**Competition Policy**)의 일환으로 제한적으로 적용된다. 이와 같이 정책의 속성상 공동운송정책은 경쟁정책과 중첩되고 범유럽네트워크(**TEN**)와 과학기술정책과 깊은 관련이 있다. 이후 1980년대 후반 단일시장계획이 본격화되면서 유럽차원의 각종 운송규제가 만들어진다. 이후

■ Communitatis Europae Lex(CELEX)

에도 집행위원회는 2001년부터 향후 10년간 유럽차원에서 운송시스템을 개선한다는 방침을 정하고 제6차 과학기술정책(Sixth Framework Programme 2000)에서도 운송 관련 기술개발정책을 시행하고 있다.

Communitatis Europae Lex(CELEX) : 입법 데이터베이스
➡ EUR-Lex

CELEX는 유럽연합출판국(**EUR-OP**) 내의 입법 데이터베이스로 22개 유럽연합 회원국 언어로 제공되고 있다. CELEX는 1971년에 설립되어 그동안 유럽연합의 각종 조약, 협정, 유럽사법재판소의 판결 및 각종 2차입법(**Secondary Legislation**) 등을 망라한 입법 자료들을 제공하여 왔다. CELEX는 2004년 7월부터 무료로 정보를 열람할 수 있도록 개방되고 2005년 1월 이후 경신을 중단함에 따라 2004년 12월까지의 자료만을 열람할 수 있다. 이에 따라 2004년 12월 이후의 자료와 이전의 입법 자료는 유럽연합 입법 데이터베이스(**EUR-Lex**)로 일원화되었다.

Community Assistance for Reconstruction, Development and Stabilization(CARDS) : 발칸지역 발전지원계획
➡ Stabilization and Association Process(SAP)

CARDS은 2000년 12월에 만들어진 서부 발칸지역의 기술적, 재정적 지원을 위한 유럽연합 차원의 계획이다. CARDS는 2000년부터 2006년 12월까지 46억 5천만 유로의 예산을 통해 실행되고 있다. 이 계획의 목표는 남동유럽의 알바니아, 보스니아와 헤르체고비나, 크로아티아, 세르비아와 몬테네그로, 마케도니아 국가들이 안정과 연합과정(**SAP**)에 적극 참여하고, 지역안정화를 고무하는 것이다. 이 계획은 서부 발칸지역에서의 정치, 경제적 불안정성을 해소하기 위해 산발적으로 지원된

계획들을 대체한 것으로 다음과 같은 구체적 목적을 갖는다.
- 경제사회 재건, 민주적 안정, 난민 귀환지원
- 유럽연합의 법규에 준한 제도개혁
- 구조개혁을 포함한 경제·사회 발전지원
- 발칸지역 국가 간 긴밀한 협력

Community Method : 공동체방식

공동체방식은 집행위원회, 유럽의회 및 각료이사회 간 합의를 통해 이루어지는 이상적인 정책결정 방식을 말한다. 따라서 공동체방식은 공동외교안보정책(CFSP)과 같이 각료이사회가 중심이 되어 정책을 결정하는 방식과 대비되는 개념이다. 공동체방식은 매우 오래된 연원을 가지고 있다. 유럽통합의 아버지로 불리는 장 모네(Jean Monnet) 같은 통합론자들은 공동체방식에 따라 유럽공동체가 운영되어야 한다고 역설한 바 있다. 공동체 세 기구 간의 합의하에 이루어지는 방식을 볼 때 공동체방식이란 유럽연합과 국가가 대립하는 것이 아니라, 상호 간에 타협을 통해 합의를 이끌어 내는 정책결정 방식이라 할 수 있다. 한편 넓은 의미에서 공동체방식은 초국가주의(Supranationalism)와 정부간교섭주의(Intergovernmentalism)를 절충한 유럽연합의 독특한 운영방식으로 공동결정(Codecision)이나 가중다수결(QMV) 및 만장일치(Unanimity) 등 유럽연합에서 이루어지는 모든 표결방식을 말하기도 한다.

Community Preference : 공동체선호

➡ Common Market Organization

공동체조약 제44조에 따라 공동농업정책(CAP)에서 회원국들이 유럽연합 역내 농산물을 우선적으로 구입하도록 하는 원칙이다. 가격보장

제도에 의해 국제시장 가격보다 높게 형성된 역내농산물 가격에 따라, 역외로부터의 무분별한 수입을 막기 위해 고안된 이 원칙은 프랑스와 덴마크 등 농산품 수출국들에 의해 지지되었다. 공동체선호는 주로 곡물이나 육류에 적용되었으나, 사료용 곡물과 아시아, 아프리카, 카리브 및 태평양도서국가(ACP)로부터의 수입품에 대해서는 적용되지 않았다. 그러나 이는 유럽공동체가 천명한 자유무역 원칙에 위배되는 것이었기에 외부로부터 많은 비난을 받아왔다. 결국 1994년 유럽연합 사법재판소는 공동체선호가 공동체법의 원칙이 아니라고 판결하였다 (Case C 353/92, *Greece v Council*). 이에 따라 암스테르담조약은 공동시장기구(Common Market Organization)의 실행을 위한 이행 시간만을 예외로 하면시 이 규정을 폐지하였다. 그러나 공동체선호는 이행 기간이 종료되었음에도, 최저가격 체제가 발동되는 분야에서는 여전히 유지되고 있다. 최근에는 공동체 시장 개방을 요구하는 제3국과의 통상합의로 이 원칙은 점점 축소되고 있다.

Community Programme for Education and Training in Technology (COMETT) : 공동기술교육훈련 프로그램

➡ Leonardo da Vinci

COMETT는 1986년에 만들어진 연구기술개발과 정보기술발전 프로그램으로 새로운 기술의 활용방안에 중점을 두고 있다. 유럽연합은 공동기술교육훈련 프로그램을 통해 산학협력을 활성화하고 신기술을 활용할 숙련된 엔지니어와 기술자를 양성하며, 대학에서 신기술을 전공한 학생들에게 현장실습 기회를 제공하고 있다. 이 프로그램은 1986년부터 1990년까지 1차 진행을 통해 1,300여 개가 넘은 프로젝트를 수행하고 1991년부터 1994년까지 2차 계획을 진행하였다. 이후 이 프로그램은 1995년부터 다빈치 프로그램(Leonardo da Vinci)으로 흡수되었고 1990년부터는 유럽자유무역연합(EFTA) 회원국도 이 프로그램에 참여하고 있다.

Community Research and Development Information Service (CORDIS) : 연구개발정보서비스
→ Joint Research Center(JRC)

집행위원회가 연구개발 정보를 제공하기 위해 설립한 데이터베이스이다. 1990년 12월에 구축되었으며 일반인에게도 개방하고 있다. 유럽연합 차원에서 연구개발 경쟁력을 높이기 위해 만들어진 CORDIS는 연구자, 기업인, 정부기관, 비영리단체, 기자, 연구개발과 혁신 분야의 담당자 등 모든 분야를 망라한 사람들에게 다양한 연구개발 정보와 최근 동향을 제공하고 있다.

Community Support Frameworks(CSFs) : 공동체 지원체제

공동체 지원체제는 구조기금(Structural Fund) 배분에 관한 지침이다. 유럽지역개발기금(ERDF), 유럽사회기금(ESF), 유럽농업지도보증기금(**EAGGF**), 그리고 어업지도재정지원기금(FIFG) 등으로 이루어져 있는 구조기금은 이 지원체제에 근거해 지방정부, 집행위원회 그리고 회원국 정부 간 협의를 통해 배분된다.

Community Trade Mark : 상표보호정책

유럽연합은 상표규정(Regulation 40/94)을 통해 유럽경제지역(**EEA**) 내에서 기업의 각종 상표를 법적으로 보호한다. 이 규정의 적용을 받으려면 유럽연합의 부속기구인 역내시장조정국(OHIM : Office for Harmonization in the Internal Market)에 상표를 등록해야 한다. 한편 디자인규정(Regulation 6/02)에 의해 상품디자인 역시 유럽경제지역 내에서 법적 보호를 받는다. 역내시장조정국은 공동체 상표회보(Community Trade Mark Bulletin)와 공동체 디자인회보(Community Designs Bulletin)를 발행하고 있다.

Competition Policy : 경쟁정책

효과적인 경쟁은 시장경제에서 필수적 요소로 가격안정과 소비자의 선택 폭을 넓혀준다. 유럽연합은 시장에서의 공정한 경쟁을 위해 유럽공동체조약에서 독점 및 시장 지배적 지위의 남용금지에 관한 조항을 두고, 이를 근거로 경쟁정책을 실행하고 있다. 단일유럽의정서 이후 경쟁정책은 시장 환경 변화에 따라 많은 변화가 이루어졌다. 가장 최근인 2004년에는 단일 통화도입과 회원국 확대에 발맞춰 집행위원회가 전면적인 개혁안을 마련하여 시행하고 있다. 유럽연합의 경쟁정책 대상은 반독점 및 카르텔(anti-trust/cartel)과 기업 간 합병에 관한 통제(merger control) 그리고 자유화(liberalization)정책 및 보조금 지급(State aid) 등의 4가지 영역에서 시행된다.

첫째, 유럽연합은 반독점 및 카르텔 금지를 경쟁정책의 최우선 순위에 놓고 있다. 이는 경쟁제한 행위의 금지 및 시장 지배적 지위의 남용 금지로 나뉜다. 유럽공동체조약 제81조 1항은 경쟁정책에서 가장 중요한 조항이다. 이 조항은 독점적 지위를 이용한 경쟁제한 및 왜곡을 통해 회원국 간 무역에 영향을 미치는 사업자 간 협약과 담합을 금지하고 있다. 경쟁제한행위(restrictive practices)는 기업 간 경쟁제한 행위뿐 아니라, 생산자 전체에 의한 경쟁제한 행위도 포함된다. 한편 유럽공동체조약 제82조는 사업자가 지배적 지위(dominant position)를 이용하여 권한을 남용하는 행위를 금지하고 있다. 여기서 지배적 지위란 관련 시장에서 실질적인 경쟁을 제한하는 경제적 능력을 말한다. 이는 만약 시장에서의 지배적 지위자가 영향력을 행사하지 않았다면, 공정한 경쟁이 이루어진다는 사실을 전제로 성립된다. 나아가 지배적 지위의 남용은 시장 지배적 지위가 관련시장의 구조 및 경쟁에 영향을 미치는 행위까지 모두 포함한다.

둘째, 기업의 통합(merger)과 집중(concentration)은 타 기업에 대한 배타적 취득을 말한다. 또한, 이는 기업 간 연합을 통해 타 기업을 설립하는 행위를 포함한다. 이러한 기업집중의 결과가 공동시장에서 실질적 경쟁을 제한할 경우에 기업결합 통제규정이 적용된다.

셋째, 우편서비스와 같이 공익적 성격을 갖고 기본권과 관련된 몇몇 산업은 독점이 인정된다. 이러한 독점적 공급자는 산업 활동으로 인한 수익을 다른 비 독점 분야의 계열사를 위해 사용할 수 없다. 독점적 사업자의 선발 과정은 투명해야 하며, 만약 사회 간접시설이 자연적 독점의 형태를 취하고 있다면, 모든 국민은 동등한 조건에서 이를 사용할 수 있어야 한다.

넷째, 유럽공동체조약 제87조와 제88조는 회원국 정부의 보조금 지급에 따른 공동시장 내에서의 경쟁왜곡을 다루고 있다. 경쟁왜곡은 회원국 정부의 보조금 지급이 사업자에게 이득을 가져다주는 것으로 상호간 경제적 이익부여, 선별적 기업과 상품에 대한 보조금 지급, 이러한 경쟁왜곡이 회원국 간 무역에 영향을 미치는 경우를 말한다. 이에 따라 유럽연합은 경쟁왜곡을 야기하는 보조금 지급을 금지하고 있으며, 동시에 보조금 지급의 허용범위를 설정해 특정 산업을 지원할 수 있는 근거도 마련하고 있다.

Compulsory Expenditure ➡ Budget 참조

Concentric Circles : 동심원 통합
➡ Variable Geometry

동심원 통합은 유럽연합의 통합 및 운영방식 중 하나이다. 이 개념은 먼저 유럽연합 회원국이 중심부를 형성하고, 두 번째 외각에 유럽경제지역

■ Conciliation Committee

(**EEA**)이 위치하며, 세 번째 외각에 연합협정(**Association Agreement**)을 체결한 국가가 위치한다. 또한 네 번째 외각에는 비유럽연합 동유럽 국가가 위치한다. 이 개념은 가변적 지역(**Variable Geometry**) 개념과 유사하게 통용된다. 이러한 구조에 따라 유럽연합 회원국과 비회원국 간 차등적인 정책이 적용된다. 경제통화동맹(**EMU**)에서 환율안정메커니즘(**ERM**) 운영에 국가 간 차별적인 정책이 시행되는 것이 동심원 통합의 예이다.

Conciliation Committee : 조정위원회
➡ Codecision Procedure
➡ Trialogues

조정위원회는 공동결정절차(**Codecision Procedure**)에서 각료이사회와 유럽의회 간 합의가 결렬될 경우 최종적인 합의를 위해 양측 간 동수의 대표로 구성하는 위원회이다. 조정위원회는 유럽공동체조약 제251조 4항에 의해 만들어진 합의기구로, 공동결정 절차에서 각료이사회와 유럽의회 간 입법에 대한 기술적 조정이 주 임무이다. 따라서 조정위원회가 반드시 의제를 가결해야 하는 의무를 갖는 것은 아니다. 조정위원회는 통상 15명씩의 각료이사회와 유럽의회의 대표들로 구성되며 여기에는 집행위원회 대표도 참석한다. 만약 조정위원회에서 합의가 이루어지면 6주 내에 각료이사회는 가중다수결(**QMV**) 표결 그리고 유럽의회는 단순다수결(**Simple Majority Voting**) 표결로 의제를 가결해야 한다. 이 경우 양 기구 중 어느 한쪽에서 부결 처리가 되면 의제는 채택되지 않는다. 원래 마스트리히트조약으로 만들어진 초기 공동결정(Codecision I)에서는 이사회와 유럽의회 간 합의에 의해 최종결정이 이루어졌다. 그러나 암스테르담조약 이후 변화된 공동결정(Codecision II)을 통해 조정위원회가 만들어졌다.

Conférence des Organes Spécialisés dans les Affaires Communautaires(COSAC) : 유럽문제 전문가회의

유럽문제 전문가회의는 유럽연합 회원국 의회 간에 정보와 의견을 교환하는 모임이다. 이 회의는 1989년 11월 파리에서 회원국 의회와 유럽의회 간 협력방안을 논의하면서 만들어졌다. 유럽문제 전문가회의는 회원국 의회 내 유럽문제 관련 상임위원회 대표로 구성되며, 분기마다 회의를 개최한다. 암스테르담조약의 부속의정서에서는 각 회원국 의회가 유럽연합의 정책결정과정에서 중요한 역할을 맡도록 명기하고 있다. 이러한 부속의정서에 따른 유럽문제 전문가회의의 임무는 다음과 같다.

- 회원국 정부 대표들에 의해 제기된 법안에 대한 견해 표명
- 자유안전사법지대(**Area of Freedom, Security and Justice**) 형성에 관한 법안 검토와 정책 협력
- 보충성의 원칙(**Principle of Subsidiarity**)과 기본권 적용 및 유럽연합의 입법 활동에 관한 견해 표명

Conference on Security and Cooperation in Europe(CSCE) : 유럽안보협력회의

➡ Organization for Security and Cooperation in Europe(OSCE)

유럽안보협력회의는 1975년 헬싱키에서 유럽의 안보와 안정을 꾀하고, 유럽국가들간 정치, 경제 및 인도주의적 협력을 강화하기 위해 개최되었다. 유럽안보협력회의는 구소련 및 중동유럽 국가를 포함한 유럽 내 33개 국가와 미국, 캐나다 등 총 35개국이 참여하였다. 이 회의에서는 정치적 주제 이외에도 사회문화와 인권보호 등 폭넓은 사안들을 논의하여, 주권국가의 권한 존중과 회원국 영토 불가침 등 10개항의 원칙을 만들었다. 당시 유럽안보협력회의에서는 국가의 규모나 영

■ Congress of Europe

향력, 정치경제 체제, 지배이념, 군사적 동맹관계 등과 무관하게 참여국가 모두 동등한 권한을 갖고 논의를 전개하였다. 유럽안보협력회의는 동서 간 대화를 촉진하여 긴장완화에 크게 기여한 것으로 평가된다. 이 회의는 1995년에 유럽안보협력기구(**OSCE**)로 개칭되어, 유럽의 긴장완화, 인권보호, 분쟁방지, 및 민주주의 증진 등 폭넓은 활동을 전개하고 있다.

Congress of Europe : 유럽회의
➡ Council of Europe

유럽회의는 2차 대전 이후 유럽통합 운동이 최초로 실현된 기구로 이후 유럽평의회(**Council of Europe**)의 모태가 되었다. 이 유럽회의는 유럽 내 16개 국가와 미국과 캐나다가 옵서버로 참여한 유럽통합을 위한 국제위원회(International Committee of the Movements for European Unity)의 주도로 1948년 5월 네덜란드의 헤이그에서 개최되었다. 당시 유럽회의는 유럽 내 다양한 정당대표와 정치인들이 참여한 유럽통합기구로 출범하였으나, 소기의 목적을 달성하지는 못하고 대신 이 회의의 주도로 유럽평의회가 만들어졌다.

Constructive Abstention : 건설적 기권

건설적 기권은 암스테르담에 의해 도입된 것으로 공동외교안보정책(**CFSP**)의 영역 내에서 각료이사회에서의 표결 시 특정 회원국의 기권을 인정하여 만장일치 표결의 장애를 미연에 방지하기 위한 제도이다. 이 제도는 어떤 특정 사안에 있어서 심각한 어려움을 가진 국가가 반대할 수 있는 대안을 만들어 준 것이다. 이 사항은 유럽연합조약 제23조에 명기되어 있는데, 기권한 회원국은 각료이사회에서 결정된 사항의 이행에 참여할 필요는 없지만 결정 이후에 나타나는 어떠한 결정도 방해할 수 없다. 또한 기권한 국가는 군사문제와 방위문제를 예외로 하고 결정된 행위의 비용을 감수해야 한다. 가중다수결(**QMV**) 표결이 필요한 안건에서 건설적 기권을 한 회원국 투표수가 전체의 1/3을 넘을 경우 결정은 채택되지 않는다.

Consultation Procedure : 협의절차

➡ Secondary Legislation

유럽연합의 정책결정 방식 중 하나로 각료이사회가 최종 결정 시 반드시 유럽의회의 의견을 구하는 방식이다. 사안에 따라 유럽의회 대신에 경제사회위원회(**ESC**)와 지역위원회(**CoR**)에 의견을 구할 수 있다. 각료이사회는 이들 기구로부터 의견을 청취하고 만장일치나 가중다수결(**QMV**)과 같은 절차에 따라 안건을 최종 결정한다.

Consultative Council of Social and Regional Authorities : 지방정부자문이사회

지방정부자문이사회는 지역정책에 관련된 자문기구로 1988년 집행위원회에 의해 설립되었다. 이후 1994년 지역위원회(**CoR**)로 업무를 인수하고 폐지되었다.

Convention on the Future of Europe : 유럽미래회의

➡ European Constitution
➡ Treaty Establishing a Constitution for Europe

유럽미래회의는 2001년 12월 라켄 유럽이사회(Laeken European Council)에서 의결되어 15개월 기간을 예정으로 2002년 2월 28일 브뤼셀에서 개막되었다. 당시 유럽이사회에서는 인터넷을 통해 이 회의의 논의 과정을 공개하고, 포럼을 통해 참여를 유도하기로 결정하였다.

■ Convergence Criteria

이 회의의 목적은 국제정세의 변화, 유럽시민의 요구 이외에 유럽연합의 미래에 부합하기 위한 유럽연합의 구조 개혁이다. 유럽미래회의는 사실상 유럽헌법(European Constitution)을 제정하기 위한 회의이므로 제헌회의의 성격을 갖는다. 이 회의에서는 가중다수결(QMV) 표결방식의 확대와 집행위원회 위원장의 직선제 선출과 같이 그동안 유럽통합 과정에서 야기된 당면과제들을 논의하였다. 이 회의의 의장은 전 프랑스 대통령 지스카르 데스텡(Valéry Giscard d'Estaing)이 맡았고, 부의장과 회원국 및 가입 후보국 대표가 참여하였다. 이외에도 유럽의회 및 국내의회 대표와 집행위원회 대표 그리고 경제사회위원회(ESC)와 지역위원회(CoR) 대표도 참여하였다.

유럽미래회의는 총회(plenary sessions), 실무단(working groups), 최고상임회의(praesidium) 및 사무국(secretariat)을 두고 회의를 진행하였다. 월 1회 개최되는 총회의 회의 내용은 일반인에게 공개되었고, 11개 현안별로 구성된 실무단은 각기 최종보고서를 제출하였다. 또한 최고상임회의는 유럽미래회의 의장과 부의장, 유럽의회, 국내의회, 집행위원회 대표, 유럽이사회 의장국 대표로 구성되어 전반적인 회의 진행을 담당하였다. 이외에 사무국은 이 회의의 실무업무 지원을 맡았다. 유럽미래회의는 15개월간의 논의 끝에 2003년 6월에 최종제안서를 유럽이사회에 제출하였고, 이듬해 6월 브뤼셀 유럽이사회는 유럽헌법조약(Treaty Establishing a Constitution for Europe) 채택을 결의한다. 이후 동년 10월에 회원국 정상들은 로마에서 유럽헌법에 서명하였다.

Convergence Criteria : 수렴조건

➡ Economic and Monetary Union(EMU)
➡ Stability and Growth Pact

수렴조건은 유럽연합 회원국이 경제통화동맹(EMU) 3단계인 단일통화

도입을 위해 준수해야 하는 4개 분야에서의 경제적 조건으로, 1997년 6월 암스테르담 유럽이사회에서 안정과 성장협약(**Stability and Growth Pact**)을 통해 채택되었다. 이러한 수렴조건은 회원국 간 균형 잡힌 경제 발전을 통해 경제통화동맹을 완성한다는 목적에서 만들어졌다. 1999년 경제통화동맹 3단계 출범 이후에도 회원국들은 지속적으로 재정적자와 공공부채 조건을 충족시켜야 한다. 충족시켜야 하는 4개 분야는 각각 다음과 같다.

- 인플레이션 : 회원국은 단일통화 도입 전에 전 해의 평균물가상승률이 최저 3개국 평균의 1.5%를 초과하지 않도록 하여 가격 안정성을 유지할 것
- 공공재정 : 재정적자가 GDP의 3%를 초과하지 않고, 공공부채가 GDP의 60%를 초과하지 말 것
- 이자율 : 최저 장기금리가 물가상승 최저 3개국 평균의 2% 이상을 초과하지 말 것
- 통화 : 단일통화 도입 전 2년간 평가절하 없이 안정된 환율변동을 유지할 것

유럽연합조약은 집행위원회와 유럽통화기구(**EMI**)가 회원국들의 위 수렴조건 이행 여부를 정기적으로 점검하도록 하였다. 유럽통화기구는 1998년 3월 다음과 같은 회원국들의 경제적 수렴조건에 관한 보고서를 제출하였다. 이를 토대로 각료이사회는 자발적으로 참여를 하지 않기로 결정한 영국, 덴마크, 스웨덴과 기준을 충족시키지 못한 그리스를 제외하고 11개국이 경제통화동맹 3단계로서 단일통화를 도입할 것을 결정했다. 그리스는 향후 조건을 충족시켜 2002년 1월부터 단일통화를 도입했다.

■Cooperation Agreement

1998년 3월 EMI 보고서에 나타난 회원국 각국의 경제적 현황

국가	재정적자	부채	인플레이션	이자율
벨기에	2.1	122.2	1.4	5.7
덴마크	0.7	65.1	1.9	6.2
독일	2.7	61.3	1.4	5.6
그리스	4.0	108.7	5.2	9.8
스페인	2.6	68.3	1.8	6.3
프랑스	3.0	58.0	1.2	5.5
아일랜드	0.9	66.3	1.2	6.2
이탈리아	2.7	121.6	1.8	6.7
룩셈부르크	1.7	6.7	1.4	5.6
네덜란드	1.4	72.1	1.8	5.5
오스트리아	2.5	66.1	1.1	5.6
포르투갈	2.5	62.0	1.8	6.2
핀란드	0.9	55.8	1.3	5.9
스웨덴	0.8	76.6	1.9	6.5
영국	1.9	53.4	1.8	7.0
수렴 기준	3.0	60.0	2.7	7.8

출처 : Dizionario dell'Unione Europea, (Napoli : Simone), 2000, p. 149.

Cooperation Agreement : 협력협정

발전연합협정(Development Association Agreement)라고도 부르는 협력협정은 공동체조약 제133조에 의거 유럽연합과 개발도상국들 간에 체결되는 원조제공과 무역에 관련된 협정이다. 각료이사회의 위임을 받아 유럽의회의 의견을 구한 후 집행위원회에 의해 협상되는 협력협정은 많은 국가들과 체결되어 왔다. 공동체 초기에는 제3국과 특정 상품에 대해 특정 기간에 협력협정을 체결했다. 그러나 이후 보다 넓은 분야에서의 경제협력이 필요하다는 인식에 따라 제3국에 대한 무역과 원조제공을 특징으로 하는 협력협정이 맺어졌다. 이러한 예는 1980년대 중반 마그레브(**Maghreb**)와 마슈렉(**Mashreq**) 국가들, 인도, 중국, 파키스탄, 남미 국가들과 맺은 협력협정이 있다. 그러나 유럽연합의 협력협정은 최근 보다 진전된 협력협정을 제시하고 있는데, 그것은 원조제공과 무역협력 조건으로 무역 이외의 조건들을 내세우고 있는 것이다. 실제로 유럽연합은 2003년부터 유럽연합이 참여하는 모든 협정에 인권과 마약밀매에 대한 공동정책 등에 관한 규정을 첨가키로 결정하였다. 이러한 협력협정은 지중해, 남미, 아시아 국가들과의 협력협정에서 나타나고 있다.

Cooperation in the fields of Justice and Home Affairs(CJHA) : 내무사법협력

➡ Area of Freedom, Security and Justice

유럽연합의 제3지주를 형성하는 내무사법협력은 회원국에 가장 민감한 이슈들로 이루어져 있다. 이에 따라 이 정책들은 회원국 나름의 법치와 정책목표에 따라 이루어져 왔다. 내무사법협력을 구성하는 정책은 이민, 망명, 민사협력, 조직범죄, 마약밀매, 테러방지를 위한 사법협력 등을 망라한다. 이외에도 내무사법협력에는 국경통제 및 경찰업무 등을 포함한다. 물론 이 정책 영역은 기존에 회원국이 독립적인 정책을 실시하여 왔지만, 1970년대부터 제한된 수준의 정부 간 협력 역시 진행되어 왔다. 1972년에 마약문제 대처를 위해 만들어진 퐁피두그룹(**Pompidou Group**), 1975년 대테러 대처협력 및 정보교환을 위한 트레비그룹(**Trevi Group**), 1985년에 체결된 쉥겐협정(**Schengen Agreement**) 그리고 1990년의 쉥겐 이행협약(Schengen Implementing Convention) 등은 현재의 내무사법협력에 많은 영향을 미쳤다.

내무사법 분야에서의 제도화된 정부 간 협력은 단일시장(**Single Market**)

■ Cooperation in the fields of Justice and Home Affairs(CJHA)

완성과 유럽 밖의 정치 환경변화에 따른 자연스러운 귀결이다. 단일시장은 회원국 내에서 시민들의 자유로운 왕래를 보장하였지만 국경을 넘은 범죄의 증가를 가져왔고, 외부로부터 유입된 이민자들이 자유롭게 역내국경을 넘나들면서 잠재적인 범죄요소를 낳았다. 또한 불법이민자들이 역내에서 자유롭게 이동하면서, 유럽시민들의 일자리가 위협받는 상황이 야기되었다. 1980년대 후반 이후에는 동유럽의 붕괴와 구 유고 연방의 내전 및 중동지역의 정세 불안정으로 이러한 상황이 더욱 두드러졌다. 이에 따라 1990년대 초반부터 외부국경에 대한 통제를 위해 회원국 독단적으로 시행하는 이민망명정책의 조정이 요구되었다. 당시 마스트리히트조약에서는 이민망명정책을 초국가정책으로 포함하려 하였으나 영국의 반대로 무산되었다. 대신 이 분야는 회원국들의 공동이해 문제로 인정되어 별도로 유럽연합의 제3지주 영역으로 구성되었다. 한편 마스트리히트조약은 유럽시민권(**European Citizenship**)을 포함시켰는데, 이는 회원국 시민들이 단일시장 내에서 자유이동과 법적으로 보호받을 권리까지 담고 있다. 내무사법협력은 이러한 유럽시민권을 제도적으로 보장하기 위한 조치라고 할 수 있다.

내무사법협력의 현실적 목적은 정부 간 협력을 통해 유럽연합 내에서 자유안전사법지대(**Area of Freedom, Security and Justice**)를 형성하는 것이다. 여기서 자유는 유럽연합 내에서 자유롭게 이동할 수 있는 시민의 권리를 말하고, 안전은 범죄로부터 회원국 시민들의 보호를 말한다. 또한 사법은 법적으로 보장되는 유럽시민의 기본권을 지칭한다. 이러한 목적을 달성하기 위해 마스트리히트조약에는 정치적 망명, 유럽연합 외부국경 통제, 제3국인의 이민, 국경을 넘는 범죄, 민법과 형법 분야에서의 협력, 세관협력 그리고 경찰협력과 정보공유 등에 관한 내용을 담았다.

1997년의 암스테르담조약으로 내무사법협력도 일부의 제도변화를 가져왔다. 먼저, 마스트리히트조약 내 내무사법협력을 구성하는 비자발급, 망명심사, 이민 분야에서의 공동대응, 관세협력, 민사 분야에서의 협력을 5년의 이행 기간을 두어 유럽공동체조약으로 이전시켰다. 그러나 유럽공동체조약에 편입된 정책들이 완전한 초국가 정책으로 시행되고 있지는 않는다. 실제로 제3국 시민의 체류허가, 가족체류, 불법이민자의 송환 등은 각료이사회가 공동원칙만을 정해놓고 있는 실정이다. 또한 제3국 시민의 유럽연합 입국과 체류에 관한 공통 규정이 마련되지 않아 여전히 개별 회원국이 관련 정책을 시행하고 있다. 한편 유럽연합의 제3지주에는 테러리즘, 조직범죄, 미성년자에 관한 범죄, 마약과 무기밀매, 뇌물, 인종차별 방지 등의 업무만이 남고 여전히 정부 간 협력을 통해 정책결정이 이루어진다.

이와 같이 내무사법협력은 유럽연합의 정책결정 절차에 의해 운영되는 이민, 망명, 민사 협력과 여전히 정부 간 협력에 의해 운영되는 경찰과 사법협력 분야로 나눌 수 있다. 한편 각료이사회는 내무사법협력과 관련하여 마스트리히트조약 제36조에 따라 설치된 제36조 위원회(Article 36 Committee)를 통해 정부 간 협력을 행한다. 이 위원회는 주로 경찰, 사법협력에 관한 보고서와 계획서를 작성하여 상주대표부(**Coreper**)나 각료이사회에 제출한다.

Cooperation Procedure : 협력절차

➡ Secondary Legislation

협력절차는 1985년 단일유럽의정서(**SEA**)에 의해 도입된 유럽의회 권한 강화를 목적으로 형성된 정책결정 방식이다. 이 방식에 따라 유럽의회는 집행위원회가 제출한 제안에 대해 각료이사회의 공동입장(**Common Position**)의 수정을 요구할 수 있는 검토 권한을 부여받았다. 따라서 이 절차를 통해 유럽의회는 집행위원회 및 각료이사회와 함께 공식적인 정책결정 권한을 갖게 되었다. 그러나 협력절차는 이후 마스트리히

Coordinating Committee

트조약과 암스테르담조약에 의해서 통화정책에 관한 부분만을 예외로 하고 공동결정절차(**Codecision Procedure**)로 변환되었다.

협력절차에 따라 유럽의회는 법안에 대해 2회의 독회를 거쳐 법안을 수정할 수 있는 권한을 가진다. 유럽의회는 먼저 집행위원회의 제안을 1차로 독회하고 수정안을 제시한다. 각료이사회는 이 수정안을 근거로 토의하여 가중다수결에 의해 결정된 공동입장을 유럽의회에 제시한다. 이러한 각료이사회의 공동입장에 대해 유럽의회는 2차 독회를 거쳐 3가지 입장을 취할 수 있고, 이에 대한 각료이사회의 대응은 각각 다음과 같다.

- 공동입장의 승인 혹은 견해 무표명 시, 각료이사회는 가중다수결로 법안을 채택한다
- 절대다수결로 공동입장의 거부 시, 각료이사회는 만장일치에 의해 공동입장을 채택할 수 있다.
- 절대다수결로 집행위원회에 공동입장의 수정 요구 시, 집행위원회는 1개월 이내에 각료이사회의 공동입장을 재검토하고 수정안을 의회의 수정안과 함께 각료이사회에 제출한다. 이에 각료이사회는 3개월 이내에 가중다수결로 수정안을 채택할 수 있다. 만장일치에 의해 의회의 수정안을 재수정하도록 요구하거나, 의회의 수정안을 고려하지 않고 자신의 공동입장을 법안으로 채택할 수 있다. 그러나 각료이사회가 3개월 이내에 견해를 표명하지 않을 경우 이 법안은 무효화된다.

Coordinating Committee : 내무사법 조정위원회

➡ Cooperation in the fields of Justice and Home Affairs(CJHA)

내무사법 조정위원회는 내무사법협력(**CJHA**)에서 국가 간 조정을 위한 일종의 정부 간 기구이다. 이 위원회는 각료이사회에 견해를 표명하고 상주대표부(**Coreper**)와 함께 각료이사회의 회의 준비를 돕는다.

Coordinating Committee for the Textile Industries in the EEC (COMITEXTIL) : 섬유산업 협력위원회

섬유산업 협력위원회는 1961년 당시 유럽공동체의 섬유산업 발전을 위해 집행위원회의 후원으로 만들어진 기구이다. 이 위원회는 역외로부터 저가의 섬유제품 수입에 대응하기 위해 섬유산업의 구조조정을 위해 만들어졌으나, 이후 섬유업계의 이익을 대변하는 이익집단이 되었다. 섬유산업 협력위원회는 다자간섬유협정(MFA)에서도 중요한 역할을 수행하며, 역외 국가와도 실무협상을 진행한다. 사무소는 브뤼셀에 있으며 1994년에 여타 섬유관련 기구와 합병하여 유럽섬유의류협회(EURATEX)로 변화하였다.

Coordination Committee for Multilateral Export Controls (COCOM) : 공산권 수출통제위원회

공산권 수출통제위원회는 2차 세계대전 이후 구소련을 비롯한 공산권에 대한 전략 물자수출을 규제하기 위해 만든 비공식 국제기구이다. 1948년에 미국은 공산권 수출규제를 위한 금수 리스트를 만들고, 1950년에 파리에서 이러한 금수조치의 실무를 담당하는 기구로 대공산권 수출통제위원회를 만들었다. 공산권 수출통제위원회는 국제법상의 합의에 기초한 국제기구가 아니라 참가국 간 신사협정에 따른 비공식적 합의기구이므로 국제법이나 국내법상의 효력을 갖지는 않는다. 당시 가입국은 아이슬란드를 제외한 북대서양조약기구(NATO) 15개국이었으며 이후 1952년에 일본과 1989년에 호주가 참여하여 총 17개국이 되었다. 참가국 대표는 금수 리스트와 대상국에 대한 평가와 금수조치의 운용을 협의하는데, 금수조치를 취한 국가에 대한 수출 시 이 위원회의 허가를 받아야 한다. 이 금수 리스트는 원래 공표되지 않았지만 1988년부터 공표되었다. 1980년대 후반 냉전종식으로 금수규제가 대폭 완화되다가, 1994년 3월 헤이그회담을 통해 이 기구가 해체되었다. 이후 1996년에 국제평화에 위협이 되는 국가에 대한 무기 및 기술수출금지를 위한 바세나르협정(Wassenaar Arrangement)이 체결되었다. 이 협정에는 러시아, 폴란드 등의 구 사회주의국과 스위스, 오스트리아 등의 영세중립국을 포함한 총 31개국이 참여하고 있다.

COPA ➡ Comité d'organisations professionnelles agricoles 참조

Copenhagen Criteria ➡ Accession Criteria 참조

Copenhagen Report : 코펜하겐 보고서

1973년 코펜하겐에서 열린 정상회담에서 당시 9개 유럽공동체 회원국 정부가 작성한 정치협력에 관한 성명서이다. 이 보고서는 1970년의 다비뇽 보고서(<u>Davignon Report</u>)와 유럽정치협력(<u>European Political Cooperation</u>)을 지지하는 내용을 담고 있다.

COPS ➡ Political and Security Committee 참조

CoR ➡ Committee of the Regions 참조

CORDIS ➡ Community Research and Development Information Service 참조

Core Europe : 핵심회원국
➡ Inner Core

20세기 들어 2차례에 걸친 세계 대전의 참화를 겪은 유럽인들은 2차

대전 이후 전쟁 없는 유럽 건설에 착수하였다. 1946년 영국의 처칠(Winston Churchill) 수상이 스위스 취리히에서 행한 유럽합중국 건설에 대한 연설 이후 다양한 통합논의가 있었으나 대부분 무위에 그쳤다. 이러한 상황에서 독일, 프랑스, 이탈리아 및 베네룩스 3국은 1951년에 프랑스 외무장관 슈만(Robert Schuman)의 제안을 받아들여 유럽석탄철강공동체(ECSC)를 창설한다. 이후 이들 유럽석탄철강공동체 설립 6개국은 1958년에 유럽공동체를 설립한다. 이와 같이 2차 대전 이후 유럽통합에 적극적으로 참여하였고 현재도 열성적 통합국가인 이들 6개국을 핵심회원국으로 통칭한다.

Coreper ➡ Permanent Representatives Committee 참조

Corespondance Européenne(COREU) : 공동외교안보정책 협력체제
 ➡ Common and Foreign and Security Policy(CFSP)

이 협력시스템은 각료이사회에 의해 회원국 정부와 집행위원회 간에 설립된 외교안보정책 분야에서 회원국 외무부 간의 정보교환 체제이다. 이 협력체제는 외교안보분야에서 회원국 간 신속한 정보교환과 위기상황에서의 효과적인 대처를 위해 만들어졌다.

COREU ➡ Corespondance Européenne 참조

COSAC ➡ Conférence des Organes Speécialisés dans les Affaires Communautaires 참조

COST ➡ European Cooperation on Scientific and Technical Research 참조

Costa v. Enel

Costa v. Enel : 코스타-에넬 판결

공동체법의 우위성(**Supremacy**)는 유럽연합의 목적을 달성하고, 회원국에서 공동체법의 집행을 보증하여 통일적인 법질서를 성립하기 위한 필요조건이다. 그러나 유럽공동체조약 자체는 이 원칙을 규정하고 있지는 않다. 이 때문에 유럽사법재판소는 1964년 코스타-에넬 사건(Case 6/64 Costa v. ENEL [1964] ECR 585, at 594)에서 조약의 정신과 목적에 비추어 판결하여 공동체법의 우위라는 원칙을 도출하였다. 이 판결이 근거로 제시한 유럽공동체조약은 제10조 및 제249조였다. 제10조는 회원국이 유럽공동체의 목적달성을 저해하는 조치를 금지하고 있다. 유럽공동체는 공동시장(**Common Market**)의 설립 이외에 여러 목적을 두고 있는데, 이러한 목적은 공동체법이 각 회원국에서 일률적으로 적용될 때 가능하다. 만약 회원국이 사후에 제정하는 국내법에 따라 공동체법을 부정하면 유럽연합의 목적 달성은 불가능하다. 따라서 유럽연합의 목적 달성을 위해 공동체법의 우위는 반드시 필요하다. 또한 유럽공동체조약 제249조는 규정이 전 회원국에서 직접 적용된다고 명기하고 있는데, 만약 회원국의 국내법이 공동체법에 우선한다면 이 규정은 의미를 상실한다.

코스타-에넬 사건은 전력회사의 국유화를 정한 이탈리아법(1962년 12월 6일 제정)이 후에 유럽공동체조약의 조문(제102조, 제93조, 제53조, 제37조)에 위배된 것에서 나온 사례이다. 밀라노의 변호사였던 코스타(Costa)는 국유화된 전력회사인 에넬(ENEL)에 대하여 상기 이탈리아법이 공동체법 위반이라는 이유로 ENEL에 전기료 지불 의무가 없다고 제소했다. 판결은 유럽공동체는 "조약에서 유래한 법은 독립한 법원(法源)이며, 이러한 특별하고 독립적 성격은 국내법에 의해 전복될 수 없다."라고 판시했다. 코스타-에넬 판결에서 확인된 공동체법의 우위성은 그 후에도 많은 판결에서 재확인되어 공동체법의 일반원칙이 되었다. 이와 같은 회원국법에 대한 공동체법의 우위와 공동체법의 최종적인 해석권은 유럽사법재판소가 보유하므로 유럽공동체에서 통일적인 법질서가 성립된다.

Cotonou Agreement : 코토누협정
➡ Lomé Convention

코토누협정은 유럽연합과 아프리카, 카리브 및 태평양 도서국가 간에 체결된 로메협정(**Lomé Convention**)을 대체하기 위해 2000년에 체결되었다. 이 협정을 체결한 국가는 총 92개국으로 UN 회원국의 절반에 육박하는 대규모의 국제적 협정이다. 이 협정은 기존에 로메협정과 같이 아프리카, 카리브 및 태평양 도서국가(**ACP**)의 사회경제적 발전을 위한 유럽연합의 지원과 함께 양자 간 정례화된 정치적 대화창구 개설 등을 담고 있다. 협정 체결국은 외무장관을 대표로 한 회담을 최소한 연 1회 이상 개최한다. 또한 아프리카, 카리브 및 태평양 도서국가의 국회의원과 유럽의회 의원으로 구성된 공동의회(Joint Parliamentary Assembly)를 2년에 한 번씩 개최한다. 이외에도 유럽연합은 2001~2005년 사이에 유럽개발기금(**European Development Fund**)을 통해 아프리카, 카리브 및 태평양도서국가에 총 135만 유로의 재정지원을 행하였다.

Coudenhove-Kalergi, Richard : 쿠덴호프 칼레르기(1894~1972)

칼레르기는 오스트리아 태생의 유럽통합 사상가로 1894년 오스트리아 - 헝가리 제국의 외교관 아버지와 일본인 어머니 사이에서 태어났다. 그는 1922년 범유럽연합(Pan-Europa Union)을 설립하였고, 이후 1926년 비엔나에서 유럽회의(European Congress)를 개최했다. 당시 유럽회의는 브리앙(Aritide Briand), 처칠(**Winston Churchill**) 등

■ Council

유럽 각국의 저명한 정치인과 지식인들의 지지를 받았다. 그는 1943년 유럽합중국(United States of Europe) 헌법을 작성해 독일 동맹세력에 반대하는 유럽국가들의 외무부 장관들에게 전달하였고, 2차 대전 이후에는 유럽의회연합(European Parliamentary Union)을 설립해 사무총장을 역임하였다. 그는 모네(Jean Monnet)와 그의 추종자들의 관료적이고 기술적인 통합방식에 반대해 보다 정치적인 접근을 시도하였다. 이러한 통합방식은 드골(Charles de Gaulle) 같은 정치인들로부터 지지를 받았으나 대중적인 관심을 이끌어 내지는 못하였다.

Council : 이사회

이사회는 유럽이사회(European Council)와 각료이사회(Council of the European Union) 양자를 지칭한다. 유럽이사회는 유럽연합 회원국의 국가원수 또는 정부수반들 간의 정기적인 정상회담이다. 유럽이사회는 유럽연합의 정치적 방향을 정하는 최고 정점에 있는 정치적 회합이다. 유럽이사회는 1974년 파리정상회담을 통해 만들어져 1975년에 첫 회담을 했다. 유럽이사회는 이후 유럽정상회담(European Summit) 형식으로 개최되었다가, 1986년 단일유럽의정서(SEA)에 의해 공식적인 유럽연합의 기구가 되었다. 유럽이사회는 매년 2회의 공식적인 회합을 하고, 회동에는 집행위원회 위원장과 유럽의회 의장도 공식 구성원으로 참가한다. 회원국의 영문 알파벳에 의해 6개월마다 의장국 순번이 정해지며, 의장국의 국가원수 혹은 정부 수반이 주재한다.

일반적으로 이사회라고 하면 통상 각료이사회를 지칭한다. 각료이사회는 기존에 Council of Ministers로 표기하였으나 1999년 이후 현재의 이름으로 변경되었다. 각료이사회는 회원국 정부의 장관들로 구성된 유럽연합의 의사결정기구이다. 각료이사회는 여러 정책결정 절차를 통해 집행위원회 제안(proposal)에 대한 최종 결정 권한을 갖는 기구로 일종의 입법기구 역할을 한다. 각료이사회가 다루는 정책 영역은 다양한데 일반적인 정치적 이슈는 각 회원국의 외무장관들로 구성된 일반이사회(**GAC**)가 담당하고, 경제문제는 경제재무장관이사회(**ECOFIN**)가 담당한다. 각료이사회는 산하에 실무급의 정책결정기구인 상주대표부(**Coreper**)를 두고 있는데 여기에는 유럽연합에 파견된 회원국의 대사와 관료들로 구성된다. 각료이사회는 정책의 중요도에 따라 가중다수결(**QMV**)과 만장일치(**Unanimity**) 등 다양한 의결방식을 두고 있다.

Council of Economic and Finance Ministers(ECOFIN) : 경제재무장관이사회

➡ Economic and Financial Policy

경제재무장관이사회는 유럽연합 회원국의 경제 및 재무 분야 장관들로 구성된 각료이사회로서 경제정책의 결정과 운용을 총괄적으로 책임지고 있다. 경제재무장관이사회는 유럽연합의 예산 결정 및 유로화 운용 등 경제정책의 전반적 운영을 관리하며, 재정정책과 외환정책을 결정하고, 경제 분야에서 회원국 간 및 역외국과의 정책적 협력을 조정하는 역할을 담당한다. 경제재무장관이사회는 외무장관으로 구성되는 일반이사회(**GAC**) 및 농업장관이사회와 더불어 유럽연합의 가장 대표적인 각료급 회의이다. 경제재무장관이사회는 브뤼셀 또는 룩셈부르크에서 매월 한 차례 공식회의를 하며, 필요한 경우 수시로 공식, 비공식 회의를 개최한다.

Council of Europe : 유럽평의회

➡ Congress of Europe

유럽평의회는 유럽연합에 앞서 정치적 통합을 주도했던 국제적 기구로 본부는 프랑스의 스트라스부르에 있다. 1949년 당시 유럽 대륙의 10개

■ Council of the European Union

국가는 '서유럽의 경제·사회적 진보와 유럽의 오래된 이상과 원칙을 구현키 위해 국가들 간 통합을 달성한다.'라는 목표를 내걸고 유럽평의회를 결성하였다. 그러나 유럽평의회는 정치통합이라는 당초의 목적을 달성치는 못하고 대신 유럽국가들 간에 인권, 법치, 사회적 협력 및 문화정책 부분에서 국가 간 협력기구로 남았다. 유럽평의회는 1989년 이후부터 구 공산주의 국가인 동유럽 각국의 민주주의와 인권상황을 감시하고, 경제적 협력을 지원하는 임무를 수행하고 있다. 현재 유럽평의회는 유럽연합 회원국 27개국 이외에 터키 및 동유럽 국가를 포함하여 46개국들이 참여하고 있다. 특이하게도 유럽평의회는 유럽국가 간 협력체이지만 미국과 일본을 비롯한 유럽 밖의 5개국이 옵서버로 참여하고 있다.

유럽평의회는 유럽연합과 별개의 기구로 존재하지만 양측 모두 '국가들 간 통합'이라는 공동의 목표를 갖고 있어 서로 밀접하게 교류하고 있다. 이러한 동질성에 따라 유럽평의회와 유럽연합은 동일한 심벌을 사용하고 있다. 청색 바탕에 12개의 노란색 별이 그려진 유럽기(**European Flag**)는 유럽평의회 깃발에서 유래한다. 한편 유럽평의회는 46개 회원국의 외무장관들로 구성된 각료위원회(Committee of Ministers)가 중심적인 정책결정 권한을 갖는다. 이외에 630명의 의원들로 구성된 의회(Parliamentary Assembly)가 감독기능을 행하고, 지방정부 대표들로 구성된 지방정부의회(Congress of Local and Regional Authorities)를 별도로 두고 있다.

Council of the European Union ➡ Council 참조

Council Secretariat : 이사회 사무국

이사회 사무국은 브뤼셀에 상주하는 전문 관료들로 6개월마다 교체되

는 유럽이사회 의장을 도와 의제를 준비하고 회원국의 각료들에게 주요 업무를 보고하는 임무를 갖는다. 이사회 사무국은 집행위원회와 유사하게 총국(**DG**)으로 구성되어 있다. 암스테르담조약을 통해 각료이사회 사무총장(**Council Secretary-General**)이 공동외교안보정책(**CFSP**)의 고위대표(**High Representative for the CFSP**) 직을 겸하면서 이사회 사무국은 회원국과 이사회의장을 지원하는 행정기구에서 일종의 정치적 기구의 성격까지 갖게 되었다. 이사회 사무국은 원칙적으로 유럽연합의 구조 밖에서 활동하는 회원국의 행정 및 외교적 기구이다. 그럼에도 약 2,000여 명에 달하는 이사회 사무국 직원의 충원은 유럽연합 차원의 관료 선발 절차에 의해 이루어진다. 따라서 이사회 사무국 직원은 회원국 정부로부터 파견된 관료의 성격보다는 유럽연합의 초국가 관료로서의 인식이 보다 강하다.

Council Secretary-General ➡ High Representative for the CFSP 참조

Council Working Groups / Parties : 실무그룹

➡ Permanent Representatives Committee(Coreper)

실무그룹은 각료이사회 내 최하위 실무조직으로 각료이사회와 상주대표부(**Coreper**)의 업무를 지원한다. 실무그룹은 이슈에 따라 그 수는 유동적이지만 항상 250여 개 정도가 구성되어 활동한다. 각료이사회에는 내부의사 결정 절차가 존재하는데 대부분의 정책은 먼저 실무그룹에서 논의를 한 뒤에 상주대표부와 각료이사회로 송부된다. 실무그룹에서 다루어진 안건은 Roman I과 Roman II로 분류되는데 이중 Roman I에서 A-Points로 분류된 안건은 이미 실무그룹에서 합의가 성립된 것을 의미하므로, 각료이사회 내에서 더는 논의가 진행되지 않는다. 한편

■ Court of Auditors

RomanⅡ는 실무그룹에서 완전한 합의가 성립되지 않은 의제로서 상주대표부는 이를 A 혹은 B Points로 분류하거나 다시 실무그룹으로 재환원한다. 이와 같이 의제는 실무그룹 – 상주대표부 – 각료이사회로 이어지면서 논의된다. 이 과정에서 의제의 약 70% 정도는 각료이사회에 정식 안건으로 제출하기 전에 이미 실무그룹에서 합의가 이루어진다.

Court of Auditors : 회계감사원

회계감사원은 유럽연합과 유럽연합에 의해 설립된 기구의 세입 및 세출 회계를 감사하는 기구이다. 유럽공동체조약 제247조에 의하면, 회계감사원은 유럽의회의 자문을 거친 후 각료이사회가 만장일치로 동의한 15명의 위원들로 구성된다. 이들 위원 중에서 연임이 가능한 임기 3년의 위원장을 선출한다. 그러나 니스조약에 의해 감사위원을 임명하는 방식이 바뀌었다. 개정된 감사위원 선출방식은 먼저 각 회원국이 제출한 후보들에 대한 유럽의회의 의견을 구한 뒤, 각료이사회가 가중다수결(QMV) 표결로 감사위원을 임명한다. 감사위원은 직무에서 완전한 독립성을 갖고, 겸직이 금지되며 회계감사원의 요청에 따라 유럽사법재판소의 판결에 의해 강제로 퇴직당할 수 있다.

Court of First Instance(CFI) : 유럽1심재판소

유럽1심재판소는 유럽사법재판소(COJ)의 하급기구로 1989년 9월 1일자로 설립되었다. 유럽1심재판소를 설립한 이유는 개개인의 법적 이익과 공동체법을 일관되게 해석해야 하는 유럽사법재판소의 역할을 보다 강화하기 위해서이다. 또한 통합이 심화되면서 사법적 요구가 점증하여 유럽사법재판소의 업무를 경감하기 위해 만들어졌다. 유럽1심재판소는 6년 임기의 총 27명의 판사가 5명 또는 6명씩 나뉘어서 5개의 부서(Chamber)에서 근무하며, 유럽사법재판소와는 달리 법률고문관(**Advocate-General**)은 두지 않는다. 유럽1심재판소는 개인이 제기하는 일체의 소송에서 제1심 관할권을 행사한다. 따라서 제1심재판소는 유럽공동체조약 제230조(취소소송), 제232조(부작위소송), 제235조(불법행위소송), 제236조(직원소송) 그리고 제238조(중재조항)에 언급된 소송 내지 절차를 심리하고 결정한다. 단, 제1심재판소의 제1심 관할권에서 사법 패널에 할당된 소송과 유럽사법재판소 규정에서 유보하고 있는 소송은 제외된다.

Court of Justice(COJ) : 유럽사법재판소

유럽사법재판소는 각 회원국에 의해서 임명되는 판사 27명과 8명의 법무심의관(**Advocates-General**)으로 구성된다. 이들의 임기는 각각 6년이며 한 번의 연임이 가능하다. 유럽사법재판소는 하급기관으로 1989년 9월 1일 유럽1심재판소(**CFI**)를 설립하였다. 유럽사법재판소는 유럽연합의 최고사법기관으로서 그 관할권은 직접소송과 선결적 부탁절차로 나뉜다. 전자에 해당하는 소송은 회원국에 대한 강제절차, 공동체 기관을 상대로 한 취소소송과 부작위소송, 공동체가 부과한 벌금에 대한 소송, 유럽연합의 불법행위 책임과 관련한 손해배상소송 및 직원소송 등을 들 수 있다. 그리고 후자의 선결적 부탁은 회원국 국내재판소가 관련 사안의 공동체법 정합성 여부에 대해 유럽사법재판소에 부탁하는 것을 말한다. 이 제도는 유럽사법재판소가 공동체법의 직접효력(**Direct Effect**)과 공동체법의 우위성(**Supremacy**) 원칙을 확립하는 데 지대한 공헌을 하였다. 그동안 유럽사법재판소는 통합의 중심적 기구로 역할을 담당하였다. 유럽사법재판소는 국가 간 정치적 조정이 곤란한 문제에 유럽연합 차원의 공공선을 위한 판례와 해석을 하여 왔다. 1960년대에 회원국 간 간접세의 조정문제에 유럽사법재판소는 공동시장에서의 경제적 효과를 기준으로 판례를 하였다. 이외에도 1990년대

■ Croatia

에는 이민문제 등에 보편적 인권에 근거해 판결을 하였다. 이와 같이 사법재판소는 친 통합적이며 독립적인 판결을 통해 유럽공동체조약에 명기된 권한과 무관하게 보다 중요한 정치적 역할을 수행하여 왔다. 실제 유럽공동체조약 164조에서는 유럽사법재판소의 권한을 조약의 해석과 이의 감시라는 매우 제한적 범위로 규정하고 있지만, 실제 그 기능과 정치적 역할은 보다 막중하다.

Croatia : 크로아티아

1991년에 독립한 구 유고슬라비아를 구성했던 신생공화국이다. 1991년 이후 유럽연합으로부터 주택, 보건, 난민 등 구제기금 형태로 지원을 받고 있는 크로아티아는 2003년 2월에 유럽연합에 가입신청을 하였다. 이에 따라 동년 4월 유럽이사회는 집행위원회로 하여금 크로아티아의 가입문제에 대한 견해(**Opinion**)를 요청하고 집행위원회는 크로아티아의 정치경제 상황에 대한 보고서를 제출했다. 이 보고서는 크로아티아가 시장경제 체제로 성공적인 이행을 하였고, 법치와 기본권 보장 등 민주적 헌정질서가 적절하게 이루어지고 있다는 내용을 담고 있다. 이러한 집행위원회의 보고서 내용을 배경으로 유럽이사회는 2004년에 크로아티아를 가입 후보국으로 인정하고, 2005년 3월부터 가입협상(**Accession Negotiation**)을 진행하고 있다.

Crocodile Club : 악어클럽

➡ Spinelli, Altiero
➡ Draft Treaty Establishing the European Union(DTEU)

1980년에 만들어진 악어클럽은 제도개혁과 유럽헌법 계획을 위한 유럽의회 의원들 모임이다. 스피넬리(**Altiero Spinelli**)에 의해 주도된 악어클럽은 이 모임이 개최된 스트라스부르 소재 유럽의회 인근에 있는 식당의 이름에서 유래하였다. 스피넬리를 비롯한 악어클럽 회원들은 1984년 유럽의회에서 유럽연합 설립조약안(**DTEU**)의 채택에 결정적 역할을 하였다. 이후 악어클럽은 유럽연합 연방주의자 그룹(Federalist Intergroup for European Union)으로 정식 명칭을 갖고 현재까지 악어(Crocodile)라고 명명한 제도개혁을 다룬 소식지를 발간하고 있다.

CSCE ➡ Conference on Security and Cooperation in Europe 참조

CSFs ➡ Community Support Frameworks 참조

Cultural Policy : 문화정책
➡ Culture 2000

유럽연합은 그동안 유럽의 문화유산을 보호하고 발전시킨다는 유럽평의회(**Council of Europe**)의 정책을 지지하는 정도로 문화정책에 소극적이었다. 이에 따라 문화 부분에서의 공동정책은 다른 정책에 비해 상대적으로 미발전되어 왔다. 그러나 집행위원회는 1980년대부터 문화정책에 대해 관심을 갖고 특별히 영화와 TV방송에 많은 조치를 취하였다. 이외에도 집행위원회는 문화상품의 자유로운 거래, 예술가들의 창작활동을 개선, 문화활동에 시민들의 폭넓은 참여 및 유럽연합의 건축물 유산을 보존하는 데에도 많은 관심을 기울여 왔다. 또한 집행위원회는 1982년부터 유럽투자은행(**EIB**)을 통해 건축물 보전과 복원에 대한 지원 사업을 펼치고 있다.

마스트리히트조약은 공동체조약 제3조에 회원국의 교육과 문화 발전을 유럽연합의 목표로 설정하고, 다음과 같은 4개의 분야에서 유럽문화 고무정책을 시행하고 있다.

- 건축물 유산의 보호

■ Culture 2000

- 문화적, 예술적 창의성 고무
- 독서와 출판 권장
- 유럽 오디오-영상산업 고무

이러한 문화 고무 프로그램은 1998년 문화2000(**Culture 2000**) 프로그램으로 통합되어 시행되고 있다.

Culture 2000 : 문화2000
➡ Cultural Policy
➡ Kaleidoscope
➡ Raphael

문화2000 프로그램은 문화증진을 위한 입법, 기존 정책의 문화적 차원 그리고 문화와 대외관계 등 3개의 주요 부분으로 구성된다. 이 프로그램의 목적은 문화적 다양성을 촉진하고, 유럽 공동의 문화유산을 진흥하는 것이다. 1998년 마련된 문화2000 프로그램은 2000년에서 2004년까지를 시행 기간으로 1억 6,700백만 유로의 예산을 집행하였다. 이 프로그램은 칼레이도스코프(**Kaleidoscope**), 아리안(**Ariane**) 및 라파엘(**Raphael**)과 같은 세부 프로그램 등으로 구성된다.

칼레이도스코프는 유럽 내에 스펙터클 예술, 조형예술, 공간, 멀티미디어, 응용예술의 분야의 증진을 목적으로 한 프로그램이다. 아리안은 서적과 독서분야에 관한 지원책으로 유럽연합 내 소수언어 서적을 우선적으로 번역하면서, 현대문학과 극작품들을 폭넓게 보급하는 데 목표를 두고 있다. 또한 이 프로그램을 통해 유럽문학상과 번역상을 매년 선정하여 포상하고 있다. 라파엘은 각 회원국들이 기존에 시행하고 있는 정책들을 보조하는 프로그램이다. 구체적으로 고고학적 유산, 건축물, 미술관, 고문서보관소, 유럽문화유산연구소 지원이 여기에 해당한다.

Customs Union : 관세동맹

관세동맹은 국가 간에 관세협정을 체결하여 상호 간 관세상의 특별대우 관계를 유지하여 무역촉진을 꾀하는 것이다. 관세동맹은 일반적으로, 회원국으로부터의 수입에 대한 관세철폐, 역외국가로부터의 수입에 대한 공동역외관세(**CET**)의 부과 및 합의된 방식에 따른 관세수입의 배분이라는 세 가지의 정책을 기본으로 유지된다. 이와 같이 관세동맹은 회원국 간에 관세를 완전히 폐지하거나 경감하며 대외적으로는 공동역외관세를 부과하는 것이다. 반면에 자유무역연합(**FTA**)은 회원국 간 관계는 관세동맹과 동일하나, 공동역외관세 대신에 회원국이 독자적으로 관세율을 정하는 것이다. 이 점에서 관세동맹의 본질은 역외국에 대한 공동관세 부과에 있다고 할 수 있다. 유럽공동체조약 제9조에서는 "유럽공동체는 모든 상품의 교역에 확대 적용되며, 회원국 간 수출입 관세 또는 그와 동등한 효과를 가지는 과징금의 금지 및 제3국과의 관계에 있어 공동관세율의 채택을 포함하는 관세동맹에 기초하여 설립된다."라고 명기하고 있다. 이 조약에 따라 유럽공동체는 유럽공동체 조약에 명기된 시한보다 18개월이나 앞선 1968년 7월 1일자로 관세동맹을 완성하였다.

Cyprus : 사이프러스

1960년 영국으로부터 독립한 사이프러스는 다수 민족인 그리스계와 소수 민족인 터키계가 첨예하게 대립하여 왔다. 1974년 그리스의 지원을 등에 업은 그리스계가 정권을 탈취하려 하자 터키가 군사개입을 감행하면서 사이프러스 섬의 약 40% 가량이 터키의 통제하에 들어간다. 1983년 터키의 지배하에 있는 지역이 북사이프러스 터키공화국(**Turkish Republic of Northern Cyprus**)으로 분리를 선언하였으나 터키 외에는 국제사회에서 인정받지 못하고 있다. 그러나 터키는 유럽

■ Czech Republic

연합 가입을 준비하면서 사이프러스 문제를 적극 검토하고 있다. 현재 2004년 그리스계 사이프러스만이 유럽연합에 가입하고 있다.

Czech Republic : 체코

체코는 1989년 공산주의 체제를 마감하고 하벨(Váchav Havel)이 초대 대통령으로 선출되면서 신속하게 시장경제 체제로 전환하였다. 체코는 1995년과 1999년에 각각 선진경제협력기구(OECD)와 북대서양조약기구(NATO)에 가입했다. 또한 체코는 1996년에 유럽연합 회원국 가입신청을 하여 1998년부터 가입협상을 시작하여 2004년에 회원국이 되었다. 당시 체코는 국민투표에서 77.33%의 압도적인 지지를 얻어 유럽연합에 가입했다. 체코는 원래 슬로바키아와 하나의 헌정체제 아래서 단일국가를 이루었으나 1992년 양측 의회의 결의에 따라 1993년 이후 분리되었다. 그러나 체코와 슬로바키아는 관세동맹(Customs Union)을 맺고 긴밀하게 협력하였다. 체코는 유럽연합 가입을 전후하여 많은 정치·경제적 변화를 겪고 있다. 체코가 당면한 가장 큰 문제는 GDP의 38%에 해당하는 공공재정 적자(2004년 기준)로 규모뿐 아니라 증가 폭도 유럽연합 회원국 중에서 상위에 속한다. 2004년 기준 체코의 국채(public debt)는 국민 1인당 3,700달러로 유럽연합 회원국 중 가장 높은 수치로 체코의 유로화 도입을 가로막는 가장 큰 장애요인이다. 따라서 유럽연합 가입과 함께 분담금까지 지불해야 하는 상황을 감안할 때 체코의 유로화 도입은 2010년 이후에나 가능할 것으로 예상된다.

D

Danube Commission : 다뉴브 위원회

이 위원회는 1815년 설립된 라인강 항해위원회(Central Commission for the Navigation of the Rhine)를 모델로 1948년 부다페스트에서 결성된 국가 간 기구이다. 이 위원회는 다뉴브(Danube)강의 환경오염, 안전, 선박등록, 수로운송 문제 등을 논의하는 기구로 강을 접하고 있는 오스트리아, 불가리아, 크로아티아, 헝가리, 몰도바, 루마니아, 러시아, 슬로바키아, 우크라이나, 크로아티아, 및 유고연방공화국 등이 가입되어 있다.

Davignon, Etienne : 다비뇽(1932~)

➡ Davignon Report

다비뇽은 벨기에의 정치인으로 1977년부터 1981년까지 집행위원회에서 산업·에너지 담당 집행위원을 맡고, 1981년부터 1984년까지는 집행위원회의 부위원장을 역임했다. 그는 벨기에 외무장관 재임 시절인 1969년에 유럽공동체에서 정치통합 논의를 다룬 다비뇽 보고서(**Davignon Report**)의 책임을 맡았다.

Davignon Report : 다비뇽 보고서

➡ Davignon, Etienne
➡ European Political Cooperation

다비뇽 보고서는 유럽공동체 회원국 간 외교정책 협력과 정치통합 방향을 담은 보고서로 1969년 12월 헤이그 정상회담(Hague Summit)에서 발표되었다. 이 보고서의 작성자는 당시 벨기에 외무장관인 다비뇽(**Etienne Davignon**)으로 후에 집행위원이 된 인물이다. 다비뇽 보고

■ Decision

서는 회원국 외무장관들의 정례화된 회담, 회원국 외무장관들로 구성된 정치위원회(Political Committee)의 구성 그리고 유럽공동체 외부에서 회원국 대사 간 협력 등 정치통합과 외교협력 방안을 담고 있다. 이 보고서는 발표 당시 많은 지지를 받고 외무장관들의 정례회담은 이듬해 1970년 11월 뮌헨에서 개최되었다. 1972년에는 회원국들이 중동문제에 대한 공동 성명서를 발표하기도 하였다. 이러한 성공에 고무되어 1973년에 회원국 간 정치협력을 담은 2차 다비뇽 보고서가 제출되었다. 2차 보고서에서는 주요 국제적 이슈에 대한 회원국 간 정보교류와 대외정책에서 공동입장을 견지한다는 내용을 담고 있다. 다비뇽 보고서는 이후 유럽정치협력(European Political Cooperation)의 토대가 되었다.

Decision : 결정
→ Secondary Legislation

결정은 유럽연합 차원에서 회원국과 특정 대상에게 부과하는 2차 입법(Secondary Legislation)이다. 결정은 원칙적으로 대상을 한정하여 발하는 개별적 입법으로 일반적 입법인 규정(Regulation) 및 지침(Directive)과는 구별된다. 2차 입법은 유럽공동체조약 254조 1항에 의해 정한 특정의 날로부터 발효하며, 발효일이 정해지지 않는 경우에는 유럽연합 관보(OJ)에 게재된 날로부터 20일 후에 발효된다.

Declaration : 성명

성명은 유럽이사회(European Council) 회담 종결 후 발표하는 회담 내용에 관한 성명서이다. 유럽이사회는 회담이 종결된 후 의장국 성명서(Conclusions of the Presidency) 형태로 토의 내용을 발표하는데, 후에 의장국 성명서는 성명 형태로 보다 자세히 공개된다. 성명이 법적 효력을 갖지는 않지만, 향후 법적 조치를 위한 지침을 제공하는 것이기 때문에 정치적으로 중요한 의미를 지닌다. 성명에서 나타난 유럽이사회의 결정은 이후 공식적인 정책결정과정을 거쳐 입법화 된다.

Deepening : 심화

이 용어는 유럽통합의 심화 과정을 일컫는다. 1952년 유럽석탄철강공동체(**ECSC**), 1958년 유럽경제공동체(**EEC**), 1968년 관세동맹(**Customs Union**)의 완성, 1992년 공동시장(**Common Market**) 완성, 1993년 유럽연합 출범, 1999년 경제통화동맹(**EMU**) 결성 등으로 유럽통합은 지속적인 심화과정을 거쳐 왔다. 일반적으로 유럽통합의 심화에 관한 논의는 유럽연합의 확대(**Widening**)와 더불어 제기되어 왔다. 유럽연합의 확대과정은 유럽연합의 제도 및 정책의 변화라는 심화과정과 밀접하게 연관되기 때문이다. 특히 유럽연합이 27개국 이상으로 확대될 경우 정책결정 및 이행에 여러 문제가 제기될 수 있다. 따라서 유럽연합에서는 기구 및 제도개혁을 통한 통합의 심화와 회원국 확대를 동시에 진행하고 있다.

Deficiency Payments : 결손 보전금

결손 보전금은 노동비용이 시장에서 얻을 수 있는 생산가격보다 높을 때, 생산업자들에게 생산과 노동에 대한 공정한 대가를 보장해 주기 위한 수단이다. 이에 따라 결손 보전금은 시장가격이 생산비용보다 낮을 때 생산업자들에게 보조금의 형태로 지급된다. 유럽연합에서 결손 보전금은 공동농업정책(**CAP**)에서 가격보장제도를 구성하는 중요한 제도이다.

De Gasperi, Alcide : 데 가스페리(1881~1954)

■ De Gaulle, Charles

북부 이탈리아 오스트리아-헝가리 제국의 영토였던 트렌티노(Trentino)에서 태어난 이탈리아의 정치가. 1차대전 후 이 지역이 이탈리아로 귀속되자 이탈리아 시민권을 획득했고, 이탈리아 기독민주당(DC)의 전신인 이탈리아 인민당(Partito Popolare Italiano)를 설립했다. 그는 파시즘 체제 하에서 반파시즘 운동으로 무솔리니로부터 억압을 받아 16개월간 바티칸(Vatican)에서 구금생활을 하였다. 1943년 파시즘 체제와 전쟁의 종결 후 새로운 공화국의 건설을 주도하였다. 초기에는 좌파정당들과 연정을 구성하다가, 냉전이 본격화되자 이들과 결별하였다. 데 가스페리는 1946년에서 1953년까지 7년간 이탈리아 총리 직을 수행하면서 이탈리아를 북대서양조약기구(NATO)와 유럽석탄철강공동체(ECSC) 등 유럽통합 과정에 참여시킴으로써 이탈리아의 서방체제로의 편입을 주도했다. 이 과정에서 데 가스페리는 적극적 유럽통합주의자가 되어 50년대 초반 유럽방위공동체(EDC)를 유럽정치공동체(EPC)를 위한 도구로 삼으려는 시도를 하였다. 이러한 공로로 그는 1952년 샤를마뉴상(Charlmagne Prize)을 수상하였다.

De Gaulle, Charles : 드골(1890~1970)
- ➡ *Europe des Patries*
- ➡ Fouchet Plan

드골은 2차 대전 중 알제리와 영국에서 프랑스 레지스탕스를 조직하여 국민적 영웅으로 등장하였다. 종전 이후 총리직을 수행하다 46년 1월 사임하였다. 1953년 정계에서 은퇴하였으나 5년 후 알제리 사태 이후 정계에 복귀해 국민투표를 통해 제5공화국을 발족하면서 58년 12월 대통령이 되어 10년 동안 통치했다. 그는 헌법이 규정한 강력한 대통령 권한을 기반으로 독단적인 정치를 펼쳐, 반의회주의자라는 비판을 받기도 하였다. 집권하는 동안 그는 유럽통합 운동에 열정적이지 않았다. 그에게 정책의 우선권은 국가적 위신의 재확립과 독립성의 공고화 그리고 알제리 사태 해결 등을 통해서 위대한 프랑스를 구현하는 것이었다. 이를 위해 그는 1960년에 독자적으로 핵실험을 강행하고, 1963년에는 서방국가 중 최초로 중국을 승인하고, 1966년에는 북대서양조약기구(**NATO**)를 탈퇴하면서 독자 외교노선을 전개하였다. 유럽통합은 그에게는 프랑스의 위대성과 독립성을 위한 도구에 지나지 않았다. 초기에 유럽통합에 반대했던 대통령에 취임한 이후 유럽공동체를 수용한 것은 공동농업정책(CAP) 등에서 프랑스가 얻을 이익과, 이것을 통해서 유럽에서 프랑스의 우월성 확보라는 전망을 인식했기 때문이었다. 또한 그가 1963년과 1967년 두 차례에 걸쳐 영국의 유럽공동체 가입을 저지한 것은 바로 이러한 대륙에서 프랑스의 우월성을 유지하기 위한 것이었다.

한편 유럽공동체에 대해서 그는 연방적 방법보다는 연합이라는 보다 느슨한 형태의 통합을 희망했다. 따라서 주요 회원국이 중심이 된 국가 간 협력체제인 국가들의 유럽(*Europe des Patries*)을 구현하기 위해 푸쉐플랜(**Fouchet Plan**)을 추진하다가 좌절을 맞본다. 또한 그는 1965년에 유럽공동체 기구를 강화하려는 유럽주의자들과 충돌하여 이른바 공석위기(**Empty Chair Crisis**)를 일으켜 이후 20여 년간 유럽통합의 침체기를 만들었다.

Delors, Jacques : 들로르(1925~)

들로르는 프랑스 출신의 경제관료 겸 정치인으로 1985년부터 1995년까지 유럽연합 집행위원장을 역임하였다. 그는 1925년 프랑스 파리 태생으로 금융기관에서 근무한 경험이 있으며 이후 프랑스 사회당의 당원으로 활동하였다. 1979년 유럽의회 의원으로 당선되어 금융위원회 의장을 역임하고, 1981년 미테랑(**François Mitterand**) 대통령 집권 시 재무장관을 지냈다. 이후 들로르는 1985년에 유럽공동체 집행위원

■Delors Package

장으로 취임하여 10여 년의 재임기간에 정치, 경제적 통합을 주도하여 유럽통합 발전에 크게 기여하였다. 들로르 집행위원장은 재임기간에 단일유럽의정서(**SEA**)를 채택하고, 들로르 패키지(**Delors Package**)를 통해 예산개혁안을 만들고, 단일시장(**Single Market**)을 완성하였다. 또한 그는 경제통화동맹(**EMU**)을 실현하여 경제통합을 한 단계 높은 수준으로 이끌었다. 이와 더불어 들로르는 정치통합으로 나가기 위해 집행위원회의 권한 강화와 제도개혁을 촉구하여 1990년대 중반 이후 유럽연합의 제도발전에 많은 영향을 끼쳤다.

Delors Package : 들로르 패키지
➡ Budget

들로르 패키지는 당시 집행위원장인 들로르(**Jacques Delors**)의 이름을 붙여 1987년 2월과 1992년 2월에 집행위원회에 의해 제출된 유럽연합의 예산개혁안이다. 1987년 발표된 들로르 패키지 I은 1992년 단일시장(**Single Market**) 완성을 위해 예산수입을 늘리고, 예산규율을 확고히 하며, 공동농업정책(**CAP**) 개혁과 이 예산의 엄격한 통제를 내용으로 한다. 이렇게 하여 확보된 예산은 연구개발정책 및 구조기금(**Structural Fund**)과 결속정책(**Cohesion Policy**)을 위해 사용토록 하였다. 이 개혁안은 회원국 간 첨예한 논쟁 끝에 1988년에 개혁협정이 체결되었다. 이에 따라 1988~1992년 기간의 중기 재정 전망이 발표되었으며, 그리스, 포르투갈, 스페인, 아일랜드 4개국에 지급되는 구조기금이 두 배로 증가하였다. 이에 힘을 얻은 집행위원회는 다음 단계로 경제통화동맹(**EMU**)에 주력할 수 있게 되었다. 1992년의 들로르 패키지 II는 결속기금(**Cohesion Fund**)을 확대하고 산업경쟁력을 강화하기 위해 유럽연합의 예산수입을 30% 이상 증액하는 계획안이었다. 이전의 예산개혁안과 마찬가지로 들로르 패키지 II 역시 많은 논란 끝에 동년 12월 에든버러 유럽이사회에서 최종적으로 합의되었다.

Delors Plan : 들로르 계획

들로르 계획은 1989년 4월 발간된 경제통화동맹(EMU) 완성을 위한 계획서로, 공식명칭은 경제통화동맹 연구위원회 보고서(Report of the Committee for the Study of Economic and Monetary Union) 이다. 들로르 계획은 1999년까지 경제통화동맹을 출범시키기 위한 3단계의 이행방안을 담고 있다. 1단계에서는 회원국 간 그리고 중앙은행 간 자본이동 자유와 보다 밀접한 거시경제정책을 시행한다. 2단계에서는 경제통화동맹 이행 전에 유럽중앙은행제도(ESCB)을 만든다는 계획으로, 영국의 반대에도 회원국 간 합의가 이루어졌다. 한편 3단계는 단일통화 도입 계획안이다. 들로르 계획은 이후 마스트리히트조약을 통해 대부분의 내용이 수용되었다.

Democratic Deficit : 민주성 결핍

민주성 결핍은 유럽연합 기구의 운영방식 및 정책과정 전반에 걸쳐 투명성, 참여성, 책임성이 충분히 보장되지 않아 민주주의 실현의 한계를 일컫는 표현이다. 유럽연합의 민주성 결핍을 주장하는 입장에서는 정책·행정기관인 집행위원회가 유럽통합을 주도하는 핵심적 역할을 담당하고 있음에도, 이에 대한 회원국의 감시와 통제가 쉽지 않다는 점과, 유럽의회의 권한이 제한적이어서 유럽시민의 대표성이 부족하다는 점 등을 지적하고 있다. 이러한 현상은 결국 실질적으로 합법성을 지니는 회원국의 주권을 심각하게 훼손하는 것이다.

이와 같은 비판에 직면하여 유럽연합은 민주성 결핍 문제를 해소하기 위해 다각적인 노력을 기울여 왔다. 유럽연합은 우선 정책과정의 민주성과 효율성을 높이기 위해 정책결정 과정을 개방하고 유럽시민의 참

■ Denmark

여를 확대하는 한편 엄격한 정책결정과 집행과정을 위한 여러 제도적 개혁을 꾀하여 왔다. 커미톨로지(Comitology) 문서를 인터넷에 개방하고, 공동결정절차(Codicision Procedure)로 진행하는 정책을 확대하고, 엄밀한 보충성(Subsidiarity) 원칙을 설정해 회원국 정부의 권한과 책임을 보다 명확히 제시하고 있다. 또한 유럽연합은 가능한 범위 내에서 각료이사회의 표결 결과를 공개하는 등 여러 조치를 통해 취하고 있다.

Denmark : 덴마크

1960년 영국 등과 함께 유럽자유무역연합(EFTA)을 형성하였으나, 1973년 영국, 아일랜드와 함께 유럽공동체에 가입한 국가이다. 덴마크는 영국과 같이 왕조적 전통을 가지고 있어 느슨한 경제통합은 지지하지만 주권이양을 전제로 한 정치통합과 초국가적 경제통합에는 반대한다. 이러한 초국가적 통합에 대한 적대감은 1986년 단일유럽의정서(SEA)가 유럽의회에 너무 많은 권한을 부여했다는 이유로 국민투표에서 비준을 거부하는 것으로 표출되었다. 덴마크는 이듬해 가까스로 국민투표를 통해 비준에 성공하였다. 1992년에는 유럽연합조약이 지나치게 정치적 목표를 가진다는 이유로 50.7%로 또다시 조약의 비준을 거부함으로써 초국가적 통합에 적대감을 표시하였다. 결국 코펜하겐 유럽이사회에서 덴마크는 경제통화동맹(EMU)의 3단계와 공동방위정책에 참여하지 않는다는 선택적 탈퇴(Opt-outs)라는 조항을 획득한 이후 1993년 5월 2차 투표에서 56.8%로 비준에 성공하였다. 덴마크는 선택적 탈퇴로 유로화 도입은 거부했지만, 덴마크 통화인 크로나(crona)를 유럽통화시스템 2(EMS-2)에 가입하게 하여 유로화에 대해 ±2.25%의 변동폭을 가지게 하였다. 또한 1996년에는 쉥겐협정(Schengen Agreement)에도 가입하였다.

Deregulation : 탈규제화

탈규제화는 일반적인 경제·행정 용어이지만, 유럽적 맥락에서 탈규제화는 1980년대 중반 이후 시장통합을 상징하는 의미가 되었다. 탈규제는 공동시장(**Common Market**) 기능을 회복하는 일단의 정책과 조치를 말한다. 이러한 탈규제는 각국 간 상이한 기술표준화의 조정, 회원국 간 무역에서 수량제한 철폐, 각종 비관세장벽 제거, 상호인증(**Mutual Recognition**)의 확대 등을 내용으로 한다. 1990년대 유럽연합 차원의 탈규제화 대상은 기존의 국가독점적 산업인 운송, 에너지, 통신산업 등 기간산업에 집중되었다.

Derogation : 유예

유예는 규정(**Regulation**)이나 지침(**Directive**)의 전부 또는 일부를 한시적으로 면제해 주거나 예외로 두는 것을 말한다. 유예는 보통 각료이사회에서 만장일치의 표결에 의해 규정이나 지침 적용에 추가적인 시간이 필요한 경우 적용된다. 예를 들어 경제통화동맹(**EMU**) 형성 3단계에서 유로화 도입을 위한 수렴조건(**Convergence Criteria**)을 맞추지 못하는 국가들에게는 자동적으로 유로화 도입을 유예하도록 한 것은 그 예이다.

Development Association Agreement ➡ Cooperation Agreement 참조

DG ➡ Directorate General 참조

Differentiated Integration : 차별화된 통합
- ➡ Variable Geometry
- ➡ Flexibility

■ Direct Application

문서상의 유럽(**Europe à la carte**) 혹은 이중속도의 유럽(**Two-Speed Europe**) 이라고도 하는 차별화된 통합은 회원국 간 능력의 격차나 통합에 대한 다양한 사고를 인정하고 보다 유연한 방식으로 통합을 진행한다는 개념이다. 이는 유럽연합의 공동정책이나 조치에서 개별 회원국은 국내 사정을 감안하여 차별적으로 유럽연합의 정책을 수용한다는 의미로도 사용된다. 유사한 내용을 담은 가변적 지역(**Variable Geometry**)은 긍정적 의미로 쓰이는 반면에 차별화된 통합은 급진적이고 획일화된 통합방식에 대한 거부감을 나타낼 때 주로 사용한다. 영국의 주도로 경제통화동맹(**EMU**)에서 선택적 탈퇴(**Opt-outs**) 개념을 도입한 것은 차별화된 통합이 적용된 대표적 경우이다. 한편 유럽연합에는 이 개념이 회원국 간 연대에 지장을 초래하고, 통합과정에 혼선을 야기한다는 이유로 반대하는 시각 역시 존재한다.

Direct Application : 직접적용

직접적용은 공동체법이 회원국의 국내법 질서에 어떻게 편입되는가 하는 문제이다. 즉, 직접적용이란 공동체법이 회원국에서 별도의 조치를 필요로 하지 않고, 바로 회원국법의 일부가 된다는 것을 말한다. 이에 따라 유럽연합 전역에서 공동체법이 일괄적으로 적용될 수 있다. 직접적용성의 유무는 2차 입법(**Secondary Legislation**)에 대해서는 그 입법 형태에 따라 판단된다. 구체적으로 규정(**Regulation**)은 직접적용의 예이다(유럽공동체조약 제249조). 규정이 자동적으로 국내법으로 편입되므로 회원국은 규정과 동일한 내용의 국내법을 제정하는 것도 금지된다(Case 39/72 Commission v. Italy [1972] ECR 101, at 114). 또한 유럽공동체조약의 조문 가운데 직접적용되는 것이 있다. 한편, 지침(**Directive**)은 회원국의 국내적 실시 조치가 필요하므로 직접적용의 대상이 아니다.

Direct Effect : 직접효력

직접효력은 개인 즉 자연인과 법인이 공동체법을 국내 법원에서 원용할 수 있느냐는 문제이다. 즉 직접효력은 공동체법이 회원국법에 상관없이 개인이 국내 법원 앞에서 주장하여 실현할 수 있는 권리를 부여한 것이다. 따라서 공동체법이 직접효력을 발생하는 경우, 개인은 국내 법원에서 공동체법을 근거로 자신의 권리를 주장할 수 있다. 공동체법의 형태에 따라 적용되는 직접적용(**Direct Application**)과 달리, 직접효력은 개개의 입법마다 일정 조건을 만족시키는가에 의해 결정된다. 그리고 직접효력을 발생하는 공동체법이 반드시 국내법 질서의 일부로 편입되었다고는 볼 수 없다. 공동체법의 직접효력은 1963년의 반 젠드 루스(Van Gend en Loos) 사건 판결에 의하여 승인되었다(Case 26/62 van Gend en Loos v. Nederlandse Administratie der Belastingen 〔1963〕 ECR1, at 12).

공동체법의 직접효력은 개인이 공동체법에 따라 주어진 권리를 국내 법원에서 소송으로 주장·실현하는 것이다. 이는 곧 유럽연합 법질서를 유지하는 것으로, 회원국의 공동체법 이행의무를 감시하는 것이다. 직접효력을 발생하기 위해서는 해당 공동체법이 개인에게 권리를 부여하는 것이어야 한다. 예를 들어 유럽공동체조약에 초국가 기구의 구성과 운영에 관한 조문은 직접효력의 대상이 될 수 없다.

Direct Election : 직접선거

➡ European Parliament

로마조약체결 이후 오랫동안 유럽의회는 미미한 권력을 가진 명목상의 기구로 남아 있었다. 1960~70년대 전반에 걸쳐 당시 유럽공동체의 정책결정과정에서 유럽의회는 조약에 명기된 권한마저도 제대로 행사하지 못하였다. 실제로 로마조약에 명기된 유럽의회의 자문절차

▌Directive

(Consultation Procedure)에의 참여는 단일유럽의정서(SEA) 체결 전까지 사문화되어 왔다. 따라서 초국가적 유럽통합을 주장하는 사람들은 유럽의회의 권한 강화와 함께 유럽의회의 직접선거를 주장하여 왔다. 이러한 직접선거 요구는 오랫동안 미루어져 오다 1979년 6월에 처음 시행되어 이후 5년마다 선거가 치러지고 있다. 그러나 각국 간 상이한 선거시스템과 국내 사정으로 유럽연합 전역에서 동일한 날에 선거가 치러지지는 않는다. 또한 유럽의회 선거만 단독으로 이루어지는 경우는 드물고 여타 국내선거와 지방선거와 같은 날 행해지는 것이 일반화되어 있다.(대부분의 유럽국가에서 선거는 일요일 혹은 목요일에 치러진다.) 이러한 이유는 일반 시민들이 유럽의회에 대한 관심이 적어 투표율이 매우 저조하기 때문에 나온 고육책이다. 실제로 1979년 이후 5년마다 치러지는 유럽의회 직접선거 투표율은 선거가 거듭할수록 하락하고 있다.

유럽의회 직접선거 투표율

연 도	1979	1984	1989	1994	1999	2004
평균투표율 (%)	63	61.0	58.5	56.8	49.8	45.6

Directive : 지침

➡ Secondary Legislation

2차 입법(Secondary Legislation)의 하나인 지침은 달성되어야 하는 결과에 대해서는 회원국을 구속하지만, 결과달성의 형식이나 방법에서는 회원국의 재량을 인정한 것이다. 즉 지침은 유럽연합의 입법 목적에 준해 각 회원국이 고유한 절차를 통해 국내입법화한 것이다. 따라서 지침은 그 내용을 각 회원국마다 국내법으로 바꾸기 위한 조치가 취해져야 한다. 이와 같이 형식과 방법에 있어 회원국의 재량이 인정되므로 유럽연합에서 제정하는 지침이 국내법에 그대로 수용되어야 하는 것은 아니다. 또한 지침의 실시가 반드시 국내법의 개폐 혹은 제정이 있어야 하는 것은 아니지만, 국내법으로 실시하는 데 있어 일정 기한이 정해져 있다. 지침은 유럽연합의 2차 입법 중 정치적 의미에서 매우 중요한 의미가 있다. 일반적으로 유럽연합 2차 입법 중 구속력 및 그 포괄성에서 규정(**Regulation**)이 지침보다 상위의 법으로 인정된다. 그러나 규정의 경우 농산물 가격, 공동관세 및 쿼터의 조정 등과 같이 특정 이슈에서 일련의 미시적 조치들을 담은 패키지 형태로 입법화된다. 따라서 규정은 모든 행위자가 동일한 구속을 받게 되므로, 지침에 비해 정치적 민감성이 미약하다고 볼 수 있다.

Directorate General(DG) : 집행위원회 총국

집행위원회의 총국은 한 국가의 주무부서와 같이 개별 집행위원을 최고 책임자로 한 유럽연합 행정조직이다. 1958년 당시 유럽경제공동체가 출범할 때 집행위원회 총국은 9개에 불과하였으나 업무가 확장되면서 총국 수도 증가했다. 일반적으로 집행위원회 총국은 국가 주무부서보다 철저하게 비정치화된 기능적 조직으로, 각 총국의 책임자인 집행위원은 기능적 운용의 정점에 있는 실무 책임자의 성격이 강하다.

1999년까지 각 총국의 명칭은 DG Ⅱ와 같이 로마자로 표기하였으나 집행위원회는 2000년에 이러한 호칭이 혼란을 가져온다는 이유로 DG Competition과 같이 정책부서명으로 전환하였다. 집행위원회 총국은 1999년 개편을 통해 23개 정책영역과 14개에 달하는 일반서비스 부서로 편재되어 있다. 이 중 일반서비스 부분의 인프라 및 물류는 룩셈부르크와 브뤼셀에 각각 위치한다. 각 총국은 약 150~500명 가량의 유럽관료(**Eurocrat**)들로 구성되는데 업무영역이 넓은 인사 및 행정총국 관료는 각각 약 2,000여 명에 달하고 농업총국의 관료도 850여 명에 달

■ Direct Universal Suffrage

한다.

집행위원회 총국

정책	일반 서비스 부문
■ 농업 ■ 경쟁 ■ 경제 및 통화 ■ 고용 및 사회 ■ 교육 및 문화 ■ 기업 및 산업 ■ 환경 ■ 어업 및 해양 ■ 보건 및 소비자보호 ■ 정보화사회 ■ 단일시장 ■ 공동연구개발센터(JRC) ■ 내무(자유, 안전, 정의) ■ 지역정책 ■ 연구개발 ■ 조세 및 관세 ■ 에너지 및 운송	■ 반부패관리국(OLAF) ■ 언론 및 통신 ■ 유럽연합통계국(EUROSTAT) ■ 출판국 ■ 사무국
	내무서비스
	■ 예산 ■ 정책자문그룹 ■ 정보 ■ 인프라 및 물류 (브뤼셀과 룩셈부르크에 소재) ■ 내부감사 ■ 통역 ■ 법적 서비스 ■ 인사 및 행정 ■ 번역
대외관계	
■ 대외개발 ■ 확대 ■ 대외지원 및 협력국 ■ 대외관계 ■ 인도적 지원국(ECHO) ■ 무역	

Direct Universal Suffrage ➡ Direct Election 참조

Discharge Procedure : 예산집행 승인절차

예산집행 승인절차는 유럽의회가 전년도 예산의 집행을 승인하는 절차이다. 유럽공동체조약 제237조에 따라 집행위원회는 전해연도 예산의 집행 내역을 유럽의회와 각료이사회에 보고해야 한다. 유럽의회는 유럽공동체조약 제276조에 따라 각료이사회와 회계감사원의 조언을 받아 예산 승인 권한을 가진다. 이러한 유럽의회의 예산 승인권은 의회의 권한 강화라는 의미에서 매우 중요한 의미를 갖는다. 유럽의회는 1984년과 1998년 각각 1982년과 1996년 예산 집행에 대해 승인을 거부한 바 있는데, 특히 1998년 예산승인 거부는 이듬해 집행위원회의 사임을 가져오는 등 논쟁을 일으킨 바 있다.

Divergence Indicator : 괴리지표
➡ European Monetary System

괴리지표는 약한 통화를 가진 국가가 너무 과중한 부담을 가지는 것을 막기 위해 유럽통화제도(**EMS**) 내 환율안정메커니즘(**ERM**)에서 주어진 통화의 변동한도를 의미한다. 만약 이 한도를 초과하면 환율안정메커니즘 내 다른 통화들과의 정렬로부터 이탈한 것으로 간주되어 해당 국가의 중앙은행에서 조정메커니즘이 발동된다. 1993년까지 괴리지표에서 각국 통화 간의 변동 한도는 ± 2.25%로 고정되었다. 이러한 괴리지표는 1999년 유럽통화제도를 대체한 유럽통화제도 2(EMS-2)의 도입과 함께 폐지되었다.

Dooge Committee : 두쥬 위원회
➡ Genscher-Colombo Plan

두쥬 위원회는 1984년 퐁텐블로 정상회담(Fontainebleau Summit)에서 단일유럽의정서(**SEA**) 체결준비를 위해 아일랜드 상원의원인 두

Dooge Report

쥬(James Dooge)를 책임자로 하여 만든 위원회이다. 두쥬 위원회의 임무는 당시 유럽의회가 만든 유럽연합설립조약초안(Draft Treaty Establishing the European Plan)을 기초로 유럽공동체의 제도개혁 방안을 마련하는 것이었다. 이에 따라 두쥬 위원회는 제도위원회(Committee on Institution)라고도 불린다. 이후 1985년 6월 밀라노 정상회담(**Milano Summit**)에 두쥬 위원회가 작성한 최종 보고서가 제출되었다. 두쥬 보고서(Dooge Report)로 불리는 이 보고서는 유럽연합설립조약초안과 겐셔-콜롬보 계획(**Genscher-Colombo Plan**)과 연계하여 작성되었다. 이 보고서는 유럽공동체가 민주적 절차에 따라 정치적 공동체로 나가기 위한 다음과 같은 제도개혁 방안을 담았다.

첫째, 집행위원회와 유럽의회의 권한을 강화한다. 특히 유럽의회에게는 집행위원회 및 각료이사회와 공동결정(**Codecision Procedure**)을 행할 권한을 부여한다.

둘째, 각료이사회 내에서 만장일치 표결을 최대한 억제하고 표결방식을 단순화한다.

셋째, 유럽이사회는 연 3회에서 2회로 개최 횟수를 줄이고, 주로 외교 및 대외관계 업무에 전념토록 임무를 조정한다.

넷째, 두쥬 보고서가 담은 제도개혁을 실행에 옮기기 위해 정부간회담(**IGC**)을 개최한다.

두쥬 보고서의 진취적 내용은 당시 회원국 간에 많은 논란이 일었으나 정부간회담 개최에는 대부분의 회원국이 동의하였다. 이에 따라 유럽연합은 1985년에 영국, 그리스 및 덴마크의 반대에도 정부간회담을 개최하여 단일유럽의정서(**SEA**) 체결을 준비하였다.

Dooge Report ➡ Dooge Committee 참조

Double Majority : 이중다수결

이중다수결은 각료이사회 내 정책결정방식 중 하나로 니스조약에서 가중다수결(QMV)에 대한 재검토에서 나온 방법이다. 이중다수결은 특정 제안이 유럽연합 전체 인구의 60% 이상을 대표하는 회원국 수의 과반수의 찬성을 동시에 충족시키는 경우를 말한다. 이 방식은 대국과 소국의 이해를 모두 반영한 것이라 할 수 있다. 그러나 이 방식은 만장일치와 같이 결정의 어려움을 가져온다는 비난에 따라 니스조약에서 폐지되었다. 대신에 니스조약은 가중다수결이 회원국 전체 인구의 62% 이상의 동의를 얻도록 하였다.

Draft European Act ➡ Genscher-Colombo Plan 참조

Draft Treaty Establishing the European Union (DTEU) : 유럽연합 설립조약안

유럽연합 설립조약안은 1980년대 초반 스피넬리(Altiero Spinelli)와 악어클럽(Crocodile Club)에 의해 준비되어 1984년 2월 유럽의회에서 승인된 이후 단일유럽의정서(SEA)의 토대가 되었다. 이 조약안에서는 유럽연합(European Union)이라는 명칭을 사용하고, 보충성의 원칙(Principle of Subsidiarity)을 도입하였다. 또한 각료이사회를 각 회원국의 유럽문제 전담 장관에 의해 대표되는 연합 이사회(Council of the Union)로 개칭하여 그 권한을 축소하였다. 이러한 연합이사회에서는 가중다수결(QMV) 표결로 정책을 진행한다고 명기하였다. 반면 이 조약안은 집행위원회와 유럽의회의 권한 확대 방안을 담았다. 유럽연합 설립조약안에서 가장 논쟁적인 사안은 이 조약안을 만장일치 대신 회원국의 2/3 이상의 다수결로 비준토록 한 것이다. 이 조약안은 이탈리아와 벨기에 의회에서 통과되었지만, 1984년 퐁텐블로 정상회담(Fontainebleau Summit)에서 기각되었다. 대신 정상회담은 두쥬 위원회(Dooge Committee)를 통해 제도개혁 문제를 해결하도록 하였다.

DTEU ➡ Draft Treaty Establishing the European Union 참조

Dual Mandate : 이중직

이중직이란 유럽의회 의원이 자국 의회의 의원직을 겸하고 있는 경우를 지칭한다. 1979년 유럽의회 직접선거(Direct Election)가 도입되기 이전에 유럽의회 의원은 각 회원국 의원 중에서 임명되었기에 모두 이중직이었다. 유럽의회의 직접선거 이후에는 몇몇 회원국은 이를 금지하는 규정을 제정하였다. 그러나 일부 국가는 이중직이 유럽의회와 국내의회 간 교류를 확대하고, 회원국 내에서 비중 있는 인물이 유럽의회에 진출해 유럽의회의 위상을 높일 수 있다는 이유로 존속시키고 있다. 그러나 이중직을 보유하여도 양 의회에서 모두 보수를 수령하지는 않는다. 영국은 자국에서 이중직 위원에게 하원의원 봉급의 1/3만을 지급한다. 그러나 유럽의회의 업무가 증가하면서 이중직 의원은 점점 줄어들고 있다.

Dublin Asylum Convention : 더블린 망명협정
  ➡ Asylum Policy
  ➡ Dublin Asylum Convention
  ➡ Eurodac
  ➡ Immigration Policy

더블린 망명협정은 유럽연합으로의 망명에 관한 회원국 간 합의로 1990년 더블린에서 서명된 쉥겐협정(Schengen Agreement)의 망명 규정

을 대체한 것이다. 이 협정은 공산주의 붕괴 후 대규모의 동유럽 망명자들의 유입에 대비해 만들어진 것으로, 합당한 이유가 있는 경우를 제외하고, 망명 신청국에서 망명심사를 하도록 규정하였다. 이는 특정 회원국에서 망명신청이 거부된 망명자가 다른 회원국에서 재차 망명 신청하는 것을 방지하기 위해 취해진 조치이다. 이를 위해 더블린 망명협정은 회원국 관계 당국 간에 망명신청자에 대한 정보를 공유토록 하였다. 이후 마스트리히트조약에서 망명 문제는 제3지주의 내무사법협력(**CJHA**)에 포함되었으나 암스테르담조약으로 이 사안은 유럽공동체조약으로 이전되었다. 1998년에는 비엔나 유럽이사회에서는 망명실행계획(Action Plan on Asylum)을 만들어 회원국간 공동으로 망명시스템을 결성토록 하였다.

Dunkirk Treaty : 덩커크조약

1947년 프랑스와 영국 간에 50년 기한으로 맺어진 제2차 세계대전 이후 최초의 유럽안보조약이다. 이 조약은 쌍무적 경제협력과 독일의 잠재적 침략위협을 제어하기 위한 조약으로, 어느 한 회원국이 침략을 받을 때 다른 회원국이 군사, 경제적 원조를 제공하도록 규정하였다. 조약에 명기된 50년이 경과한 후 상대국이 1년 전에 철회를 요청하지 않을 경우 이 조약은 계속 유효한 것으로 규정하였다. 일종의 지역방위조약인 이 조약은 1948년 3월 브뤼셀조약(Brussels Treaty)으로 대체되었다.

Duty-free Goods : 면세상품

1993년 1월부터 발효된 사람, 상품, 자본, 서비스의 자유이동을 규정한 단일시장(**Single Market**)에 따라 유럽연합 회원국 간에는 면세품 판매가 폐지되도록 하였다. 면세품은 국경에 기초한 상품으로 단일시

■ Duty-free Goods

장의 논리에 맞지 않고, 경쟁왜곡 소지를 갖기 때문이다. 그러나 유럽연합은 회원국 간 부가가치세(VAT)가 다르고, 관련 산업계에 피해를 야기한다는 이유로 면세상품 판매는 1999년 6월까지 점진적으로 폐지되도록 하였다.

E

EAA ➡ European Armaments Agency 참조

EAEC ➡ European Atomic Energy Community 참조

EAGGF ➡ European Agricultural Guidance and Guarantee Fund 참조

EAPC ➡ Euro-Atlantic Partnership Council 참조

EAR ➡ European Agency for Reconstruction 참조

EAS ➡ European Administrative School 참조

EBIC ➡ European Business Information Center 참조

EBN ➡ European BIC Network 참조

EBR ➡ European Business Register 참조

EBRD ➡ European Bank for Reconstruction and Development 참조

EBU ➡ European Broadcasting Union 참조

EC ➡ European Communities 참조

ECB ➡ European Central Bank 참조

■ ECE

ECE ➡ Economic Commission for Europe 참조

ECF ➡ European Cultural Foundation 참조

ECHO ➡ European Community Humanitarian Office 참조

ECHR ➡ European Convention on Human Rights 참조

ECLAS : 집행위원회 도서관시스템

이 시스템은 집행위원회 도서관 데이터베이스로 온라인을 통해 자료목록을 열람할 수 있다. 집행위원회 도서관시스템은 유럽연합과 관련된 약 35만 권에 달하는 도서와 문서 목록을 제공한다.

Ecofin ➡ Council of Economic and Finance Minister 참조

Eco-Label : 환경인증 라벨

환경인증 라벨은 저공해 에너지와 에너지 효율이 높은 상품에 대한 유럽차원의 환경인증제도이다. Eco는 환경적(Ecology)이고 경제적(Economic)이라는 의미가 있다. 환경인증 라벨은 1979년 독일에서 처음 시행되었고, 이후 1992년 3월부터 유럽연합에서 채택되었다. 환경인증 라벨은 친환경 제품의 생산을 독려하고 소비자들에게 상품의 환경적 영향에 관한 정보를 제공하기 위한 제도로, 그동안 프레온 가스(CFC)가 들어가지 않은 분무기, 재생용지를 사용한 책 등이 환경인증 라벨을 받았다. 이 제도는 집행위원회와 회원국의 환경기구를 통해 관리된다.

Eco-Management and Audit Scheme(EMAS) : 환경감시계획

환경감시계획은 유럽연합 역내의 공업지대에 대한 환경운영시스템 (Regulation 1836/93)으로 에너지 절약, 폐기물 처리, 친환경적 원자재 사용 및 오염물질 통제 등의 임무를 수행한다. 환경감시계획은 초기에 기업에만 적용되었으나 2001년 이후 유럽연합 내 모든 민간, 공공 서비스 부분에도 확대하여 실시하고 있다.

Economic and Financial Committee : 경제재정위원회

경제재정위원회는 경제통화동맹(**EMU**) 업무와 관련하여 유럽연합 내 경제상황을 분석하여 집행위원회와 해당 각료이사회에 자문을 수행하는 기구이다. 전체 34인의 위원으로 구성되는 이 위원회는 1999년 1월 경제통화동맹 3단계가 출범하면서 업무를 개시하였는데 회원국의 재무부 관료들과 유럽중앙은행(**ECB**) 대표로 구성된다. 경제재정위원회는 자문기구이지만 경제통화동맹에서 큰 영향력을 행사한다.

Economic and Financial Policy : 경제재정정책

➡ Council of Economic and Finance Ministers(Ecofin)

유럽공동체조약에 따라 회원국들은 경제정책 수립 과정에서 국가 간 협력과 협의를 요한다. 경제통화동맹(**EMU**)이 출범하면서 이러한 회원국의 의무사항이 더욱 중요성을 갖게 되었다. 유럽연합 차원에서의 경제재정정책은 27개 회원국들의 경제·재무장관들이 참여하는 경제재무장관이사회(**Ecofin**)에서 주로 이루어진다. 경제재무장관이사회는 유럽연합의 전반적인 경제정책 조율, 경제상황 점검(economic surveillance), 회원국들의 예산정책과 공공재정에 대한 감시, 금융시장과 단일통화, 유럽연합의 예산확보 및 역외국가와의 경제관계 등을 다룬다.

Economic and Monetary Union(EMU) : 경제통화동맹
→ Delors Plan

경제통화동맹에 대한 구상은 1969년 12월 헤이그 정상회담(Hague Summit)에서 최초로 논의되어 이듬해 베르너 보고서(Werner Report)에서 구체적인 일정이 만들어졌다. 그러나 1970년대 경제위기를 겪으면서 경제통화동맹 계획은 사실상 폐지되고, 그 대안으로 1979년에 유럽통화제도(EMS)가 출범하였다. 이후 1980년대 후반 들어 경제통화동맹은 단일시장계획과 함께 추진되었다. 1989년 4월 당시 집행위원장인 들로르(Jacques Delors)의 이름을 붙인 경제통화동맹 보고서인 들로르 계획(Delolrs Plan)이 동년 12월의 유럽이사회에서 채택되었다. 들로르 계획은 1999년까지 경제통화동맹을 출범시키기 위한 다음과 같은 3단계의 이행 방안을 담고 있다.

첫째, 1단계(1990년 7월~1993년 12월)에서는 회원국 간 자본의 자유이동, 보다 밀접한 경제정책조정 및 중앙은행 간 협력이 이루어진다. 이 기간에 자본이동 자유화, 단일시장의 완성, 마스트리히트 조약의 채택, 1993년 11월 1일에 유럽통합단위(ECU)의 회원국 통화 바스켓의 구성비율 동결 등과 같은 조치들이 이행되었다.

둘째, 2단계(1994년 1월~1998년 12월)에서는 회원국 간 경제금융정책의 수렴화가 이루어지고 유럽통화기구(EMI)와 유럽중앙은행(ECB)을 설립한다. 이 외에 2단계에서는 경제수렴 프로그램의 이행과 유럽연합 내에서 상대적으로 저개발 국가와 지역을 지원하기 위해 결속기금(Cohesion Fund)을 창설한다. 또한 회원국들은 각국의 중앙은행의 독립성을 보장하기 위하여 관련 법률들을 개정한다.

셋째, 3단계(1999년 1월부터)부터는 환율의 불가역적 고정, 외환시장 및 전자결제에서 단일통화를 사용한다. 3단계에서는 유럽통화기구가 해체되고 유럽중앙은행과 각 회원국 중앙은행의 기능이 합쳐진 유럽중앙은행제도(**ESCB**)를 형성한다. 이후 2002년 1월부터 단일통화인 유로화를 도입한다.

이러한 계획에 따라 1999년 1월부터 출범한 경제통화동맹 3단계에는 당시 유럽연합 15개국 중 11개 회원국이 참가하였고, 2년 후 그리스가 합류하였다. 영국과 덴마크는 선택적 탈퇴(**Opt-outs**) 조항에 따라 참가를 유보였으며, 스웨덴은 중앙은행 독립에 관한 조건을 충족시키지 못해 역시 참여하지 않았다. 2004년 5월에 가입한 10개 신규 회원국은 경제통화동맹을 위한 수렴조건(**Convergence Criteria**)을 충족시키는 대로 유로화를 채택해야 한다.

Economic and Social Committee(ESC) : 경제사회위원회
➡ Committee of the Regions(CoR)

경제사회위원회는 1957년 유럽공동체가 만들어질 때부터 공동시장(**Common Market**) 내에서 다양한 사회적 행위자들의 이해관계를 반영하기 위한 자문기구로 설립되었다. 이후 마스트리히트조약 체결로 만들어진 지역위원회(**CoR**)와 함께 유럽연합에서 양대 자문기구가 되었다. 또한 이 위원회는 암스테르담조약 체결 이후 고용 및 공공보건 등 관여하는 정책이 확대되었다. 경제사회위원회는 유럽 내 다양한 사회적 세력들의 이익을 대표하는 기구로 사용자단체, 노조, 농민, 중소기업, 전문가 집단 및 소비자단체 등과 같이 산업계와 이익단체 대표들로 구성된다. 이 위원회는 관행상 총 위원의 1/3은 사용자 집단, 1/3은 노조, 그리고 1/3은 소매업자, 농업 종사자, 자유직업 종사자, 환경운동가, 소비자 대표, 과학자 등 다양한 사회계층에서 임명한다.

경제사회위원회는 총 344명의 위원(15개 회원국 당시 222명)으로 구성되며 위원의 임명은 통상 회원국으로부터 복수 추천을 받아, 집행위

■ Economic Commission for Europe(ECE)

원회의 자문을 거쳐 각료이사회의 만장일치(**Unanimity**) 표결을 통해 결정된다. 이 위원회의 국가 간 위원배분은 각료이사회의 가중다수결(**QMV**) 표결에서 국가 간 가중치와 동일하다(이러한 국가 간 위원할당 원칙은 지역위원회에도 동일하게 적용된다.). 위원의 임기는 원래 4년이었으나 니스조약 체결 이후 5년으로 연장되었다. 니스조약에서는 만약 유럽연합 회원국 수가 27개국으로 증가할 경우 경제사회위원회의 위원은 344명으로 조정하고, 이후 추가적인 회원국 확대가 이루어져도 위원의 총수는 350명을 넘지 않는다고 명기하고 있다.

경제사회위원회의 주 임무는 역내시장, 운송, 소비자 보호, 환경 및 지역개발 정책 등 경제사회정책의 결정 시 자문기능을 수행하는 것이다. 이 중에서도 노조나 일반시민들에게 큰 영향을 미치는 단일시장정책이나 교육훈련정책 등은 반드시 경제사회위원회의 자문을 거쳐야 한다. 이외에도 여러 경제사회정책의 결정 시 각료이사회, 유럽의회 및 집행위원회는 이 위원회에 자문할 수 있다. 이 경우 경제사회위원회는 이들 기구로부터 의뢰받은 내용에 대하여 일정 기간(최소 1개월 이내) 내에 의견 개진을 한다. 만약 기한 내에 경제사회이사회가 특정한 의견을 제시하지 않을 경우, 집행위원회와 각료이사회는 정해진 절차에 의해 정책 결정을 한다.

Economic Commission for Europe(ECE) : 유럽경제위원회

유럽경제위원회는 기술, 산업, 경제문제에 대한 협력을 고무하기 위해 1947년 제네바에서 설립된 UN 산하기구이다. 유럽경제위원회는 UN이 설립한 다섯 개의 지역경제위원회 중 최초로 설립되었으며 1951년 이후 UN의 상설기구가 되었다. 유럽경제위원회는 1967년에 환경보호, 에너지정책, 경제분석, 산업협력, 표준화, 과학기술 분야 등으로 활동 영역을 확장하였다. 이후 1990년대 들어서는 환경, 운송, 통계, 무역촉진, 경제분석의 5개 분야를 핵심사업으로 설정하고, 러시아와 중동 유럽의 시장경제 지원을 위한 프로그램을 운영하고 있다. 1975년 유럽 안보협력회의(**CSCE**) 최종의정서는 회원국들 간에 경제, 기술 환경 분야에서 의정서 규정을 이행 시 유럽경제위원회와 협력을 취하도록 하였다. 2000년 기준 유럽경제위원회에 참여하고 있는 국가들은 2000년 기준 모든 유럽국가들과 미국, 캐나다, 이스라엘을 포함한 55개국이다. 유럽경제위원회는 설립 후 냉전기에는 큰 영향력을 발휘하지 못하였으나 현재는 동서유럽을 포괄한 유일한 지역경제기구로 영향력이 확대되고 있다.

ECSA ➡ European Community Studies Associations 참조

ECSC ➡ European Coal and Steel Community 참조

ECTS ➡ European Communities Course Credit Transfer System 참조

ECU ➡ European Currency Unit 참조

EDC ➡ European Defence Community 참조

EDC ➡ European Documentation Center 참조

EDF ➡ European Development Fund 참조

Edinburgh Growth Initiative : 에든버러 성장계획

에든버러 성장계획은 1992년 12월 에든버러 유럽이사회에서 합의된 경제발전 계획이다. 이 계획은 경기 후퇴에 대응하기 위해 자본과 고기술 노동력에 대한 투자를 고무한다는 목적을 갖는다. 이 계획에서는 범유럽 네트워크(TEN)와 같은 인프라 투자를 위해 한시적으로 유럽투자은행(EIB) 기금으로 약 40억 파운드를 할당하였다. 또한 유럽 내 중소기업(SMEs) 지원을 위해 유럽투자기금(EIF)을 통해 약 16억 파운드의 재원을 조달하여 정책을 시행키로 하였다.

Education, Vocational Training and Youth Policy : 교육, 직업훈련 및 청년정책

교육, 직업훈련 및 청년정책은 회원국 간에 학위와 전문직업 자격에 대한 상호인정을 제외한다면 그동안 통합과정에서 배제되어 왔던 분야이다. 유럽연합은 각 회원국의 교육적 전통이나 현실적 측면이 뿌리 깊게 남아 있어 국가 간 협력과 조정이 제약되어 왔다. 이에 따라 유럽공동체는 1970년대부터 구속력이 결여된 결의안을 통해 교육 분야에서 국가 간 협력을 촉구하였지만 가시적 성과는 거두지 못하였다. 단일유럽의정서(SEA)에서는 유럽 차원의 교육정책의 필요성이 언급되었고, 1988년에는 유럽 차원에서 교과과정 통합을 위한 결의안이 채택되었다. 이후 마스트리히트조약 149조와 150조에서는 타 회원국의 언어교육과 국가 간 학생과 교사의 이동과 같이 유럽연합 차원에서 교육 및 청년정책 시행을 명기하였다. 이에 따라 유럽연합은 1995년 이후 교육, 직업훈련 및 청년정책에 관한 여러 프로그램을 시행하고 있다. 회원국 간 학생 교환을 위한 소크라테스 프로그램(Socrates), 직업훈련과 평생교육의 문호를 넓힌 다빈치 프로그램(Leonardo da Vinci) 등이 대표적 예이다.

EEA ➡ European Economic Area 참조

EEA ➡ European Environment Agency 참조

EEC ➡ European Economic Community 참조

EEIG ➡ European Economic Interest Grouping 참조

EES ➡ European Employment Strategy 참조

eEurope ➡ Information Society 참조

eEurope Action Plan ➡ Information Society 참조

EFSA ➡ European Food Safety Agency 참조

EFTA ➡ European Free Trade Association 참조

EIB ➡ European Investment Bank 참조

EIDHR ➡ European Initiative for Democracy and Human Rights 참조

EIF ➡ European Investment Fund 참조

EIFs ➡ European Industry Federations 참조

EMAS ➡ Eco-Management and Audit Scheme 참조

■ EMCDDA

EMCDDA ➡ European Monitoring Center for Drugs and Drug Addition 참조

EMCF ➡ European Monetary Cooperation Fund 참조

EMI ➡ European Monetary Institute 참조

EMP ➡ Euro-Mediterranean Partnership 참조

Employment and Labour Market Committee : 고용 및 노동시장 위원회

고용 및 노동시장 위원회는 관련분야에서 회원국 간 정보를 공유하고, 각료이사회에 대한 자문기능을 강화하기 위해 1996년 12월 각료이사회에 의해 설립된 특별위원회이다. 이 위원회는 당시 15개 회원국에서 각 2인의 대표와 집행위원회를 대표하는 2인으로 구성되었다. 암스테르담조약 130조에 의해 이 위원회는 각료이사회와 집행위원회의 요구나 자발적으로 견해를 제공하는 기능을 갖게 되었다.

Employment Committee : 고용촉진 위원회

고용촉진 위원회는 암스테르담조약에 의해 설립된 위원회로 1996년에 만들어진 고용 및 노동시장 위원회를 대체한 것이다. 이 위원회는 각 회원국에서 2명 그리고 집행위원회에서 2명의 대표로 구성된다. 고용촉진 위원회는 회원국의 고용 및 노동시장 정책을 감시하며, 정책 간 조화 그리고 이에 대한 의견 개진 등의 업무를 수행한다.

Empty Chair Crisis : 공석위기
➡ Luxembourg Compromise

공석위기는 1965년 당시 프랑스의 드골(**Charles de Gaulle**) 대통령이 집행위원회의 권한이 지나치게 크고, 각료이사회에서 가중다수결(**QMV**) 표결 확대가 국가 주권에 심각한 손상을 야기한다는 이유로 각료이사회와 상주대표부(**Coreper**) 내 자국 대표들을 7개월간 철수시킨 사건이다. 공석사태 동안 프랑스는 일부 실무급의 관료만을 브뤼셀에 보내 일상적인 업무를 보게 하였다. 1960년대 중반에는 유럽의회가 입법권한을 갖지 못하고, 현재와 같이 집행위원회의 권한이 확고하지 못한 상태였다. 따라서 각료이사회에서 프랑스 대표의 불참은 결과적으로 유럽공동체 차원의 입법과 정책결정 과정을 완전히 정지시킨 것과 다름없었다. 이에 따라 이듬해 1월 당시 6개 회원국은 룩셈부르크 회담을 통해 프랑스가 주장한 바와 같이 집행위원회의 권한을 제한하고, 각료이사회에서 만장일치 제도를 유지한다고 결정하여 위기 사태가 해결되었다. 이러한 합의는 이른바 룩셈부르크 타협(**Luxembourg Compromise**)으로 지칭되며 이후 1980년대 중반까지 유럽통합 과정을 후퇴시킨 가장 큰 원인이 되었다.

EMS ➡ European Monetary System 참조

EMU ➡ Economic and Monetary Union 참조

Engrenage : 회원국의 개입
➡ Comitology

이 용어는 집행위원회와 같은 유럽연합 기구에 회원국의 관료가 개입하는 경우를 말한다. 유럽통합 초기에는 집행위원회의 규모가 작고 전문성도 결여되었다. 이에 따라 회원국의 관료들이 특히 기술적 문제에서 유럽공동체의 정책결정과 집행에 많이 관여하였다. 이러한 집행위

■ Enlargement

원회와 회원국 관료 간 연합은 이후 집행위원회의 특징 중 하나로 자리 잡았다. 현재는 커미톨로지 위원회(**Comitology Committee**)를 위시해 집행위원회 내 다양한 위원회를 통해 회원국 정부의 관료들이 참여하고 있다.

Enlargement : 확대
- ➡ Accession Criteria
- ➡ Accession Negotiation
- ➡ Accession Treaty
- ➡ Widening

유럽연합의 확대는 제3국의 유럽연합 가입과정 및 조건 등을 말한다. 마스트리히트조약 제49조에 따라 모든 유럽국들은 유럽연합에 가입 신청을 할 수 있다. 가입 신청을 한 국가는 유럽연합이 제시하는 가입기준(**Accession Criteria**)을 충족해야 하고, 유럽연합의 공동체의 축적된 법체계(*Acquis Communautaire*)를 수용할 수 있는 정치경제적 개혁을 취해야 한다. 또한 가입 후보국은 유럽연합이 규정하는 인권과 민주적 헌정질서 등을 만족시켜야 한다. 유럽연합과 가입 후보국은 개별 협약을 통해 수년여에 걸쳐 다음과 같은 절차에 의해 가입협상(**Accession Negotiation**)을 진행한다.

첫째, 유럽연합 가입을 희망하는 국가는 개별적으로 각료이사회에 가입 신청서 제출

둘째, 집행위원회의 견해 표명과 유럽의회와의 협의 진행

셋째, 각료이사회는 만장일치(**Unanimity**) 표결로 가입협상 여부 결정, 협상진행이 결정되면 각료이사회 의장단과 집행위원회가 협상에 참여

넷째, 가입조약(**Accession Treaty**) 초안 작성

Enlargement

유럽연합의 회원국 확대(1973~2007)

회원국 확대	회원국 (27개국)	인 구 (약 4억8천4백만)	공식 언어 (22개)
창설 회원국	프 랑 스	6,040만	프랑스어
	독 일	8,200만	독 일 어
	이탈리아	5,760만	이탈리아어
	네덜란드	1,580만	네덜란드어
	벨 기 에	1,020만	프랑스어
	룩셈부르크	43만	프랑스어
1차 확대 (1973년)	영 국	5,860만	영 어
	아일랜드	370만	영 어
	덴 마 크	530만	덴마크어
2차 확대 (1981년)	그 리 스	1,050만	그리스어
3차 확대 (1986년)	스 페 인	3,940만	스페인어
	포르투갈	1,080만	포르투갈어
4차 확대 (1995년)	오스트리아	810만	독 일 어
	스 웨 덴	890만	스웨덴어
	핀 란 드	510만	핀란드어
5차 확대 (2004년)	사이프러스	80만	그리스어
	폴 란 드	3,860만	폴란드어
	체 코	1,030만	체 코 어
	슬로바키아	540만	슬로바키아어
	헝 가 리	1,020만	헝가리어
	슬로베니아	200만	슬로베니아어
	리투아니아	350만	리투아니아어
	라트비아	240만	라트비아어
	에스토니아	140만	에스토니아어
	말 타	40만	말 타 어
5차 확대 (2007년)	루마니아	2,167만	루마니아어
	불가리아	739만	불가리아어

■ Enterprise Policy

다섯째, 유럽의회는 동의절차(**Assent Procedure**)를 통해 가입 후보국의 가입승인 여부 결정

여섯째, 가입조약 서명과 일정에 따라 조약 발효

그동안 유럽연합은 1973년부터 2007년까지 5차에 걸친 확대 과정을 통해 신규회원국이 6개국에서 27개국으로 확대되었다.

Enterprise Policy : 기업정책

유럽연합에서 기업정책의 목적은 역내의 기업들에게 우호적인 사업 환경을 제공하여 생산성을 증가하고 고용과 부를 창출하는 데 있다. 유럽연합조약 157조는 "기업들의 경쟁력에 필요한 환경을 보장"힌다고 명기하고 있다. 이러한 기업정책의 목적은 곧 2000년 3월 리스본 유럽이사회(Lisbon European Council)에서 채택한 리스본전략(**Lisbon Strategy**)을 달성하는 것이다. 유럽연합의 기업정책은 산업정책과 중소기업정책 이외에 기업과 기업가 정신을 위한 프로그램 2001-2005 (MAP : Multiannual Programme for Enterprise and Entrepreneurship)와 같은 세부 프로그램으로 구성된다.

첫째, 산업정책은 특히 제조업이 유럽 경제에서 차지하는 중요성을 재인식하고 이를 지원하기 위한 프로그램에 초점을 맞추고 있다. 이는 2002년 12월 채택된 확대된 유럽의 산업정책(The Industrial Policy in an Enlarged Europe)이라는 신산업정책에 기초를 두고 있다.

둘째, 중소기업정책은 중소기업을 위한 유럽 헌장(The European Charter for Small Enterprises)에서 재조명될 정도로 중요성을 갖는다. 집행위원회는 10개 핵심 산업을 지정하여 여러 프로그램을 실행하고 있다. 나아가 집행위원회는 2003년에 유럽연합의 중소기업정책에 관한 일련의 문서(SMEs Package)를

작성하였고, 동년에 중소기업의 정의를 재정립하여 중소기업정책을 체계화하였다.

셋째, 기업과 기업가 정신을 위한 프로그램 2001-2005는 기업 경쟁력과 성장을 증진시키기 위해 기업가 정신을 고양하며, 기업의 재정환경을 향상하고, 기업에 대한 관리감독 체제를 재정비하기 위한 프로그램이다. 특별히 이 프로그램은 유럽연합에서 제공하는 지원 프로그램에 중소기업의 용이한 접근을 도모하기 위해 유로정보센터 네트워크(Euro Info Centers Networks)와 금융기관을 통해 지원한다.

넷째, 집행위원회는 기업을 위한 더 나은 환경에 관한 대화(The Communication on a Better Environment for Enterprises)를 채택하여 기업정책을 위한 새로운 수단을 강구하고 있다.

Environmental Policy : 환경정책

유럽연합의 환경정책은 환경자원에 대한 공동소유 의식이 바탕이 된 이른바 EU가 '환경공동시장(Common Market in terms of pollution)'을 형성하고 있다는 인식을 바탕으로 하고 있다. EU의 환경정책의 출발점은 유럽공동체(European Community : EC) 조약으로서 환경정책의 목표, 정책 결정 절차, 비용 부담 원칙 등에 대해 광범위하게 규정하고 있다. 이 조약에서는 유럽공동체의 목적 가운데 하나로 '균형적이고 지속 가능한 발전' 및 '환경의 질을 높은 수준으로 유지하고 개선하는 것'이라고 규정하고, 환경정책의 목표로서는 '환경 질의 보전, 인간 건강 보호, 자연자원의 신중하고 합리적인 이용' 등을 열거하고 있다. EC의 첫 번째 환경보존정책은 1973년에 시작되었다. 1977년과 1982년에는 새로운 환경정책이 발표되었으며, 단일시장(**Single Market**)이 창설되기 전에 실시된 네 번째 프로그램(1987-1992)은 환경정책이 공동 정책

■ Environmental Policy

의 중요한 요소가 될 것이라고 주장했다. 그 후, 마스트리히트조약은 이러한 정신을 반영, 환경오염 예방과 오염자 책임성이란 원칙을 '지지 가능한 경제발전(tenable economic development)'이라는 개념으로 발전시켰다. 이와 같은 정책목표 달성을 위한 정책의 수립과 시행 시 기조가 되고 있는 몇 가지 정책 원칙이 있는데, '사전 오염예방 원칙(Precautionary Principle)'과 '환경 오염자 부담 원칙(Polluter Pays Principle : PPP)' 등이 그것이다. '사전 오염예방의 원칙'은 특정 물질 또는 특정 행위가 환경과 인체건강에 나쁜 영향을 미친다는 결정적인 증거는 없으나 악영향의 우려 내지 개연성이 있는 경우에도 이를 사전에 방지하는 방향으로 정책결정이 이뤄져야 한다는 원칙이다. EC 조약은 공동체 환경정책이 다양한 회원국의 상황을 고려해 높은 수준의 보호를 지향해야 하며 '사전예방의 원칙'이 존중되어야 한다고 규정하고 있다. 유해화학물질 및 유전자변형생물체(GMO)의 시장유통제한 정책 등이 이 원칙의 적용 사례가 될 수 있다. '환경 오염자 부담 원칙'은 환경오염 방지에 필요한 비용은 원인 제공자가 부담하여야 한다는 원칙으로서, 정부가 보조금 등의 형식으로 지원하지 않아야 한다는 의미도 내포하는 것으로 해석된다. 이 원칙은 관련 폐기물의 재활용 등에 대한 생산자책임(producer responsibility)제도와도 맥을 같이하는 것으로서, 생산자에 대한 전기전자제품의 재활용 의무부과, 화학물질의 안전성 입증 책임부과 등이 이 원칙의 실제 적용 사례이다. 이 외에도 지속가능한 개발(sustainable development)의 원칙, 배출원에 대한 직접 규제를 우선 적용하는 근접성의 원칙(the proximate principle), 수송, 산업 등 관련정책과 환경정책의 조화에 관한 통합성의 원칙(the integration principle) 등도 EU 환경정책의 주요 원칙이 되고 있다. 위와 같은 정책 목표 및 기조 하에서 EU는 현재 중장기 환경정책인 제6차 장기 환경계획(Environment 2010 : Our Future, Our Choice - The sixth Environmental Action Programme 2001-2010)을 추진하고 있다. 제6차 환경계획의 4대 우선 분야는 기후 변화 대책, 자연과 생물다양성 보전, 환경과 건강보호, 자연자원의 지속 가능한 이용 및 폐기물 관리이며, 다양한 분야별 세부 대책을 추진 중에 있다. EU의 환경정책은 현재에도 규제의 강도가 높은 것으로 평가되고 있다. 그러나 향후에도 '사전 오염예방 원칙' 및 '환경 오염자 부담 원칙' 등을 점차 강하게 적용할 것으로 예상되고 있다. '사전 오염 예방원칙'의 강화는 화학물질의 생산, 폐기물의 처리 등 다양한 환경 분야에서 규제의 범위와 강도를 더하게 될 것이며, '환경 오염자 부담 원칙'의 강화는 EU역내 제품 생산자는 물론 역내에 제품을 수출하는 역외 업자에게도 폐기물 회수 처리 의무부과 등을 통해 영향을 미치게 될 것이다.

EPC ➡ European Political Cooperation / European Political Community 참조

EP General Secretariat : 유럽의회 일반사무국

유럽의회 내 일반사무국은 유럽의회의 행정사무를 담당하며 의회활동을 지원하는 부서이다. 유럽의회 일반사무국은 회기 및 각종 회의를 조직하고, 22개 공식 언어로 필요한 문서를 작성하여 배포하며, 통역 등 언어지원 서비스를 제공하고 있다. 사무국은 업무를 맡은 사무총장 1인과 정책 및 부문별 업무를 책임지는 8인의 총국 국장들을 중심으로 운영되고 있다. 사무국에는 4,000여 명의 직원이 근무하고 있으며, 이들 중 다수는 통역 및 번역 업무를 담당하고 있다. 사무국은 공식적으로 룩셈부르크에 설치되어 있으나, 유럽의회 본부가 있는 스트라스부르와 유럽의회의 각종 위원회가 개최되는 브뤼셀에서도 업무를 수행하고 있다.

EPP ➡ European People's Party 참조

EPSO ➡ European Communities Personnel Selection Office 참조

EPU ➡ European Payment Union 참조

ERASMUS ➡ European Community Action Scheme for the Mobility of University Students 참조

ERDF ➡ European Regional Development Fund 참조

ERM ➡ Exchange Rate Mechanism 참조

ERRF ➡ European Rapid Reaction Force 참조

ERT ➡ European Roundtable of Industrialists 참조

ERTA Case : 유럽도로교통 통합사례

유럽도로교통합 사례는 대외관계에서 집행위원회의 역할을 확인한 사례이다. 1970년 3월 각료이사회는 국제연합의 유럽경제위원회(**ECE**)의 후원하에 논의되고 있던 유럽도로교통협정(European Road Traffic Agreement)에서 각 회원국이 취할 태도에 대해 토의했다. 그러나 집행위원회는 도로교통 문제는 로마조약이 집행위원회에 부여한 권한임을 주장하면서 소를 제기했다. 이에 사법재판소는 집행위원회에 호의적으로 판결하면서 공동체의 어느 한 기구는 다른 기구의 행위에 대해서 소를 제기할 수 있음을 확인해 주었다.

ESA ➡ European Space Agency 참조

ESC ➡ Economic and Social Committee 참조

ESCB ➡ European System of Central Banks 참조

ESDP ➡ European Security and Defence Policy 참조

ESF ➡ European Social Fund 참조

ESPRIT ➡ European Strategic Programme for Research and Development in Information Technology 참조

Estonia : 에스토니아

에스토니아는 발틱해를 사이에 두고 핀란드 남쪽에 있으며 러시아와는 동쪽으로 라트비아와는 남쪽으로 국경선을 접하고 있다. 수세기에 걸친 덴마크, 스웨덴, 독일 및 러시아의 지배를 거친 에스토니아는 1918년 독립을 얻었으나 1940년에 다시 소련에 강제 편입되었다. 1991년 소련의 붕괴로 독립을 되찾고 이후 1994년 마지막으로 남아 있던 러시아군이 철수한다. 에스토니아는 독립한 해인 1991년에 UN에 가입하고 1995년에 유럽연합 가입을 신청하여 2004년 회원국이 된다. 또한 2004년에는 NATO에도 정식 가입한다. 유럽연합 가입 이후 에스토니아는 자국 화폐를 유로화에 연동시키면서 점진적인 시장경제로의 전환에 성공해 2007년부터 유로화를 도입했다. 에스토니아는 전자와 통신 등이 주요 산업이며 핀란드, 스웨덴, 독일 경제로부터 많은 영향을 받고 있다.

ETF ➡ European Training Foundation 참조

ETSI ➡ European Telecommunication Standards Institute 참조

ETUC ➡ European Trade Union Confederation 참조

EUA ➡ European Unit of Account 참조

EUI ➡ European University Institute 참조

EUMC ➡ European Monitoring Center on Racism and Xenophobia 참조

EU-MERCOSUR Relationship : 유럽연합-남미공동시장 협력

유럽연합과 남미공동시장(MERCOSUR) 간의 무역 및 정치적 대화를 위한 협력 조약이다. 남미공동시장은 남아메리카지역의 자유무역과 관세동맹을 목표로 결성된 경제공동체이다. 남미공동시장은 1980년대 브라질과 아르헨티나 두 나라의 경제협력 프로그램으로 출발하였고, 1991년에 우루과이와 파라과이가 참여하면서 1995년 1월 아순시온 협정(Asunciòn Agreement)을 통해 출범하였다. 남미공동시장 회원국은 아르헨티나, 브라질, 파라과이, 우루과이 4개국이며 칠레와 볼리비아가 자유무역지역 수준에서 준 회원국으로 참가하고 있다. 이후 남미공동시장 회원국은 페루, 콜롬비아, 에콰도르, 베네수엘라와 남미자유무역지역 결성을 위한 협상을 진행하였다. 유럽연합과 남미공동시장은 1995년 무역 및 서비스 자유화와 정치적 대화 확대를 담은 기본협정(Interregional Framework Cooperation Agreement)을 체결하여 1999년부터 발효되었다. 이 협약은 양측 간 자유무역지대 창설과 국제무역기구(WTO) 협정 준수와 같은 포괄적 협력 내용을 담고 있다. 또한 유럽연합과 남미공동시장 회원국은 1999년 브라질 리오(Rio de Janeiro)에서 정상회담을 개최하여, 2001년부터 양측은 비관세

장벽 철폐를 위한 즉각적 조치를 취하기로 합의하였다.

Euratom ➡ European Atomic Energy Community 참조

EUREKA ➡ European Research Cooperation Agency 참조

EURES : 유레스

유레스는 1993년 유럽연합 회원국들과 노르웨이 및 아이슬란드의 고용사무소 간의 협력을 지원하고 유럽에서 노동자들의 이동을 고무하기 위해 1994년 11월 설립된 정보망이다. 유레스는 구인 구직 정보를 다루는 데이터베이스와 노동시장 분석과 노동조건 등 일반정보를 다루는 데이터베이스 등 두 개의 데이터베이스로 이루어져 있다. 유레스의 목표는 다음과 같은 것들이다.

- 회원국의 노동 조건과 삶의 조건에 대한 정보 제공
- 유럽에서 일자리의 수요와 공급의 일치 도모
- 직원을 채용하려는 회원국 기업에 대한 도움
- 유럽카운셀러 간의 정보교환 지원

유레스에는 기업과 일반 시민에게 정보를 제공해 주기 위해서 회원국 노동사무소에서 근무하는 직원들 중에서 선발된 약 450여 명의 유럽카운셀러가 일하고 있다.

Eur-Lex : 유럽연합 입법 데이터베이스
➡ CELEX

Eur-Lex는 1971년에 설립된 입법 데이터베이스(**CELEX**)와 함께 유럽연합의 입법 데이터베이스이다. CELEX는 2005년부터 자료 경신을

■ Euro

중지하고 기존 자료만을 제공하므로, 현재에는 Eur-Lex가 유럽연합의 유일한 입법 데이터베이스이다. Eur-Lex는 약 150만 건에 달하는 입법관련 문서들이 22개 회원국 언어를 통해 온라인으로 제공되고 있다. Eur-Lex에서 제공하는 문서는 유럽연합 관보(**OJ**), 유럽연합이 대외기구 혹은 국가와 체결한 조약, 판례, 2차 입법(**Secondary Legislation**), 유럽연합 예산, 각종 입법 진행사항 등 방대한 영역에 걸쳐 있다.

Euro : 유로화

1995년 마드리드 유럽이사회(Madrid European Council)에서 명명된 단일통화인 유로는 경제통화동맹(**EMU**) 3단계인 1999년부터 사용되었으나, 화폐의 형태로는 2002년 1월 1일부터 발행되었다. 유로화는 당시 유럽연합 15개 회원국 중 영국, 스웨덴, 덴마크를 제외한 12개국에서 법정 화폐로 통용되기 시작했고, 2007년부터 에스토니아가 새로 유로화를 도입했다. 13개국에서 통용되고 있는 유로화 시스템은 유럽중앙은행(**ECB**)과 유럽중앙은행제도(**ESCB**)에 의해 실시되고 있다. 에스토니아를 제외한 11개 신규 회원국은 수렴조건(**Convergence Criteria**)을 충족시키는 국가부터 유로화를 도입한다.

Euro-Atlantic Partnership Council(EAPC) : 유럽-대서양 협력이사회

유럽-대서양 협력이사회는 1991년 형성된 북대서양 협력이사회(North Atlantic Cooperation Council)의 기능을 인계해 1997년 설립된 북대서양조약기구(**NATO**) 산하 기구이다. 북대서양 협력이사회는 중동유럽과 발틱 국가들과 관계된 안보문제에 대해 논의하기 위해 설립된 기구였다. 유럽-대서양 협력이사회는 이러한 목표 이외에 나토의 평화를 위한 동반자관계(Partnership for Peace)가 규정한 활동을 목표로 한다. 즉, 유럽-대서양 협력이사회는 유럽과 대서양에 관련된 당면한 정치안보 문제뿐만 아니라 군비통제, 위기관리, 평화지원 활동, 대량살상무기 확산 방지, 지역문제 등 광범위한 문제를 다룬다. 유럽-대서양 협력이사회에는 16개 나토 회원국 이외에 중동유럽 국가들, 그리고 11개 독립국가연합(CIS) 등 40개국이 회원으로 가입해 있다. 이사회는 북대서양조약기구 본부가 있는 브뤼셀에서 각국 정상, 각료, 대사 등이 참여하여 정기적인 회합을 한다.

Eurobarometer : 유럽연합 여론조사

1973년 이후 집행위원회를 위해 회원국 시민들을 대상으로 유럽연합 통계국(Eurostat)에 의해 연 2회 실시되는 여론조사를 말한다. 주요 여론조사 분야는 유럽연합 기구에 대한 인식, 유럽연합에 관한 정보 유용성, 유럽연합의 공동정책, 유럽인 의식 등이다. 이외에도 이 여론조사에서는 유럽연합 전반에 걸친 기본적인 정보가 취합되어 집행위원회와 여러 유럽연합 기구에서 정책에 활용된다.

Eurocontrol : 유럽 항공운항 안전기구

항공운항의 안전을 위해 1960년 설립되고 1997년 연장된 항공안전 협력을 위한 유럽 기구이다. 참여 국가로는 기존 15개 유럽연합 회원국 이외에 사이프러스, 몰타, 터키, 노르웨이, 헝가리, 스위스, 슬로베니아, 체코, 슬로바키아, 루마니아, 크로아티아, 불가리아, 마케도니아, 모나코, 몰도바가 있다.

Eurocorps : 유럽군단

➡ Eurofor
➡ Petersberg Task

유럽군단은 1992년 독일과 프랑스군을 주축으로 구성되었으며, 이후

■ Eurocrat

벨기에(1993), 스페인(1993), 룩셈부르크(1996) 군이 참여하였다. 유럽군단의 본부는 스트라스부르에 있으며 전체 병력은 5~6만여 명에 이른다. 유럽군단은 1993년 이후 서유럽동맹(**WEU**)과 북대서양조약기구(**NATO**)의 지휘체계하에 속하게 되었으며, 1998년 보스니아-헤르체고비나에 군대를 파견하면서 본격적으로 활동하기 시작했다. 유럽군단은 인도적 작전이나 평화유지군 혹은 시민 철수 작전 등에 이용될 수 있다.

Eurocrat : 유럽관료

유럽관료란 유럽연합의 각 기구에서 근무하는 관료를 말하는데 이 용어는 1960년대 스피넬리(**Altiero Spinelli**)가 처음으로 사용하였다. 이미 1950년대부터 모네(**Jean Monnet**)와 같은 통합론자들은 초국가기구의 운영을 담당할 관료와 전문가들은 각 회원국에서 선발되지만 임무수행은 철저하게 국가이익과 분리되어야 한다고 생각했다. 실제로 현재의 유럽관료들은 제도적으로 각 회원국으로부터 완전히 독립되어 있다. 좁은 의미에서 유럽관료라고 하면 집행위원회의 각 총국(**DG**)에서 근무하는 관료를 지칭한다. 2002년 기준으로 유럽연합에서 근무하는 정규직의 관료는 총 29,997명이며 이중 21,750명이 집행위원회에 근무한다. 기타 인력은 유럽의회를 비롯한 여타 기구에 근무한다. 집행위원회에 근무하는 21,750명의 관료 중 17,377명은 행정관료로, 이들 중 약 6천여 명은 이른바 A 등급으로 분류된 고위급 관료들로 정책결정 과정에 참여한다. 또한 행정관료 중 3,556명은 연구개발 업무를 담당하는 기술관료이며, 약 1,900명은 통번역 업무를 담당한다. 2004년 유럽연합의 확대로 유럽관료들은 더욱 증가하고 있다.

Eurodac : 지문비교 시스템
➡ Asylum Policy

➡ Dublin Asylum Convention

지문비교 시스템은 유럽연합으로의 망명신청자와 불법이민자에 대한 효과적 관리를 위해 만들어진 제도이다. 이 시스템은 1990년 6월에 체결된 더블린 망명협정(**Dublin Asylum Convention**)에 따라 만들어진 망명정책의 원활한 진행을 위해 1991년 회원국 내무장관들에 의해 고안된 시스템이었다. 지문비교 시스템은 암스테르담조약에 따라 잠시 중단되었다가 2000년 이사회 규정(Regulation 2725/00)에 의해 재가동되었다. 이 규정에 따라 14세 이상의 모든 망명신청자와 불법이민자들의 지문과 신상정보가 취합되어 집행위원회가 관리한다. 이러한 시스템을 통해 각 회원국들은 유럽연합 역내로 들어오는 망명자들이나 불법이민자들을 쉽게 확인할 수 있다. 지문비교 시스템은 망명 신청자의 경우 최대 10년까지 보관되지만, 망명이 받아들여져 회원국의 시민권을 획득하면 삭제된다. 불법이민자들에 관한 정보는 2년 동안 보관되거나, 이민자가 거주허가를 받거나 회원국 영토를 떠나면 삭제된다.

Eurofighter : 유럽전투기

유럽전투기는 1997년 영국, 독일, 이탈리아, 스페인 등 4개국 간의 협정에 의해 공동으로 개발한 전투기이다. 이들 4개국은 영국 37.5%, 독일 30%, 이탈리아 19.5%, 스페인 14% 등의 지분 참여를 통해 전투기를 생산한다. 1998년에는 620대의 유럽전투기가 생산되었다.

Eurofor : 신속대응군

➡ Eurocorps
➡ Petersberg Task

1995년에 창설된 신속대응군은 프랑스, 이탈리아, 스페인, 포르투갈 등 4개국의 지상 예비군으로 구성된 유럽연합 차원의 병력이다. 신속

■ Eurogroup

대응군 참모부는 이탈리아의 피렌체에 있다. 프랑스-독일의 유럽군단(**Eurocorps**)이 중부유럽지역을 담당하는 반면 신속대응군은 지중해 지역을 담당하는 조직이다. 신속대응국은 참가국에서 차출된 5천명 규모의 병력으로 구성되는데, 유사시 2만여 명까지 병력을 증원할 수 있고 3~5일 내에서 소집할 수 있다. 신속대응군은 4개 회원국의 국방장관으로 구성된 이사회의 통제를 받고 페테스베르그 임무/선언(**Petersberg Task / Declaration**)에 따라 서유럽동맹(**WEU**), 북대서양조약기구(**NATO**) 및 UN의 요구에 의해 평화유지, 위기관리 및 인도주의 작전 등을 수행한다.

Eurogroup : 유로그룹

유로그룹은 1969년부터 시작된 프랑스와 아이슬란드를 제외한 유럽 내 북대서양조약기구(**NATO**) 회원국들이 결성한 부정기적인 국방장관 모임이다. 유로그룹은 참여 회원국 간 외교안보 노선과 대서양동맹에 대한 유럽공동체의 입장을 표명하기 위해 만들어졌다. 당시 유로그룹은 아이슬란드의 중립성을 존중하고, 북대서양조약기구의 합동참모부에서 탈퇴한 프랑스의 위치를 감안하여 유럽공동체 차원의 안보문제를 토의하는 장이었다. 이후 유로그룹의 역할은 서유럽동맹(**WEU**)에 의해 대체되었다.

Eurojust ➡ European Juridical Cooperation Unit 참조

Euroland ➡ Eurozone 참조

Euro-Mediterranean Partnership(EMP) : 유럽-지중해 동반자관계
➡ Barcelona Declaration

➡ Mediterranean Special Programme(MEDA)

유럽-지중해 동반자관계는 유럽연합이 시행하는 지중해 정책의 핵심으로 통상 1995년 바르셀로나 선언(**Barcelona Declaration**)으로 만들어진 바르셀로나 과정(Barcelona Process)으로 불린다. 1995년에 시작된 유럽-지중해 동반자관계를 통해 유럽연합과 지중해의 12개 비회원국(1995년 당시에 알제리, 사이프러스, 이집트, 이스라엘, 요르단, 레바논, 몰타, 모로코, 팔레스타인 자치지역, 시리아, 튀니지 및 터키)은 다양한 부분에서 상호 협력을 위한 프로그램을 진행하고 있다. 대표적 예로 1995년부터 시작된 지중해지역 특별프로그램(**MEDA**)은 정치·안보협력, 경제·재정 협력 그리고 사회문화 및 인권협력 등의 3부분에 걸쳐 지중해 지역의 발전정책을 담고 있다. 그동안 유럽연합은 지중해 지역의 경제사회 구조개혁을 위해 지중해지역 협력프로그램을 운영하여 에너지, 환경, 언론 및 이민문제에서 소기의 성과를 거두었다.

EUR-OP ➡ European Official Publications 참조

Europa : 유럽연합 공식홈페이지

유럽연합의 공식 웹사이트인 유로파는 1995년 2월에 만들어졌다. 초기 웹사이트는 홍보성 내용을 담은 단순한 기능만을 수행하였다. 이후 집행위원회는 조약에 명시된 바와 같이 유럽시민 누구나 유럽연합에 관한 정보를 손쉽게 획득할 수 있도록 한다는 취지에서 지속적으로 유로파의 개편작업을 진행하였다. 이에 따라 현재 유로파는 유럽연합의 포털 사이트 기능을 수행하고 있다. 유로파는 집행위원회를 비롯한 유럽연합 기구들이 참여한 편집위원회(Editorial Committee)가 전반적인 운영과 모니터링을 담당하고 있다. 또한 집행위원회에서는 유럽연합 출판국(**EUR-OP**)과 사무국(Secretariat-General) 등 몇몇 총국

이 관리업무를 맡고 있다. 유로파는 뉴스, 유럽연합의 활동, 기구, 유럽연합의 간략한 소개, 공식문서 및 정보 등 크게 6가지 주제로 메인 화면을 구성하고 있다.

Europe 2000 : 유럽 2000

공식 명칭은 *Europe 2000 : The Development of the Community's Territory*로 1991년 집행위원회에서 발행한 유럽공동체의 발전방향에 관한 보고서이다. 이 보고서는 유럽공동체 내 경제활동, 토지 이용 실태, 인구이동, 통신, 도로망 현황을 담은 것으로 범유럽네트워크(**TEN**)와 같은 인프라 구축을 위한 기본 자료이다. 이 보고서에서는 특히 유럽공동체 내에서 새로운 경제, 사회 발전의 중심지로 부상하고 있는 스페인 카탈로니아 지역부터 프랑스 남부 해안을 거쳐 이탈리아 북서부에 이르는 지역에 대한 자세한 현황을 담고 있다.

Europe Agreement : 유럽협정

→ Association Agreement
→ Stabilization and Association Agreement(SAA)

유럽협약은 유럽공동체조약 310조에 의해 유럽연합과 중·동부유럽국가 간 체결된 준회원국 협정의 특수한 형태이다. 이 협약은 일반적으로 인권, 민주주의 법치주의 및 시장경제로의 전환을 통한 중·동유럽국가들의 유럽연합 가입조건을 명시한다. 유럽연합은 1990년대 초반부터 불가리아, 체코공화국, 에스토니아, 헝가리, 라트비아, 리투아니아, 폴란드, 루마니아, 슬로바키아 및 슬로베니아 등 10개 유럽국가와 이 협약을 체결하였다. 사이프러스, 몰타 및 터키도 유럽협약과 유사한 목적과 내용을 담은 협정을 체결하였다. 단 이들 후자의 국가에서는 정치적 대화는 제외되며 관세동맹을 설립에 필요한 내용이 부가되었다. 구체적으로 유럽협약은 다음과 같은 내용으로 구성된다.

- 정치적 측면에서 유럽연합과 가입 후보국 간 양자 혹은 다자간 정치적 대화 강화
- 중동유럽국가에서 자유무역 지역을 설립하고 양측 간 경제, 문화 및 재정적 협력 강화
- 지적소유권 및 경쟁규정을 포함한 법규의 정비

유럽협약의 이행감독은 집행위원회와 각료이사회와 협약 체결국의 정부대표로 구성된 협력이사회(Association Council)가 담당한다. 또한 협력이사회와 별도로 협력위원회(Association Committee)를 두어 협력이사회의 업무를 보조한다. 나아가 유럽의회와 협약 체결국 국내 의회 의원들로 구성된 의회협력위원회(Parliamentary Association Committee)가 자문기능을 수행한다. 2004년 5월 이후 중·동부유럽 12개 회원국이 유럽연합에 가입하면서 2007년 기준 터키만 유럽협약이 유효하다.

Europe Aid Cooperation Office : 유럽원조협력 사무국

유럽원조협력 사무국은 역외국가에 대하여 시행하는 여러 프로그램의 예산을 다루는 부서이다. 2001년에 만들어진 이 사무국은 150여 개 국가에서 시행하는 유럽연합의 각종 대외원조 프로그램의 예산 중 약 80% 정도를 담당한다. 유럽원조협력 사무국이 관할하는 주요 프로그램은 독립국가연합 기술지원프로그램(**TACIS**) 및 유럽개발기금(**European Development Fund**) 등이 있다.

Europe à la carte ➡ Differentiated Integration 참조

■ European Administrative School(EAS)

European Administrative School(EAS) : 유럽행정학교

2005년 1월에 설립된 유럽행정학교는 유럽연합 관료들에 대한 전문적인 행정교육을 담당한다. 이 학교는 유럽연합 기구 관료들을 대상으로 하는데, 각 기구 내 교육담당 부서와 협력을 통해 교육을 진행한다. 유럽행정학교의 특징은 유럽연합 내 각 기구에서 모인 관료들을 교육함으로써 초국가 기구 간 공동의 가치와 이해를 높이고, 행정 노하우를 교환한다는 데 있다. 유럽행정학교는 중간관리자 수준의 교육뿐 아니라 신규관료들에 대한 교육프로그램도 같이 운영한다.

European Agency for Reconstruction(EAR) : 유럽재건기구

유럽재건기구는 유럽연합이 세르비아, 몬테네그로, 코소보에서의 재건을 지원하기 위해 2000년 그리스의 테살로니키(Thessaloniki)에 설치한 기구이다. 집행위원회와 회원국 대표들로 구성된 이 기구는 연 5억 유로의 예산을 배정받아 주택, 운송 분야의 인프라 건설과 시장경제구조로의 전환을 지원한다.

European Agency for Safety and Health at Work : 유럽노동안전보건기구

유럽노동안전보건기구는 유럽 내 각 사업장의 안전과 보건감독을 위해 1994년 각료이사회 규정(Regulation 2062/94)에 의해 설립된 기구이다. 스페인의 빌바오(Bilbao)에 본부를 둔 이 기구는 1974년 집행위원회가 만든 유사한 성격을 갖는 위원회의 기능을 이어받아 설립되었다. 유럽노동안전보건기구는 관련정보 수집과 집행위원회에 대한 기술적 자문을 주 임무로 한다.

European Agency for the Evaluation of Medicinal Products : 유럽의약품평가기구

유럽의약품평가기구는 1993년 각료이사회 규정(Regulation 2309/93)에 의해 만들어진 기구로 유럽에서 신약품에 대한 등록 업무를 담당한다. 유럽의약품평가기구는 각 회원국에 있는 유사한 기능을 수행하는 기구 간 조정업무도 병행한다. 이 기구는 런던에 본부를 두고 있으며 유럽 내 300여 개의 지부가 네트워크로 연결되어 있고, 유럽연합의 예산과 의약품산업계에서 지원하는 기금을 통해 운영된다.

European Agricultural Guidance and Guarantee Fund(EAGGF) : 유럽농업지도보증기금

➡ Common Agricultural Policy(CAP)

프랑스어로 FEOGA(Fonds Européen pour l'Orientation et la Garantie Agricole)로도 알려진 유럽농업지도보증기금은 1962년 각료이사회 규정(Regulation 25/1962)에 의해 설립된 공동농업정책(**CAP**) 실행을 위한 기금이다. 유럽농업지도보증기금은 지도(Guidance) 부분과 보증(Guarantee) 부분이 별도의 기금으로 나뉘어 실행되었다. 이 기금의 대부분을 차지하는 보증 부분은 공동농업정책의 핵심인 농산물 가격의 안정과 가격지지 제도의 유지를 위해 지원을 담당한다. 반면 지도 부분은 구조기금(Structural Fund)의 하나로 생산구도의 향상을 위해 농업구조 개혁과 농촌지역 발전 지원을 담당한다. EAGGF는 한때 전체 공동체 예산의 70% 정도에 이르기도 하였으나 현재는 약 1/2을 차지하면서 강제지출(**Compulsory Expenditure**)로 분류되어 있다.

이러한 과도한 지출 때문에 EAGGF는 그동안 수차례에 걸친 공동농업정책의 개혁에 따라 변화하여 왔다. 1988년 들로르 패키지(**Delors**

■ European Anthem

Package I)에 따른 농업개혁안에서는 EAGGF의 지출 수준이 제한되었고, 1992년 들로르 패키지(**Delors Package Ⅱ**)에 의한 개혁에서도 공공기금의 과도한 지출 등 구조적 문제 해결을 위한 제도개혁이 이루어졌다. 한편 이 개혁으로 EAGGF는 지역 생산품의 판매 고무, 농촌지역 자연재해 예방, 취락개선 사업 등을 포함하게 되었다. 또한 1999년 개혁으로 아젠다 2000(**Agenda 2000**)을 통해 유럽연합 농산물의 국제경쟁력 강화를 위해 보조금 제도의 개혁과 예산안 조정 등의 개혁이 이루어졌다. 한편 EAGGF의 지도 부분은 2005년 이사회 규정(Regulation 1290/2005)에 의해 유럽농업보증기금(EAGF)과 유럽농업농촌발전기금(EAFRD)으로 대체되었다.

European Anthem ➡ **European Symbols** 참조

European Anti-fraud Office(OLAF) : 부정행위 방지국
➡ Fraud

부정행위 방지국은 1998년에 설립된 부정행위 방지실(UCLAF : Coordination of Fraud Prevention Unit)을 대체하여 만들어진 것으로 1999년 4월에 설립되어 동년 6월부터 업무를 시작하였다. 부정행위 방지국은 1999년 당시 집행위원장인 상테르(**Jacques Santer**)의 제안에 따라 독립적인 기구로 출범하였다. 부정행위 방지국은 유럽연합의 예산에 관련된 각종 부정부패에 관한 조사 및 감사기능뿐 아니라 국경을 넘어 이루어지는 예산관련 불법행위에 대해서도 조사 권한을 갖는다. 이에 따라 부정행위 방지국은 유럽연합의 예산을 집행하는 유럽연합 기구와 회원국 정부에 대한 조사권을 갖고, 필요하면 유럽사법재판소에 기소할 수 있다. 한편 부정행위 방지국 내에는 집행위원회, 유럽의회 및 각료이사회의 합의하에 지명된 5명의 외부전문가로 구성된 감독

위원회(Supervisory Committee)가 감시 기능을 담당한다.

European Armaments Agency(EAA) : 유럽군수기구

유럽군수기구는 방위산업분야에서 회원국 간 협력을 고무하기 위해 설립하기로 예정된 기구이다. 마스트리히트조약과 함께 서명된 서유럽동맹(**WEU**)에 관한 부속의정서에서는 공동방위정책(**Common Defence Policy**)의 실효성을 높이기 위해 방위산업부문에서 회원국 간 협력기구를 설치키로 명기하였다. 한편 1994년 프랑스와 독일은 무기 분야에서 자신들의 협력 경험을 살려 서유럽동맹 회원국 모두에 개방된 군수기구를 형성할 것을 요구하였다. 이에 따라 서유럽군비그룹(**WEAG**) 내에 특별위원회가 구성되었다. 이후 1996년 이 특별위원회의 제안으로 서유럽군수기구(Western European Armaments Organization)가 만들어졌다. 서유럽군수기구는 1998년에 유럽군수기구 설립계획안을 만들어 2001년까지 설립을 검토키로 결정하였다. 이후 2002년 서유럽동맹 회원국의 국방장관들은 회원국 간 정치적 합의가 이루어지는 즉시 유럽군수기구를 설치하기로 합의하였다.

European Atomic Energy Community(EAEC) : 유럽원자력공동체

일반적으로 Euratom으로 불리는 유럽원자력공동체는 1957년 유럽경제공동체(**EEC**)와 함께 로마조약에 의해 설립된 핵산업의 성장과 발전을 위한 공동체이다. 유럽석탄철강공동체(**ECSC**)를 기획한 모네(**Jean Monnet**)에 의해 구상되어 프랑스의 우리(Pierre Uri)가 초안을 작성해 기능주의(**Functionalism**)적 관점에서 형성된 것으로, 원자력의 평화적 이용, 원자력 이용에 관한 공동정책, 원자력 연구의 공유를 목표로 하고 있다. 유럽인들로 하여금 유럽원자력공동체를 고안하게 한 것은 원자력이 과거 석탄과 철강이 그랬던 것과 같이 전쟁도구로

■ European Bank for Reconstruction and Development(EBRD)

이용될 수 있다는 가능성에 대한 예방, 독일의 원자력산업 발전에 대한 프랑스의 우려, 1956년 수에즈 위기에서 나타난 바와 같이 유럽의 지나친 석유 의존에 대한 대처라는 긴급성이었다. 유럽원자력공동체는 유럽석탄철강공동체나 유럽경제공동체와는 독립적이지만 유사한 제도적 구조로 되어 있다. 즉 초국가기관으로 위원회(Commission)가 있으며, 회원국 대표로 구성되는 각료이사회(Council of Ministers), 의회(Assembly), 그리고 사법재판소(Court of Justice)와 경제사회위원회(Economic and Social Committee)가 있었다. 그러나 1967년 세 개의 공동체를 통합하는 통합조약(**Merger Treaty**)에 의해 사법재판소를 제외하고 위 기관들은 각각 하나의 기구로 통합되었고, 운영 예산도 공동체 예산으로 통합되었다.

European Bank for Reconstruction and Development(EBRD) : 유럽부흥개발은행

유럽부흥개발은행은 구소련 및 중동유럽국가의 시장경제 전환과 경제 발전을 지원하기 위해 1991년 설립된 국제금융기관이다. 유럽부흥개발은행에는 유럽연합 회원국, 선진경제협력기구(OECD) 회원국 및 동유럽국가 등 60여 국가와 함께 유럽연합에서는 집행위원회와 유럽투자은행(**EIB**)이 참여한다. 유럽부흥개발은행은 그동안 중동유럽 지역의 기업, 은행 등 민간부문과 도로 항만 건설 등 공공부문에 대한 투자로 이들 국가들의 사회경제적 발전에 많은 기여를 하였다.

European BIC Network(EBN) : 유럽기업혁신센터 네트워크

1984년에 브뤼셀에 설립된 유럽기업혁신센터 네트워크는 유럽 내 비영리 단체인 기업혁신센터(Business and Innovation Center)를 네트워크화한 것으로 21개 국가의 160개의 기업혁신센터와 관련단체들이 가입되어 있다. 이 네트워크는 유럽 내 기업혁신센터와 중소기업 활동을 지원하기 위해 만들어졌다. 이 네트워크를 통해 중소기업들은 유럽연합의 다양한 기업지원프로그램에 관한 정보를 취득할 수 있다.

European Broadcasting Union(EBU) : 유럽방송연합

유럽방송연합은 1950년 제네바에 설치된 유럽 방송사 간 협력기구이다. 유럽방송연합은 국경을 넘는 방송송출에 관한 법적, 기술적, 상업적 정보제공과 회원사 간 프로그램 제작과 송출 부분의 협력을 지원한다. 이외에도 유럽방송연합은 주요 스포츠 경기에 대한 방송권 협상과 유럽TV방송(Eurovision)과 유럽라디오방송(Euroradio)을 운영한다. 이 연합은 유럽 내 54개 국가의 74개 방송국과 북아프리카 국가를 포함한 비유럽 국가의 44개 방송국이 참여하고 있다.

European Business Information Center(EBIC) : 유럽기업정보센터

유럽기업정보센터는 유럽 밖에 설립된 유럽기업 정보센터로 태국을 위시하여 필리핀, 말레이시아, 인도네시아 등에 설치되어 있다. 유럽기업정보센터는 집행위원회가 재정을 지원하며 태국통상협회와 공동으로 운영한다. 유럽기업정보센터는 유럽과 동남아시아 국가 간 통상 및 투자에 관련된 정보와 자문을 제공한다.

European Business Register(EBR) : 유럽기업등록소

유럽기업등록소는 기업정보 유통을 촉진하기 위해 1998년에 집행위원회가 각국의 기업등록소를 네트워크로 연결하여 만들었다. 유럽기업등록소는 유럽연합 회원국 13개 국가(오스트리아, 벨기에, 덴마크, 에스토니아, 핀란드, 프랑스, 독일, 그리스, 아일랜드, 이탈리아, 라트비아,

■ European Capitals of Culture

스페인, 스웨덴)와 노르웨이 등 총 14개 국가가 가입되어 있다. 유럽기업등록소를 통해 회원국의 관계부처와 상공회의소 및 기업들은 실시간으로 유료화된 정보를 제공받을 수 있다. 그동안 유럽기업등록소는 유럽연합 회원국 기업 간에 언어와 제도적 차이에서 비롯된 여러 장벽을 제거하는 효과를 가져다주었다. 유럽기업등록소는 러시아와 발틱 국가를 포함해 회원국이 확대될 전망이다.

European Capitals of Culture ➡ European City of Culture 참조

European Central Bank(ECB) : 유럽중앙은행

➡ European System of Central Banks(ESCB)

유럽중앙은행은 유럽연합의 중앙은행으로 프랑크푸르트에 있다. 유럽통화기구(EMI)를 계승하여 단일통화를 발행하며 금융정책을 결정하는 기구로 1998년 6월에 설립되어 1999년 1월부터 정식으로 업무를 시작하였다. 유럽중앙은행은 운영이사회(Governing Council), 일반이사회(General Council), 및 실무위원회(Executive Board)로 구성된다. 운영이사회는 유럽중앙은행제도(ESCB)의 실질적인 정책결정 기구로 이자율, 최저현금보유 한도와 같은 주요 통화정책에 대한 가이드라인을 결정한다. 운영이사회는 실무위원회 임원 6명과 유로지역(Eurozone)에 참여하는 중앙은행 총재들로 구성된다. 일반이사회는 유럽중앙은행장과 부은행장 및 유럽연합 회원국 중앙은행 총재로 구성되며, 정례회동을 통해 유로지대 및 유로지대 비참여국가에 대한 통화정책(ERM Ⅱ)을 논의한다. 한편 실무위원회는 유럽중앙은행장과 부은행장, 이외에 4명의 임원으로 구성된다. 모든 임원들은 금융, 통화계의 저명한 전문가들로 임기는 8년 단임이다. 실무위원회는 운영이사회에서 결정한 사항이나 가이드라인에 따라 통화정책을 수행한다. 2001

년 니스조약에서는 운영이사회(실무위원회와 각 중앙은행총재)의 구성을 그대로 두고 의사결정 방식의 변경을 허용하였다. 유럽중앙은행은 유럽연합과 회원국 정부로부터 완전히 독립된 기구이지만 업무에 관한 보고서를 각료이사회와 유럽의회에 제출해야 한다. 특히 유럽의회는 실무위원회에 통화정책에 관한 브리핑을 요청할 수 있다.

European Center for the Development of Vocational Training ➡ Centre Européen pour le Development de la Formation Professionelle ckawh(CEDEFOP) 참조

European Citizenship ➡ Citizenship of the Union 참조

European City of Culture : 유럽문화도시
➡ Cultural Policy

1985년 시작되어 유럽문화도시(European Capitals of Culture)로도 알려진 이 프로그램은 유럽연합 문화정책의 성공적인 사례로 평가받고 있다. 유럽문화도시는 매년 집행위원회에서 유럽을 상징하는 도시를 선정하여 다양한 문화프로그램을 지원하는 사업이다. 2000년에는 새로운 세기라는 상징성 때문에 9개 도시가 선정되었다. 현재까지 선정된 유럽문화도시는 다음과 같다.

연도	도시
1985	아테네(Athens)
1986	피렌체(Florence)
1987	암스테르담(Amsterdam)
1988	베를린(Berlin)
1989	파리(Paris)

■ European Coal and Steel Community(ECSC)

연도	도시
1990	글래스고우(Glasgow)
1991	더블린(Dublin)
1992	마드리드(Madrid)
1993	앤트워프(Antwerp)
1994	리스본(Lisbon)
1995	룩셈부르크(Luxembourg)
1996	코펜하겐(Copenhagen)
1997	데살로니키(Thessaloniki)
1998	스톡홀름(Stockholm)
1999	바이마르(Weimar)
2000	아비뇽(Avignon), 베르겐(Bergen), 볼로냐(Bologna), 브뤼셀(Brussels), 크라코우(KraKow), 헬싱키(Helsinki), 프라하(Prague), 레이크자비치(Reykjavik), 산티아고(Santiago)
2001	포르투(Porto), 로테르담(Rotterdam)
2002	브루헤(Bruges), 살라만카(Salamanca)
2003	그라츠(Graz)
2004	제노바(Genova), 릴(Lille)
2005	코르크(Cork)
2006	파트라(Patras)
2007	룩셈부르크(Luxembourg), 시비우(Sibiu)
2008	리버풀(Liverpool), 스타뱅거(Stavanger)

European Coal and Steel Community(ECSC) : 유럽석탄철강공동체

➡ Treaty Establishing the European Coal and Steel Community (ECSC)

1950년 5월 9일 당시 프랑스 외무장관 슈만(**Robert Schuman**)은 "유럽이 통합되기 위해서는 수백 년간 지속된 독일과 프랑스 간 대립이 근절되어야 하며 - 중략 - 이를 위해 프랑스와 독일의 석탄 및 철강을 공동기구를 두어 관리하며 - 중략 - 모든 나라에 개방된 이 공동체가 형성되면 경제통합의 기초가 마련될 것이다."라는 성명을 발표하였다. 이에 따라 프랑스, 독일, 이탈리아, 네덜란드, 벨기에, 룩셈부르크 6개국은 1951년 4월 18일 파리조약(**Treaty of Paris**)으로 불리는 유럽석탄철강공동체설립조약(**Treaty Establishing the European Coal and Steel Community**)을 체결하여 유럽석탄철강공동체(**ECSC**)를 창설하였다. 유럽석탄철강공동체는 모네(**Jean Monnet**)에 의해 기능주의(**Functionalism**)적 방법을 유럽통합에 적용한 예이다. 모네가 통합의 수단으로 석탄과 철강을 선택한 이유는 이것들은 전통적으로 전쟁의 도구가 되어 왔기에 이 자원들의 통합은 향후 전쟁의 가능성을 제거할 수 있는 평화주의적 수단이라고 생각했기 때문이었다. 한편 이 부분의 통합은 프랑스와 독일 간의 접경지이면서 전통적으로 양국 간의 충돌지역이었던 석탄과 철강이 매장된 루르(Ruhr)와 자르(Saar) 지역 문제에 대한 해결책을 제시해 줄 수 있다고 믿었다.

석탄철강공동체는 유럽의 석탄산업과 철강산업의 생산과 분배를 고등관청(**High Authority**)의 통제 밑에 두었다. 유럽석탄철강공동체설립조약은 50년 한시 조약으로 2002년 7월 23일 부로 종료되었으며, 그 기능은 유럽공동체(**EC**)로 이관되었다. 유럽통합의 기원은 슈만이 유럽석탄철강공동체 설립을 제기한 1950년 5월 9일부터 시작되므로 유럽연합은 매년 이날을 유럽의 날(**Europe Day**)로 정하여 기념하고 있다.

European Commission : 집행위원회

➡ Directorate General(DG)

집행위원회는 유럽연합의 입법부인 동시에 행정부로서 입법 제안권을 독점하고 거의 모든 의사결정과 실행 과정에 개입한다. 구체적으로 집행위원회는 입법 제안과 조약 수호 및 공동정책과 대외무역 집행기능을

■ European Commission

갖는다. 이러한 강력한 권한 때문에 집행위원장의 성향과 노선은 유럽연합의 발전에 많은 영향을 미친다. 1958년부터 67년까지 10여 년간 재직하면서 유럽통합의 길을 닦은 할슈타인(Walter Hallstein) 집행위원장이 대표적 예이다. 기존에 집행위원장은 유럽이사회에서 각 회원국들의 정부 수반이 유럽의회와 합의를 거쳐 임명하였다. 그러나 니스조약에 의하여 개정된 3개 공동체 설립조약에서는 집행위원회 위원들의 지명 및 임명권한을 각료이사회에 부여하고 있다. 다만 집행위원회 위원장을 지명하는 권한은 국가 또는 정부수반들로 구성되는 유럽이사회(European Council)가 갖는다. 더불어 1국 1인 원칙에 의해 선출된 총 27명의 집행위원 역시 각 정책을 맡아 해당 정책 영역에서 강력한 권한을 행사한다. 집행위원들이 비록 각 국가를 대표하여 선출되어도 이들의 임무는 유럽연합의 초국가 이익을 수호하는 것이다. 따라서 집행위원들과 각 총국의 고위관료들은 철저하게 기능적 임무만을 수행하는 초국가 관료의 성격이 보다 강하다. 집행위원회는 통상적인 국가의 주무부서처럼 각 기능과 정책을 관장하는 총국(DG)으로 구성되고 27명의 집행위원이 각 총국의 책임을 진다. 한편 집행위원회 총국은 1999년 개편을 통해 23개 정책영역과 일반서비스 기능을 담당하는 부서로 편재되어 있다. 각 총국은 약 150~500명가량의 유럽관료들(Eurocrat)로 구성되는데 업무영역이 넓은 농업총국의 관료는 850여 명에 달한다. 또한 집행위원회는 정책입안 단계에서 녹서(Green Paper)와 같은 공식 문서를 준비하고 이후 각료이사회 내 회원국 관료들인 상주대표부(Coreper)와 이사회사무국(Council Secretariat)과 공식·비공식적 접촉을 통해 의제를 선정한다. 또한 정책집행과정에서는 총국 이외에도 많은 전문가그룹을 두어 자문을 구하고 외부의 이익집단과 동반자관계(Partnership)를 통해 정책실행을 위임하거나 필요한 기술적 도움을 받는다. 이와 같이 집행위원회는 회원국 정부의 압력으로부터 완전히 절연된 독립적인 행정 관료이면서 입법관료라는 이중적 성격을 갖는다.

European Communities : 유럽공동체

유럽공동체는 1958년 로마조약이 발표되면서 출범한 유럽경제공동체 (EEC)와 유럽원자력공동체(Euratom) 그리고 1950년 설립된 유럽석탄철강공동체(ECSC)를 포함한 세 개의 공동체를 의미한다. 1965년 위 공동체들의 중복된 기구를 통합한 일명 통합조약(Merger Treaty)으로 불리는 '유럽공동체 단일이사회와 단일위원회 설립조약(Treaty Establishing a Single Council and a Single Commission of the European Communities)'을 통해서 세 공동체를 통칭해서 유럽공동체(European Communities)로 불렸다. 이후 마스트리히트조약을 통해 1958년에 발효된 유럽경제공동체(European Economic Community)는 공식적으로 유럽공동체(European Community)로 명칭이 변경되었고, 유럽연합을 구성하는 세 개의 지주들 중 하나로 자리잡게 되었다. 따라서 엄밀한 의미에서 유럽연합과 유럽공동체는 동일한 공동체가 아니라, 후자는 공동외교안보정책(CFSP) 및 내무사법협력(CJHA)과 함께 전자를 구성하는 한 부분이다.

European Communities Course Credit Transfer System(ECTS) : 유럽공동체 학점인정시스템

➡ Erasmus

유럽공동체 학점인정시스템은 에라스무스(Erasmus) 프로그램을 통해 유럽 대학생들이 타 국가로 이동 시 발생할 수 있는 문제점을 해결하기 위하여 만든 제도이다. 이 시스템은 학위과정의 비교 및 학점 인정의 구체적인 방법에 대한 연구를 통해 다양한 형태로 발전하여 온 유럽대학들 간 조화를 꾀하는 대표적 정책이다.

■ European Communities Personnel Selection Office(EPSO)

European Communities Personnel Selection Office(EPSO) : 유럽연합 인력관리국

유럽연합 인력관리국은 2003년 1월부터 출범한 유럽연합 기구로 유럽연합에서 근무할 직원을 선발하는 기구이다. 기존까지 유럽연합에서는 각 기구와 부서에서 필요한 인력을 자체적으로 선발하면서 예산낭비와 함께 인력선발의 전문성이 결여된다는 비판이 있었다. 이에 따라 설립된 유럽연합 인력관리국은 일반 행정관료뿐 아니라 연구개발직 등 유럽연합의 여러 기구에서 필요한 인력을 일괄하여 선발한다. 유럽연합 인력관리국의 연간예산은 약 2,100만 유로 정도인데, 이러한 금액은 기존까지 유럽연합 여러 기구에서 인력 충원에 들이는 비용의 11%에 불과하다. 유럽연합 인력관리국은 유럽연합의 특정 기구에 속하지 않고 독립적 지위를 갖지만 예산과 행정부분은 집행위원회의 지원을 받는다.

European Community Action Scheme for the Mobility of University Students(Erasmus) : 에라스무스

➡ European Communities Course Credit Transfer System(ECTS)

에라스무스는 1987년에 유럽연합 대학생들이 여타 회원국의 대학에서 일정 기간 수학을 지원하기 위하여 만들어졌다. 유럽연합은 에라스무스 프로그램을 통해 교수진의 교류, 공동 강의 마련, 새로운 석사과정이나 전공과정 신설, 단기 여름학교운영, 유럽관련 주제를 다루는 학술네트워크 구성 등 다양한 세부 프로그램을 시행하였다. 에라스무스 프로그램의 영향을 받아 회원국들은 서로 다른 학위제도를 표준적인 학사·석사·박사과정으로 개정하였다. 이후 에라스무스 프로그램은 1995년에 소크라테스 프로그램(**Socrates**)에 통합되었다.

European Community Humanitarian Office(ECHO) : 인도적 지원국

인도적 지원국은 1992년에 브뤼셀에 설립된 집행위원회 내 기구로 전쟁이나 기아와 같은 인재를 겪는 유럽연합 밖의 지역에 대한 원조와 구호활동을 담당한다. 그동안 지원 대상 지역은 구 유고연방, 아프리카, 카리브 및 태평양도서국가(**ACP**), 중동, 영연방과 북한 등 60여 개 국가를 망라한다. 인권지원국은 UN과 200여 개에 달하는 NGO와 협력하여 활동을 전개한다. 이 기구는 1999년 집행위원회 위원의 총사퇴를 가져온 부정사건의 진원지로 대폭적인 기구 개혁을 통해 2000년 이후부터는 외부전문가들로 구성되어 있다.

European Community Law : 유럽공동체법

독립된 하나의 법질서인 유럽공동체법은 다른 많은 법체계와 같이 헌법적 규범을 정점으로 위계적 구조를 이루고 있다. 유럽공동체법은 1차 법원과 2차 법원으로 나눌 수 있다. 1차 법원은 회원국들이 각 공동체 설립을 위해 체결한 조약으로 공동체법의 헌법적 문서이다. 이러한 조약은 세 공동체 설립조약 외 각 공동체의 위원회와 이사회 통합에 관한 통합조약(**Merger Treaty**), 예산조약(Budgetary Treaties), 유럽공동체조약을 수정한 단일유럽의정서(**SEA**), 유럽연합조약, 암스테르담조약 및 니스조약으로 구성된다. 그리고 유럽공동체 설립 이후 가입한 국가와 체결된 가입조약(**Accession Treaty**)도 여기에 포함할 수 있다. 1차 법원에는 이들 성문법원 외에 불문법으로서 공동체법의 일반원칙(General Principles of Law)이 포함된다. 공동체법의 일반원칙에 대한 법원성과 내용은 유럽사법재판소의 판례에 의해 만들어졌다. 예를 들면, 기본적 인권의 보호는 중요한 일반원칙이며, 이외에 당사자의 적법한 기대를 손상시켜서는 안 된다는 것을 의미하는 법적 안정성의 원칙(소급효의 금지가 이 원칙으로부터 도입되었다.), 유럽연합 기구와 회원국의 행위는 목적과 수단이 균형을 이루어야 한다는 균형성의 원칙(혹은 비례의 원칙) 등도 이에 해당한다. 2차 법원은 공동체설립조약을 근거로 제정된 2차 입법(**Secondary Legislation**)이다. 유럽공동체조약 249조는 2차 입법의 형태와 성질을 규정하고 있는데, 법적 구속력을 가진 것은 규정(**Regulation**), 지침(**Directive**), 결정(**Decision**)이다. 이러한 2차 입법은 유럽공동체조약 254조에 의해 제정 후 유럽연합 관보(**OJ**)에 게재된다. 이외에 유럽연합이 역외국가와 체결한 국제조약도 공동체법의 법원이다. 예를 들어 GATT조약은 유럽연합 설립 전에 회원국이 체결한 조약을 유럽연합이 지위를 계승한 것이 있다. 국제조약은 공동체법의 위계적 구조 중에서 유럽공동체 설립조약과 2차 입법의 중간에 있다. 국제조약에 위반하는 유럽연합의 행위는 무효이므로 국제조약은 2차 입법보다 상위에 있지만, 그 체결권한은 유럽공동체 설립조약에 근거하므로 설립조약보다는 하위에 있다.

European Community Studies Association(ECSA) ➡ European Union Studies Associations(EUSA) 참조

European Conference : 유럽회의

유럽회의는 회원국과 가입 신청국 간에 유럽연합 가입을 논의하기 위한 정기적인 정상회담이다. 유럽연합 확대에 관한 모든 문제들이 논의되는 유럽회의는 1997년 룩셈부르크 유럽이사회에서 제기되어 이후 중동유럽의 가입 후보국과 사이프러스가 참여한 회의가 1998년 3월 런던에서 개최되었다.

European Confidence Pact for Employment : 유럽고용협약

유럽고용협약은 1996년 1월 당시 집행위원장이었던 상테르(**Jacues**

Santer)가 유럽의 고용상황을 개선하기 위해 제안한 일종의 사회적 협약이다. 상테르 집행위원장은 이 협약이 회원국 정부, 노조 및 사용자 간 사회적 대화를 통해 고용상황을 개선하여 궁극적으로 경제성장에 기여한다고 주장하였다. 그러나 이 협약은 회원국들의 반대로 무산되었고, 대신 1997년에 체결된 암스테르담조약에 고용문제가 명기되었다.

European Constitution : 유럽헌법

2004년 6월 브뤼셀에서 개최된 유럽이사회는 유럽헌법조약(Treaty establishing a Constitution for Europe)을 채택하기로 합의하고, 동년 10월에 회원국 정상들은 로마에서 유럽헌법에 서명하였다. 유럽헌법조약은 전문과 네 개의 편(Part I-IV)으로 구성되어 모두 448개 조의 조문을 담고 있다.

제1편에는 유럽연합의 의의 및 법적 성질에 관한 기본적 규정을 담고 있다. 즉, 유럽연합의 정의와 목적(제1부), 기본권과 연합 시민권(제2부), 유럽연합의 권한(제3부), 유럽연합의 제도(제4부), 유럽연합의 권한의 행사(제5부), 유럽연합의 민주적 생활(제6부), 유럽연합의 재정(제7부), 유럽연합과 인접 환경(제8부), 그리고 유럽연합의 회원 자격(제9부) 등 모두 60개조로 이루어져 있다. 제2편은 유럽연합의 기본권헌장(**Charter of Fundamental Rights of the Union**)에 관한 것으로서 전문, 존엄성(제1부), 자유(제2부), 평등(제3부), 연대(제4부), 시민권(제5부), 정의(제6부), 헌장의 해석과 적용에 관한 일반규정(제7부) 등 모두 54개조가 이에 해당한다.

제3편은 역내시장을 운영·유지하는 데 필요한 유럽연합의 정책과 기능(The Policies and Functioning of the Union)에 대해 규정하고 있다. 일반적용조항(제1부), 비차별과 시민권(제2부), 역내정책과 행동(제3부), 해외국가 및 영토와의 연대(제4부), 유럽연합의 대외관계

(제5부), 유럽연합의 기능(제6부), 그리고 공통규정(제7부) 등 322개 조이다. 제4편은 일반 및 최종규정(General and Final Provisions) 으로 헌법의 채택과 비준 등 12개조를 포함하고 있다.

이외에 유럽헌법은 유럽연합에 있어 국내의회의 역할에 관한 의정서 및 보충성과 비례의 원칙 적용에 관한 의정서 등 36개의 의정서를 두고 있다. 또한 유럽헌법의 조문과 관련된 30개의 선언 및 의정서와 관련된 20개의 선언 등 총 50개의 선언서가 첨부되었다.

유럽헌법은 기존 25개 회원국들의 헌법규정에 따라 비준 절차를 거치고 있는데, 모든 회원국에서 비준이 이루어져야 발효된다. 원래 예정된 일정에 따라 비준이 완료되면 유럽헌법은 2006년 11월 1일자로 발효할 예정이었다. 그러나 2005년에 프랑스와 네덜란드에서 비준이 부결되어 교착상태에 빠져 있다. 그럼에도 유럽헌법이 발효되면, 단일한 새로운 헌법조약으로서 지난 50년 이상 적용되어 온 모든 조약을 대체하게 된다.

유럽공동체·유럽연합 설립조약의 연혁

발효일시	조약 명
1952년	파리조약(Treaty of Paris) / ECSC설립조약(Treaty Establishing the European Coal and Steel Community)
1958년	로마조약(Treaty Rome) / 유럽경제공동체설립조약(Treaty Establishing the European Economic Community) 유럽원자력공동체설립조약(Treaty Establishing European Atomic Community)
1967년	통합조약(Treaty Establishing a Single Council and a Single Commission of the European Communities)
1987년	단일유럽의정서(Single European Act)
1993년	마스트리히트조약(The Maastricht Treaty) / Treaty of European Union
1999년	암스테르담조약(Treaty of Amsterdam)

발효일시	조약 명
2003년	니스조약(Treaty of Nice)
미 정	유럽헌법조약(Treaty Establishing a Constitution for Europe)

European Convention ➡ Convention on the Future of Europe 참조

European Convention on Human Rights(ECHR) : 유럽인권협약

유럽인권협약은 1950년 11월 유럽평의회(**Council of Europe**)의 지원하에 로마에서 조인되었다. 당시 유럽인권협약은 개인에게 재판소에 소송을 제기할 수 있는 권리를 부여함으로써 전례가 없는 인권의 국제적 보호체제를 수립했다. 유럽연합의 모든 회원국이 비준한 이 협약은 프랑스 스트라스부르에 여러 감독기구를 두고 있었다. 위원회(Commission)는 국가 또는 개인에 의한 청원에 대해 심사를 하고, 유럽인권재판소(European Court of Human Rights)는 인권 침해에 따른 소송을 진행하였다. 그리고 유럽평의회 각료이사회(Committee of Ministers of the Council of Europe)는 재판소에 제소되지 않은 분쟁에 대한 정치적 해결을 담당하였다. 그러나 1998년 11월에 이들 감독기구들은 유럽인권재판소에 의해 대체되었다. 이와 같이 기구의 단순화로 분쟁 해결에 필요한 기간이 단축되었고 협약의 사법적 성격을 보다 강화하였다.

1996년 3월 유럽사법재판소는 유럽공동체조약이 인권에 관한 국제협약을 규정하거나 체결할 권한을 명기하지 않았다는 이유를 들어 유럽인권협약에 가입할 수 없다는 견해를 내놓았다. 그러나 암스테르담조약은 사안별로 유럽사법재판소의 판결을 유형화하면서 유럽인권협약에 의해 보장된 기본권을 존중한다고 명기하였다. 또한 유럽사법재판소는 유럽공동체법으로 유럽인권재판소의 제 원칙을 수용한다는 입장

■European Cooperation on Scientific and Technical Research(COST)

을 갖고 있다. 비준 과정에 있는 유럽헌법조약(<u>Treaty Establishing a Constitution for Europe</u>)에 의하면, 향후 유럽연합만이 법인격을 가지며, 유럽연합은 유럽인권협약에 가입해야 한다. 또한 유럽헌법조약은 2000년 12월 니스 유럽이사회에서 채택한 유럽기본권헌장(<u>Charter of Fundamental Rights of the European Union</u>)을 수용함으로써 이 헌장도 법적 구속력을 갖게 되었다.

European Cooperation on Scientific and Technical Research (COST) : 유럽과학기술연구협력

유럽과학기술연구협력은 <u>EUREKA</u>와 같이 회원국 간 연구활동을 지원하기 위한 정부 간 과학기술 발전 프로그램으로 1971년에 만들어졌다. 유럽과학기술연구협력 회원국은 27개 유럽연합 회원국과 비유럽연합 회원국을 포함해 총 34개국이다. 유럽과학기술연구협력은 정보, 통신, 교통, 환경, 농업, 환경, 의학 등과 관련된 각국의 연구팀을 조직화하고 학술회의와 출판을 지원한다. 5개 회원국 이상으로 이루어진 과학자 그룹은 이 연구협력을 신청할 수 있다.

European Council ➡ Council 참조

European Cultural Center : 유럽문화센터

➡ College of Europe
➡ European Cultural Foundation

유럽문화센터는 유럽회의(<u>Congress of Europe</u>)의 결의에 따라 1950년 스위스의 제네바에 설립된 유럽 차원의 문화진흥 기구이다. 주요 목표는 유럽문화에 대한 이해와 확산이다. 이 센터는 후에 지역주의에 깊은 관심을 갖고 각종 활동을 전개하였다. 또한 유럽대학(<u>College of</u>

Europe)과 유럽문화재단(**ECF**) 창설에도 깊숙이 관여한다. 유럽문화센터는 2001년까지 활동하고 해체되었다.

European Cultural Foundation(ECF) : 유럽문화재단
→ European Cultural Center
→ College of Europe

유럽문화재단은 유럽문화센터(**European Cultural Center**) 하부 기관으로 1954년 스위스의 제네바에서 설립되었고 1957년에 암스테르담으로 본부를 이전하였다.

유럽문화재단은 유럽의 23개 국가들이 참여한 범 유럽차원의 기구로 대학, 미디어, 각종 문화관련 기구 간 교류를 지원한다. 특별히 이 재단은 사회문화, 교육 및 환경부분에서 활발하게 활동하였다. 유럽문화재단은 설립 이후 활발한 활동으로 1976년에 발표된 틴더만 보고서(**Tindemans Report**)에서 구상한 유럽재단(European Foundation)의 원형이 되었다. 그러나 당시 틴더만 보고서에서 제안한 유럽재단 설립은 독일의 반대에 부딪혀 무산되었다.

European Currency Unit(ECU) : 유럽통화단위

유럽통화단위는 1979년 유럽통화제도(**EMS**)의 출범과 함께 도입된 인위적인 공동통화이다. 유럽통화단위는 종래의 유럽계정단위(**EUA**)를 대체한 것으로 당시 유럽공동체 회원국이 모두 환율안정메커니즘(**ERM**)에 참가하지는 않았지만, 유럽통화단위는 전 회원국에서 출자하였다. 유럽통화단위는 바스켓 통화로서 그 가치는 참가통화의 비중에 의해 결정되었는데 유럽연합조약에 의해 1993년 11월부터 다음과 같이 동결되었다. 독일 32.0, 프랑스 20.4, 영국 11.2, 네덜란드 10.0, 이탈리아 8.5, 벨기에 8.2, 스페인 4.5, 덴마크 2.7, 아일랜드 1.1, 포

■ European Defence Community(EDC)

르투갈 0.7, 그리스 0.5, 룩셈부르크 0.3(1995년에 가입한 오스트리아, 핀란드, 스웨덴 3개국 통화는 포함되지 않음.). 유럽통화단위는 유럽통화협력기금(EMCF)의 지원을 받으며, 바스켓에 참가하는 국가들은 자국의 금과 달러 보유고(reserve)의 20%를 이 기금에 기탁해야 한다. 유럽통화단위는 상업거래 단위, 대부, 은행예금, 그리고 수표 단위로 널리 사용되었고, 국제통화시장에서는 유럽통화단위로 유로본드가 발행되었다. 유럽통화단위는 1999년 1월 1일부터 경제통화동맹(EMU) 3단계의 출범과 함께 유로화로 대치되었다.

European Defence Community(EDC) : 유럽방위공동체

유럽방위공동체는 2차 세계대전 이후 프랑스, 독일, 이탈리아, 네덜란드, 벨기에 및 룩셈부르크 6개국이 추진하였던 유럽차원의 방위공동체로 1952년 파리에서 창설계획에 서명하였다. 유럽방위공동체는 초국적 유럽통합군을 창설하여 공산주의의 위협을 억제하고, 독일을 재무장하여 유럽국방부의 지휘통제에 둔다는 계획이었다. 그러나 이 계획의 보다 중요한 점은 유럽방위공동체를 유럽정치공동체(European Political Community) 형성을 위한 도약대로 삼으려는 시도에 있었다. 데 가스페리(Alcide De Gasperi) 등을 비롯한 연방주의자들의 노력으로 유럽방위공동체 조약의 제38조에 유럽정치공동체로의 발전 가능성이 예정되었다.

이러한 노력으로 1953년 3월 유럽석탄철강공동체(ECSC) 특별의회(ad hoc Assembly)가 1953년 3월 유럽정치공동체 설립 조약안을 작성하게 하였다. 그러나 유럽방위공동체 계획이 지나치게 초국적 성격이 강하다는 이유로 참가국 내에서 논쟁의 대상이 되었다. 결국 1954년 독일의 재무장과 자국의 군사주권 침해를 우려한 프랑스 의회의 비준거부로 계획은 좌절되었다. 이와 함께 유럽정치공동체 계획안도 사장되게 되었다. 이후 유럽방위공동체 설립이 무산되면서 1955년 유럽국가들은 유럽에서 안보협력을 위해 서유럽동맹(**WEU**)을 창설하였다. 그러나 서유럽동맹은 마스트리히트조약 체결 전까지 유명무실한 기구로 존재하면서, 유럽에서의 군사안보협력은 1949년 출범한 북대서양조약기구(**NATO**)를 중심으로 이루어지게 되었다.

European Development Fund(EDF) : 유럽개발기금

➡ Cotonou Agreement

유럽개발기금은 코토누협정(**Cotonou Agreement**) 체결국인 아프리카, 카리브 및 태평양 도서국가(**ACP**)의 경제적, 문화적, 사회적 발전을 지원하기 위해 마련된 기금이다. 1957년 체결된 유럽공동체조약 제131조 및 136조에는 당시 식민 상태에 있는 아프리카 국가들과 유럽과 역사적 연관이 있는 국가들에 기술적, 재정적 지원을 위한 기금조성을 명기하였다. 유럽개발기금은 교육, 보건, 교통 부분의 개혁, 공공기관의 구조개혁, 거시경제수지 개선과 부채 감소, 기술지원 프로그램 운영, 인권보호와 위기 시 긴급지원 등 다양한 부분에서 활용되었다.

이 기금은 유럽연합의 예산과는 별도로 운영되며, 기금의 조성도 유럽연합 각 회원국의 독립적인 재정 규정에 따른 기부로 이루어진다. 즉, 각 회원국의 국내의회가 승인한 기금에 대해 각료이사회의 결정을 통해 기금이 확정된다. 유럽개발기금은 최소 5년 주기의 중기정책으로 운영되는데, 2006년 기준 9차 유럽개발기금협력조약에 의해 기금이 운영된다. 9차 유럽개발기금협력조약에 따른 수혜국은 유럽연합과 협력협정(**Cooperation Agreement**)을 맺은 아프리카, 카리브 및 태평양도서국가이다. 다만 남아프리카 공화국은 유럽연합 자체의 예산으로부터 지원을 받기 때문에 이 기금 수혜에서 제외된다.

■ European Documentation Center(EDC)

European Documentation Center(EDC) : 유럽연합자료실

유럽연합자료실은 유럽연합의 공식문서를 보유하는 정보센터이다. 이 자료실의 기능은 대학에서 유럽연구의 발전을 도모하고, 일반 대중에게 유럽연합에 대한 정보서비스를 제공하는 것이다. 유럽연합자료실은 통상적으로 대학의 도서관에 설치되며 역외 국가들에도 설치되어 있다. 한국에서는 서울대, 고려대 및 한국외대에 이 자료실이 설치되어 있다.

European Economic Area(EEA) : 유럽경제지역

유럽경제지역은 유럽공동체의 시장통합을 유럽자유무역연합(**EFTA**) 회원국으로 확대한 자유무역지역이다. 유럽경제지역은 자유무역지역의 실현을 위해 양측 간 협력을 확대하여 단일의 경제권 형성을 목표로 만들어졌다. 유럽경제지역은 당시 유럽공동체 12개국과 유럽자유무역연합 7개국 등 총 19개국에 3억 8,000만 명의 인구를 갖고 전 세계 무역량의 40%를 차지하는 거대한 지역경제통합체로 출범하였다(스위스는 조약에 서명하였으나 1992년 12월 국민투표에서 비준이 거부됨으로써 참여국은 18개국이 되었다.). 이 조약은 1994년 1월부터 효력을 가지게 되었다.

로마조약 제310조에 따른 연합협정(**Association Agreement**) 형태로 이루어진 유럽경제지역 설립조약은 1992년 단일시장(**Single Market**) 완성을 앞두고 유럽 전역에 걸쳐 동일한 법 규정 적용을 제안한 1984년의 룩셈부르크선언(Luxembourg Declaration)에 의해 고무되었다. 이에 따라 유럽공동체는 유럽자유무역연합 체결국과 1990년부터 협상을 시작하여 1992년 포르투갈의 포르투(Porto)에서 유럽경제지역협정을 체결하였다. 이 협정에 따라 회원국 정부 대표와 유럽공동체 집행위원회 대표가 참여하는 연 2회 이상 개최되는 장관급회담인 유럽경제지역 이사회(EEA Council), 회원국 고위관료 회담인 유럽경제지역 공동위원회(EEA Joint Committee), 유럽의회 의원들과 EFTA 회원국 의원들로 구성되는 유럽경제지역 공동의회위원회(EEA Joint Parliamentary Committee), 마지막으로 경제사회위원회(**ESC**) 대표와 EFTA 자문위원회(Consultative Committee) 대표로 구성되는 유럽경제지역 자문위원회(EEA Consultative Committee) 등의 기구가 설립되었다. 1995년에 유럽자유무역연합 체결국인 오스트리아, 핀란드, 스웨덴이 유럽연합에 가입함에 따라, 유럽경제지역 내 유럽자유무역연합 체결국은 아이슬란드, 노르웨이, 리히텐슈타인만이 남게 되었다. 유럽경제지역은 유럽공동체와 EFTA 간 4대 이동의 자유(**Four Freedoms of Movement**)가 보장될 뿐 아니라, 환경정책, 소비자 보호, 경제사회 결속 등을 위한 프로그램에서 상호 협력을 규정하고 있다. 유럽경제지역 조약에 규정받지 않는 유럽연합 정책은 제3국과의 관계, 경제통화동맹(**EMU**), 공동농업정책, 공동어업정책, 내무사법협력, 공동외교안보정책 등이다.

유럽경제지역은 공동체의 축적된 법체계(*Acquis communautaire*)이기 때문에 유럽연합에 가입하는 국가는 유럽경제지역에 가입해야 한다. 그러나 EFTA에 가입하는 국가가 반드시 유럽경제지역에 가입할 필요는 없다.

European Economic Community(EEC) : 유럽경제공동체

➡ European Communities
➡ European Union

유럽경제공동체는 1957년 로마조약에 의해 유럽원자력공동체(Euratom)와 함께 탄생한 경제통합체이다. 유럽경제공동체에는 유럽국가 간 경제적 협력을 강화하기 위해 독일, 프랑스, 이탈리아, 네덜란드,

■ European Economic Interest Grouping(EEIG)

벨기에, 룩셈부르크 등 기존 유럽석탄철강공동체(**ECSC**) 6개국이 참여하였다. 유럽경제공동체는 자유무역연합(FTA)과는 달리 관세동맹(**Customs Union**)으로 출범하였으며, 1969년 12월로 예정된 관세동맹 완성을 1년 6개월 앞당겨 1968년 6월 말 이룩하였다. 1967년에는 유럽경제공동체가 기존에 유럽에 존재하는 유럽석탄철강공동체, 유럽원자력공동체(**Euratom**) 간 중복된 기구를 통합한 '유럽공동체 단일이사회와 단일위원회 설립조약(Treaty Establishing a Single Council and a Single Commission of the European Communities)'이 발효되어 유럽공동체(**European Communities**)로 단일한 이사회와 집행위원회를 가지게 되었다. 이후 유럽경제공동체는 1993년 마스트리히트조약의 발효로 공식적으로 유럽공동체(European Community)로 변경되었다.

European Economic Interest Grouping(EEIG) : 유럽경제이익단체연합

유럽이익단체연합은 산업 및 기업 간 협력을 촉진하기 위해 부문별 혹은 사업별로 결성된 연합체이다. 이 연합의 목적은 유럽의 산업과 기업 경쟁력을 강화하고 자원의 불필요한 낭비를 방지하기 위해 기업간 컨소시엄 등을 권장하고 있다. 유럽이익단체연합의 대표적 예는 유럽 4개국 간 컨소시엄 항공사인 에어버스(**Airbus**)를 들 수 있다.

European Economic Space : 유럽경제영역

➡ European Economic Area

유럽경제영역은 1984년부터 사용된 espace économique européen의 영어식 표현이다. 유럽경제영역은 1990년 10월부터 유럽경제지역(**EEA**)으로 불린다.

European Employment Strategy(EES) : 유럽고용전략
- Open Method of Coordination
- Lisbon Strategy

유럽고용전략은 1997년 룩셈부르크 이사회에서 제기된 유럽연합 차원에서 고용정책의 조화를 시도한 전략으로, 5년의 기간을 통해 고용부분에서 획기적인 결과를 얻고자 마련되었다. 2002년 첫 5년간의 업적에 대한 평가를 통해 유럽고용전략의 추후 진행에 대한 과제가 마련되었으며, 특히 리스본전략(**Lisbon Strategy**)에서 강조하는 지속가능한 성장에 초점이 맞추어졌다. 2005년에서 2008년까지의 프로그램인 신고용전략은 통합된 고용가이드라인, 개별 회원국의 개혁프로그램, 조인트 고용보고서, 특정 국가에 해당되는 권고안, 유럽연합의 연례 진행 보고서 등을 포함하고 있다. 유럽고용전략은 리스본전략에서 제기한 새로운 정책결정방식인 공개적 협력(**OMC**)을 적극 활용하였으며, 보충성의 원칙(**Principle of Subsidiarity**), 수렴, 벤치마킹, 통합적 접근 및 목표에 따른 운영과 같은 원칙에 따라 진행되고 있다.

European Energy Charter : 유럽에너지헌장

유럽차원에서 에너지 자원의 자유시장 형성을 위해 1990년 덴마크 수상인 루버스(Ruud Lubbers)가 제안하여 이듬해 12월 유럽의 50개 국가에 의해 서명된 헌장이다. 여기에는 동·서유럽 국가들뿐만 아니라 미국, 구 소련연방 국가들, 일본, 캐나다, 호주 등이 서명하였다. 이 헌장의 목표는 에너지 자원에 대한 접근 가능성 향상, 에너지의 효율적 생산, 이용 및 분배 시스템 형성이며, 이외에도 서명국과 비서명국 간의 차별 제거, 자유로운 이동 그리고 분쟁의 타협적 해결 등을 담고 있다. 그러나 이 헌장은 공식적 합의가 아니라 비공식적 합의이기 때문에 구속력을 갖지는 못하였다. 이러한 이유로 1994년 12월 리스본에서 서명

■ European Environment Agency(EEA)

국들은 유럽에너지헌장조약에 서명하여 1997년 12월부터 발효되었다. 전체 8부로 구분된 이 조약은 회원국들의 에너지자원에 대한 주권을 명시하였다. 그뿐만 아니라 통상에 어떠한 규제도 부과되지 말아야 하며 제3자의 에너지 자원에의 투자 보장, 그리고 외교적으로 해결 불가능한 분쟁은 아야(Aja) 국제재판소에 회부한다는 내용을 담았다.

European Environment Agency(EEA) : 유럽환경기구

유럽환경기구는 환경정책에 관여하는 유럽연합 기구들의 활동을 조정하기 위해 1994년 코펜하겐에 설립한 기구이다. 유럽환경기구의 주임무는 환경정책 결정과 시행에 필요한 정보를 제공하고, 정책에 대한 사후 평가이다. 이와 같이 유럽환경기구의 목적은 환경정책을 직접 실행하거나 환경법을 제정하여 부과하는 것이 아니라, 정책결정자와 일반 시민에게 관련 정보를 제공하는 데 있다. 유럽환경기구에서 제공하는 정보는 주로 환경정책에 대한 평가와 향후 발전방향이며 새로운 환경보호 방식과 기술을 보급에도 적극적으로 관여한다. 유럽환경기구의 정보 수집과 보급은 유럽환경정보감시 네트워크(EIONET : European Environment Information and Observation Network)를 통해서 이루어진다. 유럽환경기구가 운영하는 EIONET은 유럽 내에서 300여 개가 넘는 환경관련 기구와 전문가 및 연구단체로 구성되어 있다. 유럽환경기구에는 27개 유럽연합 회원국 이외에 터키, 아이슬란드, 노르웨이, 리히텐슈타인, 스위스가 가입하였으며 발칸과 지중해 국가들 역시 가입을 신청해 놓고 있다.

European Federalist Movement/Movimento Federalista Europeo (MFE) : 유럽연방주의자운동

➡ Spinelli, Altiero

유럽연방주의자운동은 열렬한 연방주의자인 스피넬리(**Altiero Spinelli**)의 주도로 이탈리아의 연방주의자들을 중심으로 1944년 밀라노에서 조직된 단체이다. 스피넬리는 연방주의 통합을 지지하는 유럽 각국의 관련 단체들을 통합하여 전 유럽적인 조직인 유럽연합주의자운동을 결성한다. 그는 1962년까지 이 단체의 사무총장으로 일하면서 각국의 정치 지도자와 유럽시민에게 연방주의 통합의 당위성을 홍보하고 다양한 활동을 전개한다. 유럽연방주의자운동은 유럽통합 과정에서 직접적인 역할을 수행한 것은 아니지만, 1984년 유럽연합조약안(**Draft Treaty on European Union**) 작성에 사상적 기반을 제공하였다는 데 의의가 있다.

European Flag : 유럽기 ➡ European Symbols 참조

European Food Safty Agency(EFSA) : 유럽식품안전기구

유럽식품안전기구는 2002년 이사회 규정(Regulation 178/02)과 유럽의회에 의해 설립된 기구로 식품안전에 관한 일련의 과학적 증명을 제공하는 기구이다. 이탈리아의 파르마(Parma)에 본부를 둔 이 기구는 미국의 식품안전청(FDA)을 모델로 형성되었지만, 이것처럼 법적 권한을 가지지는 못하고 위험평가(Risk Assessment)와 위험공지(Risk Comunication)의 기능만을 가진다. 식품위험에 관한 통제는 집행위원회와 회원국 정부에 의해 수행된다.

European Foundation for the Improvement of Living and Working Conditions : 생활 및 노동조건개선재단

생활 및 노동조건개선재단은 1975년에 이사회 규정(Regulation 1365/75)에 의해 아일랜드의 더블린(Dublin)에 설립된 재단으로 유럽시민들의 삶의 질에 관한 연구와 정보를 제공하는 유럽연합의 공식 산하

■ European Free Trade Association(EFTA)

기구이다. 또한 이 기구는 유럽연합의 사회정책 결정 과정에서 기술적 업무를 보조하고 정보를 제공하는 기능을 갖는다.

European Free Trade Association(EFTA) : 유럽자유무역연합

➡ European Economic Area(EEA)

유럽자유무역연합은 1960년 오스트리아, 덴마크, 영국, 노르웨이, 포르투갈, 스위스 및 스웨덴 등 7개국 간에 스톡홀름협약(**Stockholm Convention**)을 통해 만들어졌다. 유럽자유무역연합의 설립 목적은 회원국 간 자유무역을 통한 경제발전이다. 그러나 실제 설립 동기는 영국과 덴마크가 유럽경제공동체(**EEC**)에 대한 정치, 경제적 견제를 위해 만들었다. 이후 유럽자유무역연합에 아이슬란드(1970), 핀란드(1986), 리히텐슈타인(1991)이 가입했으나, 영국과 덴마크(1973), 포르투갈(1986), 오스트리아, 스위스, 핀란드(1995)가 유럽연합에 가입하면서 현재 유럽자유무역연합 회원국은 아이슬란드, 스위스, 노르웨이 및 리히텐슈타인 등 4개국에 불과하다. 그러나 EFTA는 1972년에 당시 유럽공동체와 자유무역 협정을 체결하였고, 1992년에는 유럽연합과 유럽경제지역(**EEA**)을 결성한다. 또한 EFTA는 유럽연합 회원국뿐 아니라 중동유럽, 지중해와 한국을 포함한 아시아 국가들과도 자유무역연합을 체결하여 회원국 간 미비한 통상규모의 한계를 극복하고 있다. 유럽자유무역연합은 2001년 6월 스톡홀름협약을 대체한 바두즈협약(Vaduz Convention)을 체결해 유럽연합과 통상관련 규정을 통합하였다. EFTA는 회원국 간 협의기구인 이사회(EFTA Council)에 의해 운영되는데, 이 이사회는 월 1회 개최되는 회원국의 상주대표 회의와 연 2회 개최되는 장관급 회의로 구성된다. 이사회는 유럽연합의 각료이사회와 달리 1국 1표를 원칙으로 의사를 결정한다. 이외에도 유럽자유무역연합은 사용자와 노조대표로 구성된 자문위원회(Consultative

Committee)와 회원국의 의회 대표들로 구성된 의회위원회(Parliamentary Committee)를 두고 있다.

European Industry Federations(EIFs) : 유럽산업연맹
➡ European Trade Union Confederation

유럽산업연맹은 유럽차원의 산업부문별 노조단체이다. 이 연맹은 유럽차원에서 농업, 건설, 광업, 금속, 공공서비스, 운송, 교육, 의료직물, 언론, 경찰, 예술, 연예 분야의 노동자를 대표하는 12개 노조의 연합체로 집행위원회와 동반자관계(**Partnership**)를 맺고 사회적 대화 및 유럽연합의 경제사회정책에 참여하고 있다.

European Initiative for Democracy and Human Rights(EIDHR) : 민주주의와 인권프로그램

1994년 유럽의회에 의해 만들어진 프로그램으로 중동유럽, 구 유고연방, 알바니아, 동유럽의 신생독립국과 몽고, 아프리카, 카리브 및 태평양 도서국가(**ACP**) 및 여러 아시아 국가에 대해 민주주의와 인권향상을 위한 재정지원 활동을 한다.

European Investment Bank(EIB) : 유럽투자은행

유럽투자은행은 로마조약 129조 및 이 조약의 부속 의정서에 의해 1957년에 룩셈부르크에 설립된 유럽연합의 공식 기구로 1958년 1월부터 업무를 시작하였다. 유럽투자은행은 유럽연합 차원의 금융기관이면서도 독립적인 국제적 금융기관의 성격도 갖고 있다. 이 은행은 유럽연합 차원에서 균형적 발전을 위해 회원국 정부, 공기업 및 사기업에 저금리에 중장기 자본을 대출하는 비영리 활동을 한다. 특별히 유럽투자은행은

■ European Investment Fund(EIF)

유럽연합의 구조기금(**Structural Fund**)과 함께 저개발 지역에 대한 투자와 함께 환경, 에너지, 통신산업에 투자하는 중소기업에 대한 대출에 주력하고 있다. 이외에도 유럽투자은행은 지중해, 동유럽 및 아프리카, 카리브 및 태평양도서국가(**ACP**) 등 역외국가에 대한 투자 시 대부를 하고 있다. 유럽투자은행은 사무국, 이사회, 운영위원회, 감사위원회로 구성되는데, 사무국은 회원국의 장관으로 구성되며 이 은행의 활동에 대한 일반적인 결정을 한다. 또한 이사회는 대부, 보증 제공 및 차입에 관한 독립적인 결정 권한을 갖는다. 이사회 의장은 총재 혹은 부총재 1인이 맡고 표결권은 없다. 이러한 이사회 및 운영위원회는 외부의 간섭 없이 독립적으로 업무를 수행하므로 유럽투자은행에 대해서만 책임을 진다. 한편 감사위원회는 사무국에서 임명한 3명의 위원으로 구성되어 감사기능을 수행한다.

European Investment Fund(EIF) : 유럽투자기금

➡ European Investment Bank(EIB)

유럽투자기금은 유럽연합 역내의 중소기업을 위한 벤처 캐피털로 중소기업에 대한 보증을 제공하는 전문적인 기관이다. 유럽투자기금은 1994년에 유럽투자은행(**EIB**)과 집행위원회 그리고 유럽 내 금융기관이 참여한 주주그룹의 협력사업 형태로 설립되었다. 그러나 2000년 6월에 유럽투자은행이 대주주가 되면서, 이 기금은 유럽투자은행에서 벤처 캐피털업무를 다루는 독점적인 기관이 되었다. 따라서 이외의 두 기관은 유럽투자은행그룹(EIB Group)이라는 새로운 조직을 형성하였다. 유럽투자기금은 유럽연합 내에서 중소기업 설립과 발전을 지원하여 지식기반사회의 달성, 성장과 고용, 기업가 정신의 고양, 유럽연합의 결속력 강화라는 궁극적 목적을 갖는다. 구체적으로 유럽투자기금은 중소기업의 자금조달에 관련된 모든 종류의 금융기관에 투자보증을 함으로써,

중소기업이 자금을 용이하게 얻을 수 있도록 지원하는데 주 수혜자는 유럽연합 회원국과 가입 예정국의 중소기업이다. 유럽투자기금은 유럽연합의 예산을 통해 운영되며 유럽투자은행과는 달리 중소기업에 대한 보조금 지원과 같은 대출업무는 하지 않는다.

Europeanization : 유럽화

유럽화는 유럽통합이 가져온 여러 정치·사회적 영향과 동시에 이를 규명하는 학술적 용어이다. 1990년대 중반부터 본격적으로 제기된 이 개념은 국가 간 합의를 통해 이루어진 유럽연합이 과연 어떻게 운영되며, 그 영향은 회원국에 어떻게 미치는가에 대한 설명을 담고 있다. 예를 들어 기존에는 회원국과 유럽연합의 여러 기구들이 통합을 주도하는 중심세력이었다. 그러나 1990년대 이후에는 지방정부나 이익집단들도 통합의 직접적인 영향에 놓이고 이들도 유럽연합의 여러 정책결정 과정에 참여한다. 또한 통합이 심화되어도 회원국은 유럽연합과 무관하게 여전히 독립적으로 시행하는 정책이 있는데 조세, 복지국가, 사회정책은 대표적 경우이다. 그러나 이러한 정책에서도 회원국들은 간접적으로 통합의 영향을 받아 변화의 양상을 보인다는 것이다. 이와 같이 유럽화는 국가, 지방정부, 기업 및 이익집단 등 유럽 내 모든 세력들이 유럽연합의 정책결정에 참여하거나 수렴되어 가면서 변화하는 정치·사회적 현상을 말한다.

European Juridical Cooperation Unit(Eurojust) : 유럽사법협력단

유럽사법협력단은 1999년 10월 탐페레 유럽이사회에서 유럽차원의 범죄에 대응하기 위해 결의한 기구로 2002년부터 출범하였다. 유럽사법협력단은 회원국의 관계 당국 간 협력을 통해 조직범죄에 대한 공동 대응을 목표로 한다. 니스조약 이후 공식권한을 갖게 된 유럽사법협력단은 유럽 차원에서 최초의 국제사법 네트워크로서 27개 회원국에 의

■ European Monetary Cooperation Fund(EMCF)

해 임명된 법관들에 의해 운영된다.

European Monetary Cooperation Fund(EMCF) : 유럽통화협력기금
➡ Economic and Monetary Union(EMU)

유럽통화협력기금은 1973년 설립되었으며 1994년 1월에 경제통화동맹(**EMU**) 2단계 출범과 함께 유럽통화기구(**EMI**)로 그 기능이 대체되었다. 이 기금은 외환시장에서 참가국 중앙은행이 자국의 환율안정을 위해 용이하게 개입하도록 지원하는 역할을 수행한다. 이 기금은 주로 단기대출을 하며, 이 경우 신용기간은 45일이다.

European Monetary Institute(EMI) : 유럽통화기구
➡ Economic and Monetary Union(EMU)
➡ European Central Bank

유럽통화기구는 마스트리히트조약에 의해 1994년 1월 경제통화동맹(**EMU**) 2단계가 시작되면서 프랑크푸르트(Frankfurt)에 설립된 기구이다. 경제통화동맹 3단계 출범으로 유럽중앙은행(**ECB**)이 형성되자 그 기능을 이전하고 소멸되었다. 유럽통화기구의 역할은 회원국 중앙은행 간 원활한 협력, 금융정책에 대한 공동조정, 유럽통화제도(**EMS**)에 대한 감시 그리고 경제통화동맹 3단계의 충족 여부를 유럽이사회에 보고하는 것이었다.

European Monetary System(EMS) : 유럽통화제도
➡ Economic and Monetary Union(EMU)
➡ Exchange Rate Mechanism(ERM)

유럽통화제도는 1979년에 유럽공동체 역내의 환율을 안정시켜 경제통합 효과를 극대화하기 위한 목적으로 설립되었다. 유럽통화제도의 핵심

내용은 유럽통화단위(**ECU**)와 환율안정메커니즘(**ERM**)이다. 유럽통화제도에 따르면 각국의 통화는 다른 통화에 대해 일정한 한도(± 2.25%) 내에서 변동하도록 허용되어 있다. 만약 이 한도를 넘으면, 해당 국가의 중앙은행은 유럽통화협력기금(**EMCF**)의 지원하에서 공개시장을 통해 합의된 한도를 지켜야 한다. 단기적인 난관에 봉착한 국가에 대해서는 특별협정이 마련되어 있지만, 지속적으로 그 한도를 지키지 못하는 통화에 대해서는 환율 재조정에 관한 규정이 적용된다. 유럽통화제도는 1980년대에 물가안정과 회원국 간 경제수렴에 큰 기여를 하였으나, 경제통화동맹(**EMU**)과는 달리 각국의 경제정책에 간섭할 수 없다는 한계가 있었다. 따라서 유럽통화제도는 경제통화동맹이 공식 출범할 때까지만 참가국 간 금융정책 협력을 통해 기능을 수행하였다. 유럽통화제도는 유럽공동체의 경제정책 중 하나였지만 가입이 의무사항은 아니었다. 예를 들어 영국의 스털링화(Sterling)는 1990년에야 가입했고(2년 후 탈퇴), 그리스의 드라크마화(Drachma)는 1998년에 가입했다. 이탈리아의 리라화(Lira)는 1992년 탈퇴했다가 1996년 다시 가입하였다. 반면 스웨덴의 크로나(Krona)는 경제통화제도에 가입한 적이 없었다. 유럽통화제도는 1999년 1월 1일 유로화(Euro)가 도입되어 유럽 국가 간 환율 안정의 필요성이 사라지게 됨에 따라 폐지되었다. 그러나 유로화를 도입하지 않은 국가와 유로화와의 환율안정 필요성에 따라 유럽통화제도 2(**EMS 2**)가 다시 도입되었다.

European Monetary System 2 : 유럽통화제도 2

➡ European Monetary System

유로화(Euro)와 이를 도입하지 않은 국가 화폐들 간의 환율을 안정시키고, 후자의 전자로의 점진적 접근을 고무하기 위해 1997년 암스테르담 유럽이사회(Amsterdam European Council)에서 도입된 환율안

■European Monitoring Center for Drugs and Drug Addition(EMCDDA)

정 시스템이다. 유럽통화제도 2는 다음과 같은 시스템으로 이루어진다.

- 유로화를 도입하지 않은 국가 화폐의 유로화와의 교환비율의 설정과 ±15%에서 변동폭 인정
- 참여가 의무적이지는 않지만 유럽통화제도 2에 참여하기 위해서는 유로화 도입 국가의 장관들, 비도입 국가 장관과 중앙은행 총재, 유럽중앙은행(ECB) 총재 간의 합의 필요

European Monitoring Center for Drugs and Drug Addition (EMCDDA) : 유럽약물감시센터

유럽약물감시센터는 1989년 당시 미테랑(**François Mitterand**) 프랑스 대통령이 제안하여 1993년 리스본에 설립한 유럽연합의 산하기구이다. 이 센터의 기능은 각종 약제와 마약 문제에 관한 조사 및 연구를 통해 유럽연합과 회원국의 관련 정책결정에 자료 제공과 각종 조사연구 등이다.

European Monitoring Center on Racism and Xenophobia(EUMC) : 유럽인권감시센터

유럽인권감시센터는 1997년에 설립되었으며 이듬해부터 본격적인 활동을 개시한다. 이 센터는 유럽연합의 산하기구로 인종차별과 반유대주의에 대한 유럽 차원의 감시기능과 유럽연합과 회원국에 관련 정보를 제공하기 위해 설립되었다. 이 센터는 유럽평의회(**Council of Europe**)와 UN과 같은 국제기구와 협력관계를 맺고 유럽인권 네트워크(RAXEN : European Racism and Xenophobia Information Network)를 통해 관련 정보와 통계를 수집하여 정책에 활용한다.

European Movement : 유럽운동

➡ Congress of Europe

유럽운동은 정파를 초월해 유럽통합이라는 대의에 헌신하는 서유럽의 모든 세력들이 결집하여 1948년 결성된 일종의 압력단체이다. 여기에는 블룸(Leon Blum), 처칠(**Winston Churchill**), 데 가스페리(**Alcide De Gasperi**), 스파크(**Paul Henri Spaak**) 등 각국의 저명한 정치인들이 가입하였다. 유럽운동은 결성 직후 동년에 헤이그에서 유럽회의(**Congress of Europe**)를 개최하여 유럽통합에 관한 선언을 남겼다. 유럽운동은 훗날 유럽평의회(**Coulcil of Europe**)와 유럽대학(**College of Europe**)을 설립하는 데 기여했고, 현재 유럽연합에서 사용하는 유럽기(**European Flag**)를 만들었다. 유럽운동은 꾸준히 명맥을 유지하여 현재 32개국에 지부를 두고 있다.

European Official Publications(EUR-OP) : 유럽연합출판국

유럽연합출판국은 1969년 룩셈부르크에 설립된 유럽연합의 공식 출판기구이다. 유럽연합출판국은 유럽연합 관보(**OJ**)와 유럽연합 활동보고서(General Report on the Activities of the European Union)를 포함한 공식문서 및 다양한 출판물을 22개 유럽연합 공식어와 아일랜드어로 발행한다. 이외에도 이 출판국은 출판물을 유럽연합자료실(**EDC**)에 보급할 뿐만 아니라 입법데이터베이스(**CELEX**)와 유럽연합 입법데이터베이스(**Eur-lex**)와 같은 유럽연합의 입법데이터를 통해서 일반인에게 열람토록 하고 있다.

European Organization for Nuclear Research(CERN) : 유럽원자력연구소

유럽원자력연구소는 1954년 유럽 국가들이 비군사적 목적을 위해 만든 원자력 연구기구로 프랑스어 명인 CERN(coseil Européen pour la Recherche Nucléaire)에서 유래한다. 유럽원자력연구소는 유럽연합 회원국 중에서도 가입하지 않은 국가가 있고, 비유럽연합 국가들도 가입되어 있어 유럽연합과 연계된 기구는 아니다. 이 연구소는 제네바에 있으며 약 2,900여 명의 직원을 두고 참여 회원국의 분담금으로 운영된다.

European Organization for the Safety of Air Navigation (Eurocontrol) : 유럽비행안전기구

유럽비행안전기구는 항공 안전에 관한 협력을 고무하기 위해 1960년 브뤼셀에서 설립된 기구이다. 이 기구의 참여국은 대부분의 유럽연합 회원국과 터키, 불가리아, 마케도니아 등을 포함한 유럽의 30개 국가이다. 그러나 Eurocontrol은 참여국 간 상이한 관련 기술규정과 정치군사적 요인들로 인해 완전한 국제적 기구로 발전하지는 못하고 있다.

European Parliament : 유럽의회

➡ Direct Election

유럽의회는 유럽연합 차원에서 대의민주주의를 구현하는 기구로 1980년대 말까지 기능이 극도로 제약되었다. 그러나 유럽의회는 단일유럽의정서(**SEA**)와 마스트리히트조약에 의해 제 기능을 갖고 암스테르담조약에 의해 의회 본연의 기능을 갖게 된다. 특히 유럽의회는 암스테르담조약에 의해 공동결정절차(**Codecision Procedure**)에서 비토권을 보유할 정도로 권한이 강화되었다. 공동결정절차에 의해 유럽의회는 협의적 역할(consultative role)에서 집행위원회와 각료이사회와 공동결정자로 역할이 전환된다. 또한 유럽의회는 집행위원회에 대한 불신임권과 예산의결권 등 종래에 가지고 있던 권한 이외에도 주요 안건에 대한 심의 및 공동결정권한을 갖는다. 이외에도 유럽의회는 신규 가입국에 대한 비준권을 보유한다. 그러나 유럽의회는 국내 의회와는 달리 직접 법안제출권을 보유하지는 않고, 단지 간접 법안제출권만을 행사할 수 있다.

유럽의회 의원들은 1979년 이후 유럽연합 회원국 시민들이 직접선거(**Direct Election** 혹은 Direct Universal Suffrage)를 통하여 선출하고 있다. 유럽의회 의원 수는 2007년 기준 27개국에서 선출된 785명이다. 유럽의회 의원선출에는 몇 가지 특이한 사항들이 있다. 유럽의회 의원의 수는 각 회원국들의 인구규모, 경제규모, 그리고 유럽연합의 예산형성에 대한 기여도 등을 고려하여 정해진다. 또한 선출된 유럽의회 의원들은 출신 국가별로 모여 의정활동을 하는 것이 아니라 정치적 이념에 따라 정당별로 재구성되는데 통상 유럽의회에서 중도우파와 중도좌파 연합이 다수정파를 형성한다. 유럽의회 의석수는 1990년대 초반까지 12개 회원국 당시 567석(독일통일로 518석에서 49석이 늘어남)이었다. 2004년 이후 12개 회원국이 새로이 가입하고 2007년 불가리아와 루마니아가 가입하면서 의원 총수는 785명이 되었다. 이들은 유럽국민연합(EPP 혹은 PPE : Group of the European People's Party)을 포함하여 총 9개의 정파연합으로 구성되는데 유럽국민연합과 유럽사회주의자연합(PES : Group of the Party of European Socialist)이 전 의석의 과반수를 넘는다.

유럽의회의 국가, 정파별 의석수(2004년 유럽의회선거 기준)

	EPP	PSE	ALDE	UEN	The Greens	GUE/NGL	ID	ITS	NI	총계
불가리아	4	6	7					1		18
벨기에	6	7	8		2			3		24
체코	14	2				6	1		1	24
덴마크	1	5	4	1	1	1	1			14

European Parliament

	EPP	PSE	ALDE	UEN	The Greens	GUE/NGL	ID	ITS	NI	총계
독 일	49	23	7		13	7				99
에스토니아	1	3	2							6
그 리 스	11	8				4	1			24
스 페 인	24	24	2		3	1				54
프 랑 스	17	31	11		6	3	3		7	78
아일랜드	5	1	1	4		1	1			13
이탈리아	24	15	12	13	2	7		2	3	78
사이프러스	3		1			2				6
라트비아	3		1	4	1					9
리투아니아	2	2	7	2						13
룩셈부르크	3	1	1		1					6
헝 가 리	13	9	2							24
말 타	2	3								5
네덜란드	7	7	5		4	2	2			27
오스트리아	6	7	1		2			1	1	18
폴 란 드	15	9	5	20			2		3	54
포르투갈	9	12				3				24
루마니아	9	12	9					5		35
슬로베니아	4	1	2							7
슬로바키아	8	3							3	14
핀 란 드	4	3	5		1	1				14
스 웨 덴	6	4	3		1	2	2			18
영 국	27	19	12		5	1	10	1	3	78
총 계	277	217	106	44	42	41	23	20	14	784

비고) EPP(Group of the European People's Party (Christian Democrats) and European Democrats): 유럽국민연합
PSE(Socialist Group in the European Parliament): 유럽사회주의연합

ALDE(Group of the Alliance of Liberals and Democrats for Europe) : 자유민주주연합
UEN(Union for Europe of the Nations Group) : 유럽국가연합
The Greens(Group of the Greens/European Free Alliance) : 유럽녹색연합
GUE/NGL(Confederal Group of the European United Left - Nordic Green Left) : 유럽좌파연합
ID(Independence/Democracy Group) : 독립민주연합
ITS(Identity, Tradition and Sovereignty Group) : 주권연합
NI(Non-Attached Members) : 비정파

European Passport : 유럽여권

유럽여권은 유럽연합 회원국 시민들이 공통으로 사용하는 여권이다. 유럽여권은 1974년 처음 제안되었으나 1981년에 이르러서 사용에 대한 합의가 이루어지고 1985년부터 일부 회원국들에서 도입되었다. 현재는 모든 유럽연합 회원국 시민들이 유럽연합(European Union) 표기가 인쇄된 여권을 사용하고 있다. 2006년도 말부터 모든 유럽시민들은 테러방지를 위해 지문과 얼굴 사진을 포함하고 마이크로칩이 내장된 신여권을 발급받아 사용해야 한다.

European Patent Convention : 유럽특허협약

➡ European Patent Office

유럽특허협정은 1973년 벨기에, 네덜란드, 룩셈부르크, 프랑스, 독일, 스위스, 영국에 의해 서명되었다. 이 협정은 협정 체결국 간 특허권을 공동으로 인정한 것으로 이후 유럽특허(European Patent) 업무를 전담하는 정부 간 기구인 유럽특허국(**European Patent Office**)의 배경이 되었다. 유럽특허협정에는 유럽연합 회원국을 포함한 31개 회원국이 참여하고 있다.

European Patent Office : 유럽특허국

➡ European Patent Convention

유럽특허국은 유럽 내 20여 개 국가가 1973년에 체결한 유럽특허협약(**European Patent Convention**)을 모태로 만든 독립적인 국제기구이다. 현재 유럽특허국은 거의 모든 유럽국가들이 참여하여 35개국에 이른다. 이 기구의 임무는 특허 관련 인증과 분쟁에 대한 판결이다. 유럽특허국은 특허 분쟁이 지속적으로 증대하는 현실을 감안해 2010년에 독립적 지위를 갖는 유럽특허법원(European Patent Court)을 설립할 계획이다. 유럽특허국 본부는 뮌헨에 있지만 헤이그, 베를린 및 비엔나에도 지사가 있으며 약 6,000여 명에 달하는 직원이 근무하고 있다.

European Payment Union(EPU) : 유럽지불동맹

유럽지불동맹은 1950년 유럽경제협력기구(OEEC)의 산하에 창설된 기구로서 마샬플랜(Marshall Plan)의 종료 후에 유럽 각국 간에 상호 신용 문제와 다자간 무역문제를 해결하기 위해 만들어졌다. 유럽지불동맹 설립 이후 성공적으로 기능을 수행하고 이후 1959년에 유럽통화협정(EMA)으로 대체되었다.

European People's Party(EPP) : 유럽국민연합

➡ European Parliament

유럽국민연합은 기독교 민주당(Democratic Party)과 유사 정당들이 모여 만든 유럽의회 내 다수정파로 전통적으로 친통합적 노선을 견지하고 유럽기구의 권한 강화를 주장하여 왔다. 2004년 유럽의회 선거로 구성된 정파연합에서 유럽국민연합은 전체 의석 732석 중 268

석을 점하는 제1정당이다.

European Police College(CEPOL) : 유럽경찰대학
→ European Police Office

1999년 탐페레 유럽이사회(Tampere European Council)에서의 결정과 이듬해 각료이사회에서의 결정에 따라 설립된 기구로 회원국 경찰간부의 교육기관들로 이루어진 협력 네트워크이다. 유럽경찰대학은 사무국(Permanent Secretariat)과 회원국 경찰교육 기관장으로 구성된 운영위원회(Governing Board)로 구성된다. 운영위원회에서는 만장일치에 의해 연간프로그램과 이니셔티브 등에 대한 결정이 이루어진다.

European Police Office(Europol) : 유럽경찰국

유럽경찰국은 마스트리히트조약에 의해 만들어진 유럽연합 차원의 경찰기구로 헤이그에 본부를 두고 있다. 유럽경찰국은 1994년 1월부터 업무를 개시하였으나 초기에는 유럽경찰국 마약반(Europol Drugs Unit)이라는 산하부서만 가동되었다. 유럽경찰국은 이후 유럽연합 회원국 간에 유럽경찰국 협약(Europol Convention)이 체결되면서 1998년부터 본격적으로 업무를 시작한다. 유럽경찰국의 임무는 국경을 넘어 행해지는 마약, 밀수, 사기, 돈세탁 및 테러리즘과 같은 조직범죄에 대한 유럽 차원의 대응이다. 이외에도 유럽경찰국은 사이버 범죄나 금융사기와 같이 여러 국가에 걸쳐 전개되는 국제적 범죄수사에도 관여하고 있다. 유럽경찰국은 국경을 넘어 전개되는 범죄에 효과적으로 대응하기 위해 각 회원국의 대표들이 모인 유럽경찰국연락사무소(ELOs : Europol Liaison Officers)의 지원을 받는다. 또한 유럽연합과 각 회원국으로부터 여러 기술·행정적 지원을 받고 있다. 2005년 기준 유럽경찰국의

■ European Political Community

총 예산은 6,340만 유로이며 약 400여 명의 직원이 근무한다.

European Political Community : 유럽정치공동체
➡ European Defence Community(EDC)

유럽정치공동체는 1950년대 초반 유럽방위공동체(**EDC**)와 함께 설립이 논의되었으나 실패했던 정치 분야에서의 통합 시도이다. 플레벵플랜(**Pleven Plan**)에 의해 시작된 유럽방위공동체 설립 논의가 구체화되자 이 기구의 민주적 통제의 필요성을 제기했다. 또한 유럽국가 간 공동방위를 실현하기 위해서는 회원국 간 정치통합 수준이 높여져야 한다는 필요성이 논의되었다. 이에 따라 1952년 9월 데 가스페리(**Alcide De Gasperi**) 총리의 제안에 따라 유럽방위공동체조약 제38조에 유럽정치공동체로의 발전 가능성을 규정하였다. 또한 유럽석탄철강공동체(ECSC) 의회가 유럽방위공동체의 임시의회가 되어 유럽정치공동체 헌장을 작성하도록 위임하였다. 이에 따라 1953년 3월 임시의회는 국가들 간 기능적 통합을 넘어 연방수준에 이르는 정치공동체 설립을 담은 유럽정치공동체조약 초안을 발표하였다. 그러나 문제는 유럽정치공동체의 형성 토대가 유럽방위공동체조약 제38조에 연계되어 유럽방위공동체와 운명을 함께 한다는 데 있었다. 결국 1954년 8월 프랑스 의회가 유럽방위공동체 비준을 거부하자 유럽정치공동체 설립 계획도 함께 무산되었다.

European Political Cooperation(EPC) : 유럽정치협력

유럽공동체 회원국 간 긴밀한 정치적 협력은 1952년 유럽방위공동체(**EDC**)와 유럽정치공동체(**EPC**) 결성 시도, 1960년대 초반 드골이 제창한 푸쉐플랜(**Fouchet Plan**), 1970년대에는 다비뇽 보고서(**Davignon Report**)와 틴더만 보고서(**Tindemans Report**) 등에 의해 꾸준히 제기되어 왔으나 모두 무위에 그쳤다. 유럽공동체 국가 간 정치협력이 합의되고 꾸준히 존속한 기구는 유럽정치협력에 불과하다. 유럽정치협력은 1969년 아야(Aja) 정상회담에서 프랑스 대통령 퐁피두(**George Jean Raymond Pompidou**)가 제안하여 이듬해 만들어진 정치·외교 분야에서의 회원국 간 정부 간 협력이다. 그러나 유럽정치협력에 관한 내용이 로마조약에 명기되지 않았기 때문에 회원국 간 정치적 협력은 아무런 법적 구속력을 갖지 못했다. 이후 1987년 단일유럽의정서(SEA)가 발효되면서 유럽정치협력은 제도화된 기구로 인정되어 유럽공동체 회원국 간에 외교안보 분야에서 권한이 강화되었다. 그럼에도 유럽정치협력은 회원국 간 긴밀한 협력을 권고하는 관행적 협력수준에 머물다가, 1993년에 마스트리히트조약이 발효되면서 공동외교안보정책(**CFSP**)에 의해 대체되었다.

European Rapid Reaction Force(ERRF) : 유럽신속대응군

➡ Common Foreign and Security Policy(CFSP)
➡ European Security and Defence Policy(ESDP)

유럽신속대응군은 유럽연합에 의해 운영되는 초국가 군대이다. 1999년 12월 유럽연합 정상들은 코소보(Kosovo) 사태와 같은 유럽지역 내 위기상황에 대처하기 위해 60일 이내에 6만 명 규모의 유럽통합군대를 배치한다는 계획에 합의하였다. 이에 따라 2004년 11월 유럽정상들은 유럽신속대응군을 창설키로 결정하고 브뤼셀에 본부를 설치한다. 유럽신속대응군은 상설부대는 아니고, 국제질서 및 유럽지역 내외의 상황 변화에 따라 소집된다. 유럽연합 회원국은 유럽신속대응군에 자국군 파견 여부에 대한 결정권을 갖지만, 일단 유럽신속대응군의 활동에 참여하는 경우 유럽신속대응군의 지휘에 따라야 한다. 유럽신속대응군은 활동범위와 능력은 제한적이지만, 북대서양조약기구(**NATO**)와

■ European Refugee Fund

미국과의 긴밀한 협력하에 인도주의적 구호활동, 평화유지, 군사적 조언과, 반테러 임무를 수행하면서 유럽의 독자적 방위능력을 강화하는데 기여하였다.

European Refugee Fund : 유럽난민기금

유럽난민기금은 2000년 9월 각료이사회의 결정에 의해 유럽 내 난민을 위해 소요되는 여러 예산을 통합하여 만든 기금이다. 2000~2004년 예산이 216백만 유로에 이르는 이 기금은 수용소 시설 확충이나 난민의 환국조치 등에 소요되고 있다.

European Regional Development Fund(ERDF) : 유럽지역개발기금

유럽지역개발기금은 유럽연합 내 구조기금(**Structural Fund**) 중 하나로 1975년에 만들어졌다. 로마조약(Treaty of Rome)의 목표 중 하나는 '지역 간의 격차와 후진적 지역의 낙후성을 축소한다.'는 경제·사회적 결속정책(economic and social cohesion policy)이었다. 그러나 이러한 목표를 위한 정책은 1975년까지는 구체성을 가지지 못하였다. 이에 영국의 주도로 유럽연합 내 상대적 낙후 지역에 대한 기간시설 개선 사업에 대한 투자로 지역들의 조화로운 발전을 유도하고 경제·사회적 결속을 달성하기 위한 기금이 형성되었다. 이 기금이 투입되는 분야는 다음과 같다.

- 직업 창출이 가능한 생산적 투자
- 기간산업에 대한 투자
- 지방기구, 중소기업에 대한 투자로 지역의 잠재력 개발
- 연구와 기술개발 분야에 대한 투자

유럽지역개발기금은 공동체 평균 GDP의 75% 이하인 저개발 지역인

목표 1지역(Objective 1)과 석탄, 철강, 섬유 산업 등 전통적인 산업의 붕괴에 따른 낙후 지역인 목표 2지역(Objective 2)에 대해 지원한다. 이에 따라 영국 서남부, 독일 동부, 이탈리아 남부, 그리스, 스페인 및 포르투갈 등을 포함해 유럽연합 내 상대적인 낙후 지역에 대한 인프라 개발에 많은 기금이 지원되었다.

이 기금은 회원국 정부의 발전계획에 기초해 추가성(additionality)의 원칙에 의해 운영되므로, 회원국은 전체 예산의 50%를 자체 조달하여야 한다. 2000년 이후에는 2000~2006년도 사업계획에 따라 진행되는 중기 프로그램이 진행되고 있다.

European Research and Development Committee(CERD) : 유럽연구개발위원회

유럽연구개발위원회는 유럽 내에서 과학기술 분야의 연구와 발전을 위해 1973년에 설립된 독립적인 자문기구이다.

European Research Cooperation Agency(EUREKA) : 유럽연구협력기구

유럽연구협력기구는 기업, 연구소, 대학 간 산학협력을 통해 첨단 산업 분야의 경쟁력 강화를 꾀하기 위해 만들어졌다. 1985년 프랑스의 미테랑(François Mitterand) 대통령의 제안에 의해 설립된 EUREKA는 2006년 기준 36개 회원국이 참여하고 있다. EUREKA는 의학 및 생명공학, 통신, 에너지, 정보기술, 운송, 환경 부분에서 3,000여 개에 달하는 기관이 참여해 수백 건의 프로젝트가 수행되고 있다. EUREKA는 유럽연합의 공식 프로그램은 아니지만 유럽연합은 집행위원회 내의 공동연구센터(Joint Research Center)를 통해서 이 프로그램에 관여한다. 통상 EUREKA 프로그램은 기업이나 연구소 혹은 대학이 연구

■ European Roundtable of Industrialists(ERT)

프로젝트를 준비하면 참여 국가의 프로젝트 담당자가 적절한 협력 파트너를 찾아 공동연구를 행한다. 매년 환경 부분의 EUREKA 프로그램에서 괄목할 연구 성과를 낸 프로젝트팀에는 릴리함머상(Lillehammer Award)이 수여된다. 또한 EUREKA에 참여해 괄목할 수익 증가를 거둔 중소기업에는 린스상(Lynx Award)이 수여된다.

European Roundtable of Industrialists(ERT) : 유럽기업가 원탁회의

유럽기업가 원탁회의는 유럽 내 주요 대기업 및 다국적기업의 최고경영자들로 구성된 이익단체로 유럽연합의 경제정책과 산업정책에 지대한 영향력을 행사한다. 이 회의는 1983년 설립된 이후 매년 2회의 공식 회의를 개최하여, 유럽산업의 현황을 평가하고 유럽연합에 제도적 개선방안을 요청한다. 유럽기업가 원탁회의는 특히 단일시장(Single Market) 및 단일통화 채택과정에서 산업계의 이해를 대표하여 많은 영향을 주었다. 이 회의의 회원은 기업의 대표가 아니라 개인자격으로 참여하며, 2006년 기준 45개 기업의 최고경영자들이 회원으로 활동하고 있다.

European Security and Defence Policy(ESDP) ➡ CESDP 참조

European Social Agenda : 유럽사회정책 의제

➡ Lisbon Strategy

유럽사회정책 의제는 2000년 6월 집행위원회에 의해 제기된 사회정책에 관한 일정표이다. 이 의제는 지속적인 경제성장과 지식기반경제로의 전환 그리고 이를 위하여 신직업 창출과 사회적 결속을 강화한다는 2000년 리스본 유럽이사회(Lisbon European Council)의 결의안을 구체화한 것이다. 리스본유럽 이사회에서는 2010년까지 고용비율을 경제활동인구의 61%(1999년 기준)에서 70%로 끌어올리고, 여성 노동 비율을 전체 여성 노동 연령의 51%(1999년 기준)에서 60%로 끌어올린다는 계획을 천명하였다. 이러한 결의를 바탕으로 집행위원회는 동년에 2001~2005년 기간 내에 시행할 사회정책 내용을 담은 사회정책 의제(The Social Policy Agenda(COM(2000)379)를 제출하였다. 이후 집행위원회는 2003년에 중간 보고서를 발간하였다. 구체적으로 유럽사회정책의제의 내용은 보다 나은 일자리 창출, 노동환경 변화에 대한 예측과 대응, 빈곤 타개와 차별 철폐, 사회보장 개선, 남녀 비차별, 유럽연합의 회원국 확대와 대외정책에서 사회정책 강화 등의 6개 항목으로 구성된다.

European Social Charter : 유럽사회헌장

유럽사회헌장은 유럽차원에서 노동, 결사, 단체협상 및 사회적 보호 등 기본적인 사회적 권리를 담은 헌장으로 1961년에 유럽평의회(**Council of Europe**)에 의해 만들어졌다. 총 38개의 전문으로 구성된 이 헌장은 노동권, 사회원조와 보건권, 이주노동자와 그 가족에 대한 원조권 등에 관한 권리를 명기하였다. 이 헌장은 서명당사국이 이행에 따른 법적 구속력을 갖는 것은 아니지만 몇몇 회원국은 유럽사회헌장이 명기한 제 권리들을 자국의 법체계 속에 삽입하여 노동자들의 권리를 보장하고 있다. 이후 이 헌장은 1996년에 개정되었다. 유럽사회헌장은 1989년 유럽공동체가 발표한 노동자의 사회적 기본권헌장(**Charter of Fundamental Social Rights of Workers**)과는 별개의 사회헌장이다.

European Social Fund(ESF) : 유럽사회기금

유럽사회기금은 유럽연합 내의 노동자들에게 고용기회를 증진시키기 위해 만들어졌다. 이 기금은 노동자들의 생활수준을 향상시키고 지리

■ European Space Agency(ESA)

적 직업적 이동성을 높여 고용을 보다 용이하게 하려는 목적이 있다. 1970년대의 경제위기 이후 실업이 증가하자 이 기금의 역할이 증대되어, 청년들을 위한 직업교육 및 훈련에 초점에 맞추어지고 있다. 실제로 기금의 75% 정도가 25세 이하의 청년들을 위해 사용되고 있다. 유럽사회기금은 추가성(additionality)의 원칙에 따라 운영되는데, 지원금은 수혜기관의 사업예산에서 50%를 넘지 못하도록 되어 있다. 그러나 빈곤지역은 75%까지 지원할 수 있다. 유럽사회기금은 사회기금위원회(**Social Fund Committee**)가 관장하며, 그 규모는 유럽연합 전체 예산의 약 10%를 차지한다.

European Space Agency(ESA) : 유럽우주국

우주연구 분야에서 유럽국가 간 협력을 위해 1975년에 유럽우주연구기구(European Space Research Organization)와 유럽우주선발사체 개발기구(European Space Vehicle Launcher Development Organization)가 통합되어 만들어진 기구이다. 이 기구는 2006년 기준 17개 회원국과 영국, 캐나다, 헝가리, 체코 등 4개 협력국으로 구성되어 있다. 유럽우주국은 유럽연합의 공식적 기구는 아니지만 유럽연합과 함께 공동정책을 만드는 협력기구이다. 유럽우주국은 파리에 있지만 유럽 내 여러 지역에 연구소를 두고 있다. 네덜란드의 누르윅(Noordwijk)에 유럽우주연구기술센터(European Space Research and Technology Center), 독일의 다름슈타트에 유럽우주운영센터(European Space Operation Center), 이탈리아의 로마에 지구관측센터(ESA Center for Earth Observation : ESRIN), 쾰른에 우주인 교육을 위한 유럽우주인센터(European Astronauts Center)가 각각 운영되고 있다.

European Strategic Programme for Research and Development in Information Technology(ESPRIT) : 유럽정보기술 연구개발전략 프로그램

유럽정보기술 연구개발전략 프로그램은 정보화 기술(IT)이 모든 산업의 경쟁력에 중요하다는 판단에 따라 1984년에 만들어진 정보기술 분야에서 산업 R&D 프로젝트와 기술의 향상을 위한 통합 프로그램이다. 집행위원회 산업총국이 운영하는 이 프로그램은 유럽연합의 경쟁력, 성장과 고용 향상을 고무하는 정책을 지원하는 구조계획(Framework programmes) 중 하나이다.

European Symbols : 유럽연합 상징

➡ Europe Day

유럽연합을 나타내는 공식 상징들은 유럽가(歌, Anthem)와 유럽기(**European Flag**)가 대표적이다. 유럽가는 독일의 시인 쉴러(Friedrich von Schiller)가 1785년 작품인 '환희의 송가'에 베토벤(Ludwig van Beethoven)이 1823년에 곡을 붙인 9번 교향곡 마지막 부분에서 가져왔다. 쉴러의 시는 모든 인류가 한 형제가 되기를 바라는 이상향을 담은 것으로, 1972년 유럽평의회(**Council of Europe**)는 이를 공식 가(歌)로 채택하였다. 이러한 유럽평의회의 공식 가(歌)는 1985년 정상회담에서 유럽연합의 공식 가(歌)로 선택되었다.

현재 사용하고 있는 유럽연합의 공식 가(歌)는 카라얀(Herbert Von Karajan)이 편곡한 버전이 쓰인다. 한편 현재의 유럽기 역시 1955년부터 유럽평의회에서 사용하던 상징을 차용한 것이다. 당시 제정한 엠블렘은 공식적인 유럽기로 채택되어 일반에게 알려지기 시작하였다. 이 기의 도안은 청색 바탕에 황금색 별을 새긴 것으로 현재의 유럽기와 동일하다. 유럽연합기의 청색 바탕은 전통적으로 유럽 대륙을 상징하며, 동시에 황금색 별이 위치한 하늘을 의미한다. 황금색 별은 유럽시

민을 상징하고 12개의 별은 완전함 혹은 무결점을 의미한다. 또한 원형을 이루고 있는 별은 유럽시민의 연합 혹은 단결의 의미를 시각화한 것이다.

European System of Central Banks ➡ European Central Bank 참조

European Telecommunication Standards Institute(ETSI) :
유럽통신표준화기구

유럽통신표준화기구는 1988년에 만들어진 정보통신 부분의 비영리 표준화 기구로 프랑스에 본부를 두고 있다. 1992년부터는 유럽연합과 공식적인 협력관계를 맺고 방송, 인공지능 운송매체나 전자의료기기 등 다양한 정보통신산업에서 표준화 업무를 수행한다.
이 기구는 2006년 기준 유럽 이외에도 한국을 포함해 전 세계적으로 56개 국가의 정보통신 장비제조 및 서비스제공기업 그리고 연구기관 등 637개 기관이 회원으로 가입되어 있다.

European Trade Union Confederation(ETUC) : 유럽노조연맹

유럽노조연맹은 유럽에서 노동자의 권익을 증진시키고 유럽연합의 정책과정에서 이해관계를 대표하기 위해 만들어진 기구이다. 유럽노조연맹은 1973년 설립 이래로 유럽차원에서 노동계를 대표하여 유럽연합의 사회적 대화와 각종 사회경제정책에 관여하여 왔다. 실제로 유럽노조연맹은 단일시장(**Single Market**)과 단일통화 도입과정에서 노동계의 입장을 대표하였으며, 이후 유럽연합의 각종 사회정책 결정과정에서도 지대한 영향을 행사하는 압력단체로 기능하여 왔다. 이 연맹에는 2006년 기준 36개 유럽국가에서 81개 노동조합, 12개 유럽산업연맹(**EIFs**)이 회원으로 가입하고 있다.

European Training Foundation(ETF) : 유럽교육훈련재단

유럽교육훈련재단은 1990년 각료이사회에 의해 설립이 결정되어 이탈리아의 토리노에 본부를 두고 있다. 이 재단은 주로 유럽연합 가입 신청국이나 동유럽 국가들에 대한 교육훈련과 재교육 프로그램을 지원하며 유럽대학 협력프로그램(**TEMPUS**)을 비롯하여 유럽연합 차원의 여러 교육프로그램을 운영하고 있다. 이외에도 이 재단은 터키, 불가리아, 루마니아, 크로아티아 등 유럽연합 가입 신청국과 알제리를 비롯한 지중해 연안 국가들의 사회경제구조 개혁을 지원하는 지중해지역 특별 프로그램(**MEDA**)을 운영하고 있다. 또한 보스니아-헤르체고비나, 마케도니아, 세르비아몬테네그로 및 알바니아 등의 발칸국가를 대상으로 한 발칸지역 발전지원계획(**CARDS**)을 진행하고 있다. 또한 이 재단은 아르마니아를 비롯한 동유럽 12개국에 대한 사회경제지원 프로그램인 독립국가연합 기술지원 프로그램(**TACIS**) 운영에도 관여한다. 여타의 유럽연합 산하기구와 같이 유럽교육훈련재단의 운영도 집행위원회를 비롯하여 정책시행 대상국의 대표들로 구성된 운영이사회에 의해 이루어진다.

European Union : 유럽연합

→ European Communities
→ Treaty on European Union

마스트리히트조약(**Maastricht Treaty**)에 의해 기존 세 개의 공동체, 공동외교안보정책(**CFSP**), 내무사법협력(**CJHA**)로 구성된 현재의 유럽통합 기구를 말한다. 유럽연합(European Union)이란 말이 처음 사용된 것은 "회원국 간의 관계를 유럽연합으로 변형한다."고 발표한 1972년 10월 파리 정상회담이었다. 이후 이 계획의 실천은 1973년 틴더만 보고서(**Tindermans Report**), 1983년 스투트가르트 선언(Stuttgart

European Union Law

Declaration), 유럽연합 설립조약안(**DTEU**) 등으로 나타났다. 한편 단일유럽의정서(**SEA**)는 유럽연합에 대한 파리 정상회담의 성명을 재확인하고, 유럽공동체(**European Communities**)와 유럽정치협력(**EPC**)으로 이루어진 연합 건설을 예정하였다. 공동체와 정치협력의 분리라는 이러한 모델은 1991년 마스트리히트 조약의 원형이 되어 세 개의 기둥으로 이루어진 유럽연합이 탄생하였다.

마스트리히트조약 제1조에 나타나는 바와 같이 유럽연합은 기존 세 개의 공동체를 대체하는 것도, 제4의 공동체를 형성하는 것도 아니라 세 개의 공동체를 토대로 구성된다. 한편 마스트리히트조약 제2조에 따라 유럽연합은 다음과 같은 목표를 갖는다.

- 역내 국경이 없는 지역 창설로 균형적인 경제, 사회적 번영 고무
- 경제사회적 결속정책(**Economic and Social Cohesion Policy**) 강화
- 경제통화동맹(**EMU**) 설립
- 안보와 방어 부분에서 유럽 정체성 확립
- 유럽시민권(**European Citizenship**) 형성으로 회원국 시민의 권리와 이해 보호
- 사법과 내무 부분에서 협력 발전

European Union Law ➡ European Community Law 참조

European Union Studies Associations(EUSA) : 유럽연합 학술단체연합

유럽연합의 학술단체연합은 국제적인 학술조직으로 52개 국가에서 유럽연합을 연구하는 학회가 가입되어 있다. 이 학회는 유럽공동체 학술단체연합(Economic Community Studies Associations)으로 출범하였으나 현재의 명칭으로 변경되었다. 이 학술단체연합은 9천명이 넘는 교수와 연구원을 포함한다. 기존에 유럽연합 회원국에서는 유럽

관련 학술단체들이 많이 있었는데 1963년 프랑스에서 발족한 유럽공동체연구위원회(CEDECE)는 이러한 학회의 시초이다. 이후 1964년 독일(AEI)을 비롯한 유럽연합 회원국과 비회원국(일본 1975년, 중국 1984년, 한국 1994년, 폴란드 및 헝가리 1989년)에서도 관련 학회들이 설립되었다. 1992년 집행위원회는 전 세계에 산재한 이러한 학회들을 하나로 묶어 유럽연합 학술단체연합을 설립하였다.

유럽연합 학술단체연합의 주요 목표는 다음과 같다.
- 유럽통합과 관련된 교육과 연구 증진
- 연구자들 간 교류 및 전 세계 대학 간 협력
- 국제적 프로그램 개발
- 유럽연합 연구 관련 학술단체 설립 지원 및 관련 학위와 강의 개설
- 출판과 학술지를 통해 유럽연합 연구 성과 보급

유럽연합의 학술단체연합은 총회에서 주요 결정이 이루어지며, 이외에도 이사회와 학술평의회가 운영되고 있다. 최근 유럽연합학술단체연합(European Union Studies Association)으로 이름이 변경되었다.

European Union Visitors Programme(EUVP) : 유럽연합방문자 프로그램

유럽연합방문자 프로그램은 비회원국 시민들을 유럽연합에 초청해 유럽연합의 목표와 정책을 설명해주는 프로그램이다. 이는 유럽연합과 비회원국 시민 간의 상호 이해를 돕기 위해 마련된 것으로 1974년부터 유럽의회와 집행위원회가 운영하고 있다. 참가 자격은 대학 이상의 학력을 가진 20대 중반에서 40대 중반까지의 전문직에 종사하는 사람이어야 한다. 매년 전 세계적으로 약 160명의 참가자가 선발되며, 한국에는

■European Unit of Account(EUA)

3명 정도의 인원이 배정되어 있다. 참가를 희망하는 사람은 4월 1일까지 해당양식을 작성해 주한 유럽연합 집행위원회 대표부(Commission Delegation)에 제출하면 된다.

European Unit of Account(EUA) : 유럽계정단위
➡ European Currency Unit(ECU)

유럽계정단위는 유럽공동체의 회계장부 정리를 위해 고안된 것으로 1981년 유럽통화단위(ECU)로 대체되었다. 이후 ECU는 1999년에 Euro로 다시 대체되었다.

European University Institute(EUI) : 유럽연합대학원

유럽연합대학원은 유럽연합 내에서 대학교육의 협력을 촉진하고 전문가를 양성하려는 목적으로 1976년 설립되었다. 이탈리아 피렌체의 피에솔레(Fiesole)에 있는 유럽연합대학원은 대학원 수준의 교육과 연구에 집중하면서, 경제학, 역사 및 문명 연구, 법학 그리고 정치 및 사회과학 분야의 박사학위과정을 운영하고 있다. 선발된 학생들은 통상적으로 해당 회원국의 재정적 지원을 받게 되며, 연구진과 교수진은 유럽 전역으로부터 충원된다. 유럽연합대학원은 유럽연합 기구들의 역사적 문헌들을 보관하는 곳이기도 하며, 유럽연합 연구에 관한 가장 전문화된 수준을 유지하고 있다.

European Works Council(EWC) : 유럽직장평의회

유럽직장평의회는 일정 규모 이상의 유럽 기업에 고용되어 있는 노동자 대표를 중심으로 구성된 조직이다. 1993년 마스트리히트조약의 발효와 더불어 회원국들은 사회헌장(Social Chapter)의 적용을 받아 1,000명

이상의 종업원을 고용하거나, 2개 회원국 이상에서 최소 150명의 종업원을 고용한 기업은 노동자 대표로 구성된 유럽직장평의회를 반드시 설치해야 한다. 유럽직장평의회에 속한 노동자 대표들은 정기적으로 사측 대표를 만나 기업 활동에 대한 정보를 전달받고, 노동조건 개선을 위한 협상을 진행할 수 있다. 2005년 기준 유럽연합 내 약 1,800개 기업이 유럽직장평의회를 구성하고 있다.

Europe Day : 유럽의 날
➡ European Symbols

1950년 5월 9일 당시 프랑스 외무장관 슈만(**Robert Schuman**)은 유럽석탄철강공동체(**ECSC**) 설립을 담은 슈만플랜(**Schuman Plan**)을 발표하였다. 유럽연합은 이 날을 기려 1985년 밀라노 정상회담(Milano Summit)에서 유럽의 날로 정하였다. 유럽의 날에는 유럽 각 도시에서 유럽연합에 관한 정보를 제공하는 전시회 등을 열어 유럽시민들에게 문화교류와 유럽의 여러 현안에 대한 관심을 고무한다.

Europe des Patries : 국가들의 유럽
➡ Fouchet Plan

이 용어는 드골(**Charles de Gaulle**)의 유럽통합관을 나타내는 것으로 초국가적 유럽통합에 반대하는 민족국가들이 중심이 되는 유럽통합방식을 말한다. 드골에 따르면 유럽공동체는 회원국 관료들의 집합체에 불과하므로 모든 결정은 집행위원회가 아니라 국가들에 의해 이루어져야 했다. 이러한 국가들의 유럽이라는 드골의 견해는 1960년대 초에 푸쉐플랜(**Fouchet Plan**)이라는 회원국이 중심이 된 통합계획을 통해 나타났으나 실패하였다. 한편 통합과정에서 국가중심성을 강조하는 드골은 1965년에 유럽공동체 기구를 강화하려는 유럽주의자들과 충돌하여 이른바 공석위기(**Empty Chair Crisis**)를 가져오기도 하였다.

Europol ➡ European Police Office 참조

Eurosceptics : 유럽통합 회의론자

이 용어는 유럽통합과 특히 경제통화동맹(**EMU**)에 대해서 회의적인 시각을 가진 반통합론자들을 지칭한다. 유럽통합 회의론자들은 종종 자기 자신들을 유럽통합의 허상을 인정하지 않는 Eurorealists(유럽현실주의자)라고 내세우기도 한다. 유럽통합 회의론자 속에는 유럽연합 기구의 권한 강화를 반대하거나, 특정 정책의 실현 가능성을 믿지 않는 사람들이 포함된다. 대표적인 유럽통합 회의론자는 Brudges 그룹이나 영국의 독립당(Independence Party) 등이 있으며, 각 국가마다 다양한 정도와 부류의 회의론자들이 존재한다. 영국의 보수당과 노동당은 대체로 친유럽 정책을 표방하지만 그 내부에는 많은 유럽통합 회의론자들이 존재한다.

주요한 언론들도 유럽통합에 회의적 시각을 갖는 경우가 많다. 최근 유럽의회 내에서도 영국 독립당 소속을 필두로 일단의 폴란드, 덴마크 출신 의원들은 독립과 민주주의(Independence and Democracy)라는 그룹을 결성해 유럽헌법(**European Constitution**) 거부와 유럽통합의 심화에 반대하고 있다.

Eurostat ➡ Statistical Office of the European Communities 참조

Eurozone : 유로지역
➡ Euro

유로지역은 유럽연합 회원국 중 경제통화동맹(**EMU**) 3단계에 참가하

고 유로를 채택한 국가들로 구성된다. 2007년 기준 유로지역은 독일, 프랑스, 이탈리아, 스페인, 네덜란드, 그리스, 포르투갈, 벨기에, 룩셈부르크, 오스트리아, 아일랜드, 핀란드, 에스토니아 등 13개국이다. 통상 Euroland나 Eurosystem도 유로지역과 같은 의미로 사용한다.

Eurydice : 유럽연합 교육정보 네트워크

유럽연합 교육정보 네트워크는 유럽연합 차원의 교육정보 네트워크로 유럽연합통계국(Eurostat)이 공동 참여하여 1980년에 만들어졌다. 유럽연합 교육정보 네트워크는 교육정보와 관련 통계에 관한 데이터베이스로 집행위원회와 회원국 정부가 정책을 실행하는 데 이용하고 있다. 유럽연합 교육정보 네트워크는 1995년부터 유럽연합의 교육정책의 하나인 소크라테스 프로그램(Socrates)과 통합되어 사업이 진행되고 있다.

또한 이 네트워크는 유럽교육훈련재단(ETF), 유럽평의회(Council of Europe), OECD 및 UNESCO 등과도 협력관계를 맺고 있다. 현재 유럽연합교육 정보네트워크는 유럽연합 회원국뿐 아니라 유럽자유무역연합(EFTA) 회원국과 유럽연합 가입 예정국의 교육정보를 망라한 범 유럽차원의 교육정보 네트워크로 발전하였다.

EUSA ➡ European Union Studies Association 참조

EUVP ➡ European Union Visitors Programme 참조

EWC ➡ European Works Council 참조

■ Exchange Rate Mechanism(ERM)

Exchange Rate Mechanism(ERM) : 환율안정 메커니즘
➡ Economic and Monetary Union(EMU)

환율안정 메커니즘은 유럽통화단위(ECU)와 함께 유럽통화제도(EMS)의 핵심으로 환율변동의 안정을 도모하는 수단이다. 환율안정 메커니즘 하에서 각 통화는 유럽통화단위에 대하여 중심환율(central exchange rate)을 가지며, 이를 기준으로 다른 참가국 통화들과 일련의 상호환율 조합이 형성된다. 각 통화는 자국통화와 형성된 일련의 환율에 대하여 일정비율의 변동폭(±2.25%이나 일부 국가에 대해서는 ±6%)을 가질 뿐만 아니라, 상기 변동 폭의 75%에 해당하는 괴리지표(divergence indicator)를 가진다. 따라서 통상 한 나라의 통화가 허용 변동폭에 도달하기 전에 먼저 괴리지표가 발동된다. 이 경우 당해 중앙은행은 유럽통화협력기금(EMCF)의 지원을 받아 개입하며, 금리나 소득정책 등 국내조치를 요구받는다. 이때 지속적인 어려움을 겪는 나라에는 중심환율재조정이 허용되는데 1979년부터 1989년까지 모두 12번의 환율재조정이 있었다.

1989년의 들로르 계획(Delors Plan)에서는 경제통화동맹(EMU) 1단계 참가국에 대해 환율안정 메커니즘 참가를 의무화하였다. 그러나 1992년 이탈리아와 영국이 환율안정 메커니즘을 탈퇴하고 1993년 프랑스 역시 narrow band 탈퇴로 사실상 2.25%의 narrow band를 지키는 나라는 독일과 네덜란드밖에 남지 않아, 경제통화동맹 일정의 순조로운 진행에 의문이 제기되기도 하였다. 이후 오스트리아가 1995년 1월 환율안정 메커니즘에 참가하였으나, 동년 3월 스페인 Peseta와 포르투갈 Escudo가 각각 7%와 3.5% 평가절하하였다. 1996년 10월 핀란드가 환율안정 메커니즘에 가입하고, 이탈리아가 동년 11월에 재가입하였으며, 그리스가 1998년 3월 환율안정 메커니즘에 가입하였다. 1999년 1월 경제통화동맹 3단계와 함께 단일통화인 유로화가 출범하자 환율안정 메커니즘은 그 존재 가치를 상실하였다. 그러나 경제통화동맹은 ERM II의 형태로 그 이후에도 남아 단일통화와 경제통화동맹 비가맹국 통화 간의 관계를 조정하고 있다.

F

Factortame Ⅰ : 팍토르탐 사건 판결

회원국 국내법원에서의 소송에서 최종판결의 실효성을 확보하기 위해서 잠정구제(혹은 仮救濟, interim relief)가 인정되지 않으면 유럽연합법의 완전한 유효성(full effectiveness of European Union law)이 손상된다. 위법한 행위가 집행됨으로써 당사자가 회복불능의 손해를 입은 경우, 후에 그것을 위법으로 하는 판결이 나오더라도 이미 적절한 시기를 놓쳤기 때문이다. 이 때문에 국내법원은 유럽연합법의 직접효력(**Direct Effect**)에 따라 권리를 행사하는 개인에게 비록 국내법이 이를 부정하더라도 잠정구제를 해줄 수가 있다. 이를 인정한 것이 1990년 Factortame Ⅰ 사건 판결이다. 이 사건에서 다루어진 잠정구제란 회원국의 위반행위 적용을 본안 판결이 내려질 때까지 잠정적으로 금지하는 것이다.(Case C-213/89 Factortame and Others 〔1990〕 ECR I-2433, at Ⅰ 2470)

이 사건의 원고는 영국선적 어선의 소유자 내지 관리자였다. 종래 다른 회원국의 어선이 영국선적으로 등록하여 공동어업정책(**CFP**)으로 영국에 할당된 어획량을 이용하고 있었다. 이를 막기 위해서 영국은 1988년에 국내법을 개정하여 영국과 관련성을 갖는다는 조건을 만족하는 경우에만 영국선적의 취득을 인정하였다. 이에 대해 집행위원회는 개정에 의한 신법은 유럽공동체조약이 금지하는 국적요건의 부과에 해당한다고 하여 유럽공동체조약 제169조에 따른 소송을 유럽사법재판소에 제기하여 계류 중에 있었다. 원고의 배는 신법에 따라서는 영국선적을 취득할 수가 없어 조업을 할 수 없었다. 이 때문에 원고는 신법의 유럽연합법 위반과 신법 적용의 잠정금지를 위해 영국 재판소에 소송을 제기하였다. 제1심은 잠정금지를 인정하였다. 그러나 피고인 영국

당국은 이에 불복하여 항소하였으며, 항소재판소는 국내법에 의해서는 잠정금지는 인정되지 않는다고 판시하였다. 이와 같은 국내재판소의 판결에 대하여 유럽사법재판소는 이러한 경우에 국내법원은 잠정구제를 부정하는 국내법을 적용할 수 없고, 잠정구제를 부여할 의무를 진다고 판시하였다. 이러한 판결은 만약 잠정구제제도가 국내법에 없는 경우, 국내법원은 그것을 스스로 창출해야 한다는 것을 말한다.

Faeroes, The : 페로스 제도

북대서양에 있는 제도로 덴마크 영토이지만 자치가 허용되었다. 유럽연합에는 가입하지 않고 있지만 유럽경제지역(EEA) 내에서 자유무역을 보장받고 있다.

Falcone Programme : 팔코네 프로그램

1992년 5월 마피아에 의해 암살된 이탈리아의 판사인 팔코네(Giovanni Falcone) 이름을 따 1998년 형성된 조직범죄에 대한 유럽연합 수준의 범죄수사 협력 프로그램이다. 2003년 내무사법협력의 프로그램 통합으로 경찰-사법협력 프로그램(**AGIS**) 프로그램으로 통합되었다.

Federalism : 연방주의

➡ Congress of Europe
➡ European Movement
➡ Spinelli, Altiero

연방주의는 미국과 영국처럼 정치권력이 중앙과 지방정부에 분산된 정치형태를 말한다. 일반적으로 연방헌법은 지방정부에 대한 중앙정부의 우월적 원칙과 중앙과 지방정부 간 권한의 범위를 명기하지만 각 지방정부는 기능에서 동등한 권한을 가진다. 초기 유럽통합주의자들은 연방주의가 주권이 분산되므로 보다 민주적이고 국가 간 전쟁방지에도 효과적이라고 생각했다. 따라서 연방주의자들은 유럽 국가들이 미국이나 스위스와 같은 연방모델로 재건설되어야 한다고 주장하였다. 이러한 연방주의 통합방식은 2차 대전 이후 유럽연방주의자운동(**European Federalist Movement**)을 낳았다. 1949년 결성된 유럽평의회(**Council of Europe**) 역시 연방주의 사상이 구체화된 대표적 사례이다. 그러나 유럽방위공동체(**EDC**)계획이 무위에 그치면서 연방주의는 비현실적인 통합방식으로 인식되고 이후 기능주의 통합방식이 유럽통합 과정에 적용된다. 그러나 연방주의 통합은 스피넬리(**Altiero Spinelli**) 같은 연방주의자들에 의해 꾸준히 제기되어 마스트리히트조약과 유럽헌법(**European Constitution**)에 그 사상이 담겨 있다.

FEOGA ➡ EAGGF 참조

Financial Policy : 재정정책

연합 재정정책의 궁극적인 목표는 회원국들의 상이한 재정정책들을 표준화하여 단일시장(**Single Market**)과 단일통화체제를 구축하는 것이다. 이러한 목적은 단일통화인 Euro 도입으로 구체화되었다. 1999년 1월부터 11개 유럽연합 회원국이 참여한 경제통화동맹(**EMU**)이 정식으로 출범하면서 유럽연합 경제는 단일의 시장과 통화권으로 통합되었다. 이미 1970년 베르너 보고서(**Werner Report**)에서는 단일시장과 통화 및 유럽중앙은행제도를 1980년까지 도입한다고 계획하였다. 그러나 브레튼 우즈체제가 붕괴하고 1차 석유파동이 발생하면서 별다른 성과를 거두지 못하였다. 이후 유럽연합은 미달러화의 불안정화에 따라 유럽외환시장과 경제질서에 악영향을 미치자 1979년 3월 유럽통화단위(**ECU**)와 환율안정메커니즘(**ERM**)을 근간으로 유럽통화제도(**EMS**)

를 발족한다. 1980년대 들어 유럽연합은 경제통합 계획을 재가동하여 1992년 말까지 단일시장 창설을 계획한 단일유럽의정서(SEA)를 체결한다. 그러나 당시 유럽연합에서는 역내국 통화 간 환율변동 가능성이 상존하는 유럽통화제도하에서는 시장통합이 가져다주는 경제적 이익을 극대화할 수 없다는 인식이 확산되었다. 이에 따라 1988년에 유럽공동체는 당시 집행위원장인 들로르를 위원장으로 한 들로르 위원회(Delors Committee)를 구성하여 이듬해 통화통합계획을 담은 들로르 보고서(Delors Report)를 발표하고, 마드리드 유럽이사회에서 들로르 보고서를 토대로 경제통화동맹을 추진하기로 합의하였다. 이어 회원국들은 1991년 12월 들로르 보고서의 기본추진계획을 담은 마스트리히트 조약을 체결하여 1999년 1월부터 EMU를 출범시킨다.

경제통화동맹은 마스트리히트조약에 따라 다음과 같은 3단계로 진행된다. 1단계에서는 1990년 7월부터 1993년 말까지 역내 시장통합을 완성하고, 경제통화동맹 출범을 위한 준비작업을 추진한다. 1994년부터 추진된 2단계에서는 3단계로의 순조로운 이행이 가능하도록 경제·제도적 여건을 마련한다. 이는 회원국 간 기초경제여건의 동질화, 유럽통화기구(EMI) 설립, 각국의 중앙은행법 개정 등을 포함한다. 이에 따라 유럽연합은 1994년 1월 유럽중앙은행(ECB)의 모태가 될 유럽통화기구를 설립하고 각국은 중앙은행법 개정을 완료하였다. 이후 1995년 12월 마드리드 유럽이사회에서 경제의 수렴조건(Convergence Criteria)을 설정한다. 나아가 3단계에서 1999년 1월부터 경제통화동맹의 3단계에 진입하여 Euro화가 공식적인 법정통화가 되었다.

Finland : 핀란드

중립국인 핀란드는 유럽자유무역연합(EFTA)의 회원국으로서 서유럽 국가들과 관계를 맺었지만, 소련과 국경을 접하고 있기에 냉전 기간에

▪Flexibility

소련의 영향권 밑에 있었다. 그러나 냉전의 종결 후 소련의 경제적, 정치적 영향권에서 벗어나기 위해 1992년 유럽연합에 가입신청을 하였다. 핀란드는 정치, 경제적으로 안정된 국가였기에 수용되었고, 결국 1994년 국민투표를 거쳐 57%의 찬성으로 1995년부터 스웨덴, 오스트리아와 함께 유럽연합에 가입하였다. 한편 핀란드는 쉥겐협정(Schengen Convention)에 가입하여 사람의 자유이동이 보장되며, 유로화를 도입하고 있다.

Flexibility : 유연화

유럽연합은 조약에 명기된 사항에 한해 권한을 갖는다. 그러나 유럽공동체조약 308조에 따르면 유럽연합은 만약 특정 이슈에서 법적 권한이 조약에 명기되지 않아도 다른 조약 내용을 원용해 조치를 취할 수 있다고 명기한다. 1970~80년대부터 이러한 유연한 통치원칙의 필요성이 제기되었는데 1987년 단일유럽의정서(SEA) 체결을 통해 이 원칙이 조약에 삽입된다. 이에 따라 환경, 연구개발 및 지역정책 등에서 유럽연합의 입법권한이 보다 폭넓게 적용되고 있다. 기존에 유럽연합에서는 유연화된 입법을 통해 적용할 수 있는 부분이 단일시장정책에 한정되는데 유럽헌법(European Constitution)을 통해 모든 정책영역으로 확대될 전망이다. 한편 유연화는 가변적 지역(Variable Geometry) 개념이나 선택적 탈퇴(Opt-outs) 그리고 이중속도의 유럽(Two-speed Europe)과 같이 통합과정을 유연하게 이끌어가기 위해 만든 여러 제도를 말하기도 한다.

Fontainebleau Summit : 퐁텐블로 정상회담

1984년 프랑스에서 개최된 퐁텐블로 정상회담은 유럽통합의 전환점이 되었던 회담이다. 이 회담에서는 1970년대 이후 침체된 유럽통합의 활

로를 찾기 위한 여러 정치적 결정을 담은 퐁텐블로 협정(Fontainebleau Agreement)이 체결된다. 퐁텐블로 회담에서는 공동농업정책의 지출을 제한하고, 포르투갈과 스페인의 유럽공동체 가입을 결정한다. 또한 정치통합을 앞당기기 위해 두쥬 위원회(Dooge Committee)와 시민의 유럽위원회(Committee for a People's Europe) 설립을 결정하여 이후 통합이 급진전되는 계기를 마련한다. 이외에도 이 회담에서 회원국들은 유럽공동체에 대한 자국의 과잉 예산 기여 문제로 반발하는 영국의 주장을 수용하여 분담금 축소 조치를 취한다.

Fortress Europe : 요새화된 유럽

1986년 단일시장(Single Market) 설립계획을 담은 단일유럽의정서(SEA)가 발표되자 역외국가들은 유럽연합이 더욱더 강력한 보호무역정책을 채택할 것으로 예상하였다. 이에 따라 역외국가들은 강력한 보호무역주의적 성격을 갖게 될 유럽연합을 묘사하는 의미로 이 표현을 사용하였다. 당시 요새화된 유럽이라는 이미지는 유럽연합의 공동농업정책(CAP)에서는 상당히 설득력 있는 의미로 받아들여졌다. 그러나 요새화된 유럽이란 용어는 유럽연합조약 이후 시작된 공동 이민정책이 강화되면서 이것이 유럽인과 비유럽인을 구분하는 도구라는 의미에서 더욱 설득력을 가지게 되었다.

Fouchet Plan : 푸쉐플랜

➡ *Europe des Patries*

푸쉐플랜은 1961년 프랑스 대통령 드골(Charles de Gaulle)이 초국가적 요소를 배제하고, 회원국 정부가 중심이 되어 외교·경제 협력을 꾀하기 위해 제안한 것이다. 푸쉐플랜은 드골 대통령이 초국가 기구로 변화하고 있는 유럽경제공동체에 대한 반감에서 비롯된 것인데, 이후 드골은

■Four Freedoms of Movement

로마조약 내용을 수정하면서까지 푸셰계획을 강행하려고 하였다. 이 계획은 초국가주의를 거부하고 정부 간 협력을 통해 외교와 경제정책을 수행한다는 1950년대 영국이 추구한 유럽통합 방식과 매우 흡사하다. 이른바 국가들의 유럽(*Europe des Patries*) 혹은 Union of States) 형태를 추구한 푸셰플랜은 국가 수뇌부 혹은 외무장관으로 구성된 각료이사회가 만장일치 표결로 의사를 결정한다는 내용을 담고 있다. 이외에 이 계획에 따르면 외교, 국방, 무역 및 문화 부분에 걸쳐 정부 간 협력에 의해 운영되는 위원회를 설립하여 각 정책을 담당한다. 그러나 푸쉐플랜은 영국의 공동체 가입 문제와 맞물려 네덜란드를 비롯한 여타 회원국들의 반발에 부딪혀 1963년 들어 백지화된다.

Four Freedoms of Movement : 4대 이동의 자유

공동시장(**Common Market**) 혹은 역내시장(**Internal Market**)은 개별적으로 독립되어 있는 회원국 시장을 국내시장 조건과 같도록 하나의 시장으로 통합한 것을 말한다. 4대 요소의 자유이동이란 사람, 상품, 서비스 및 자본 등 네 가지 주요 요소가 별다른 제한이나 장벽 없이 공동시장 내를 자유롭게 이동하는 것을 말한다. 이를 위해서는 역내통상에 대한 제한이나 제도적, 기술적, 물리적 또는 재정적 장벽을 제거해야 한다. 이와 같은 장벽의 철폐는 4대 요소의 자유이동을 보장하기 위해 선결적으로 해결되어야 할 사항이다.

유럽공동체는 1992년까지 역내단일시장의 완성을 위하여 1986년에 단일유럽의정서(**SEA**)를 채택하였다. 이후 1993년 11월 1일자로 마스트리히트조약이 발효되어 유럽연합이 출범하면서 4대 요소의 자유이동을 보장하는 유럽단일시장이 실질적으로 완성되었다.

Fracovich : 프라코비치 사건 판결

이 사건의 쟁점은 1980년에 채택된 고용자 도산 시 피고용자 보호에 관한 지침(Directive 80/987, OJ 1987, L 283/23)이었다. 이 지침은 고용자가 도산한 경우, 피고용자에게 유럽공동체 차원에서 적용되는 최소한의 보호를 취하는 것이다. 특히 이 지침은 도산 이전에 발생한 미지불 노동채권의 지불 보증에 중점을 두어, 회원국은 피고용자를 위해 지불보증기구의 설치를 포함한 필요한 조치를 취하도록 의무를 부과한 것이다. 이탈리아 정부는 이러한 의무를 위반하여 1989년 유럽사법재판소는 이탈리아 정부의 의무 위반을 인정하는 판결을 내렸다. 그러나 이탈리아 정부는 판결 이후에도 필요한 조치를 취하지 않아 원 소송이 이탈리아의 국내법원에 제기되기에 이르렀다. 당시 원 소송의 원고들은 임금노동자로 국가를 피고로 한 소송을 국내법원에 제기한 것이다. 원고들은 국가가 유럽공동체 지침에 따른 조치를 취하였다면 지급받을 수 있었던 미지불 임금의 지불 및 예비적 손해배상을 요구하였다. 이 판결에 의해, 회원국의 의무 위반에 따라 손해를 입은 개인은 유럽연합법을 근거로 하여 해당 회원국에 손해배상을 청구할 수 있게 되었다.

France : 프랑스

유럽연합 회원국 중 프랑스같이 통합에 대해 이중적 사고를 갖고 실행에 옮긴 국가는 없다. 프랑스는 슈만플랜(**Schuman Plan**)을 제창한 국가이면서도, 1960년대에 각료이사회의 공석위기(**Empty Chair Crisis**)를 야기하여 1980년대 중반까지 유럽통합을 후퇴시킨 국가이기 때문이다. 1950년대에 프랑스는 유럽통합을 독일의 재무장과 경제적 부흥을 억제하고 농업대국으로서 광대한 유럽시장을 개척하는 수단으로 활용하였다. 현재까지도 유럽연합 총 예산의 약 40%를 차지하는 공동농업정책(**CAP**)의 여러 재정지원은 1960년대 프랑스 대통령 드골(**De**

■ Fraud

Gaulle, Charles)의 정치적 영향력에 의해 만들어진 것이다. 1950년 대 당시 드골 대통령은 유럽통합을 서유럽 국가 간 정치적 연합으로 묶어 유럽과 국제사회에서 자국의 정치적 영향력을 확대하였다. 1962년에 드골이 구상한 푸쉐플랜(Fouchet Plan)은 이러한 그의 생각을 잘 보여준다. 그럼에도 드골은 당시 독일 총리 아데나워(Konard Adenauer)와 긴밀한 정치적 협력을 통해 유럽통합 과정에 많은 영향을 끼친다. 이후 프랑스의 퐁피두(Georges Pompidou) 대통령과 지스카르 데스탱(Valéry Giscard d'Estaing) 대통령 그리고 미테랑(François Mitterand) 대통령 역시 전통적인 독일-프랑스의 우호관계를 통해 마스트리히트조약을 성공적으로 도입한다. 프랑스는 1990년대 들어서도 중요한 정치적 역할을 한다. 경제통화동맹(EMU)이나 공동외교안보정책(CFSP)과 같이 유럽연합의 주요 정책에는 프랑스의 정치적 입김이 깊숙이 개입되었다. 그럼에도 프랑스는 국제무역협상에서 집행위원회와 갈등을 빚고 이후 유럽헌법(European Constitution)의 국제비준과정에서도 비판적 입장을 보여주었다. 그러나 프랑스는 유럽통합의 아버지인 모네(Jean Monnet)의 고향으로 상징적인 의미가 있고, 유럽통합과정에서 가장 중요한 국가 중 하나이다.

Fraud : 부정행위

➡ European Anti-fraud Office(OLAF)

부정행위는 유럽연합 재정에 피해를 주는 불법행위를 말한다. 유럽의회는 1970년부터 예산 운영의 문제점을 지적해 왔으나, 이러한 문제가 유럽연합에서 정치적 쟁점이 된 것은 1989년부터이다. 유럽연합의 자체예산을 구성하는 관세나 여타 세입은 회원국의 고유한 권한이다. 문제는 이들 국가가 유럽연합에 징수된 세금을 납부하지만 징수비 명목으로 25%를 돌려받음으로써 유럽연합 재정에 심각한 피해를 준다는 것이다. 1998년에 보고된 바에 따르면 유럽연합 전체 예산의 약 5.8%가 이러한 불법행위로 낭비되고 있다고 한다. 유럽연합 내의 부정행위 사건 중 과반수 이상은 공동농업정책(**CAP**)에서 발생하는데, 가장 만연한 위반행위는 유럽연합에 대한 허위보고이다. 이외에도 집행위원회가 조사한 바에 따르면 특히 심각한 담배와 주세에서 이러한 부정이 만연한다. 유럽공동체조약 280조는 유럽연합의 재정에 피해를 주는 위반행위에 대한 법적 조사와 제재를 담고 있는데 적발 시 무거운 벌금이 부과된다. 일부 국가는 불법행위에 적극적으로 대처하기 위해 내무사법협력(**CJHA**)을 통해 공동행동(**Joint Action**)을 촉구하여, 부정행위 방지위원회(Advisory Committee for the Coordination of Fraud Prevention)가 만들어졌다.

Freedom of Movement ➡ Four Freedoms of Movement 참조

Free Trade Area : 자유무역지역
- ➡ European Free Trade Association
- ➡ Customs Union

2개 이상의 국가 내부에서 관세가 철폐되고 상품의 자유 이동을 방해하는 제 요소들을 제거한 지역을 의미한다. 자유무역지역은 경제통합의 가장 단순한 형태로 역내에서 자유이동이 상품에 한정되고, 회원국은 제3국에 대해 자국의 통상정책을 보유한다는 점에서 관세동맹(**Customs Union**)과 구분된다. 자유무역지역의 대표적인 예로는 유럽자유무역지역(**EFTA**) 등이 있다.

Functionalism : 기능주의
- ➡ Neofunctionalism

Functionalism

기능주의는 제2차 대전 이후 당시 영국 런던경제학부(LSE) 교수인 미트라니(David Mitrany)가 제시한 국가 간 통합 방식이다. 미트라니는 2차 대전이 막바지에 이른 1943년 여름에 전쟁을 방지하고 평화를 보장할 수 있는 항구적인 국제관계 시스템을 구상한다. 그는 유럽에서 뿌리내린 국수주의와 이데올로기가 지배하는 정치현실을 타개하고 평화를 구축할 해결책을 국가 간 통합에서 찾았다. 그럼에도 미트라니는 국제연맹(League of Nations)으로 대표되는 국가 간 협력과 당시 유럽에 풍미한 연방주의(**Federalism**) 통합 방식을 거부하고 새로운 통합방식을 제기한다. 이에 따라 만들어진 기능주의의 핵심은 기업 및 전문가들이 주도하여 경제영역에서부터 국가 간 통합을 이룬다는 것이다. 미트라니에 따르면 국제관계는 정치적 이슈에서 기술적이며 기능적인 이슈로 전환되고 있으며, 각국 정부는 점차 복잡해지는 비정치적인 이슈에 직면한다. 비정치적 이슈는 국가 간 외교채널을 통해 수행하는 것보다, 고도로 전문적인 지식을 보유한 전문가들이 해결하는 것이 보다 효과적이다. 이러한 이유는 사회·경제행위자들은 중앙의 정치기구나 성문화된 합의가 없어도 국경을 넘어 원활한 교류가 이루어지기 때문이다. 이와 같이 기능주의 시각은 비정치적 이슈에서 국가 간 협력이 이루어지면 기능적 분기(functional ramification)에 의해 정치적 분야도 통합이 이루어진다는 논리를 담고 있다. 예를 들어 공동시장(**Common Market**)이 만들어지면 각국 간 상품 및 서비스의 가격시스템, 투자 및 운송과 같은 경제분야는 물론이고 사회안전 시스템이나 통화정책에서도 통합에 대한 압력이 증가한다는 것이다. 그러나 기능주의 논리는 뒤이어 제기된 신기능주의(**Neofunctionalism**) 통합방식에 의해 국가의 역할이나 다양한 정치적 문제를 고려하지 않는다는 비판을 받게 되었다.

G

GATT ➡ General Agreement on Tariffs and Trade 참조

General Affairs Council(GAC) : 일반이사회
➡ Council

각료이사회(Council of the European Union) 중 하나로 회원국 정부의 외무장관들로 구성된 각료이사회를 지칭하는 것으로 각료이사회 중 가장 중요한 이사회이다. 2002년 6월 이후에는 공식 명칭이 General Affairs and External Relations Council로 변경되었다. 일반이사회에서 다루는 공동체 업무 영역은 외교문제와 일반 정치적 문제이다. 또한 일반이사회는 유럽이사회(European Council) 회동을 준비하기도 한다.

General Agreement on Tariffs and Trade(GATT) : 관세와 무역에 관한 일반협정
➡ World Trade Organization

1947년 제네바(Geneva)에서 서명된 협정으로 관세장벽의 점진적 철폐를 통한 국제교역의 자유화와 세계적 통상의 팽창을 목표로 하였다. 현재까지 총 8회에 걸쳐 총회가 이루어졌는데, 1961년 회동부터는 이른바 '라운드'로 알려진 협정이 체결되었다. 우르과이라운드(Uruguay Round)로 잘 알려진 1993년 총회에서는 이 기구가 세계무역기구(WTO)에 의해 대체될 것에 합의했다.

Generalized System of Preferences(GSP) : 일반특혜관세
➡ Lomé Convention

■ Generalized System of Preferences(GSP)

일반특혜관세(불어명은 Système générale de préférences : SPG)는 개도국의 수출증대를 위해 선진국들이 개도국으로부터 수입되는 제품에 대하여 최혜국 대우 혹은 일반관세율보다 낮은 관세를 부과하거나, 관세를 완전히 면제하는 특혜를 말한다. 이 제도에 관한 논의는 1963년 UNCTAD에서 인도를 비롯한 제3세계국가에 의해 제기되었다. 그 후 선진국들은 다년간의 협상을 거쳐 1968년 3월에 UNCTAD 총회의 결의 21(II)을 통하여 개발도상국들에 일반특혜관세를 부여하기로 결정하였다. 이에 따라 공여국들은 제3세계로부터의 수입관세 전부 혹은 일부를 포기하였다. 유럽공동체는 1971년에 선진국 가운데서는 처음으로 일반특혜관세를 시행하였다. 유럽공동체는 이미 아프리카 및 인근 여러 국가들과 통상협정을 체결하고 있었는데, 이외에도 아시아와 라틴아메리카 국가까지 일반특혜관세를 확대한 것이다. 그러나 당시 유럽공동체가 제3세계국가들에 부여한 일반특혜관세는 복잡한 문제를 낳았다. 한편에서는 기존에 유럽공동체와 협력관계를 맺고 있는 제3세계국가들에 대해 역내시장 접근을 용이하게 해야 한다는 입장이 제기되었다. 다른 한편에서는 특정 경제 분야의 경우 공급과잉으로 과도한 경쟁을 유발할 수 있다는 우려 역시 제기되었다. 이에 따라 유럽공동체에서는 로메협정(**Lomé Convention**) 체결국과 지중해 국가들에 대해서만 일반특혜관세를 부여해야 한다는 견해가 있었다. 유럽공동체의 1차 일반특혜관세 공여는 1980년 12월로 종료되었으며, 1981년 1월부터 2차 공여가 시작되어 1986년 1월에 중간평가를 실시하였다. 이처럼 유럽공동체의 일반특혜관세계획은 매 10년 주기로 시행하는 것이 원칙이었다. 하지만 1991년 1월부터 시행키로 한 3차 계획이 연기되었다가 1994년 집행위원회의 제안(proposal)에 따라 각료이사회가 만장일치 표결로 1995년~2004년 공여계획을 채택하였다. 현재 유럽연합은 2005~2014년 기간을 통해 4차 일반특혜관세가 시행 중에 있다.

Genscher-Colombo Plan : 겐셔-콜롬보 계획

➡ Genscher, Hans Dietrich
➡ Solemn Declaration

겐셔-콜롬보 계획은 1981년 독일 외무장관이었던 겐셔(**Hans-Dietrich Genscher**)와 이탈리아의 외무장관이었던 에밀리오 콜롬보(Emilio Colombo)에 의해 구상된 유럽공동체의 권한 강화를 내용으로 한 제안이다. 이 계획의 주요 내용은 외교, 국방 및 사법 등 드골에 의해 약화되었던 다수결 투표제도의 복원과 확대 적용이다. 또한 이 계획에서는 유럽정치협력(**European Political Cooperation**)을 고무하기 위해, 6개월마다 유럽이사회를 개최하며 유럽의회는 집행위원장 임명과 같은 주요 기능을 수행해야 한다는 견해를 담고 있다. 그러나 영국은 물론이고 프랑스와 독일 정부도 이 계획에 대해 미온적인 반응을 보인다. 이에 따라 겐셔-콜롬보 계획은 구속력이 없는 선언적 성격의 문서로 변질되었다. 이후 겐셔-콜롬보 계획의 내용은 1983년 이른바 엄숙한 선언(**Solemn Declaration**)으로 불리는 스튜트가르트 선언(Stuttgart Declaration)에 반영되었고, 이후 단일유럽의정서(**SEA**)와 마스트리히트조약 체결 과정에도 간접적인 영향을 미친다.

Genscher, Hans Dietrich : 겐셔(1927~)

➡ Genscher-Colombo Plan

라이프치히 대학에서 법학을 전공한 겐셔는 2차대전 이후 독일 자유민주당 당원을 시작으로 정치활동을 시작하여 1965년 하원의원에 당선되었다. 1974년에 당의장에 취임한 겐셔는 이후 외무부장관에 발탁되어 1992년까지 재직하였다. 외무장관 재임시절 적극적인 유럽통합정책을 실행하여 1981년 이탈리아의 외무부장관인 콜롬보(Emilio Colombo)와 함께 단일유럽의정서 초안이 된 겐셔-콜롬보 계획(**Genscher-Colombo**

Plan)을 제출하였다. 또한 그는 브란트(Willy Brandt) 총리가 일군 동방정책과 유럽통합정책을 융합하여 동서 균형과 실리외교 노선을 취하여 이후 독일 통일에 크게 기여하였다.

Germany : 독일

독일은 유럽통합의 일차적 원인 제공자이자 프랑스와 함께 유럽통합과정을 이끌어 온 주인공이다. 전후 서방국가들에 독일의 재건을 통해 소련의 공산주의 위협을 막고, 독일을 유럽체제 속으로 다시 끌어들여 전쟁의 위험을 막으려는 필요성이 있었다. 한편 독일 측에서도 패전 후 잃었던 주권을 회복하고 분단된 독일을 재통합 할 수 있는 유일한 수단은 유럽통합이라는 인식 때문에 유럽통합에 호의적이었다. 이러한 결과로 독일은 1950년 유럽평의회(Council of Europe)과 유럽석탄철강공동체(ECSC)에 가입하였다. 또한 1950년대 초 유럽방위공동체(EDC) 설립 과정에의 적극적인 참여로 독일은 나토에 가입하고 주권을 회복할 수 있었다.

주권을 회복한 이후에도 독일은 유럽통합의 적극적인 주창자가 되었다. 특히 통합과정에서 나타난 프랑스와 협력관계는 유럽통합을 실질적으로 진전시키는 데 기여했다. 1960년대 중반까지 아데나워(Konrad Adenauer) 총리는 프랑스의 슈만(Robert Schuman), 드골(Charles De Gaulle) 등 프랑스 정치지도자들과 협력하여 유럽통합을 발전시키면서 독일의 경제기적을 이끌었다. 아데나워의 퇴장 이후 총리가 된 사민당의 브란트(Willy Brandt), 슈미트(Helmut Schmidt), 콜(Helmut Kohl) 등으로 이어지는 정권도 프랑스의 지스카르 데스탱(Valery Giscard d'Estaing), 미테랑(François Mitterand) 등과 유럽통합의 쌍두마차를 형성했다.

이 기간에 독일의 경제적 힘은 유럽통합을 실제적으로 이끌어가는 힘이 되었고, 이러한 힘은 독일 통일 이후 정치적 힘이 더해져 유럽통합 과정에서 가장 중요한 역할이 부여되었다. 독일 통일이 유럽인들에게 주는 우려를 위해 독일은 통일 이후 공동체의 심화를 가져오는 마스트리히트조약과 경제통화동맹(**EMU**) 형성과정에 적극적으로 참여하였다. 특히 유럽중앙은행(**ECB**) 형성 등 경제통화동맹의 완성은 독일의 강력한 경제력과 지지에 힘입은 바가 크다.

Giscard d'Destaing, Valéry : 지스카르 데스텡(1926~)

드골(**Charles de Gaulle**)과 퐁피두(**Georges Pompidou**) 대통령 밑에서 재정부 장관을 역임한 그는 1974년 미테랑(**François Mitterrand**)을 누르고 대통령에 당선되었다. 대통령 재직 시 그는 유럽정상회담을 정기적인 유럽이사회(**European Council**)로 변화시키고, 경제통화동맹(**EMU**)에 지속적인 지지를 보였다. 1981년 미테랑에게 패배한 이후 유럽의회(**European Parliament**) 의원으로 선출되어 유럽국민연합(**European People's Party**)에 가입하였다.

Golden Triangle in Europe : 유럽의 황금삼각지대

유럽의 황금삼각지대는 프랑스의 파리, 독일의 루르(Ruhr) 지역, 그리고 이탈리아의 밀라노(Milano)를 연결하는 지역을 말하며 경제통합의 진원지이다. 유럽연합의 시작이라고 할 수 있는 유럽석탄철강공동체(**ECSC**)의 가입국이 프랑스, 독일, 이탈리아와 베네룩스 3개국이었다는 사실에서 이들 국가가 위치한 유럽의 황금삼각지가 경제통합의 중심지라는 것을 알 수 있다. 동시에 석탄·철강산업의 중심지인 독일의 루르지역, 섬유 산업의 중심지인 이탈리아의 밀라노 그리고 유럽 상권의 중심 지역 중 한 곳인 프랑스 파리가 갖는 경제적 중요성을 고려하면 이 지역은 유럽연합에서 경제의 중심지이기도 하다.

Greece : 그리스

그리스는 1961년 공동체와 첫 연합협정(**Association Agreement**)을 체결한 국가로 회원 가입 전망이 가장 높은 국가였다. 그러나 1967년 군사독재가 시작되면서 1974년까지 연합협정은 중단되었다. 군사독재가 종식된 지 1년 후 그리스는 공식적으로 유럽공동체에 가입 신청을 하였다. 그리스의 가입신청에 대해서 집행위원회는 그리스의 경제와 정치, 행정 체제가 아직 회원국이 되기에 어렵다는 견해를 밝혔으나, 각료이사회는 오히려 공동체 가입이 그리스의 민주주의를 신장시킬 수 있다는 정치적 판단에 따라 가입이 허용되었다. 따라서 1979년 5월 가입조약에 서명하고 1981년 1월부터 공동체의 10번째 회원국이 되었다.

그리스의 경제적 취약성으로 인해 그리스에는 상품의 자유이동에서 5년간, 공동농업정책의 적용에 대해서 6년간 이행기간이 주어졌다. 그럼에도 1981년 정권을 잡은 사회당은 재협상을 요구하는 등 유럽통합에 소극적인 자세로 일관했고, 유럽에서 비교적 멀리 떨어진 지리적 위치와 사이프러스(**Cyprus**) 문제 등으로 통합과정에서 항상 주변에 머물러 있었다. 또한 그리스 경제의 허약성은 경제통화동맹(**EMU**) 3단계 가입을 위한 수렴조건(**Convergence Criteria**)을 만족시키지 못해 참여하지 못하다가 2002년 뒤늦게 가입하였다. 2004년 확대 이전까지 그리스는 포르투갈과 함께 유럽연합 내에서 가장 가난한 국가 중 하나였다. 따라서 유럽연합으로부터 구조기금(**Structural Fund**)을 통해 많은 혜택을 받았다. 한편 사이프러스 문제를 두고 대립 중인 터키와 관계가 좋지 않아, 이 국가의 유럽연합 가입에 반대하고 있다.

Green Currencies : 녹색통화
- ➡ Bretton Woods
- ➡ Common Agricultural Policy(CAP)

녹색통화는 1960년대 말 공동농업정책(**CAP**)에 의해 도입된 인위적 공동 교환비율을 지칭하며, 1962~67년 중에 결정된 공동농산물 가격구조를 지탱하는 수단으로 활용되었다. 당시 고정환율체제인 브레튼우즈(**Bretton Woods**) 시스템은 공동농산물 가격구조를 유지하는 데 필수적인 요인이었다. 그러나 1960년대 이 시스템이 붕괴함으로써 환율변동에 따라 시장가격과 유럽공동체 회원국 통화로 표시된 가격이 차이를 보이게 되었다. 이에 따라 유럽공동체가 공동농산물 가격을 원래 수준으로 유지하기 위해 회원국 통화로 표시한 가격이 바로 녹색통화이다. 이러한 임의적인 가격제도에 따라 변동환율 시스템에서 농산물 가격은 실제 가치로 평가된 가격과 녹색통화로 표시된 가격체계를 갖게 되었다. 유럽공동체는 공동가격구조와 녹색통화를 실제 시장에 맞추기 위해 그 차이를 통화보정금/환차보상금(MCA)으로 보장해 주었다. 이후 집행위원회는 1984년 녹색통화 제도를 1989년까지 폐지하도록 결정하였으나, 1993년까지 이 제도가 존속하였다.

Green Paper : 녹서

→ COM Document
→ White Paper

유럽연합에서 특정 분야에 대한 공식적인 여론을 유도하거나 자문을 하려는 목적으로 발행하는 집행위원회의 공식 문서이다. 통상 매년 십여 개의 녹서가 작성된다. 중요한 정책의 경우 녹서는 실질적인 정책제안을 담은 백서(**White Paper**)로 발전될 수 있다.

Grotius Programme : 그로티우스 프로그램

사법협력 분야에서 1996년 공동행동(**Common Action**)에 의해 설치된 프로그램으로 회원국 간의 사법협력을 용이하게 하고 상호 간의 사법시스템의 조화를 위해 1996년부터 형성된 프로그램을 의미한다. 국제법의 창시자인 네덜란드의 그로티우스(Grotius)의 이름을 딴 이 프로그램은 사법 영역에서의 세미나 등 개최, 회원국 기구 간 교환 프로그램 실행, 정보 보급 등을 목표로 하고 있다. 원래 2000년까지 한시적으로 운영될 예정이었으나 2년간 더 연장되었고, 2003년에는 내무사법협력 프로그램 통합으로 Grotius Criminal이라는 이름으로 경찰-사법협력 프로그램(**AGIS**)에 통합되었다.

Group of Seven : G7

1975년부터 시작된 서방 7개 경제 선진국(미국, 캐나다, 일본, 프랑스, 독일, 이탈리아, 영국) 정부의 수장과 재무장관들의 회동을 지칭한다. 유럽연합 집행위원장은 이 회동에 유럽연합을 대표해서 참석하고, 유럽중앙은행(ECB)장은 재무장관 회동에 참여한다. 1990년대 말 이후 러시아 대통령이 참여하여 G8이란 용어로도 불리고 있다.

GSP ➡ Generalized System of Preferences 참조

H

Hague Congress : 헤이그 회담

국제사법의 통일을 목적으로 네덜란드의 발의에 의해 네덜란드 헤이그에서 열린 국제회의를 말한다. 1893년 제1차 회의를 시작으로 1956년까지 8차에 걸쳐 회의가 소집되었고, 이 회담을 통해 6개의 조약이 채택되었다. 채택된 6개의 조약은 민사소송에 관한 조약, 혼인에 관한 법률 저촉을 규정한 조약, 혼인과 별거에 관한 법률 및 재판관할 저촉을 규정한 조약, 성년자의 후견에 관한 조약, 부부의 신분상 및 재산상에 미치는 혼인의 효과에 관한 법률 저촉을 규정한 조약, 그리고 금치산 및 이와 유사한 보호수단에 관한 조약이다. 그러나 위의 조약에 가입한 나라는 유럽의 몇 개 나라에 불과하며, 이후에도 탈퇴한 국가가 많아 법 실효성은 크지 않다.

Hallstein, Walter : 할슈타인(1901~1982)

유럽공동체의 초대 집행위원장이 된 독일의 전 외무부장관이다. 그는 1950년 초부터 유럽공동체 창설에 참여하여 1958년 아데나워(**Konrad Adenauer**)의 지지로 유럽경제공동체의 초대 집행위원장이 되어 9년여 동안 활동했다. 그는 집행위원장 재직 중 집행위원회의 권한 확대를 주장해 초국가주의에 반대하는 드골(**Charles De Gaulle**)과 자주 충돌하여 1965년 공석위기(**Empty Chair Crisis**)를 야기하기도 하였다. 이듬해 룩셈부르크 타협(**Luxembourg Compromise**)으로 위기는 해결되었으나 프랑스의 압력으로 집행위원장 직에서 사임하였다. 이후 할슈타인은 서독의 외무부장관으로 재직하면서 동독을 인정하는 국가와 외교관계를 거부한다는 할슈타인 독트린(Hallstein Doctrine)을 선언한 보수 정치인으로 변신하였다.

Harmonization : 관련법 규정의 조화

관련법 규정의 조화는 단일시장(**Single Market**)을 설립하기 위해 각 분야에서 행해지는 유럽연합 차원의 표준화 과정을 말한다. 그러나 이 규정으로 회원국들이 갖는 비교우위가 상실되어 유럽연합의 경쟁력이 약화될 수 있다는 이유로 일부 회원국이 반대하기도 하였다. 그럼에도 유럽연합 차원에서의 조화를 이루기 위한 노력은 여러 분야로 확대되어 왔다. 단일유럽의정서(**SEA**)에서 명기한 보건과 안전수준을 만족시키는 제품은 모든 유럽연합 회원국에서 통용된다는 원칙은 대표적인 경우이다. 특히 경제통화동맹(**EMU**)을 통해 회원국 간 경제부문의 조화가 괄목하게 증가하고, 암스테르담조약을 통해 형사법 분야에서도 회원국 간 관련법 규정의 조화가 이루어졌다.

Heath, Edward : 히스(1916~2005)

히스는 1970부터 1974까지 영국 수상으로 재임하면서 영국의 유럽공동체 가입을 이끌어 냈다. 히스는 1950년 보수당의 하원의원으로 당선되면서 본격적인 정치 활동을 시작하여 1951년에 보수당 원내 부총무, 1955년 수석 원내총무에 임명되면서 당 내에서의 입지를 넓혀갔다. 이후 그는 1959년과 1960년에 각각 노동부 장관과 외무장관에 임명되어 당시 영국의 유럽경제공동체 가입 교섭에 참여하기도 하였다. 히스는 1965년 49세의 나이로 역사상 최연소 보수당 당수가 되었고 1970년에 수상으로 취임하였다. 그러나 수상재임 시 경제정책 실패와 북아일랜드 무력충돌에 직면하면서 1974년에 실각하고, 이어서 보수당 당수직을 대처(**Margaret Thatcher**)에게 물려주었다. 이후 그는 보수당 정치인으로 활동하면서 대처의 여러 정책에 비판적 노선을 취하였다.

Helsinki Final Act : 헬싱키 최종의정서
➡ Conference on Security and Cooperation in Europe(CSCE)
➡ Organization for Security and Cooperation in Europe(OSCE)

헬싱키 최종의정서는 1975년 7월 핀란드의 헬싱키에서 열린 유럽안보협력회의(**CSCE**)에서 당시 미국의 포드 대통령과 소련의 브레즈네프(Leonid Brezhnev) 서기장 등 35개 참가국 정상들에 의해 서명된 인권과 안보에 관한 의정서이다. 참여국들은 이 의정서를 통해 유럽에서 안보협력을 위해 현존하는 국경선을 존중하고, 타국의 내정에 간섭하지 않는다는 원칙을 채택하였다. 이외에도 이 의정서는 참여국 간 경제, 과학, 환경, 인권 및 문화 등 여러 사회경제적 협력 내용을 담고 있다. 헬싱키 최종의정서의 서명으로 공산주의가 심각한 위험에 처할 경우 타국에 간섭할 수 있다는 브레즈네프 독트린(Brezhnev Doctrine)은 자동적으로 폐기되어 냉전시기 동서대립을 벗어나 긴장완화가 이루어진 계기가 되었다.

High Authority : 고등관청
➡ European Coal and Steel Community(ECSC)

유럽석탄철강공동체(**ECSC**)에서 석탄과 철강에 대한 공동시장을 설립하고, 이를 관할하는 기구로 모네(**Jean Monnet**)가 초대의장으로 재임하였다. 이후 1967년 유럽석탄철강공동체와 유럽경제공동체(EEC) 그리고 유럽원자력공동체(**Euratom**) 내 중복 기관에 대한 통합이 이루어지면서 고등관청의 역할은 집행위원회로 통합된다.

High Representative : 고위대표
➡ Common and Foreign and Security Policy(CFSP)

공동외교안보정책(**CFSP**) 내의 고위대표는 암스테르담조약에 의해 만

■ Humblot

들어진 기구로 외교안보정책에서 유럽이사회 의장을 지원하고 실무급의 업무를 담당한다. 1990년대 초부터 유럽연합 회원국들은 북대서양조약기구(**NATO**) 사무총장과 같이 공동외교안보정책을 총괄하는 직위를 계획하여 암스테르담조약에 이러한 사항을 명기하려 하였다. 그러나 회원국 간 합의가 결렬되면서 조약에 이 사항이 들어가지 못했다. 대신 회원국들은 각료이사회 사무총장(**Council Secretary-General**)에게 고위대표직을 겸하게 하였다. 고위대표는 이사회의 정책의 결정 및 집행과정을 지원하며, 의장국의 요청에 따라 이사회를 대신해 제3국과의 정치적 대화를 수행하는 역할을 한다. 고위대표는 외교안보정책뿐 아니라 집행위원회가 진행하는 대외관계 업무에도 관여한다. 1999년 유럽이사회는 초대 고위대표로 솔라나(Javier Solana)를 임명하였다. 솔라나는 동년에 서유럽동맹(**WEU**)의 사무총장으로도 임명된다. 고위대표직의 신설로 유럽연합은 대외적으로 일관되고 보다 강화된 목소리를 낼 수 있게 되어 국제관계에서의 영향력을 한층 강화하였다. 그러나 유럽헌법(**European Constitution**)이 발효되면 고위대표는 유럽연합의 외무담당 장관으로 대치될 예정이다.

Humblot : 험블로트 사건 판결

프랑스는 자동차의 엔진마력에 따라 등급을 정해 세금을 부과하였다. 일정 등급 이하에 대해서는 누진적으로 증가하여 최고 1100FF까지의 세액을 규정하고, 그 등급을 넘으면 일률적으로 5000FF을 세액으로 정하였다. 문제는 자동차세에서 정한 일정등급을 넘는 범주에 해당하는 프랑스산 자동차는 존재하지 않는 것이다. 따라서 최고액은 수입차에 대해서만 적용되고 있었다. 회원국은 원칙적으로 엔진마력과 같은 객관적 기준에 의해 세액을 누진적으로 적용하는 세제를 결정할 권리가 있다. 이러한 국내세제는 차별적 내지 보호적 효과를 발생하지 않는 한 유럽공동체조약 제90조에 부합한다. 그러나 유럽사법재판소는 프랑스의 세제는 제품의 원산지에 따라 차별을 행하지는 않지만, 최고세액은 수입차만이 적용을 받는다는 점에서 유럽공동체조약 제90조에 위반하는 차별적 내지 보호적 성격을 갖는다고 판시하였다(Case 112/84 Humblot v. Directeur des Services Fiscaux [1985] ECR 1367, at 1379).

Hungary : 헝가리

헝가리는 동유럽공산정권 붕괴 이후 1989년 10월에 헌법개정, 민주화, 시장경제 도입 등을 통해 신속하게 체제전환이 이루어지고, 1990년 3월 최초의 자유총선거로 내각제 민주정부가 출범한다. 또한 헝가리는 1990년대 초부터 북대서양조약기구(**NATO**), 유럽연합 등 유럽·대서양 통합기구 가입, 인접국들과의 우호·친선관계 유지, 그리고 인접국 거주 헝가리계 소수민족 권익보호를 대외정책의 3대 기조로 내세워 왔다. 헝가리는 1991년에 유럽연합과 유럽협정(**Europe Agreement**)을 맺고, 1994년에는 유럽연합 회원국 가입신청을 하여 1998년부터 협상을 시작하였다. 이러한 개혁정책에 힘입어 헝가리는 유럽연합이 중동유럽 회원국 가입을 위해 실행한 아젠다 2000(**Agenda 2000**) 프로그램에서 가입기준(**Accession Criteria**)을 가장 잘 이행하는 가입 후보국으로 평가받아 왔다. 현재 헝가리는 2004년 유럽연합 가입 이후 지리적 이점과 중동유럽국가 중 비교적 양호한 금융 인프라를 십분 활용하여 중동유럽권의 금융허브로 부상하고 있다.

I

Iceland : 아이슬란드

1944년 덴마크로부터 독립한 아이슬란드는 인구 26만 4,000명으로 인구밀도가 매우 낮은 국가이다. 수출소득의 3/4은 어업생산품이 차지하고 있으며 주요 시장은 영국이다. 아이슬란드의 주장에 의하면 '세계 최고의 의회는 자국의 올싱(Althing)'이라고 할 정도로 고도의 민주주의 체제를 갖고 있다. 아이슬란드는 지리상 유럽대륙과 아주 멀리 떨어져 있지만 그동안 유럽평의회(**Council of Europe**), 북대서양조약기구(**NATO**), 유럽자유무역연합(**EFTA**), 유럽경제지역(**EEA**) 및 서유럽동맹(**WEU**) 등의 국제적 기구에 활발하게 참여하여 왔다. 아이슬란드는 현재 유럽연합 가입을 예상하는 외부 분위기에도, 자국의 수산업 보호를 위해 유럽연합 가입을 고려하지 않고 있다.

IEPG ➡ Independent European Programme Group 참조

IGC ➡ Intergovernmental Conference 참조

Immigration Policy : 이민정책
➡ Asylum Policy

유럽연합의 이민정책은 1980년대 이전에는 상대적으로 중요하게 다뤄지지 못하였다. 전후 유럽은 고속성장으로 인한 노동력의 부족을 경험하였고, 이를 외국으로부터의 초청노동자(guest worker) 형식으로 충원받아 운영하여 왔다. 최근의 문제는 유럽 사회 자체의 고용 여력이 고갈된 상태에서 이민자들이 유입되어 심각한 사회갈등으로까지 발전한다는 데 있다. 이에 대한 대응책으로 유럽연합은 내무사법협력(**CJHA**)

의 차원에서 이민 및 망명자 문제에 대한 공동의 대책을 마련하고 있다. 문제는 회원국들이 이러한 공동이민정책의 필요성을 인정하면서도 개별 국가의 사정을 들면서 독자적인 이민정책을 추진한다는 데 있다. 유럽연합은 출산율이 매우 낮은 시점에서 양질의 외국인 노동력을 선별적으로 받아들이는 것이 필요하다. 그러나 극우파 등의 정치적 압력과 높은 청년 실업률이 존재하는 경제적 이유로 해서 적지 않은 난제에 봉착하고 있다.

IMP ➡ Integrated Mediterranean Programmes 참조

Independent European Programme Group(IEPG) : 방위산업 프로그램그룹

방위산업 분야에서의 협력을 위해 아일랜드를 제외한 13개 서유럽의 북대서양조약기구(**NATO**) 회원국 국방장관들에 의해 1976년에 만들어진 협의체이다. 방위산업 프로그램그룹은 동년에 설립된 유럽방위산업그룹(European Defence Industries Group)과 함께 미국에 상응하는 기술능력의 강화를 목표로 설립되었다. 그러나 이 기구는 북대서양조약기구 내에서 형성되었기 때문에 그 역할은 제한적이었다. 1991년에 개최된 서유럽동맹(**WEU**) 장관급 회담에서는 유럽방위기구(**European Defence Agency**) 설립을 목적으로 방위산업 분야에서 협력이 제기되어, 이듬해 13개국 국방장관들은 방위산업 프로그램그룹의 임무를 서유럽동맹에 이관하는 데 동의했다.

Industrial Policy : 산업정책

산업정책은 자원배분의 효율성을 높이거나, 경제성장 또는 국제 경쟁력의 강화를 달성하기 위해 정부가 특정 산업에 대한 지원, 조정, 규제

■ Industrial Policy

등을 통해 개입하는 것이다. 산업정책은 제조업뿐만 아니라 서비스 분야 등을 포함한 전 산업분야를 대상으로 한다. 유럽연합의 산업정책 목표는 역내 단일시장(Single Market)의 완성이라는 목표에 충실한 가운데 유럽산업의 경쟁력을 강화시키는 데 있다. 유럽공동체조약 3조 1항은, 공동체의 활동들이 공동체 산업의 경쟁력을 강화하는 내용을 포함해야 한다고 규정하고 있다. 또한 유럽공동체조약 130조에서는 경쟁적인 개방경제체제와 부합될 수 있는 산업 경쟁력 강화를 위해 다음과 같은 목적들을 제시하고 있다.

- 구조적 변화에 따른 산업 구조조정의 가속화
- 공동체 내의 기업들 특히 중소기업의 발전에 적합한 환경조성
- 기업들 간의 협력에 적합한 환경조성
- 기술혁신, 연구 및 기술발전 정책들이 갖는 산업적 잠재력을 보다 용이하게 이용하도록 유도

1970~80년대 유럽에서의 산업 정책은 유망 첨단산업에 대한 유럽연합 및 회원국 정부차원의 지원에 초점을 맞추었다. 다른 한편으로는 경쟁력이 약화된 사양 산업 부문에 대한 구조조정을 시행하였는데, 후자에 보다 비중을 두었다. 이 시기에는 특히 전통산업을 중심으로 정부보조금 지급과 수입제한 조치를 통해 구조조정을 앞당기고, 국제경쟁력을 확보하는 데 중점을 두었다. 그러나 1990년대 유럽연합의 산업정책은 부문별 보호주의적, 개입주의적인 정책으로부터 개방적 정책으로 전환하고 있다. 특히 유럽연합은 2005년부터 성장과 직업창출을 위한 동반자관계(Partnership for Growth and Jobs)라는 슬로건을 내걸고 제약, 방위산업, 및 정보통신기술 분야를 중심으로 제조업 경쟁력 강화를 의도한 새로운 산업정책을 실시하고 있다. 이 산업정책을 통해 유럽연합은 경쟁력강화, 에너지와 환경보호, 지적재산권보호, 연구개발 활성화, 원활한 시장접근에 주력하고 있다.

Information Society : 정보화사회

➡ Information Society Forum(ISF)

정보화사회정책은 유럽연합이 인터넷 보급이나 통신네트워크 형성이 미국에 비해 상대적으로 뒤처지는 현실을 개선하려고 시작되었다. 유럽연합은 1980년대 중반부터 통신시장 개방과 자유화 조치를 통해 관련산업의 활성화를 도모하여 왔다. 1993년 12월 집행위원회는 '성장, 경쟁력 그리고 고용-21세기를 위한 도전과 응전(Growth, Competitiveness, Employment-the Challenges and Ways forward into the 21st Century)'으로 명명한 백서(**White Paper**)를 통해 정보화 사회로의 진입을 위한 청사진을 제시하였다. 이 백서는 새로운 직업창출과 같은 경제성장 패러다임을 재검토하고, 사회적 차원에서도 정보화 사회로의 신속한 진입의 필요성을 담고 있다. 특히 집행위원회는 정보화 사회로의 진입을 위해 범유럽 차원의 정보인프라의 구축을 가장 시급한 사항으로 강조하였다. 백서 발간에 뒤이어 1993년 12월에 개최된 유럽이사회는 집행위원회의 백서에 지지를 천명하였다.

이후 집행위원회는 1994년에 1995년을 정책 시한으로 1차 정보화사회 실행계획(Information Society Action Plan)을 발표하였다. 이 실행계획은 지식·정보화를 위한 핵심 산업인 금융과 통신산업의 자유화 및 지적소유권 등의 법령정비, 유럽차원의 네트워크 구축, 사회·문화적 차원에서 다양한 문화적 잠재력 개발 그리고 이 정책의 대외홍보 등의 4가지 주요 정책과제를 담고 있다. 이러한 실행계획의 연장선에서 집행위원회는 동년에 정보화 사회로의 신속한 진입과 이를 가능케 할 인프라구축을 강조한 이른바 반게만보고서(The Bangemann Report)를 작성하였다. 이와는 별개로 집행위원회는 1996년부터 1999년까지 수차례의 관련 녹서(**Green Paper**)를 발표하여, 유럽연합 차원의 제도적 기반 정비와 회원국마다 상이한 기술표준화의 조정을 촉구하였다.

▪Information Society Forum(ISF)

이와 같이 1993년 이후 논의된 정보화사회정책은 2000년 2월의 '정보화사회 고용보고서(Communication : Strategies for Jobs in the Information Society Com (2000) 48 Final)'를 통해 새로운 전기를 맞는다. 이 보고서 내용을 토대로 2000년 리스본 유럽이사회(Lisbon European Council)는 집행위원회에 새로운 실행계획을 위임하였다. 이에 따라 만들어진 전자유럽 실행계획(eEurope Action Plan)을 통해 유럽연합 차원에서 정보화사회정책이 본격적으로 시행되었다. 이후 신속한 정책진행의 결과 정보화사회정책은 짧은 기간 안에 많은 성과를 거두었다. 온라인 교육의 경우 유럽연합 내 모든 교육기관을 European School net을 통해 연결하고, 기존의 과학기술정책인 TEN-Telecom 프로그램 등에 대하여 대규모의 재정지원이 이루어졌다. 한편 정보화사회정책은 1990년대 이후 유럽연합이 추구한 통신산업의 탈규제화, 유럽차원의 네트워크 결성 등 여러 산업정책과 맞물린 정책이다. 동시에 이 정책은 지역 간 디지털 격차, 소외계층에 대한 정보화 교육 등 여러 사회경제정책과도 연관된다. 그럼에도 정보화 사회의 급속한 발전에 따라 신속한 정책 집행이 요구되는 매우 복잡한 성격을 갖는다. 이에 따라 유럽연합은 2000년 리스본 유럽이사회에서 채택한 공개적 협력(OMC)이라는 새로운 정책결정 방식을 이 정책에 적용하고 있다. 그러나 유럽연합은 일부 국가를 제외하고 여전히 미국에 비해 정보화 인프라가 부족하며, 기술주기가 짧은 정보화산업의 특성을 고려하여 다방면에 걸쳐 후속정책을 실시하고 있다.

Information Society Forum(ISF) : 정보화사회 포럼

➡ Information Society

유럽연합의 정보화사회정책은 다양한 사회·문화적 영향과 발전을 고려한 종합적 정책으로 사회 각층의 이해관계를 취합하여 공개적 논의

속에 진행한다. 이러한 취지에서 집행위원회는 1995년 2월에 정보화사회포럼을 설립하여 정보화사회정책 시행 과정에서 다양한 사회세력의 의견을 수렴하고 반영하고 있다. 이 포럼은 1997년 이후 연례 보고서를 통해 정보화 사회 정책에 대한 장기적 발전 방향을 제시하고 있다.

Inland Waterways : 내륙운송 네트워크

내륙운송 네트워크는 원자재나 산업제품 운송을 위한 유럽연합 차원의 수로운송 네트워크이다. 회원국들은 1976년 쌍무적으로 상대국의 내륙수로의 통제와 운항에 관한 결정을 받아들였다. 이후 1982년 유럽연합은 집행위원회의 주도하에 원활한 내륙수로 이용을 위해 상업선의 형태와 관련 기술적 문제 등을 포괄한 국가 간 협력시스템을 구축하였다.

Inner Core : 핵심회원국

➡ Core Europe

핵심회원국은 유럽통합 과정을 실질적으로 이끌어가고, 다른 회원국에 비해서 유럽통합의 심화와 가속화를 희망하는 회원국 그룹을 말한다. 핵심회원국이라는 어휘는 유럽공동체 설립 이후 다양한 통합 방법을 논의하는 과정에서 이를 실질적으로 주도한 국가들로부터 유래한다.

Instrument for Structural Policy for Pre-Accession(ISPA) : 가입전 구조개혁조치

이 조치는 1999년 유럽연합이 중·동유럽 10개국의 신규가입을 지원하기 위해 채택한 환경 및 수송 인프라 개선지원 방안이다. 유럽연합은 1990년대 이후 중·동유럽 신규가입국의 경제사회적 결속을 강화하고, 가입에 필요한 구조개혁을 원활히 수행할 수 있도록 여러 구조개혁 조치를 지원하여 왔다. 특히 집행위원회의 지역정책총국(DG Regional

■ Integrated Community Tariff(TARIC)

Policy)은 1999년 이래로 2004년에 가입한 중동유럽 10개국에 11억 유로를 지원하였고, 신규가입협상이 진행 중이던 불가리아와 루마니아에 대해서는 4억 5천 유로를 배정하여 환경 및 수송 인프라 개선사업에 지원하였다.

Integrated Community Tariff(TARIC) : 통합공동체관세
➡ Common Commercial Policy(CCP)

통합공동체관세는 유럽연합으로 수입되는 상품에 대해 일관된 관세를 부과하기 위해 만들어진 제도이다. 공동역외관세 시스템은 회원국들 간 표준화된 시스템(harmonized system)을 구축하고, 관세 관련 조항 및 용어를 통일하는 데 중점을 두고 있다. 또한 유럽연합 차원에서 비역외국들에 적용하고 있는 특혜관세(tariff preferences), 관세쿼터(tariff quotas) 등과 같은 유럽연합법에 명시되어 있는 조치들의 적용 여부도 보여주고 있다. 이외에도 통합공동체관세는 비회원국들과의 무역에서 세관신고와 통계수치발표 시 10자리 TARIC 코드의 사용 의무화 같은 기술적 조정 내용도 담고 있다.

Integrated Mediterranean Programmes(IMP) : 통합 지중해 프로그램
➡ Mediterranean Special Programme(MEDA)

1985년에 만들어진 지중해 국가들에 대한 유럽공동체의 지원프로그램으로, 당시 유럽공동체 가입 준비 중에 있던 그리스의 요구로 시작되었다. 당시 그리스는 기존의 회원국들과 경제구조와 발전 수준에서 크게 차이가 있었기 때문에 특별한 조치가 필요했다. 이에 따라 통합 지중해 프로그램은 7년 동안 지중해 지역의 사회경제적 조건을 개선한다는 목적에서 만들어졌다. 유럽공동체는 구조기금(**Structural Fund**)과 유럽투자은행(**EIB**)의 재원을 활용하여 주로 농업부분의 현대화사업에서 이 프로그램을 운영하였다. 통합 지중해 프로그램에 의해 추진된 사업은 이후에도 지중해지역 특별프로그램(**MEDA**)에 의해 지속되고 있다.

Interest Group : 이익집단

➡ Partnership

이익집단은 특정 문제에 대해 직간접적 이해관계를 공유하는 사람들이 자발적으로 구성한 집단을 말한다. 유럽연합에서 활동하는 이익단체들은 오래전부터 구성원들의 공동 이익을 위해 유럽연합의 정책수립과정에 관여하여 왔다. 특히 1987년 단일유럽의정서(**SEA**)가 발효되면서 유럽연합 차원의 공동정책이 증가하자 이러한 공동정책에서 이익을 관철하려는 유럽차원의 이익집단이 급격히 증가하였다. 2005년 기준 유럽연합의 정책결정 과정에 개입하는 이익집단은 유럽시민사회를 대표하는 1,500여 개 단체, 회원국에 기반을 둔 170여 개 단체, 기업의 이익을 대변하는 350여 개 단체, 130여 개의 법률 관련 단체, 170여 개의 지역 차원이 이익집단, 150여 개의 공공부문 대표단체 등을 포함하여 3,000여 개를 넘고 15,000여 명의 인력이 로비부문에 고용되어 활동하고 있다. 1985년에 약 500여 개의 이익단체가 유럽 수준에서 활동하고 있었던 사실과 비교하면 그 수가 많이 증가한 것을 알 수 있다. 집행위원회는 여러 정책에서 이러한 이익집단과 동반자관계(**Partnership**)를 맺고 정책결정에서 시행까지 다양한 방식으로 접촉하고 있다. 유럽연합을 대상으로 활동하는 이익집단은 노동, 기업, 지역, 소비자, 환경, 인권, 공공부문 등 다양한 이익을 대표한다. 유럽연합을 대상으로 활동하는 대표적 이익단체로는 유럽경제인연합회(**UNICE**), 유럽노조연맹(**ETUC**), 유럽산업원탁회의(**ERT**), 농업단체위원회(**COPA**), 유럽상공회의소연합(**EUROCHAMBRES**) 등 다양한 부분에 걸쳐 있다.

Intergovernmental Conference(IGC) : 정부간회담

유럽연합은 여러 제도화된 정책결정 방식이 존재하는데 이러한 정책결정 방식은 조약에 의해 명기되어 있다. 그러나 정부간회담은 조약 밖에서 이루어지는 정책결정 방식으로 주로 새로운 조약을 만들거나 수정할 때 행해진다. 즉, 유럽연합은 초국가 기구이지만 주요한 의사결정은 유럽연합의 제도와 절차 밖에서 이루어지는 외교적 합의인 정부간회담을 통해 이루어진다. 1950년대 유럽석탄철강공동체(ECSC)를 만들기 위해 개최된 정부간회담에서부터 2000년대 초 유럽헌법(European Constitution) 제정을 위한 정부간회담까지 유럽통합 과정에서 이 회의는 총 8차례에 걸쳐 개최되었다. 일부 학자들은 1990~91년의 정부간회담을 마스트리히트조약 체결과 경제통화동맹(EMU) 창설을 위한 회의로 구분하기도 한다. 정부간회담은 엄격한 절차가 있는 것은 아니지만 1980년대 이후부터는 일정한 틀을 갖추게 된다. 회원국들은 회의 전에 관련 보고서 및 권고안을 제기하고 이에 따라 협상을 진행한다. 구체적 정책결정은 각료이사회의 감독하에 국내관료들이 행하고, 유럽이사회 수뇌들에 의해 최종결정이 이루어진다. 이후 회의를 통해 목표가 결정되면 집행위원회를 중심으로 시행을 위한 후속조치가 뒤따른다.

유럽연합의 정부간회담

일 시	회의 결과
1950. 05	파리조약 체결 : 유럽석탄철강공동체 설립
1955. 04	로마조약 체결 : 유럽경제공동체와 유럽원자력공동체 설립
1985. 09 ~ 12	단일유럽의정서 체결
1990. 12 ~ 91. 12	마스트리히트조약 체결 / 경제통화동맹 설립
1996. 03	암스테르담조약 체결
2000. 02	니스조약 체결
2004. 06	유럽헌법 제정

Inter-Institutional Agreement : 3자협정

3자협약은 각료이사회, 집행위원회, 유럽의회에 의해 공동으로 채택된 선결적 결정의 하나로 특정 분야에서 권한의 충돌을 피하기 위해서 협력적 태도와 절차를 규정한 것이다.

Internal Market : 역내시장

→ Common Market
→ Single Market

1986년 유럽단일의정서(**SEA**)에 의해 도입된 개념으로 역내에서 4대 자유(사람, 자본, 상품, 서비스의 자유이동)가 보장되는 역내국경이 없는 경제공간을 의미한다. 역내시장이란 개념은 공동시장(**Common Market**)보다 넓은 개념으로 위의 4대 자유가 보장되는 것 이외에 새로운 공동정책과 경제결속 실행을 포함한다.

유럽공동체는 1968년 7월 1일을 기해 공동시장을 형성하였지만 각종 비관세 장벽이 상존하여 시장의 기능이 저해되어 왔다. 이에 따라 1985년 콕필드 백서(**Cockfield White Paper**)는 공동시장의 4대 자유 이외에 기술적, 물리적 장벽까지 완전히 철폐된 단일시장(**Single Market**) 형성을 위한 계획을 제시하였다. 이를 위해 단일유럽의정서는 공동시장의 4대 자유 이외에 새로운 공동정책과 경제적 결속을 포함하는 역내시장을 1992년 12월 말까지 완성할 것을 예정하였다.

INTERREG : 국경지역개발 프로그램

국경지역개발 프로그램은 국가경제나 유럽연합 전반적 차원에서 상대적으로 격리되어 발생한 사회, 경제적 발전문제를 극복하기 위해 만들어진 구조기금의 이름이다. 이 프로그램은 유럽지역개발기금(**ERDF**)을 통해 지원되며, 2단계 사업이 1994년에 시작되어 국가 간 공간계획

■ International Ruhr Authority(IRA)

을 도모하기 위해 도입된 바 있다. 3단계 사업은 2000~2006년 시기인데 48억 75백만 유로의 예산이 배정되었다. 주요 사업은 국경 간 그리고 지역 간 협력을 통해 유럽대륙의 균형 발전을 진흥하는 것인데 특히 중동부유럽의 국가들과 국경을 맞대고 있는 지역에 대한 지원이 증대되었다.

International Ruhr Authority(IRA) : 루르관리기구

독일 루르지역의 석탄과 철강 생산품이 전쟁목적으로 사용치 못하도록 감독하기 위해 1949년에 만들어진 국제기구이다. 프랑스는 루르관리기구를 서독을 군사적으로 통제하고, 서독에서 프랑스의 영향력 확대 수단으로 고려하였다. 그러나 루르관리기구는 설립 이후 실제 작동하지 못하고 폐지되었다. 프랑스가 1950년에 유럽석탄철강공동체(**ECSC**)를 제안한 것도 루르관리기구의 실패에서도 비롯된다.

Intervention : 개입

➡ Common Agricultural Policy(CAP)
➡ Intervention Price
➡ Target Price

공동체 내 농산물 가격이 목표가격(**Target Price**) 이하로 떨어질 때 집행위원회가 농업시장에 개입하는 것을 말한다. 집행위원회는 이를 통해서 개입가격(**Intervention Price**)으로 잉여 농산물을 사들여 비축하거나 해외에 수출한다. 이러한 개입정책은 농부들에게는 높은 가격을 보장해 주지만 소비자들에게는 높은 비용을 지불하게 하고 있다.

Intervention Price : 개입가격

➡ Common Agricultural Policy(CAP)

공동농업정책(**CAP**)의 가격보전제도를 위해 농산품에 적용하는 인위적 가격이다. 목표가격(**Target Price**)보다 약간 낮게 책정되는 개입가격은 역내 농산품 가격에 책정된 최하 한도 가격을 말한다. 이는 농부들에게 최소한 보장된 가격을 제공해 주는 것이다. 만약 어느 한 농산품이 이 개입가격 수준에서 판매되지 않으면 공동농업정책 개입기구(Intervention Agency)는 가격지지제도를 유지하기 위해 개입하여 그 농산품을 수매한다.

Investment Security Directives : 투자자유지침

1993년에 만들어진 지침으로 어느 한 회원국에서 회사운영을 허가받았다면 여타 회원국에서 추가적인 허가를 필요치 않다는 내용을 담고 있다. 이 지침은 외국인 회사에 제공하는 투자자 보호와 지급능력의 기준도 담고 있다.

Inward Investment : 유럽연합으로의 투자

역외권 국가의 기업체들이 유럽연합 내에서 기업활동을 하기 위한 역내투자를 말한다. 역외기업이 유럽연합에서 생산활동을 하기 위해서는 해당기업이 생산하는 제품 중에서 반드시 유럽연합에서 만들어져야 하는 최소가치를 정하는 규정이 있다. 이 최소가치는 공장도 가격으로 산출된다.

Ionnina Compromise : 이오니아 합의

이오니아 합의는 1994년 3월 그리스에서 열린 유럽연합의 비공식 외무장관회담에서 결의한 유럽이사회의 표결방식에 대한 잠정적 합의이다. 이 외무장관회담은 노르웨이, 핀란드, 스웨덴 및 오스트리아 등 4

개국의 유럽연합 가입을 앞두고 각료이사회의 가중다수결(**QMV**) 표결의 표결 수를 조정하기 위해 개최된 것이다. 당시 외무장관회담에서는 가입 신청국 4개국을 포함하여 16개국으로 확장된 유럽연합을 예상하고 논의를 하였다. 그러나 예상과 달리 1995년에 노르웨이가 국내비준 실패로 가입이 좌절되고, 핀란드를 비롯한 3개국만이 가입하면서 구체적 논의는 보류되었다.

IRA ➡ International Ruhr Authority 참조

Ireland : 아일랜드

1920년 영국으로부터 독립한 중립국가인 아일랜드는 1961년 영국과 함께 공동체 가입을 신청했지만 드골(**Charles De Gaulle**)의 거부에 의해 두 차례 가입이 무산되었다. 결국 드골의 퇴장 후 1973년 영국, 덴마크와 함께 유럽공동체에 가입할 수 있었다.

아일랜드의 유럽공동체와의 관계에서 두 번의 어려움을 겪었다. 첫 번째는 1986년 단일유럽의정서(**SEA**)가 가지는 정치적, 군사적 의미에 관한 것이었다. 중립국인 아일랜드는 결국 1987년 국민투표에서 모든 종류의 군사동맹에서 빠진다는 조건으로 단일유럽의정서가 통과되었다. 두 번째 어려움은 사람의 자유이동에 관한 마스트리히트조약의 규정에 관한 것이었다.

영국과의 긴밀한 관계 때문에 쉥겐협정(**Schengen Convention**)을 수용하지 않은 영국을 따라 아일랜드는 사람의 자유이동 규정에서 선택적 탈퇴(**Opt-outs**)를 선택했다. 그러나 아일랜드는 영국과는 달리 경제통화동맹에 가입해 유로화(**Euro**)를 사용하고 있다.

ISF ➡ Information Society Forum 참조

ISPA ➡ Instrument for Structural Policy for Pre-Accession 참조

Italy : 이탈리아

이탈리아는 유럽연합 회원국 중 가장 친유럽적 국가 중 하나로 알려져 있다. 이는 스피넬리(**Altiero Spinelli**)나 데 가스페리(**Alcide De Gasperi**) 등과 같은 유럽주의자들의 모국이 이탈리아라는 사실에서 잘 나타난다. 이러한 이탈리아의 친유럽주의적 태도는 독일의 그것과 유사하다. 즉 패전 이후 정치, 경제적 복구의 필요성과 국제적 위상의 회복이라는 필요성이 이탈리아를 유럽통합에 적극적으로 이끌었다. 이외에도 국내 강력한 공산당이란 존재는 이탈리아 정부로 하여금 더욱 적극적으로 유럽통합을 지지하게 하였다. 이탈리아는 일찍부터 마샬플랜의 수용과 대서양동맹(Atlantic Alliance)에의 가입으로 서방체제에 편입되었으며 이후부터는 모든 종류의 유럽통합 시도에 참여하는 열정을 보였다. 1950년 유럽석탄철강공동체(**ECSC**), 1957년 유럽경제공동체(**EEC**)와 유럽원자력공동체(**Euratom**)에 가입하였다. 한편 1950년대 초반 유럽방위공동체(**EDC**)를 유럽정치공동체(**EPC**)로 변화시켜 초국가적 유럽연방을 이루기 위한 시도를 하기도 하였다.

이탈리아가 유럽통합 과정에 가장 중요한 영향을 끼친 것 중 하나는 1955년의 메시나 회담(**Messina Conference**)이었다. 1981년 겐셔-콜롬보 계획(**Genscher-Colombo Plan**)을 예외로 하면 이탈리아의 유럽통합 과정에의 공헌은 미미했다. 그러나 이탈리아는 유럽통합의 주도자로서가 아니라 중재자로서 중요한 역할을 수행했다. 이탈리아는 때때로 독일-프랑스 축에 대항해 소국의 이익을 대변하기도 하였으며, 때때로 지중해 국가들과 협력하여 유럽연합의 축을 남부로 이동시키려 하였다. 통합에 대한 이탈리아의 관점은 초국가적 통합에 있다.

이탈리아는 1970년대 유럽의회의 직접선거를 주장하였고, 집행위원회

강화와 각료이사회에서 가중다수결(QMV)의 도입 등에 있어서 매우 호의적이었다.

이탈리아의 친유럽통합적 정책은 유로화 도입을 위한 이탈리아의 노력에서 엿볼 수 있다. 당시 이탈리아 경제는 막대한 부채와 인플레이션 등 때문에 유로화 도입을 위한 수렴조건(Convergence Criteria)에 맞추기 어려웠다. 그러나 친유럽주의자인 프로디(Romano Prodi) 전 총리의 노력으로 이탈리아는 경제통화동맹(EMU) 3단계에 가입하고 유럽화를 도입할 수 있었다. 이러한 경제통합 이외에도 이탈리아는 공동외교안보정책(CFSP)이나 내무사법협력(CJHA)에 적극 참여하고 있다.

J

Jenkins, Roy : 젠킨스(1920~2003)

영국의 노동당 하원의원 출신으로 내무상 등을 역임했다. 친유럽주의자로 영국의 공동체 가입을 적극적으로 지지했던 그는 1977년 집행위원장으로 선임되어 1981년까지 재임했다. 그는 재임기간에 집행위원장의 G7 정상회담 참여 등 집행위원회의 위상과 역할 강화에 헌신했다. 또한 그는 경제통화동맹(**EMU**) 형성에 기여했다.

Joint Action : 공동행동

➡ Common Foreign and Security Policy(CFSP)

공동행동은 공동외교안보정책(**CFSP**)의 효과적 실행을 위한 수단 중 하나이다. 각료이사회에서 공동외교안보정책의 공동전략(Common Strategy)이 수립되면 회원국들은 정책목표를 달성하기 위해 필요한 인력과 자원을 동원하고 상호협력에 근거해 공동행동을 취해야 한다. 공동행동에 관련된 문제들은 주로 민주주의 원칙 및 인권보장 등으로 국가 간 정치적 조율이 요구된다. 따라서 공동행동이 취해지기 위해서는 건설적 기권(**Constructive Abstention**)을 표명한 국가의 표결을 제외하고 만장일치의 동의를 받아야 한다. 그러나 몇몇 사안은 가중다수결(**QMV**)에 의해 결정된다. 공동행동은 내무사법협력(**CJHA**)에서도 실행된다.

Joint European Torus(JET) : 공동핵융합연구

옥스퍼드(Oxford) 근처의 쿨햄(Culham)에 있는 핵융합에 관한 연구 프로그램이다. 여기에는 유럽연합 회원국과 스위스가 참여해 300여 명 이상의 과학자가 참여해 보다 안전하고 깨끗한 핵융합 기술의 발전 연

■Joint Research Center(JRC)

구에 전념하고 있다.

Joint Research Center(JRC) : 공동연구개발센터

공동연구개발센터는 원래 유럽원자력공동체(Euratom) 산하에 설치되어 자체 재정확보를 통해 독립적인 연구를 진행한다는 독특한 성격을 갖고 출범하였다. 공동연구개발센터는 유럽 내 7개의 연구기관이 연합한 것으로 현재는 집행위원회 내 총국(DG)이 되어 브뤼셀에 본부가 있다. 이외의 산하 7개의 연구기관들은 벨기에, 독일, 이탈리아, 네덜란드 및 스페인 등 5개국에 분포한다. 이 센터는 7개 연구기관에 걸쳐 약 2,000여 명의 연구원과 직원이 근무하며 연 예산이 3억 유로를 넘는 대규모의 조직이다. 이 센터는 유럽원자력공동체(Euratom) 산하에 있었기 때문에 원자력 부분이 여전히 큰 비중을 차지하지만, 시스템엔지니어링, 안전 및 정보기술, 환경 및 우주 개발 등 여러 산업전반에 걸쳐 연구개발을 진행한다. 이외에 공동연구개발센터는 수요자 지향의 과학기술개발과 정책실행 및 모니터링 기능을 갖는다. 1998년에는 보건소비자보호기구(Institution for Health and Consumer Protection)가 별도의 독립기구로 산하에 설립된다. 현재 이 센터는 유럽대기오염연구소(European Laboratory for Air Pollution) 등 유럽 내 주요 연구기관이나 기업과도 전략적 제휴를 통해 연구를 진행하고 있다.

JRC ➡ Joint Research Center 참조

K

Kaleidoscope : 칼레이도스코프

➡ European Capital of Culture
➡ Culture 2000

유럽연합의 문화정책 일환으로 1996년에 도입된 문화지원 프로그램의 이름이다. 칼레이도스코프(만화경)는 동시대 예술적 창의력을 증진하고, 모든 문화영역에서 청년 예술가들의 훈련과 이동을 촉진하며, 유럽 차원에서 유럽의 문화적 유산에 대한 대중들의 인식을 제고시킬 수 있는 혁신적 문화행사를 지원하려는 목적에서 만들어졌다. 대부분의 사업이 소규모이며 5만 유로 미만의 지원금이 부여되었다는 한계를 지니고 있지만, 유럽연합 청년오케스트라와 유럽문화도시(**European Capital of Culture**)와 같은 대규모의 사업도 선정된 바 있다. 2000~2004년에 시행하는 문화2000(**Culture 2000**) 사업의 시작과 함께 산하에 편입되었으며 문화활동에 대한 새로운 접근법이 시도되었다.

Kangaroo Group : 캥거루 그룹

1980년대 초 유럽의회에서 영국 출신 의원인 페란티(Basil de Ferranti)에 의해 지도된 그룹으로, 회원국들 간 비관세장벽의 철폐를 요구한 압력단체였다. 이 그룹은 학술회의와 출판활동을 통해서 정부와 기업계에 영향력을 행사하려 하였다.

Karolus : 전문가교환 프로그램

회원국 간 전문가교환 프로그램은 1992년 단일시장(**Single Market**) 창설 시 유럽연합의 법률체계를 만드는 회원국 관리들 간 교류를 목적으로 시행된 프로그램이다. 이 프로그램은 표준화, 검사와 인증, 정부

조달, 은행 및 증권시장 감독, 시민들의 자유로운 이동 등의 분야에 집중되었다.

Kohl, Helmut : 콜(1930~)

콜은 1930년 출생하여 프랑크푸르트와 하이델베르그에서 정치학과 법학을 전공하였다. 그는 1947년 독일 기독교민주당연합(CDU)에 가입해 1973년 당의장이 되었고, 1982년에 독일총리로 선출되어 1998년까지 16년간 재임했다. 재임 기간에 그는 아데나워(**Konard Adenauer**)의 정책노선을 계승해 유럽통합의 적극적인 지지자가 되어 프랑스의 미테랑(François Mitterand) 대통령과 함께 역내시장 완성과 유럽정치협력(**European Political Cooperation**)을 성공적으로 이끌어 냈다. 또한 콜은 국내의 반대 여론에도 경제통화동맹(**EMU**)에 적극적으로 참여하고 유럽연합의 확대를 지지하였다. 콜은 이러한 친통합 노선을 통해 독일통일이 유럽에 어떠한 위협도 주지 않는다는 인식을 확산시켜, 독일의 재통합을 성공적으로 이끌어 내었다.

L

Laeken Declaration : 라켄선언

2001년 12월 벨기에의 라켄 유럽이사회(Laeken European Council)에서 채택된 선언으로 유럽연합의 기구 및 제도 개혁에 대한 구체적인 방안을 포함하고 있다. 라켄선언은 2004년의 중·동유럽국 신규가입에 대비한 유럽연합의 기구 및 제도 개혁의 필요성을 제기하며, 니스조약에 대한 추가적인 개혁논의를 개시할 것을 표명하고 있다. 유럽연합 회원국들은 라켄선언에서 제시하는 내용에 따라 유럽미래회의(**Convention on the Future of Europe**)를 구성하여 유럽연합의 확대 및 개혁에 대한 논의를 진행시켜 나가기로 합의하였다. 유럽미래회의 의장으로는 프랑스 전 대통령인 지스카르 데스텡(**Valéry Giscard d'Estaing**)이 선출되었으며, 회의에는 회원국 정부대표, 유럽의회 및 회원국 의회 대표, 집행위원회, 학계, 기업, 시민사회단체 등이 폭넓게 참여하며 논의를 진행하였다. 이후 유럽미래회의에서의 논의를 토대로 2003년 6월 합의된 유럽헌법(**European Constitution**) 초안이 그리스 테살로니키 유럽이사회(Thessaloniki European Council)에 제출되었다.

Latvia : 라트비아

라트비아는 에스토니아와 리투아니아 사이에 있는 발틱 3국 중 하나이다. 라트비아는 1991년 독립 이후 탈러시아정책을 지향하면서 정치, 경제 분야에서 서유럽과 협조를 가속화하여 1994년에 유럽연합과 자유무역연합을 체결하고 1995년에는 유럽협정(**Europe Agreement**)에 서명하였다. 이후 라트비아는 1995년에 유럽연합 가입신청을 하였으나 당시 유럽연합은 미비한 경제개혁을 이유로 가입협상을 유보하였다. 이후 라트비아는 1999년 세계무역기구(WTO)에 가입하면서 유럽연합 가

■ Legitimacy

입을 외교정책의 최우선에 놓고 추진하였다. 유럽연합은 1999년 헬싱키 유럽이사회(Helsinki European Council)에서 라트비아와 가입 협상을 진행키로 결정하였다. 순조로운 협상 결과 라트비아는 2004년에 5월 유럽연합에 가입하였다. 그러나 라트비아는 러시아인이 인구의 32%를 점하고 있어 유럽연합 가입 이후에도 러시아로부터 간접적 영향을 받고 민족분쟁의 불씨를 안고 있다.

Legitimacy : 합법성

➡ Democratic Deficit

유럽연합의 집행위원회 등 초국가 기구의 권한과 기능이 강화되면서 유럽연합 기구 및 정책 운용에서 합법성에 관한 문제가 제기되었다. 특히 유럽연합의 정책 및 행정기관인 집행위원회가 유럽통합을 주도하는 핵심적 역할을 담당하고 있지만 이에 대한 회원국의 감시와 통제가 쉽지 않다는 점과, 유럽의회의 권한이 매우 제한적이어서 유럽시민의 대표성이 부족하다는 점 등이 합법성 결여의 이유로 지적되어 왔다.

결국 합법성 문제는 실질적으로 합법성을 지니는 회원국의 주권을 심각하게 훼손하며, 유럽연합의 민주성이 충분히 보장되지 못하고 있다는 것이다. 유럽연합의 합법성 결여 논의는 결국 유럽연합의 민주성 결핍(**Democratic Deficit**)의 문제와 긴밀히 연계되어 있다. 이에 따라 유럽연합은 정책과정 및 기구운용에서 민주성과 효율성을 높이기 위해 정책결정 과정을 개방하고 유럽시민과 회원국의 참여를 확대하며, 정책결정과 집행 과정에서의 책임성을 높이기 위한 다양한 방안을 실행하였다. 청원권(**Petition**) 도입, 주요 공공문서의 인터넷 공개 등은 이러한 노력의 일환이다.

Leonardo da Vinci : 다빈치 프로그램

➡ Socrates

다빈치 프로그램은 1995년 집행위원회가 유럽연합의 직업훈련정책 분야의 모든 사업을 흡수하여 일원화시킨 5개년 실행프로그램(Action Programme)이다. 사업의 주 내용은 청년의 기술과 능력을 함양시키고, 취업관련 훈련과 인턴 등을 포함한다. 이 프로그램은 또한 평생교육의 차원에서 새로운 기술변화에 따른 적응을 위한 여러 사업을 담고 있다. 새로운 정보통신기술의 사용, 중소기업 및 수공업의 참가, 장애자를 포함하여 노동시장에서 취약한 집단의 지원 등도 주요한 사업의 내용이다.

Liberal Intergovernmetnaism : 자유주의 정부 간 교섭이론

자유주의 정부 간 교섭이론은 미국의 국제정치학자인 모랍칙(Andrew Moravcsik)이 제시한 이론으로 1990년대에 학계에서 많은 논쟁을 불러일으켰다. 모랍칙은 단일유럽의정서(**SEA**)에서부터 마스트리히트조약 체결까지 수년은 유럽통합이 급진전된 시기인데 기존 이론은 이에 대하여 명확히 설명하지 못한다는 비판에서 이 이론을 제기한다. 자유주의 정부 간 교섭이론의 핵심은 어떻게 회원국 정부들이 국내의 다양한 이익을 효과적으로 통일하여 유럽연합에서 단일의 정치적 입장을 표명하는가이다. 나아가 이 이론에서는 회원국 정부들이 어떻게 정부 간 협상에서 그들의 이익을 관철하고, 국가 간 합의를 보장할 제도를 설립하는가에 초점을 맞춘다.

자유주의 정부 간 교섭이론이 설득력을 얻은 것은 이 이론이 유럽연합의 발전과정에서 도출된 역사적 사실을 기반으로 구성되었기 때문이다. 이 이론에 따르면 유럽연합은 1950년대 이후 여러 차례 정부간회담(**IGC**)이 개최되었다. 이외에도 1960년대 공동농업정책(**CAP**) 및 공동시장(**Common Market**), 1970년대 유럽통화제도(**EMS**) 그리고 1980년대에는 단일시장(**Single Market**) 논의 등을 위해 첨예한 국가 간 협상이 행해졌다. 그러나 초국가 관료들의 기능적 조정이 깊숙이 개입된 경우는 단일유럽의정서(**SEA**) 체결을 위한 정부간회담뿐이다. 단일유럽의정서는 단일시장 창설을 위해 불가피하게 기술적 조정이 필요하기 때문에 집행위원회가 깊숙이 개입한 것이다. 이러한 역사적 경험을 들어 자유주의 정부 간 교섭이론은 집행위원회의 초국가적 권한을 강조하는 신기능주의(**Neofunctionalism**)와 상반된 관점에 있다.

Liechtenstein : 리히텐슈타인

인구 3만 명의 리히텐슈타인은 양차 세계대전 동안 중립을 유지했고, 스위스와는 1923년 이래로 관세동맹협정을 맺고 있다. 리히텐슈타인은 또한 1972년부터 유럽안보협력기구(**OSCE**)에 참여하고 있으나 중립국으로서 어떠한 방위동맹에도 참여하지 않고 있다. 그러나 리히텐슈타인은 정치, 경제적 목적을 위해 여러 국제기구에 적극 참여하고 있다. 리히텐슈타인은 유럽자유무역연합(**EFTA**)의 창설회원국이며 1987년에는 유럽평의회(**Council of Europe**)에 가입한다. 1992년에는 리히텐슈타인의 회원자격에 대한 논란으로 유럽경제지역(**EEA**) 가입이 유보되었다가 이후 1995년에 가입한다. 그럼에도 리히텐슈타인은 유럽에서도 손꼽히는 조세 피난처의 이점을 누리기 위해 유럽연합 가입을 고려하지 않고 있다.

Lingua : 링구아 프로그램

➡ Socrates
➡ Leonardo da Vinci

링구아 프로그램은 유럽연합의 22개 공식 언어를 가르치고 회원국 간 외국어 교사들의 교류를 증진시키려는 목적으로 만들어진 실천계획이다. 이 프로그램은 의무교육을 마치는 연한이 되었을 때 적어도 2개 이상의 외국어를 구사할 수 있게 하는 정책의 연장선상에서 마련되었다. 또한 이 프로그램은 외국어의 습득을 통해 일반대중이 유럽의 개념을 보다 원활하게 인지할 수 있다는 가정하에서 시도된 계획이다. 설립 당시 각료이사회에서는 영국이 이러한 언어교육이 유럽공동체조약에 포함되어 있지 않다고 반대하였으나, 결국 가중다수결(**QMV**) 표결로 통과될 수 있었다. 1995년 링구아 프로그램은 소크라테스 프로그램(**Socrates**)과 다빈치 프로그램(**Leonardo da Vinci**)에 편입되었다.

Lisbon Strategy : 리스본전략

➡ OMC(Open Method of Coordination)

2000년 3월 리스본 유럽이사회(Lisbon European Council)는 지식기반사회의 일환으로 고용, 경제개혁 및 사회 결속을 강화하기 위해 유럽연합의 새로운 전략적 목표에 합의하였다. 세계화와 함께 유럽연합은 질적 변화를 요구되며 시민들에 대한 투자를 늘리고 적극적인 복지국가를 구축하기 위한 유럽적 사회모델이 현대화가 필요하였다. 지속 가능한 미래를 위해 기존의 실업, 사회적 배제 및 빈곤의 문제에 대한 시급한 해결 역시 요구되었다. 리스본전략은 이러한 문제점을 시정하기 위해 10년 동안 추구할 다음과 같은 4가지의 목표를 선택하였다. 지식기반사회에서의 교육·직업훈련, 적극적 고용정책, 사회복지의 현대화, 사회적 포함의 증진이 그것이다. 이상의 기본 전략은 매년 춘계보고서를 통해 구체화되었다. 2004년의 경우 우선적으로 실행할 지식 및 네트워크에 대한 투자 증진, 유럽기업의 경쟁력 강화, 적극적인 노령화 대책 마련과 같은 3가지 방안이 마련되었다. 2004년 말 리스본전략에 대한 중간평가 보고서는 지식사회, 내부공동시장, 기업문화, 노동시장,

■ Lithuania

환경적 지속 가능성과 같은 다음과 같은 5가지의 정책 영역을 강조하였다. 리스본전략에 대한 전반적 평가는 출발선상의 인식으로서는 적절한 것이었으나, 높은 실업률을 감소시키고 새로운 고용을 창출한다는 핵심적 사항은 충족시키지 못한 것으로 평가받고 있다. 또한 이 전략은 복지 의존적 성향을 지니고 있는 유럽사회에서 신자유주의적 전략이라는 사회적 저항을 받기도 하였다.

Lithuania : 리투아니아

리투아니아는 1990년 3월 러시아로부터 독립을 선언하고 이듬해 8월 러시아를 비롯한 40여 개국으로부터 독립을 승인받고 외교관계를 수립하였다. 1994년과 1995년에는 유럽연합과 각각 자유무역연합과 유럽협정(**Europe Agreement**)을 체결한다. 계속하여 리투아니아는 1995년에 유럽연합 가입을 신청하여 1998년부터 가입협상을 시작하였다. 이후 리투아니아는 2003년 유럽연합 가입을 묻는 국민투표에서 91%의 압도적인 지지를 획득해 유럽연합 회원국이 되었다. 리투아니아의 유럽연합 가입은 역사적 의미가 남다르다. 리투아니아의 전신인 리투아니아대공국은 15세기에 발트 해에서 흑해에 이르는 영토로 북유럽의 최강국이었다. 이후 강력한 러시아의 등장으로 350년간 러시아와 서유럽에 종속되고 급기야 50년간 소련의 지배를 받아오면서 서유럽의 역사에서 멀어졌기 때문이다.

Lomé Convention : 로메협정

➡ Yaoundé Convention
➡ Cotonou Agreement

로메협정은 아프리카, 카리브 및 태평양 도서국가(**ACP**) 국가들의 경제발전을 지원할 목적으로 유럽연합과 이들 국가 간에 체결된 국제원조 및 무역협정을 말한다. 그 전신은 1963년 7월 20일자로 체결된 야운데협정(**Yaoundé Convention**)이다. 로메협정(Lomé I)은 1975년 2월 28일자로 체결되었고, 이후 1979년과 1985년에 각각 제2·제3 로메협정(Lomé II·III)으로 연장 체결되었다. 그리고 제4 로메협정(Lomé IV)은 1990년부터 2000년까지 발효하였다. 1998년 9월부터 양자 간 관계에 관한 재협상이 개시되어 2000년 2월에 로메협정을 대체하는 새로운 협정, 즉 코토누협정(**Cotonou Agreement**)이 채택되었다. 현재 유럽연합과 아프리카, 카리브 및 태평양 도서국가(**ACP**)와의 관계는 코토누협정에 의해 2000년 3월부터 2020년 2월 말까지 20년간 규율된다.

Luxembourg : 룩셈부르크

프랑스와 벨기에 그리고 네덜란드 사이에 있는 소규모 국가이다. 2차대전 이전까지 중립국이었으나, 전후 중립성을 버리고 서방체제에 편입되었다. 1948년 벨기에, 네덜란드와 경제동맹(**BENELUX**)을 맺고 있다. 룩셈부르크는 벨기에, 네덜란드와 같이 1950년 이래로 유럽공동체에 참여하고 있으며, 단일통화 도입과 쉥겐협정(**Schengen Convention**) 서명으로 사람의 자유이동이 보장되고 유로화를 사용하고 있다.

Luxembourg Compromise : 룩셈부르크 타협

➡ Empty Chair Crisis

룩셈부르크 타협은 1965년 프랑스가 각료이사회와 상주대표부(**Coreper**)에서 자국 대표들을 7개월간 철수시킨 공석위기(**Empty Chair Crisis**)를 수습하기 위해 이듬해 1월 당시 6개 회원국 간에 만들어진 정치적 합의이다. 1950년대 말부터 프랑스는 가중다수결(**QMV**) 표결의 확대나 집행위원회의 기능 강화 등 유럽공동체의 초국가적 권한이 강화되는

Luxembourg Compromise

데 강한 거부감을 표명하였다. 이러한 프랑스의 반통합 노선이 1965년 당시 유럽공동체의 예산 개혁과정에서 폭발하여 각료이사회와 상주대표부에서 자국 대표를 철수시켜 버린다. 이에 따라 유럽공동체 회원국은 1966년 1월 룩셈부르크에서 모여 프랑스의 주장을 대폭 수용하여 위기를 넘기는데 이러한 당시의 합의를 룩셈부르크 타협이라 부른다. 룩셈부르크 타협의 주요 내용은 회원국의 비토권을 인정하기 위해 만장일치 표결을 존속시키고 집행위원회의 권한을 억제한다는 것이다. 이에 따라 1970년대 전반을 통해 수백 건의 위원회 제안(proposal)이 각료이사회에서 회원국 간 만장일치 합의를 얻지 못해 폐기되었다. 룩셈부르크 타협은 유럽공동체조약을 무시하고 만들어진 국가 간 정치적 협의로, 이러한 정치적 협의가 적용된 1960년대 중반부터 80년대 중반까지 통합이 정체되었다. 이후 단일유럽의정서(**SEA**)가 만들어지면서 룩셈부르크 타협에서 만들어진 내용들은 폐기되었다.

M

Maastricht Treaty ➡ Treaty on European Union 참조

Macedonia : 마케도니아

구 유고연방의 하나인 마케도니아는 2004년 3월에 유럽연합 가입신청서를 제출하고, 뒤이어 유럽이사회는 집행위원회에 마케도니아의 가입에 관한 검토를 의뢰하였다. 이에 따라 동년에 집행위원회는 마케도니아의 정치경제 현황과 개혁과정을 담은 보고서(Stabilisation and Association Process Report)를 제출하였다. 동년 12월에는 양측 간 가입문제를 다루기 위한 회담이 개최되었는데 이 회담에서 유럽연합은 법치, 조직범죄와 불법 이민 등 산적한 마케도니아의 국내사정을 지적하면서 강도 높은 개혁을 주문하였다. 이러한 가입 협상과 별도로 유럽연합은 1992년부터 2004년까지 중·동유럽 지원프로그램(**PHARE**)을 통해 마케도니아에 7억 유로에 달하는 경제 원조를 하였다. 유럽연합은 마케도니아의 유럽연합 가입을 전제로 정치적 협력과 경제지원을 지속한다는 기본 입장을 견지하고 있다.

Macmillan, Harold : 맥밀란(1894~1987)

맥밀란은 1894년 런던에서 태어나 옥스퍼드 대학에서 수학하였다. 그는 1924년 보수당의 하원의원을 시작으로 정치생활을 시작하여 1957년에 수상에 선출되었다. 맥밀란은 1957년에 유럽공동체가 만들어지자 이에 대항하기 위해 유럽 내 7개 국가들을 규합해 1959년에 유럽자유무역연합(**EFTA**)을 형성하였다. 그러나 1961년 이후 국내외적 상황이 영국에 불리한 것을 깨닫고 영국의 유럽공동체 가입을 추진하였으나, 프랑스의 반대로 실패하여 총리직을 사임하였다. 그는 1984년

■ Maghreb

상원의원으로 다시 정계에 복귀하였으나 1987년 사망하였다.

Maghreb : 마그레브
➡ Mashreq

북아프리카에 있는 알제리(Algeria), 모로코(Morocco), 튜니지(Tunisia)를 지칭하는 것으로, 유럽연합은 지중해 정책의 일환으로 이들 국가들과 1978년 이래로 협력협정(Cooperation Agreement)을 맺고 있다.

Majority Voting : 다수결 제도

다수결 제도는 회의에서 토의되는 안건을 회의 구성원의 다수 의견에 근거하여 결정하는 제도이다. 유럽연합의 각료이사회는 집행위원회의 제안(proposal)에 대해 만장일치(Unanimity), 가중다수결(QMV), 단순다수결(Simple Majority Voting)의 방법에 근거하여 결정을 내린다. 외교안보정책, 내무사법협력, 사회정책, 조세 관련 정책 등과 같이 회원국이 정책권한을 보유하고 있는 분야에 대해서는 만장일치로 의사결정을 하지만, 의사진행절차와 관련한 결정에 대해서는 단순다수결이 적용되며, 이외에 단일시장(Single Market) 등과 관련한 대부분의 정책은 가중다수결에 근거하여 결정을 한다. 2003년 발효된 니스조약은 유럽연합의 확대에 대비하여 가중다수결제가 적용되는 정책범위를 확대한 바 있다.

Major, John Roy : 메이저(1943~)

메이저 수상은 정치에 입문하기 전에는 1965년부터 1979년까지 Standard Chartered Bank에서 간부로 일했으며, 1968년부터 1971년까지 Lawbeth Borogh 위원회의 회원으로 활동했다. 1979년 하원의원으로 당선되고 이후 1985년에서 86년까지는 사회보장부의 차관과 장관을 각각 역임했다. 1987년 총선에서는 재무부의 수석비서로 임명되었으며, 1989년에는 외무장관과 재무장관을 지냈다. 그는 1990년 총선에서 수상으로 당선되면서 'Back to Basics'라는 슬로건 아래 영국과 아일랜드의 평화관계 유지에 앞장섰다. 하지만 재임 중 성추행과 불법 자금 문제가 발생하고 파운드화가 급락하면서 1997년 총리직을 사임하였다.

Malta : 몰타

몰타는 남지중해 상의 도서국으로 이탈리아 시칠리아 섬의 남쪽에 있는 서울시의 약 1/2의 면적에 40만의 인구를 가진 국가이다. 몰타는 약 160년간 영국의 식민지였다가 1964년에 독립하여 아직도 영국 문화가 사회 전반에 걸쳐 많이 남아 있으며, 자국어인 몰타어와 함께 영어가 공용어로 쓰이고 있다. 몰타는 전통적으로 유럽통합 과정에 적극적으로 참여한 국가이다. 영국으로부터 독립한 이듬해에 유럽평의회(Council of Europe)에 가입하고 1970년부터 유럽공동체와 연합협정(Association Agreement)을 체결하였다. 이후 몰타는 1990에 유럽연합 가입을 신청하고 1999년부터 가입협상을 진행하였다. 가입협상 진행과정에서 몰타는 여타 가입 후보국과 달리 정치적 문제에 대한 특별한 논의는 없었다. 몰타는 유럽연합 가입 전부터 상당수의 국영기업을 민영화하고 시장을 자유화하였으나, 경제규모가 워낙 작고 낙후되어 있어 여전히 관광산업에 크게 의존하고 있다.

Management Committee : 관리위원회

공동농업정책에서 1962년에 형성된 것으로 농산물별로 구성되는 관리위원회이다. 회원국 공무원으로 구성되는 관리위원회는 각료이사회의

■ Manifest Crisis

농업정책 관련 규정 제정에서 집행위원회를 보좌한다.

Manifest Crisis : 마니페스트 위기

마니페스트 위기는 유럽공동체에서 석탄철강산업의 위기상황을 칭하는 용어이다. 또한 이는 집행위원회가 유럽석탄철강공동체(**ECSC**)의 고등관청(**High Authority**)으로부터 이양받은 지휘권한의 일부이다. 집행위원회가 마니페스트 위기를 선언하기 위해서는 유럽공동체의 각료이사회의 동의가 필요하다. 일단 동의가 이루어지면 집행위원회는 철강생산업자에게 생산할당을 부과할 수 있다. 이 경우 생산업자가 지정된 할당량을 초과해 생산하면 집행위원회는 벌금을 부과할 수 있다. 마니페스트 위기는 1980년에 발효되어 이후 유럽공동체 철강산업의 80% 이상이 집행위원회의 통제에 놓이게 되었다. 그러나 집행위원회의 이러한 권한은 1988년 6월에 해제되었다.

Mansholt Plan : 만숄트 플랜

➡ Common Agricultural Policy(ACP)

만숄트 플랜은 1968년 집행위원회 부위원장이었던 만숄트(**Sicco Mansholt**)가 제안한 공동농업정책(**CAP**)의 가격지지 및 구조개혁 계획안이다. 만숄트 플랜은 'Agriculture 1980'이라 명명된 10개년 계획으로 대규모 농가를 육성하여 노동생산성을 향상하는 데 초점을 맞추었다. 이러한 만숄트 플랜은 농업구조의 합리화를 통해 공동농업정책의 예산을 축소하려는 오래된 유럽공동체의 목표이다. 구체적으로 만숄트 플랜은 1980년까지 농업인구는 전체 경제활동 인구의 6% 수준으로 축소하고, 유럽공동체 내 전체 농지를 5백만 헥타르 이하로 줄이기 위한 방안을 담고 있다. 또한 이 계획은 농산물 가격보전정책의 축소 방안 역시 제시하였다. 유럽공동체는 1972년에 만숄트 플랜을 부분 수정 후 승인하여 실행하였다.

Mansholt, Sicco Leendert : 만숄트(1908~1995)

➡ Mansholt Plan

만숄트(**Sicco Mansholt**)는 1945년부터 1958년까지 벨기에의 농업부 장관으로 재임하면서 유럽공동체조약의 농업부분에 깊숙이 관여하였다. 또한 그는 1958년부터 집행위원회의 농업부문 위원을 역임하면서 공동농업정책(**CAP**)의 형성에 결정적 기여를 한 인물이다. 1968년에는 부위원장으로 만숄트 플랜(**Mansholt Plan**)을 제출해 공동농업정책을 발전시키는 데 기여했다. 이후 1972년부터 1년간 집행위원장을 역임하였다.

Market Access Strategy : 시장접근전략

시장접근전략은 1986년에 시작되어 이후 유럽연합 무역정책의 가장 중요한 축으로 다음의 3가지 목적이 있다.

- 실질적인 조치를 통해 유럽연합 내 수출기업 지원
- 제조업과 서비스 무역의 장애요인을 규명하기 위해 무역 상대국 간 관련 공공기록 보관
- 무역장벽을 제거하고, 유럽연합 무역 파트너의 국제적 책임성 제고

나아가 유럽연합의 시장접근전략은 시장 상황에 대한 정보, 무역장벽 철폐를 위한 후속 조치에 관한 정보, 유럽연합의 무역 상대국의 현황과 무역정책의 우선 수준 등을 파악하는 데 유용한 정보를 담고 있다.

Market-Sharing Agreement : 시장분할협정

시장분할협정은 협정에 참여한 기업들 간에 타 기업으로 기존 고객의

■ Marshall Plan

접근을 제한하고, 상품판매 지역을 분할하여 공정한 경쟁을 저해하는 행위이다. 통상 이 협정을 체결한 기업들은 정기적으로 회동하여 시장 점유율과 판매지역에 대한 분할 등을 논의한다. 유럽연합에서도 단일 시장(**Single Market**)이 완성되면서 기업들 간에 전통적인 판매시장을 보호하기 위해 시장분할협정을 체결하는 경우가 있다. 가장 대표적인 시장분할협정의 예는 1990년에 Soda와 Ash를 생산하는 Solvay와 ICI 두 회사가 상호 간 기존 시장을 유지하기 위해 협정을 체결한 경우이다.

Marshall Plan : 마샬플랜

유럽부흥프로그램(European Recovery Programme)으로 알려진 마샬플랜은 전후 유럽의 경제적 재건을 고무하기 위해 1947년 6월 미국 국무장관인 마샬(George Marshall)에 의해 발표되었다. 이 계획에 따라 미국은 유럽국가들에 약 130억 달러에 이르는 재정지원을 약속했다. 그러나 이 계획은 보다 중요한 요소는 이 계획이 유럽의 협력을 전제로 한다는 데 있었다. 즉 미국은 유럽인들에게 재정적 원조를 제공하면서, 지원된 돈의 통제는 미국에 있지만, 그것의 분배와 사용에 관해서는 유럽인들의 협력하에 이루어져야 한다고 전제함으로써 유럽인들의 협력을 고무했다. 미국의 이러한 고무에 힘입어 마샬플랜의 운영을 위해 유럽인들은 유럽경제협력기구(OEEC)를 형성함으로써 협력의 경험을 일깨우게 되었다.

Mashreq : 마슈렉
➡ Maghreb

마슈렉은 지중해 연안에 있는 이집트(Egypt), 요르단(Jordan), 레바논(Lebanon), 시리아(Siria)를 의미한다. 이들 국가들은 유럽연합의 지중해 정책에 따라 1978년 이래 협력협정(**Cooperation Agreement**)을 체결하였다. 따라서 이들 국가들의 공산품은 유럽연합 역내로 비관세 진입이 허용된다. 또한 지중해 정책에 따라 이들 지역에는 경제원조가 행해진다.

MEDA ➡ Mediterranean Special Programme 참조

Media Plus : 미디어 플러스

유럽연합 내 영상산업의 경쟁력을 향상시키기 위해 지원되는 문화정책 중 하나이다. 1990년 미디어(Media) 프로그램으로 시작된 이 프로그램은 유럽연합 27개 회원국과 아이슬란드, 리히텐슈타인, 노르웨이, 터키 등에도 확대되어 실행되고 있다. 2001~2005년 동안 기술발전, 제작, 배급 등에 약 3억 5천만 유로가 지원되었다.

Media Policy : 미디어 정책

유럽연합에서 미디어 정책은 주로 영화와 방송산업을 대상으로 문화정책의 일환으로 시행되고 있다. 유럽연합에서 미디어 부분은 직접 종사자만 100만 명이 넘는 거대한 산업이며 사회문화적으로도 중요한 기능을 갖는다. 이에 따라 유럽연합은 마스트리히트조약에 회원국 간 협력을 고무하고 필요하다면 추가적 조치를 취한다고 명기하고, 공영방송시스템에 관한 프로토콜(Protocol on the System of Public Broadcasting)을 마련하였다. 유럽연합 차원의 미디어 정책은 이미 1980년대 중반부터 산발적으로 진행되어 왔는데 1984년에 집행위원회는 방송 및 통신부분의 기술적 협력을 다룬 녹서(Green Paper on the Convergence of the Telecommunications, Media and Information Technology Sectors)를 발행하고 1985년에는 유럽방송연맹(European Broad-

■ Mediterranean Special Programme(MEDA)

casting Union)의 지원을 받아 TV방송의 기술 표준화를 다룬 지침을 제정한 바 있다.

유럽연합은 1991년부터 적용된 이른바 국경 없는 TV 지침(Television Without Frontiers Directive 89/552.EEC)을 통해 국경을 넘어 각국의 공영 TV방송 송출을 자유화한 바 있다. 이외에도 유럽연합은 MEDIA 프로그램(MEDIA II 포함)을 통해 1990년부터 2000년 까지 방송통신 교육과 미디어 부분에서 여러 관련 프로젝트를 실행하였다. 이후에도 유럽연합은 MEDIA Plus Programme(2001-2006년)을 통해 방송인력 양성, 유럽차원에서 각종 행사를 지원하고 있다.

Mediterranean Special Programme(MEDA) : 지중해지역 특별프로그램

➡ Barcelona Declaration
➡ Euro-Mediterranean Partnership(EMP)
➡ Mediterranean Policy

1995년 바르셀로나에서 시작된 지중해지역 특별프로그램은 지중해 지역의 경제사회 구조개혁을 위해 재정적, 기술적 기준을 마련한 것이다. 지중해지역 특별프로그램을 진행키 위해 유럽연합은 지중해의 12개 비회원국과 기존에 체결한 상호의정서를 폐기하였다.

Merger Policy : 기업합병정책

기업합병정책은 산업정책 중 하나로 기업결합이 실질적인 경쟁을 제한하는 부정적 효과를 억제하기 위해 실시된다. 기업합병은 유럽차원에서 산업경쟁력 강화를 야기한다는 긍정적 효과를 가져야 한다. 그와 동시에 그러한 부정적 효과를 상쇄시킬 긍정적 효과, 곧 효율성의 증대라는 효과를 초래할 수 있으며, 이로 인해 긍정적으로 유럽기업 및 산업의 경쟁력을 강화시킬 수 있다는 근거하에 기업합병이 이루어지고 있다. 유럽연합의 기업합병정책의 근간이 되는 기업합병에 관한 규정을 1990년 9월 21일에 발효시켜서 유럽연합의 경쟁정책에 포함되었다. 기업합병정책을 통해서 유럽연합은 효과적으로 유럽연합 기업들의 합병을 조절하여, 결과적으로 유럽연합 회원국 기업들의 경쟁력을 강화하고자 하고 있다. 이 기업합병에 관한 규정은 다음과 같은 3가지 고려에 토대를 두고 있다.

첫째, 유럽연합 회원국들 간에 국경 개념이 없어지게 되면 기업집중의 방법으로 대규모의 기업이 탄생될 것이다.

둘째, 이런 대기업들의 탄생은 유럽연합 기업들의 경쟁력을 강화시키고, 경쟁력이 강화된 기업들은 유럽연합의 경제성장에 도움을 줄 것이고, 국민들의 생활의 질을 향상시킬 것이다.

셋째, 기업합병 등을 통한 방법으로 탄생된 기업들이 혹시라도 유럽연합 산업에 지속적으로 부정적인 영향을 미치는 것을 방지하기 위해서는 무조건적인 합병과 같은 기업결합을 효과적으로 막을 수 있는 유럽연합 차원의 법이 필요하다.

Merger Treaty : 통합조약

통합조약의 정식 명칭은 '유럽공동체 단일이사회와 단일위원회 설립조약 (Treaty Establishing a Single Council and a Single Commission of the European Communities)'으로 유럽석탄철강공동체(**ECSC**), 유럽경제공동체(**EEC**) 및 유럽원자력공동체(**Euratom**) 등 기존 3개 공동체의 중복 기구를 통합한 것이다. 이 조약에 따라 단일의 각료이사회와 집행위원회가 만들어진다. 이 조약은 1965년 4월에 브뤼셀에서 서명되었고, 1967년 7월에 발효되었다. 이로써 상기의 공동체들은 집행위원회, 각료이사회, 유럽의회, 사법재판소의 기구 체제로 개편되고 단일예산을 사용하게 되었다. 또한 3개의 공동체 내 중복기구가 합병되면서 새롭게 유럽공동체(European Communities)라는 복수 호칭을 사용하게 되었다.

Messina Conference : 메시나 회담

1955년 이탈리아 시칠리아 섬의 메시나에서 열린 프랑스, 독일, 이탈리아 및 베네룩스 3국의 외무장관 회담을 말한다. 이 회담은 유럽방위공동체(**EDC**)와 유럽정치공동체(**EPC**) 계획이 무위에 그치면서 새로운 통합방식을 논의하기 위해 개최된 것이다. 영국도 참여를 요청받았으나 불참하였다. 이 회담에서 6개국 외무장관들은 새로운 유럽통합 방식으로 공동시장 창설을 논의하여 1957년 로마조약 체결을 가져왔다.

MFE ➡ European Federalist Movement 참조

Milano Summit : 밀라노 정상회담

밀라노 정상회담은 1985년 6월 이탈리아의 북부도시 밀라노(Milano)에서 열린 정상들의 모임으로 유럽공동체를 전반적으로 재조명하고, 공동시장의 완성을 위한 제도개혁의 필요성이 제기된 회담이다. 당시 이 회담은 덴마크, 그리스 및 영국의 반대로 실패한 회담으로 인식되었으나 후에 유럽통합과정에서 새로운 이정표를 제시한 회담으로 인식되고 있다.

Military Committee of the European Union : 유럽연합 군사위원회

유럽연합 군사위원회는 유럽안보방위정책(**ESDP**)의 발전에 따라 2000년 설치되었으며 각 회원국의 군 대표로 구성되어 있다. 유럽연합 군사위원회는 관련 정책과정에서 군사 관련 조언 및 정책 권고를 하는 등 유럽연합의 군사문제(military affairs)에 관한 업무를 수행하고 있다. 군사위원회 위원장은 일반이사회(**GAC**)에서 안보방위 관련 정책이 논의될 경우 참여하여 조언을 할 수 있는 권한을 갖는다.

Mitterand, François : 미테랑(1916~1996)

프랑스 사회당 출신으로 1981년 대통령에 선출되어 1995년까지 역임한 정치인이다. 그는 독일과의 관계를 강화하고 유럽통합 과정을 발전시킨 장본인이다. 초기에 그는 우주연구, 커뮤니케이션 등에 관심이 많아 유럽연구협력기구(**EUREKA**)를 형성하는 데 기여했다. 독일과의 관계를 주요시해 독일의 콜(**Helmut Kohl**) 총리와 친밀한 관계를 바탕으로 그는 단일유럽의정서(**SEA**)와 마스트리히트조약을 성공적으로 이끌었다.

MLG ➡ Multi-Level Governance 참조

Moliter Group : 몰리터 그룹

1994년 집행위원회에 의해 설립된 독일의 몰리터(Berhard Moliter)를 위원장으로 하는 전문가 그룹이다. 이 그룹은 유럽연합법과 관련 회원국 법의 법적, 행정적 단순화 연구에 관한 그룹이었다. 이 그룹의 보고서는 이듬해 칸느(Cannes) 유럽이사회에 보고되었다.

Monaco : 모나코

중세시대 이래 독립 군주국인 모나코는 약 32,000명의 인구를 가진 소국으로 1865년 이후 프랑스와 관세동맹을 맺고 있다. 1963년 프랑스와 경제통화동맹 실현을 위한 합의를 맺고 있다. 모나코는 유럽공동체와 관계를 맺고 있지는 않지만 프랑스와의 합의로 유럽공동체 관세영역에 속한다. 유로화 도입에 따라 프랑스는 각료이사회의 결정에 따라 모나코와 유로화 사용에 관한 합의를 이뤄 현재 유로화를 사용하고 있다.

Monetary Committee : 통화위원회

➡ Monetary Policy Committee

통화위원회는 1958년에 설립된 기구로서 각국의 재무부 및 중앙은행의 고위관리들로 구성된다. 이 위원회는 통화문제에 관하여 집행위원회에 대한 자문을 목적으로 하는데 이후 유럽연합조약에 따라 경제통화동맹(**EMU**) 1단계에서 회원국 간 통화정책을 조정할 임무를 갖게 되었다. 경제통화동맹 3단계 기간에 이 위원회는 해체되었고, 그 업무는 경제통화위원회(**Economic and Financial Committee**)가 승계하였다.

Monetary Policy : 통화정책

경제통화동맹(EMU)의 근간을 이루는 정책이다. 의사결정 절차는 사안에 따라 다르다.

- 가맹국에 의한 주화발행(article 106(2) of EC Treaty) : 유럽중앙은행(ECB)과 협의한 후 협력절차 적용
- 환율정책 지침작성(art. 111(2)) : ECB 또는 ECB와 협의한 유럽위원회의 추천을 받아 각료이사회가 가중다수결로 결정한다.
- 유럽중앙은행제도(ESCB)의 정관에 언급된 조치 이행(art. 107(6))과 ECB의 벌금부과 권한에 한계와 조건(art. 109(3)) : ECB의 추천을 받고 또 유럽의회와 유럽위원회와 협의한 후 각료이사회가 가중다수결로 결정한다.
- ESCB의 정관에 관한 기술적 조정(art. 107(5)) : ECB의 추천을 받고 또 유럽위원회와 협의와 유럽의회 동의를 얻은 후 각료이사회

가 가중다수결로 결정한다.
- EC통화에 대한 euro의 환율(art. 111(1)) : ECB 또는 유럽위원회의 추천을 받아 유럽의회와 협의한 후 각료이사회가 만장일치로 결정한다.

Monnet, Jean : 모네(1888~1979)

➡ Monnet Method

모네는 프랑스의 경제학자이자 정치인이며 유럽통합의 아버지로 불리는 인물이다. 그는 1차대전 당시 영·불 전쟁자원 조달에 종사하였고, 국제연맹의 사무부총장을 역임한 바 있다. 1945년 이후에는 드골정부에서 경제개발 5개년 계획을 수립하였다. 이후 모네는 1950년에 당시 외무장관이었던 슈만(**Robert Schuman**)과 함께 유럽석탄철강공동체(**ECSC**)의 모태가 된 슈만플랜(**Schuman Plan**)을 작성하였다. 유럽석탄철강공동체의 성립과 함께 그는 고등관청(**High Authority**)의 의장이 되었다. 또한 1950년 10월에는 유럽방위공동체(**EDC**) 계획을 입안하기도 하였다. 그는 1954년 고등관청 의장직을 사임하고 유럽통합 운동을 고무하기 위해 유럽합중국 설립위원회(Action Committee for the United States of Europe)를 설립하였다.

유럽통합에서 모네의 역할은 사상가로서의 이념적 차원에서 두드러진다. 그가 제시한 통합방법은 경제협력에서 시작하여 차츰 협력의 폭과 깊이를 심화하는 파급효과(**Spillover**)를 극대화한 것이다. 모네의 유럽에 대한 비전은 독일과 프랑스의 화해가 무엇보다도 중요하지만 단일 국가의 힘만으로는 번영을 구가하기 어렵다는 점에서 영국이 제외된 유럽공동체의 불완전성을 비판하였다. 후에 유럽연합에서는 그의 업적을 기려 장모네 기금을 조성하여 매년 교육 및 연구 분야에서 업적에 대한 시상이 이루어지고 있다.

Monnet Method : 모네식의 통합방식
➡ Monnet, Jean

모네식의 통합방식은 유럽통합의 아버지로 불리는 모네(**Jean Monnet**) 이후 많은 통합론자들이 추구한 점진적인 통합방식을 말한다. 모네는 유럽석탄철강공동체(**ECSC**)가 특정 산업에서 기능적 조직으로 출발하지만, 관련 산업에서 파급효과(**Spillover**)를 낳아 궁극적으로 정치통합을 가져올 것이라 생각했다. 만약 유럽석탄철강공동체가 의도한 목적을 달성한다면 경제공동체와 정치공동체 형성을 가져올 커다란 압력요소가 된다는 것이다. 이러한 모네의 사고는 신기능주의(**Neofunctionalism**)에서 말하는 파급효과를 통한 점진적 통합방식과 유사하다.

Multi-Level Governance(MLG) : 다층적 거버넌스

다층적 거버넌스란 용어는 유럽통합을 설명하는 이론이면서 현재의 유럽연합에 대한 기술이라는 이중의 의미를 담고 있다. 이론적 시각으로서 다층적 거버넌스는 1990년대 초 유럽연합에서 구조기금(**Structural Fund**) 운용을 분석한 막스(Gary Marks)를 비롯한 여러 학자들에 의해 제기되었다. 이 이론에서는 단일유럽의정서(**SEA**) 체결 이후 유럽연합의 정책결정에 지방정부, 이익집단 및 기업과 같은 다양한 이해관계 집단이 참여하면서 유럽통합 양상이 복합적 성격을 갖게 되었다고 말한다. 따라서 유럽통합이란 여러 정책에 걸쳐 유럽연합, 회원국 정부 및 지방정부 등이 권한을 공유하면서 협력을 확대해 가는 과정이다. 한편 다층적 거버넌스는 시민사회와 같이 다양한 집단이 유럽연합의 운영에 관여하는 유럽연합의 모습을 일컫는 용어로도 널리 쓰인다.

Mutual Recognition : 상호인증
➡ Cassis de Dijon

한 회원국 상품을 다른 회원국에서 동일한 상품으로 인정하는 것을 지칭하는 것으로 단일시장(**Single Market**)을 유지하는 데 매우 중요한 원칙이다. 1979년 유럽사법재판소의 까시스 드 디종(**Cassis de Dijon**) 판결에 따라 만들어진 상호인증은 유럽공동체의 회원국에서 국내법에 준해 생산한 상품은 여타 회원국에서도 자유롭게 판매할 수 있다는 원칙이다. 그러나 이 판결은 회원국 간 제도적 격차가 커 즉각적으로 효력을 발휘하지 못하였다. 이후 상호인증은 1980년대 후반에 단일시장계획이 본격화되면서 중요한 원칙으로 자리 잡는다. 상호인증은 몇 가지 예외 원칙을 제외하고 단일시장에서 모든 상품과 서비스에 적용된다.

N

NATO ➡ North Atlantic Treaty Organization 참조

Neofunctionalism : 신기능주의

➡ Functionalism

일반적으로 신기능주의는 1950년대 이후 현재까지 유럽통합이 진행되어온 지배적 통합방식을 말하며 동시에 이러한 과정을 설명하는 이론이기도 하다. 신기능주의 이론은 기존의 기능주의(**Functionalism**)의 연장선에서 유럽통합은 시장자유화와 경제통합이라는 기능적 부분에서부터 시작해야 한다는 논리를 담는다. 실제로 유럽연합은 유럽석탄철강공동체(**ECSC**)에서부터 유럽경제공동체(**EEC**)를 거치면서 이러한 기능적 접근을 통해 발전하여 왔다. 신기능주의는 특정 부분에서 통합이 달성되면, 또 따른 부분에서도 통합이 이루어진다는 기능적 파급효과(**Spillover**)와 경제통합이 정치통합을 가져온다는 논리로 유럽통합 과정을 설명한다. 신기능주의는 또한 파급효과는 자동적으로 이루어지는 것은 아니라 정치적 조정을 통해 점진적으로 변화하는 과정에서 이루어진다고 말한다. 통합과정에서는 위기와 갈등이 촉발되지만 이러한 과정을 거치면서 더 높은 수준의 통합이 이루어진다. 실제로 신기능주의 이론을 제기한 하스(Ernst Haas)는 드골(**Charles de Gaulle**)이 룩셈부르크 타협(**Luxemburg Compromise**)에서 보여준 반 통합노선은 참가국 간 타협을 유도하여 결국 보다 높은 수준의 통합을 가져왔다고 설명한다. 한편 신기능주의는 기능주의와 달리 통합의 주체를 기업이나 이익집단 혹은 집행위원회와 같은 초국가기구로 한정하지는 않는다. 통합이 이루어지려면 회원국 정부의 자발적 의지 역시 중요하기 때문이다. 이러한 논리를 통해 신기능주의 학자들은 공동시장(**Common**

Market)에서 시작하여 정치통합을 가져온다고 예견하였다. 신기능주의 이론은 여러 이론적 허점에도 그동안 유럽통합이 진행되어온 과정을 설득력 높게 설명하는 이론으로 1990년대 이후에는 초국가주의(Supranaionalism)의 배경이 된다.

Netherlands : 네덜란드

1944년 벨기에 룩셈부르크와 함께 관세동맹을 형성하였고, 1948년에는 이를 BENELUX라는 경제동맹으로 변형시킨 네덜란드는 유럽공동체 설립 초기부터 유럽통합에 호의적이었다. 1950년 유럽석탄철강공동체(ECSC)로부터 시작해 모든 유럽통합 과정에 참여했고, 집행위원회 강화나 유럽의회 직접선거 등 유럽통합의 초국가적 방향으로의 발전을 지지했다. 1960년대 프랑스의 드골(Charles De Gaulle)이 푸쉐플랜(Fouchet Plan)을 제출했을 때, 국가들의 유럽(*Europe des patries*)라는 드골의 목표에 반대하고 푸쉐플랜 속에 초국가적 요소를 넣을 것을 요구하였다. 또한 네덜란드는 경제통화동맹(EMU) 3단계로의 진입을 위한 수렴조건(Convergence Criteria)을 완전히 충족시킨 국가만 유로화를 도입하도록 완고하게 주장했다.

New Opportunities for Women(NOW) : 여성고용촉진 프로그램

여성고용촉진 프로그램은 1990년에 여성의 취업과 직업훈련 기회를 제공하기 위해 만들어진 프로그램으로 1999년 이후 남녀동등계획(EQUAL Initiative)에 의해 대체되었다.

New Transatlantic Agenda(NTA) : 신대서양의제

신대서양의제는 1995년 12월 유럽연합과 미국 사이에 추진된 협력계획으로 정치, 경제, 사회 전 분야에 걸쳐 양 지역 간 동반자관계 발전을 위한 협력의 틀을 제공하고 있다. 신대서양의제는 세계평화와 안정 및 민주주의 증진, 무역자유화 및 경제협력 강화, 범세계적 문제에 대한 공동대응 방안 강구, 양 지역 간 연계 강화 등을 목적으로 하고 있다. 이를 위해 이 의제는 세부적으로 150여 개의 실행계획을 수립하여 실천하고 있다. 신대서양의제는 유럽연합과 미국 간 동반자적 협력관계를 구체화한 계획으로 평가된다.

Non-compulsory Expenditure ➡ Budget 참조

Non-tariff barriers(NTB) : 비관세장벽

비관세장벽은 관세부과나 양적 규제 등이 아닌 생산 기준의 차이, 차별적 공공조달 정책 등에 의해 발생하는 무역장벽이다. 1968년에 완성된 관세동맹(Customs Union)은 회원국 간 무역에서 관세의 철폐를 달성했지만, 비관세장벽이 여전히 자유무역을 가로막고 있었다. 단일시장(Single Market) 계획은 바로 이러한 비관세장벽을 제거하기 위한 것이었다.

North Atlantic Treaty Organization(NATO) : 북대서양조약기구

북대서양조약기구는 1949년 소련 중심의 사회주의체제의 확산에 대응하기 위해 서유럽국가와 미국 및 캐나다 간에 집단방위체제 구축을 목적으로 설립된 기구이다. 설립 당시 서유럽 10개국(영국, 프랑스, 이탈리아, 벨기에, 네덜란드, 룩셈부르크, 덴마크, 아이슬란드, 노르웨이, 포르투갈)과 북미 2개국(미국, 캐나다) 등 총 12개국이 참여하였다. 이후 북대서양조약기구는 3차에 걸친 회원국 확대를 통해 2006년 기준 일부 중·동유럽국가를 포함하여 26개 회원국으로 증가하였다.

북대서양조약기구의 조직은 최고의결기관인 이사회를 비롯하여 군사위원회, 최고사령부, 지역연합사령부, 사무국 등으로 구성되어 있다. 과거 유럽연합은 안보방위분야 정책이 미비하면서 유럽지역에서의 군사안보협력은 사실상 북대서양조약기구를 중심으로 발전되어 왔다. 그러나 1990년대 초 동유럽 사회주의체제가 붕괴하고, 1993년 발효된 마스트리히트조약이 공동외교안보정책(**CFSP**)을 포함하면서 북대서양조약기구의 위상이 변화하였다. 특히 유럽연합은 1999년에 공동외교안보정책의 틀 안에서 유럽안보방위정책(**ESDP**)을 수립하여 운영하기로 결정하면서 유럽연합의 안보방위에 대한 군사적 실행권한은 서유럽동맹(**WEU**)으로 넘어갔다. 이러한 변화에도 유럽연합은 북대서양조약기구에 참가하는 회원국의 결정을 존중하고, 유럽안보방위정책을 북대서양조약기구와 협력하여 진행하고 있다.

Norway : 노르웨이

노르웨이는 1949년과 1950년에 각각 만들어진 북대서양조약기구(**NATO**)와 유럽평의회(**Council of Europe**)의 창설회원국이다. 또한 1960년에는 영국이 제시한 유럽자유무역연합(**EFTA**)에도 참여한다. 덴마크와 함께 정치·경제적으로 영국의 영향을 많이 받는 노르웨이는 1970년대 초 영국이 당시 유럽공동체 가입신청을 하자 뒤따라 가입을 신청하였으나 국내의 완강한 국수주의적 분위기로 가입을 위한 국민투표는 53.6%의 반대로 부결되었다. 그러나 다른 유럽자유무역연합 국가와 마찬가지로 노르웨이도 1973년부터 유럽공동체와 자유무역연합을 맺었으며, 1992년 5월에는 유럽경제지역(**EEA**) 설립에도 참여한다. 노르웨이는 이후 오스트리아, 스웨덴, 핀란드 3개국의 유럽연합 가입신청에 자극받아 1992년에 가입신청을 하였으나 또다시 국민투표에서 52.5%의 반대표가 나와 현재도 유럽연합의 비회원국으로 남아 있다. 그러나 노르웨이는 수입의 50%, 수출의 66%를 유럽연합에 의존하고 있는 경제구조를 고려하면 유럽연합의 비회원국으로 계속 남아 있을 수 없는 상황이다.

NOW ➡ New Opportunities for Women 참조

NTA ➡ New Transatlantic Agenda 참조

■■■■■■■■■■■■ O ■■■■■■■■■■■■

Objectives 1 : 공동체 목표 1지역

➡ Structural Fund

2000~2006년까지 유럽연합의 구조기금(**Structural Fund**)이 집중해야 하는 우선적 목표 중 유럽연합의 저개발 지역을 의미한다. 경제사회 결속정책(**Economic and Social Cohesion Policy**)의 일환으로 아젠다 2000(**Agenda 2000**)의 일부분으로 1999년 이사회 규정(Regulation n.1260/1999)에 의해 형성된 공동체 목표는 다음과 같은 세 개 부분으로 구성된다.

- 목표 1 : 저개발 지역, 소외지역 그리고 인구 저밀도 지역 원조
- 목표 2 : 옛 산업지역으로 구조적으로 어려움을 겪는 지역 원조
- 목표 3 : 제1지역에 포함되지 않는 지역의 교육, 훈련, 고용

목표 1지역에는 유럽사회기금(**ESF**), 농업지도보증기금(**EAGGF**), 유럽지역발전기금(**ERDF**) 등의 기금의 2/3 이상이 지원된다.

OCTs ➡ Overseas Countries and Territories 참조

Odysseus Programme : 오디세우스 프로그램

이민과 망명에 관련된 일을 하는 회원국 공무원들을 위해 정보교환과 훈련을 제공하기 위한 프로그램이다.

OECD ➡ Organization for Economic Cooperation and Development 참조

OEEC ➡ Organization for European Economic Cooperation 참조

Office for Harmonization in the Internal Market
➡ Community Trade Mark 참조

Official Journal of the European Union(OJ) : 유럽연합 관보

유럽연합 관보는 유럽연합출판국(EUR-OP)에 의해 매일 22개 공식어로 세 가지 종류로 발행된다. 공동체 법규는 L(Legislation)로, 법안과 유럽사법재판소(COJ) 판결문은 C(Communication), 그리고 공동체 공고사항은 S(Supplement)로 구분된다. S 시리즈는 1998년 7월 1일을 기해 더는 출판되지 않고 CD-ROM으로만 발행되며, TED라는 인터넷 사이트를 통해서 열람할 수 있다. 한편 L과 C 시리즈는 입법데이타베이스(CELEX)와 Eudor을 통해서 유료로 열람할 수 있고, 45일이 경과한 이후에는 또 다른 유럽연합 입법 데이터베이스(Eur-lex)를 통해서 무료로 이용할 수 있다. 유럽연합 관보는 유럽연합자료실(EDC)을 통해서도 열람할 수 있다. 통상 유럽연합의 규정(regulation) 등은 관보에 공포되는 즉시 유럽연합법이 된다. 관보는 세 가지 유형으로 분류된다. 니스조약의 발효와 더불어 과거 유럽공동체 관보(Official Journal of the European Communities)가 유럽연합관보(Official Journal of the European Union)로 명칭이 변경되었다.

OHIM ➡ Office for Harmonization in the Internal Market 참조

OJ ➡ Official Journal of the European Communities 참조

OLAF ➡ European Anti-fraud Office 참조

Ombudsman : 옴부즈만

➡ Petitions

옴부즈만은 유럽연합조약 21조와 195조에 명기된 유럽시민의 기본 권리로 유럽시민권(**European Citizenship**)과 함께 유럽연합의 민주적 통치를 강화하는 양대 제도이다. 1993년부터 업무에 들어간 옴부즈만은 유럽의회 내에서 독립적 기구로 설립되었는데 여기에는 최소한 2개국 이상의 국적을 갖는 유럽의회 의원 32명이 참여해야 한다. 옴부즈만에 참여하는 유럽의회 의원들은 독립적인 지위를 보장하는 대신에 겸직활동을 할 수 없다. 유럽시민은 유럽연합 기구의 활동에 따라 권리를 침해받았을 때 옴부즈만에 청원권(**Petition**)을 행사할 수 있다. 유럽연합 시민이 제소할 수 있는 유럽연합 기구는 집행위원회와 같은 정책결정기구, 지역위원회(CoR)를 포함한 자문기구와 각종 산하기구를 망라한다. 그러나 유럽사법재판소와 유럽1심재판소의 사법적 판단과 활동은 청원의 대상이 될 수 없다. 모든 유럽연합 기구는 옴부즈만의 조사에 필요한 자료제출 의무를 갖고 회원국은 옴부즈만이 내린 결과를 이행해야 한다. 초대 옴부즈만 위원장인 전 핀란드 법무장관 쇨더만(Jacob Söderman)은 1995년부터 2003년까지 재직하면서 만여 건에 달하는 청원을 다루면서 옴부즈만 정착에 기여하였다.

OMC ➡ Open Method of Coordination 참조

Open Method of Coordination(OMC) : 공개적 협력

➡ Lisbon Strategy

공개적 협력은 2000년 3월 리스본 유럽이사회(Lisbon European Council)에서 만들어진 정책결정 방식으로서 리스본전략 혹은 방식(Lisbon strategy/process)으로 통칭한다. 이 정책결정 방식은 동년

Openness

6월 파레 유럽이사회(Feira European Council)에서 채택한 정보화사회정책 실행계획(eEurope Action Plan)에서부터 본격적으로 적용되었다. 하지만 유럽연합은 1997년 안정과 성장협약(**Stability and Growth Pact**)과 동년 암스테르담 유럽이사회 결의(Amsterdam European Council Resolution)에서 이미 유사한 정책결정 방식을 언급한 바 있다. 따라서 이러한 정책결정 방식은 1990년대 중반부터 이미 거시경제조정이나 지역 및 산업정책 그리고 환경규제 등에서 존재했다고 할 수 있다. 공개적 협력은 비입법화를 통해 정책결정 시한을 단축하여 급격한 경제, 사회적 변화에 대응하기 위한 정책결정 방식이다. 유럽연합의 2차 입법(**Secondary Legislation**)이 만들어지고 실제 정책이 집행되기 위해서는 통상 수년의 시간이 소용된다. 그러므로 적절한 시행시점이 요구되는 정보화사회정책 및 고용정책에서는 이 정책결정 방식이 매우 유용하다. 공개적 협력에서는 집행위원회가 핵심적 정책방향을 제시하고 이후 회원국들이 국내사정에 맞게 정책을 시행한다. 이후 회원국의 정책시행과정에서 가장 우수한 사례를 선발해 정책방향을 재설정하거나 벤치마킹한다. 또한 공개적 협력에서는 집행위원회와 유럽차원의 경제단체들이 공동으로 정책 가이드라인을 정하고 산업계는 이에 준해 자율규제(**Self Regulation**)를 제정해 정책을 진행한다. 환경기준(**Eco Label**)과 같이 전문적인 기술입법이 요구되는 분야에서 이러한 정책결정 방식이 일반화되어 있다. 이와 같이 공개적 협력은 공식적 입법보다 이해관계 당사자 간 합의를 통해 신속하게 정책을 결정하고, 이후 상호 간 벤치마킹과 자율규제를 통해 정책을 집행하는 매우 유연한 정책결정 방식이다.

Openness : 개방성
- ➡ Accountability
- ➡ Transparency

➡ Democratic deficit

개방성은 1990년대 전반에 걸쳐 유럽연합에서 제기되어 왔던 이슈로 특별히 각료이사회를 비롯한 각 기구의 의사결정 과정의 개방, 투명성(transparency) 및 책임성(**Accountability**)과 유사한 맥락에서 제기된 문제이다. 유럽연합 운용과정의 개방성은 유럽연합이 안고 있는 민주성 결핍(**Democratic Deficit**)을 해결하기 위한 여러 방안 중 하나이다. 암스테르담조약에서는 개방성이란 유럽시민들이 집행위원회, 각료이사회 및 유럽의회의 공식문서를 자유롭게 열람할 수 있는 권리라고 명기하고 있다. 이에 따라 대부분의 집행위원회의 문서는 유럽연합 공식홈페이지(**Europa**)를 통해 개방되어 있다. 하지만 각료이사회의 경우 정부 간 외교적 협상이라는 속성상 산하의 상주대표부(**Coreper**)와 실무그룹(**Working Group**)의 활동 내용이 완전히 공개되지 않는다. 또한 공동결정(**Codecision**) 절차의 경우 최종적인 입법 결과와 수정권이 제기된 사례만 공표되고 유럽의회가 행한 수정안 내용이 공개되지 않는다. 이러한 문제점을 시정하기 위해 2001년 12월에 개최된 라켄 유럽이사회(Laeken European Council)와 2002년 3월에 개최된 유럽미래회의(**Convention on the Future of Europe**)에서는 유럽연합과 시민들 간 보다 밀접한 관계를 위한 여러 제도 개혁을 촉구하였다.

Opinion ➡ Secondary Legislation 참조

Optimum Currency Area : 최적통화지역

➡ Economic and Monetary Union(EMU)

노벨경제학 수상자인 먼델(Robert Mundell)이 1960년대에 주장한 용어로 고정환율제도로 결속된 국가 그룹을 의미한다.

Opt-outs : 선택적 탈퇴

선택적 탈퇴는 유럽연합이 특정 회원국에 대하여 특정 정책이나 조치에 한해 예외를 두어 이행의무를 면제한 것이다. 원칙적으로 선택적 탈퇴는 회원국 간 고도의 정치적 합의를 통해 조약의 의무이행을 면제한 것으로 법치에 의한 통치에 반하는 것이다. 하지만 유럽연합에서는 회원국마다 유럽통합에 대한 목적이나 정치경제적 능력이 달라 통합과정에서 정치적 마찰이 빈번하였다. 유럽연합은 이러한 문제를 시정하여 보다 유연하게 통합을 진행하기 위해 선택적 탈퇴라는 조약에 예외 조항을 두고 있다. 이 개념은 1991년 당시 마스트리히트조약 체결을 위한 정부간회담(**IGC**)에서 영국과 덴마크의 경제통화동맹(**EMU**) 거부를 용인하기 위해 만들어졌다. 또한 아일랜드와 영국은 암스테르담조약이 공동체화(communitized)한 국경통제에 관한 협정에서 이 규정을 적용해 가입하지 않았다. 이후 중·동유럽 및 남유럽국가의 유럽연합 가입 협상 시 단일시장(**Single Market**) 내 노동의 자유이동, 경쟁 및 농업정책 등과 같은 주요 정책에 이 원칙이 적용되었다.

Organization for Economic Cooperation and Development(OECD) : 경제협력개발기구

➡ Organization for European Economic Cooperation

1960년 유럽경제협력기구(**OEEC**)를 대체해 형성된 경제적 번영과 통상발전을 고무하기 위한 국제 경제협력 기구이다. 경제협력개발기구는 위의 목표 이외에 제3국에 대한 발전 지원 프로그램과 무역과 경제에 미치는 문제 해결을 위한 노력을 기울이고 있다.

초기 회원국은 유럽경제협력기구 회원국 18개국에 미국과 캐나다가 가입해 20개국이었으나, 호주, 체코, 핀란드, 헝가리, 일본, 한국, 멕시코, 뉴질랜드, 폴란드, 슬로바키아 등이 가입해 현재는 30개 회원국으로 구성되어 있다. 경제협력개발기구의 주요 조직으로는 회원국 대표로 구성되는 의결기관인 이사회(Council), 12개 회원국으로 구성되는 집행위원회(Executive Committee), 사무총장(Secretariat) 등이 있다. 유럽연합과 경제협력개발기구는 개발도상국의 개발문제에 대해서 긴밀히 협력하고 있다.

Organization for European Economic Cooperation(OEEC) : 유럽경제협력기구

➡ Organization for Economic Cooperation and Development

유럽경제협력기구는 1947년 6월 발표된 마샬플랜(**Marshall Plan**)을 실행하기 위해 이듬해 설립된 기구로 18개 국가가 참여했다. 이 기구는 미국 원조의 계획뿐만 아니라 상품의 자유이동을 위해 관세의 축소를 위해서도 노력했다. 유럽의 경제적 부흥이라는 원래의 목적이 달성된 후, 이 기구는 1960년 경제협력개발기구(**OECD**)로 변형되었다.

Organization for Security and Cooperation in Europe(OSCE) : 유럽안보협력기구

➡ Conference on Security and Cooperation in Europe(CSCE)

1995년 창설된 유럽안보협력기구는 1975년 헬싱키에서 냉전시대 유럽의 안보와 안정을 촉진하고 유럽국가들 상호 간 정치적, 경제적, 인도주의적 협력을 강화하기 위해 만들어진 유럽안보협력회의(**CSCE**)에 기반을 두고 있다. 냉전 종식에 따라 1995년부터 기존의 유럽안보협력회의가 유럽안보협력기구로 발전하였다. 유럽안보협력기구는 2006년 기준 대다수의 유럽국가, 중앙아시아국가, 미국, 캐나다 등 55개 국가들이 회원국으로 참여하는 세계 최대의 지역안보협력기구로 발전하였다. 유럽안보협력기구에서는 회원국이 동등한 지위와 권리를 인정받으며 모든 결정은 회원국 간 합의에 근거하여 이루어진다. 유럽안보협력기구는 유럽지역의 군사적 안전과 신뢰구축 및 분쟁방지, 인권보호, 인도주의적 지원 확대, 민주주의 증진, 법치국가 강화 등을 위한 국제협력을 강화하는 데 크게 기여한 것으로 평가되고 있다.

OSCE ➡ Organization for Security and Cooperation in Europe 참조

Overseas Countries and Territories(OCTs) : 역외영토

유럽연합은 지리적으로 유럽 대륙에 있는 회원국의 영토뿐 아니라 유럽 밖에 있는 회원국의 영토까지 포함한다. 역외영토는 과거 해외식민지를 많이 보유하였던 영국과 프랑스가 현재까지 보유하고 있는 21곳의 지역들을 말한다. 영국은 서인도제도에 위치한 버진 제도(British Virgin Islands)와 쿠바 인근에 있는 케이먼 제도(Cayman Islands) 등 12곳의 해외영토를 보유하고 있다. 프랑스는 태평양의 프랑스령 폴리네시아(French Polynesia)를 비롯하여 6곳의 해외영토를 보유하며, 네덜란드 역시 카리브 연안에 2곳의 해외영토가 있다. 또한 전통적으로 덴마크의 영토로 인정되어온 그린란드(Greenland)도 유럽연합의 해외영토이다. 하지만 그린란드는 여타 유럽연합의 해외영토와 달리 고도의 자치권을 갖는다. 이러한 해외영토는 기본적으로 유럽연합 회원국의 헌정질서가 적용되는 곳이지만 그동안 유럽연합의 각종 지원으로부터 배제되어 왔다. 이에 따라 유럽연합은 1997년 체결한 암스테르담조약 부속 선언서(Declaration No 36 on the OCTs)를 통해 해외영토에 대한 실질적인 경제사회적 지원을 확대한다고 천명하고 긴밀한 지원정책을 펼치고 있다.

P

Package Deal : 일괄타결

일괄타결은 서로 상이한 성격을 갖는 이슈를 한데 묶어 타결하는 유럽연합 회원국 간 오래된 정치적 합의 방식이다. 이미 유럽연합은 1958~1962년 사이에 회원국 간 일괄타결을 통해 역내관세철폐와 공동역외 관세 조치를 시행하고 이후 1960~1969년 사이에도 이 방식을 적용해 공동농업정책(**CAP**)을 시행한다. 이와 같이 일괄타결 방식은 어느 한 회원국이 특정 정책이나 조치를 반대할 경우 보상이나 유인적 성격의 정책을 제시하여 타협을 시도하는 것이다. 비공식 통계에 따르면 각료이사회 내 상주대표부(**Coreper**)나 실무그룹(**Working Group**) 내에서 회원국 간 합의 중 약 85%는 이러한 방식을 취하는 것으로 알려져 있다.

Pact on Stability in Europe : 유럽안정화협약
➡ Joint Action

중동부 유럽에서 군사적 긴장을 완화하기 위해 1995년 서명된 공동외교안보정책(**CFSP**)의 공동행동(**Joint Action**) 협약이다. 이는 1992년 당시 프랑스 총리였던 발라뒤르(Balladur)에 의해 제안된 계획이 현실화된 것으로 공동외교안보정책에서 취해진 첫 번째 정책 중 하나이다. 발라뒤르 총리는 공산주의의 붕괴 이후 동유럽에서의 정치, 군사적 안정을 위해 유럽의 모든 국가들이 새로운 정치지형을 인식하고, 평화적 관계에 기초해 새로운 균형을 건설할 임무를 제시했다. 이에 따라 유럽안정화협약은 국경 협력, 소수민족 문제, 문화, 경제, 환경 협력 문제에 관해 이웃 국가 사이에 우호관계 정립을 위한 국가 간 합의와 협력을 지원한다. 유럽안정화협약의 시행은 유럽안보협력기구(**OSCE**)가 맡고 있으며, 유럽연합은 이 협약에 서명한 국가들 간 쌍무관계에서 분쟁이 야기될 경우 중재역할을 수행한다. 유럽안정화협약은 국제무대에서 유럽 국가들 간 정치, 군사적 협력을 보여주는 좋은 예이다.

Padoa-Schioppa Report : 파도아 스키옵파 보고서

파도아 스키옵파 보고서는 집행위원회의 요구에 따라 1987년 4월 이탈리아 중앙은행의 부총재인 톰마소 파도아 스키옵파(Padoa-Schioppa)가 의장을 맡은 위원회에서 작성한 보고서이다. 스키옵파 위원회는 스페인과 포르투갈의 가입과 공동시장의 효과 등을 평가하고, 공동통화정책, 회원국 간 결속 촉진, 공동시장 완성을 위한 스케줄 및 거시경제 전략 등의 4가지 권고안을 담고 있다. 이러한 권고 내용은 유럽공동체 내에서 지역 간 경제력 격차를 시정하고 경제발전을 도모할 필수적인 요인들이다.

Partnership : 동반자관계

➡ Social Dialogue
➡ Social Partners

동반자관계는 집행위원회가 정책결정과 집행과정에서 유럽연합 밖의 여러 사회적 행위자와 연합하여 정책을 진행하는 방식이다. 이러한 동반자관계는 1988년에 집행위원회가 결속정책(**Cohesion Policy**)을 시행하면서 유럽연합 내의 여러 전문가집단, 이익집단과 지방정부와 공식화된 협력을 천명하면서 제기된 개념이다. 동반자관계는 정책생성부터 재정, 모니터링과 시행평가 등의 모든 정책과정을 망라한다. 통상, 집행위원회는 정책 제안단계에서 동반자관계를 통해 연구기관 및 대학으로부터 보고서의 요청, 각종 이익집단으로부터 관련 정보를 요구한다. 이외에 집행위원회는 정책형성과 집행과정에서 전문적인 로비집단이나 이익단체의 의사를 수용하고 정보를 취득한다. 이러한 동반자관계는 주로 비공식적인 다양한 경로와 형식을 통해 이루어진다. 이 과정에서 집행위원회는 전문적인 기술적 자문과 정보를 획득한다.

Partnership and Cooperation Agreements(PCAs) : 동반자-협력협정
➡ TACIS

동반자-협력협정은 동유럽과 중앙아시아 국가들의 정치적, 경제적 발전을 지원하기 위한 유럽연합의 대외관계 프로그램 중 하나이다. 유럽연합은 1990년대 후반부터 이 지역의 저개발 국가들과 쌍무 관계를 형성해 정치, 경제, 무역, 문화, 기술부분에서 협력을 지속하여 왔다. 각 협정은 유럽연합과 상대국가에서의 비준을 거친 후 10년간 유효기간을 가진다. 현재 유럽연합은 아르메니아, 아제르바이잔, 그루지야, 카자흐스탄, 키르기스스탄, 몰도바, 러시아, 우크라이나, 우즈베키스탄, 몽고 등과 동반자-협력협정을 체결하였으며, 벨로루시와 투르크메니스탄과는 협정이 조인되었으나 아직 비준에 들어가지 못하고 있다.

Party Group : 정당연합
➡ European Parliament
➡ Standing Committee

유럽의회는 집행위원회 총국(**DG**)과 유사하게 정책 영역에 따라 만들어진 상임위원회(**Standing Committee**)와 유사한 정치적 이념에 따라 만들어진 정당연합이라는 두 가지의 조직으로 구성된다. 유럽의회 의원은 정치적 이념에 따라 국적을 떠나 정당연합을 만들 수 있지만 몇 가지 구성 원칙에 준해야 한다. 먼저 1/5 이상의 회원국 국적을 갖는 의원이 참여해야 하며, 최소한 19명 이상의 의원이 참여해야 한다. 또한 유럽의회 의원은 두 개 이상의 정당연합에 참여할 수 없으며, 이른바 비정파로서 어느 한 정당연합에도 가입하지 않아도 된다. 2007년 기준 유럽

■ Party Group

의회에는 9개의 정당연합이 형성되어 있다. 매 선거마다 유럽의회의 정당연합이 새롭게 구성되지만 유럽국민연합(EPP)과 유럽사회주의연합(PSE)은 항상 지배적 정파로 유럽의회의 정책노선에 큰 영향을 미쳐왔다. 실제로 양 정당연합은 1999년 집행위원회 내 비리사건과 관련하여 당시 집행위원장인 상테르(**Jacques Santer**)의 사임을 주도한 바 있다. 이들 양대 정당연합은 중도적이며 온건한 정치적 노선을 견지하는 사회주의(Socialism), 자유주의(Liberalism), 기독민주(Christian Democrat) 그리고 보수주의(Conservative) 정당들의 연합으로 유럽연합의 개별 회원국 내에서도 다수를 점하는 정당들이다.

유럽의회 정당연합(2007년 기준 정당연합)

정당연합	의석수(784)
유럽국민연합(EPP)	277
유럽사회주의연합(PSE)	217
유럽자유민주주의연합(ALDE)	106
유럽국가연합(UEN)	44
유럽녹색연합(The Greens)	42
유럽좌파연합(GUE/NGL)	41
독립민주연합(ID)	23
주권연합(ITS)	20
비정파(NI)	14

비고) EPP : Group of the European People's Party (Christian Democrats) and European Democrats
  PSE : Socialist Group in the European Parliament
  ALDE : Group of the Alliance of Liberals and Democrats for Europe
  UEN : Union for Europe of the Nations Group
  The Greens : Group of the Greens/European Free Alliance
  GUE/NGL : Confederal Group of the European United Left - Nordic

Green Left
ID : Independence/Democracy Group
ITS : Identity, Tradition and Sovereignty Group
NI : Non-Attached Members

Party Leaders's Meeting / Party Leader's Summits : 정당대표자회담
➡ European Parliament

정당대표자회담은 유럽의회의 각 정파 대표와 집행위원장 및 고위급 정치인과 관료들이 참여하여 유럽연합의 중장기 의제와 정치적 노선을 결정하는 회합이다. 정당대표자회담은 1970년대 기독민주당, 사회당 그리고 자유당 대표 간의 비공식적 회합에서 비롯된다. 이후 1990년대 초부터는 지배적 정당연합의 대표들을 중심으로 유럽의회 내 최고의사결정 조직으로 정례화되었다. 통상 집행위원회의 실행계획(action plan)은 유럽의회 상정 전에 정당대표자회담에서 승인이 이루어진다. 정당대표자회담은 연 2회 이상 개최되는데 유럽정상 회담 전에 개최되는 것이 통례이며 정당대표자선언(Party Leader's Declarations)을 통해 회담결과가 공표된다.

Patten, Chris : 패튼(1944~)

패튼경은 하원의원에서 출발하여 홍콩의 마지막 영국 총독이 된 인물로 뉴캐슬대학과 옥스퍼드대학의 총장을 역임하였으며 토리당 개혁파의 수장을 맡기도 하였다. 그는 홍콩의 중국 반환 이후 200년 1월부터 2004년 11월까지 유럽연합 대외관계 담당 집행위원을 지냈다. 이후 그는 2004년에 차기 위원장 후보에 올랐으나 프랑스와 독일로부터 지지를 받지 못해 임명되지 못한다. 패튼은 한때 중국으로부터 환영받지 못한 인물이었으나, 유럽연합에서의 역할로 중국 관리들로부터 우호적 평가를 받았다.

PCAs ➡ Partnership and Cooperation Agreements 참조

Permanent Mission : 상주대표단

상주대표단은 유럽연합 본부인 브뤼셀에 파견된 비회원국의 대표단을 말한다.

Permanent Representatives Committee(Coreper) : 상주대표부
➡ Council Working Groups

상주대표부는 브뤼셀에 설치한 회원국 정부의 대표부로 주로 각료이사회의 실무업무를 담당한다. 유럽공동체조약 207조는 상주대표부의 기능을 다음과 같이 명시하고 있다. "상주대표부는 회원국 정부 대표들로 구성된 위원회로 각료이사회의 업무를 지원한다. 이 위원회는 경우에 따라 각료이사회가 정한 내부절차에 따라 정책결정 권한을 갖는다." 이와 같이 상주대표부는 각료이사회의 실무업무를 지원하기 위해 브뤼셀에 파견된 회원국의 관료조직으로 회원국 간 의견조정이나 집행위원회와의 업무 협력을 담당한다. 유럽연합에서 일상적인 의제는 대부분 상주대표부에서 결정이 이루어진다. 따라서 각료이사회가 가중다수결(**QMV**)이나 만장일치로 정책결정을 하였다면 사전에 상주대표부에서 의견이 조정되고 집행위원회의 실무관료들과도 이미 협의를 거친 것이다.

1962년 이후 상주대표부는 업무에 따라 Coreper I과 Coreper II로 나뉜다. Coreper I은 일반적인 이사회 의제에 대한 기술적 조정을 관장한다. 여기서 다루는 이슈들은 환경, 단일시장(**Single Market**), 운송, 어업, 소비자보호 및 교육, 문화 및 사회정책 등 유럽공동체조약에 명기된 대개의 정책들을 망라한다. 그러나 농업특별위원회(**SCA**)가 농업정책 전반을 담당하므로 Coreper I은 관행적으로 농업정책에는 관여하지 않는다. 반면에 Coreper II는 대외업무나 내무치안 및 경제

통화 등 정치적으로 민감한 이슈를 다루며 매달 개최되는 일반이사회 (**GAC**)의 준비를 담당한다. 또한 Coreper II는 일상적인 감독과 조정이 행해지는 예산, 구조기금 및 조정기금에 대한 결정에 참여한다. 한편 상주대표부에는 행정실무와 기술적 문제를 다루기 위해 회원국의 실무관료들이 참여하는 250여 개에 달하는 각종 위원회와 실무그룹 (**Working Groups**)이 있다.

상주대표부 구성과 담당업무

상주대표부 구성	담당업무
Coreper I	- 고용, 보건, 소비자, 사회정책 - 경쟁력 강화정책 (단일시장, 산업, 연구개발, 관광부분), 운송, 통신, 에너지정책 - 농업, 어업정책 - 환경정책 - 교육, 문화정책
Coreper II	- 대외정책(안보, 대외협력) - 경제, 통화(예산 포함) - 내무사법협력

Petersberg Task : 페테스베르그 임무

➡ Western European Union(WEU)

페테스베르그 선언은 1992년 6월 독일 본(Bonn) 인근의 페테스베르그 호텔에서 개최되었던 서유럽동맹(**WEU**) 각료회의에서 합의된 유럽연합 회원국의 군사적 임무를 말하며 페테스베르그 선언(Petersberg Declaration)으로도 불린다. 서유럽동맹 각료회의에서 채택된 페테스베르그 선언에서는 서유럽동맹 회원국들이 역외지역에서의 인도주의적 구호활동 및 평화유지활동을 위한 병력 파견과 위기관리를 위한 군사적 행동을 취할 수 있도록 하였다. 1999년 발효된 암스테르담조약은 서유럽동맹의 페테스베르그 임무를 유럽연합 공동외교안보정책(**CFSP**)의 체제 내로 포함하여 유럽안보정책의 기초로 삼고 있다.

Petitions : 청원권

➡ Ombudsman

청원권은 유럽공동체조약 212조와 194조에 명기된 유럽연합 시민의 기본 권리이다. 모든 유럽연합 시민은 유럽연합으로부터 직간접적인 불이익을 받았거나, 회원국이 유럽연합의 정책을 이행하지 않았을 경우 유럽의회에 청원권을 제기할 수 있다. 이에 따라 유럽의회의 청원권위원회(Committee on Petitions)는 시민들로부터 접수된 청원을 검토하여 타당성이 있다면 옴부즈만(**Ombudsman**)에 이를 제기한다. 일례로 1997년에 스페인 국적의 학생이 독일대학에서 받은 학위가 본국에서 인정되지 않는다는 이유로 유럽의회에 청원을 제기하여 당시 집행위원회는 스페인 정부의 관련 부서에 이 사실을 통보하여 시정지시를 내린 바 있다. 암스테르담조약을 통해 추가된 유럽공동체조약 21조에서는 유럽연합 시민은 유럽연합 기구들에 의해 불이익을 받았을 때 소속국가의 언어를 통해 청원권을 제기하며, 그 결과 역시 소속국가의 언어로 결과를 통보받을 수 있다고 명기하고 있다.

PETRA ➡ Programme for the Vocational Training of Young People and Their Preparation for Adult and Working Life 참조

PHARE ➡ Programme of Community aid to the countries of Central and Eastern Europe 참조

Pillars of the European Union : 유럽연합 지주구조

유럽연합은 일반적 명칭이면서도 동시에 유럽공동체(**EC**), 공동외교안보정책(**CFSP**) 및 내무사법협력(**CJHA**)을 포함하는 집합적 개념이다. 이러한 법적 기반을 유럽연합을 구성하는 3개의 지주구조라 한다. 구체적으로 유럽공동체에는 유럽공동체조약에 따른 공동정책(농업, 환경, 무역, 지역정책 등), 경제통화동맹(**EMU**) 및 유럽시민권(**European Citizenship**)이 포함된다. 공동외교안보정책은 회원국 간 협력을 통해 진행되는 외교 및 안보정책을 포함하며, 내무사법협력은 유럽경찰국(**Europol**), 범죄 및 사법협력 등의 분야를 망라한다.

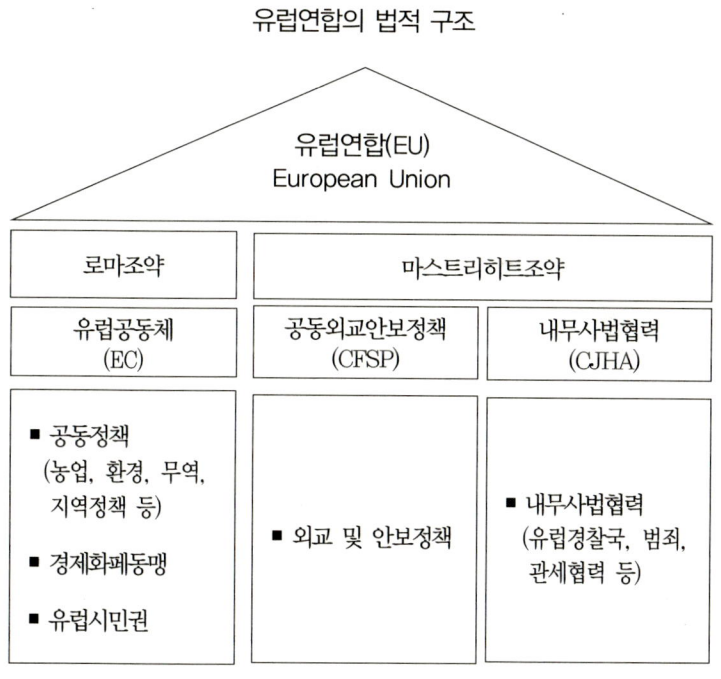

유럽연합의 법적 구조

Pleven Plan ➡ European Defence Community 참조

Poland : 폴란드

폴란드는 유럽연합의 중·동유럽 지원프로그램인 **PHARE** 프로그램의 수혜국으로 1991년 유럽연합과 유럽협정(**Europe Agreement**)을 체결하고 1994년에 정식으로 회원국 가입신청서를 제출한다. 당시 유럽연합은 폴란드의 유럽연합 가입을 전제하고 농업, 환경 및 운송산업의 신속한 개혁을 요구하였다. 이후 폴란드는 유럽연합으로부터의 지원과 국내개혁이 순조롭게 이루어져 1998년부터 유럽연합과 가입협상을 진행하여 2004년에 정식으로 회원국이 되었다. 전통적으로 폴란드의 산업은 중동유럽 국가들과 깊은 관계를 맺고 있었으나 2000년 기준 대외교역액 중 65%가 유럽연합 회원국과의 거래일 정도로 빠른 속도로 서유럽 경제에 편입되었다. 폴란드는 동유럽에서 최대의 인구규모를 갖는 국가로 각료이사회의 가중다수결(**QMV**) 표결에서 스페인과 동일한 27표를 보유하고 있다. 이러한 배경을 활용하여 폴란드는 유럽연합 가입 이후 서유럽과 중동유럽 및 러시아 사이에서 균형자 역할을 자처하면서 정치적인 입지를 굳히고 있다.

Police and Judical Cooperation in Criminal Matters : 경찰사법협력

→ Cooperation in the Fields of Justice and Home Affairs(CJHA)

경찰사법협력은 조직범죄, 테러리즘, 부정행위, 무기나 마약밀매, 인종차별 등에 대처하기 위해 회원국 간 사법, 경찰 및 세관업무의 공동대처방안이다. 본래 경찰사법협력은 마스트리히트조약에 의해 제3의 지주로서 형성된 내무사법협력(**CJHA**)에 포함되었다. 그러나 1997년 암스테르담조약에 의해 이민, 망명, 비자, 국경통제 등에 관한 정책이 제1지주로 넘어가 초국적 공동체 정책이 되면서 제3 지주에는 경찰사법협력만 남게 되었다. 경찰사법협력은 초국가적 공동체 정책이 아니라 정부 간 협력에 의해 운영되는 것으로 다음과 같은 분야로 구성된다.

- 유럽경찰국(**Europol**)을 통한 각 회원국의 경찰, 세관 당국 간의 경찰협력.
- 회원국 간 사법조정과 사법 당국 간 협력
- 조직범죄 부분에 공동대처하기 위한 회원국 간 규정 조화

경찰사법협력은 초국가적 정책이 적용되지 않기 때문에 유럽연합의 일반적인 정책결정 과정과는 차이를 보인다. 모든 결정은 각료이사회에서 이루어지고 집행위원회는 회원국과 공동으로 발의권만을 가진다. 각료이사회 의장은 결정을 채택하기 전에 유럽의회에 의견을 구한다.

Political and Security Committee(PSC) : 정치안보위원회

➡ Political Committee
➡ Political Directors

정치안보위원회는 유럽안보방위정책(**ESDP**)의 원활한 수행을 지원하기 위한 목적에서 이사회 산하에 설치된 위원회로 과거 정치위원회(**Political Committee**)를 대체한 것이다. 이 위원회는 유럽연합의 공동외교안보정책(**CFSP**)을 감독, 조정하는 기능을 수행한다. 정치안보위원회는 특히 인접국가에서의 위기상황에 대처하기 위해 정치적 역량을 강화하는데 주력하고 있다. 정치안보위원회는 유럽연합 군사위원회(**Military Committee of the European Union**), 군사참모부(Military Staff), 위기관리위원회(Committee for Civilian Aspects of Crisis Management), 정치군사그룹(Politico-Military Group) 등의 지원을 받고 있다.

Political Committee : 정치위원회

➡ Political and Security Committee(PSC)

정치위원회는 공동외교안보정책(**CFSP**)의 운용을 지원하기 위해 유럽

■ Political Directors

연합 일반이사회(GAC) 산하에 회원국의 고위 외교관으로 구성된 위원회이다. 정치위원회는 월례회동을 통해 안보방위정책의 운용 및 이행과정을 조정하며, 시급한 국제문제를 검토하여 일반이사회에 정책제안을 한다. 이는 원래 유럽정치협력(European Political Cooperation) 차원에서 구성되었던 정치담당위원회(Committee of Political Directors)가 1993년 마스트리히트조약의 발효에 따라 정치위원회로 발전한 것이다. 그러나 2000년 니스조약의 체결로 이 위원회는 정치안보위원회(PSC)로 명칭이 변경되었다.

Political Directors : 정치담당위원

정치담당위원은 유럽연합의 일반이사회(GAC) 산하에 설치된 정치안보위원회(PSC)에 속한 위원을 말한다. 이 위원들은 원래 1970년대 이래 추진된 유럽정치협력(European Political Cooperation)의 실무를 맡던 정치담당위원회(Committee of Political Directors)의 위원으로 출발하였다. 이후 위원회의 명칭이 변경되면서 현재에는 유럽안보방위정책(ESDP)을 지원하는 정치안보위원회의 위원으로 활동하고 있다. 유럽연합 의장국 외무부가 정치안보위원회(PSC)를 구성하므로 통상 의장국이 교체되는 6개월마다 정치안보위원회 위원이 새로 구성된다.

Political Union : 정치동맹

정치동맹은 지역통합에 참여하는 가맹국의 정치, 경제적 주권이 초국가 기구인 공동기구로 완전히 이양된 상태를 의미한다. 기능주의적 관점에서는 지역통합이 초기 경제·사회분야를 중심으로 한 기능적 통합으로부터 점차 환경, 사회, 통화, 외교안보 등 다른 정책분야로 확산된다고 말한다. 따라서 지역통합에 참여하는 국가의 정책권한이 공동의 정치기구로 이양되면서 최종단계인 정치동맹이 완성된다고 말한다. 정치동맹이 형성되면 회원국들은 연방개념에 입각하여 공동주권을 갖고, 경제·사회분야뿐만 아니라 정치, 외교, 안보방위정책 분야에서도 국가주권을 함께 공유한다. 이런 관점에서 유럽연합은 단일시장(<u>Single Market</u>)의 완성, 공동외교안보정책(<u>CFSP</u>)과 내무사법협력(<u>JHA</u>) 시행 그리고 단일통화 도입으로 회원국 간 통합수준을 높여 점차 정치동맹으로 발전하고 있다고 평가할 수 있다.

Pompidou, George Jean Raymond : 퐁피두(1911~1974)

퐁피두 대통령은 1944년 당시 프랑스의 임시정부 수반이었던 드골(<u>Charles de Gaulle</u>)을 만나면서 정치 인생을 시작하였다. 그는 1944년부터 49년까지 정부관료 및 정치인으로 여러 요직을 거친 뒤 1962년 총리가 되었다. 총리 재임 중 퐁피두는 68혁명에 휩싸인 프랑스를 안정시키는 데 큰 공을 세웠다. 이후 퐁피두는 1969년에 대통령에 취임해 구소련과 관계를 유지하고 안정적인 원유확보를 위해 중동국가들에 무기를 수출하는 등 드골의 자주노선을 계승하였다. 그러나 퐁피두는 유럽통합정책에 관해서는 드골과는 다른 입장을 취했다. 그는 우선 영국의 유럽공동체 참여에 대한 오랜 프랑스의 반대를 철회해 1973년 영국이 공동체에 가입할 수 있게 하였다. 또한 유럽이사회(European Council)의 전례가 된 유럽정상회담의 상설화를 가져오는 노력을 하기도 하였다. 그는 당시 독일 총리인 브란트(Willy Brandt)와도 우호적인 관계를 유지하여 독-불 관계를 공고히 하는 데 기여했다. 퐁피두 대통령은 대통령 재임 중 암으로 1974년에 생을 마감했으나, 1977년 그가 생전에 설립을 추진했던 국립문화센터인 퐁피두센터가 문을 열었다.

Pompidou Group : 퐁피두그룹

프랑스 대통령인 퐁피두(George Jean Raymond Pompidou)에 의

해 1971년 형성된 그룹으로 마약과의 전쟁에서 회원국 당국 간의 협력을 고무하기 위한 단체였다. 초기에는 당시 공동체 6개 회원국과 영국이 참여했으나, 현재에는 34개 국가가 가입해 있다.

Portugal : 포르투갈

1976년까지 독재정권 아래 있었던 포르투갈은 초기 유럽자유무역연합(**EFTA**) 회원국이었다. 비민주적 체제로 유럽공동체 가입이 거부되었으나 유럽공동체와 무역협정을 체결하고 있었다. 경제, 사회의 근대화를 위해 1977년 공동체 가입을 신청해 1986년 스페인과 함께 공동체에 가입하게 되었다. 그러나 초기 포르투갈의 유럽공동체에 대한 태도는 영국과 유사한 정부 간 협력을 지지하는 수준에 있었다.

2004년 확대 이전까지 포르투갈은 그리스와 함께 유럽연합 내에서 가장 낙후한 지역으로 공동체의 구조기금(**Structural Fund**)에 많은 관심을 가졌다. 이후 포르투갈은 유럽통합에 매우 호의적으로 변했다.

Positive and Negative Integration : 적극적/소극적 통합

영국의 정치학자인 핀더(John Pinder)가 처음 사용한 어휘로 관세장벽의 제거를 부정적 통합으로, 공동정책의 형성을 긍정적 통합으로 묘사한 것에서 유래한다.

Pre-Accession Partnership Agreement ➡ Europe Agreement 참조

Pre-Accession Strategy : 가입전략

➡ Agenda 2000

가입전략은 중·동유럽 국가들의 유럽연합 가입을 보다 용이하게 하기 위한 국내개혁 지원을 말한다. 가입전략은 1993년 코펜하겐 유럽이사회에서 처음으로 논의되고, 이후 1994년 에센유럽이사회에서 구체적 형태가 갖추어졌다. 이 전략에 따르면 가입 후보국들은 가입조건을 준수하고 인접국과 호혜관계를 유지하며, 가입 후보국 간 쌍무적 협력관계를 발전시켜야 한다. 가입 조건에서 가장 중요한 부분은 가입 후보국들이 유럽연합에서의 모든 권리와 의무를 수용해야 한다는 것이다. 그러나 회원국이 되기 위해서는 유럽연합의 법과 정책을 수용할 능력이 요구되므로, 유럽연합은 중·동유럽 지원프로그램(**PHARE**)을 통해 가입 전에 가입 후보국을 정치경제적으로 지원한다. 1997년에 집행위원회는 아젠다 2000(**Agenda 2000**)을 제출해 가입 후보국에 대한 새로운 지원 필요성을 제기하여 이듬해 강화된 가입전전략(Reinforced Pre-Accession Strategy)이 시행되었다. 이 전략은 농업발전프로그램(**SAPARD**)과 가입지원 구조개혁조치(**ISPA**) 등을 담고 있다.

Principle of Subsidiarity : 보충성의 원칙

보충성의 어원은 라틴어의 예비 부대(subsidium)를 의미하는 고대 로마의 군사용어에서 비롯되었는데 최전선에서 싸우는 보병대와 구분되었다. 현대에 와서는 원조 또는 도움의 의미로 쓰이는데, 영어의 subsidiary는 중요성에 있어 부수적(subordinate), 이차적(secondary) 의미로 사용되어 혼동의 여지가 있다. 보충성의 원리는 다음과 같은 논리를 지니고 있다. 적극적인 차원에서, 모든 집단이 개인으로 하여금 자신의 의무를 수행할 수 있도록 하거나 고무하여야 하며, 상부의 집단은 하부 집단에 같은 역할을 해야 한다(assistance). 소극적인 차원에서, 집단들이 개인이나 하부 집단의 자기 의무 수행에 대한 권리를 박탈해서는 안 된다. 중재나 개입은 사람들이 스스로를 도와 문제를 해결하는 방향으로 이루어져야 한다(non-interference).

유럽통합과 관련하여 보충성의 개념은 1970년대에 처음 언급되기 시작하였으며, 유럽연합조약이 체결되기 이전에 정치적으로 중요한 의미를 갖게 되었다. 기본적으로 유럽연합은 법적 권위를 가진 분야에 대해서만 활동할 수 있으며, 초국가적 차원에서 더 잘 달성될 수 있을 시에 권한의 사용이 가능하다는 원칙을 천명하고 있다. 따라서 회원국의 권위가 정상적으로 활용되는 것으로 보는 시각이 있는 반면에, 유럽연합의 활동을 하나의 예외로 보는 시각도 존재한다. 암스테르담조약에서 보충성의 원칙에 대한 세련화 작업이 시도되었으며, 2000년 지역위원회(CoR)는 이 원칙이 지방 및 지역의 권위에 대한 역할을 공식적으로 인정하는 방향으로 개정해줄 것을 요청하였으나, 니스이사회에서 이 사항이 결정되지 못하였다. 집행위원회는 매년 이 원칙의 적용을 평가하여 보고서를 발간하고 있다.

Prodi, Romano : 프로디(1939~)

이탈리아의 경제학자이자 정치인인 프로디는 볼로냐 대학의 경제학과 교수로 일생의 대부분을 보냈으나, 1978년 기민당 연정하에서 산업부 장관을 역임하였다. 이후 그는 1980년대에 적자로 부실상태에 있던 이탈리아의 최대 국영기업집단인 산업재건공사(IRI)의 회장직을 12년간 맡으면서 흑자로 전환시킨 경영수완을 발휘하여 국제적인 주목을 받았다. 1992년부터 정치에 입문하여 1996년 선거에서 중도좌파를 이끌어 승리하였고 내각의 총리직을 2년간 맡은 바 있다. 이후 프로디는 1999년 집행위원회의 위원장으로 임명되어 유럽연합 내에서 집행위의 위상을 재고하기 위해 여러 개혁 조치를 취하였다. 그러나 유럽연합에서 그의 리더십은 취약하다는 평판을 받았다. 프로디는 집행위원장을 물러나 이탈리아에서 중도좌파 정치인으로 복귀하였으며, 2006년 총선에서 승리하여 현재 총리직을 수행하고 있다.

Programme for the Vocational Training of Young People and their

Preparation for Adult and Working Life(PETRA) : 청년고용훈련 프로그램

청년고용훈련 프로그램은 1988년에 시작된 청년들을 위한 고용훈련 프로그램이다. 이 프로그램은 개별 국가의 훈련프로그램을 보조하면서, 전업제 학생이 아닌 젊은이들에게 최소한 일 년간 직업훈련을 제공하려는 목적으로 만들어졌다. 청년고용훈련 프로그램 특별히 젊은 노동인력의 회원국 간 이동을 장려하여, 타 회원국의 산업현장에 단기간 배치하는 프로그램을 운영한다. 이 프로그램은 이후 다빈치 프로그램(**Leonardo da Vinci**)으로 대체되었다.

Programme of Community aid to the countries of Central and Eastern Europe(PHARE) : 중·동유럽 지원프로그램

➡ Accession Partnership

이 프로그램은 발칸지역 발전지원계획(**CARDS**)과 함께 중동유럽 국가들의 정치, 경제적 재구조화 과정을 지원하기 위한 유럽연합의 재정지원 프로그램이다. 1989년 폴란드와 헝가리를 돕기 위해 시작된 중·동유럽 지원프로그램은 구동독(독일 통일 이전), 알바니아, 체코, 크로아티아, 에스토니아, 라트비아, 리투아니아, 슬로바키아, 슬로베니아, 불가리아, 루마니아, 보스니아-헤르체고비나, 마케도니아 등으로 시행이 확대되었다. 한편 2000년까지 서부 발칸지역 국가들(알바니아, 보스니아-헤르체고비나, 마케도니아)도 중·동유럽 지원프로그램의 지원을 받았으나, 2001년 발칸지역을 위한 원조프로그램인 발칸지역발전지원 프로그램으로 대치되었다.

발칸지역발전지원 프로그램의 초기 목표는 에너지나 운송 같은 주요 산업 부문이나 농업이나 서비스산업의 근대화를 위한 재정지원이었다. 이러한 지원에는 유럽연합과 대상 국가들 간 통상협정과 경제협력 계

■ Proportionality

획도 포함된다. 중·동유럽 지원프로그램에 의한 원조는 이들 국가들이나 대상 기업에 대한 무상 원조 형태로 이루어졌다. 재원은 집행위원회가 100% 출연하는 기금에 의해 운영되었으며, 이외에도 유럽투자은행(**EIB**)이나 여타 국제적 기구의 기금에 의해 충당되었다. 중·동유럽 지원프로그램을 위한 기금은 주로 기업의 민영화와 재구조화, 은행과 금융서비스, 투자 진흥, 경제 법규의 개혁, 행정제도 개혁, 중소기업 지원, 노동시장 지원, 환경보호 의료체계 구조개혁, 소비자 보호 등에 사용되었다. 이후 1993년 코펜하겐 유럽이사회에서부터 중·동부유럽 국가들의 유럽연합 가입이 가시화되면서 중·동유럽 지원프로그램은 가입을 위한 인프라 투자로 방향을 전환했다. 1997년 룩셈부르크 유럽이사회에서 중동유럽국가의 가입이 결정되면서 이 프로그램은 가입전전략(**Pre-Accession Strategy**)에 초점이 맞추어졌다. 그러나 2004년 5월 중·동유럽 지원프로그램 지원 대상 10개국 중 8개국(폴란드, 체코, 헝가리, 리투아니아, 슬로바키아, 에스토니아, 라트비아, 슬로베니아)이 유럽연합에 가입하면서 대폭적인 정책 수정이 이루어졌다.

Proportionality : 균형성, 비례성

균형성은 보충성(**Subsidiarity**)과 유사하게 유럽연합의 권한 범위를 명기한 중요한 원칙이다. 이 원칙에 따라 유럽연합의 입법은 조약목적을 달성하는 데 필요한 조치 이상의 내용을 담을 수 없다. 유럽헌법(**European Constitution**)은 보충성과 균형성을 다룬 부속 프로토콜을 통해 만약 회원국 의회 내 1/3 이상의 의원의 발의를 통해 집행위원회의 입법제안에 이의를 제기할 경우 집행위원회는 이를 검토해야 한다고 명기하고 있다.

PSC ➡ Political and Security Committee 참조

Q

QMV ➡ Qualified Majority Voting 참조

QUAD : 다자간 무역회담

선진국모임인 G7 회원국들은 'Global Interoperability for Broadband Networks(GIBN)'이라고 불리는 고속정보통신망을 통해 국가 간 대화와 협력을 증진해야 한다는 데 의견을 같이했다. 이들 국가들 중 미국과 일본의 대표들은 인공위성을 통한 대화협력을 위해 1995년 하와이에서 'Satellite Communications in the Global Information Infrastructure(SCGII) Conference'를 개최하여 이후 QUAD의 시작이 되었다. 이후에도 캐나다, 유럽연합, 일본, 미국 등 4개국은 QUAD를 통한 대화채널을 유지하고 있다. QUAD 4개국은 세계 무역을 지배하는 국가들로 유기적인 협력관계를 통해 여타 국제경제기구의 정책결정과정에 지배적인 영향력을 행사하고 있다.

Qualified Majority Voting(QMV) : 가중다수결

각료이사회는 회원국의 국익을 대표하는 일종의 정부 간 기구로 이러한 성격은 표결 절차에서 극명하게 드러난다. 이사회의 독특한 표결방식인 가중다수결은 국가 간 차별적인 인구규모와 영향력을 인정하여 표결 수에 차등을 둔다. 그럼에도 독일과 같은 특정 강대국의 독주를 저지하기 위해 강대국 간 표결 수를 일치시킨다. 각료이사회 전체 표결 수는 321표로 구성된다. 여기서 독일 인구는 8천2백만으로 29표를 할당받는 데 반해 폴란드는 인구 3천9백만에 27표가 할당된다. 이와 같이 독일과 폴란드 인구 차가 2배에 달하지만 표결 수는 불과 2표밖에 차이가 나지 않아 대국들 간 견제 원리가 작용할 수 있다. 또한 가중다수결 표결을

■ Qualified Majority Voting(QMV)

적용하면 적어도 2/3 이상 회원국에서 55% 이상의 찬성표가 나와야 한다. 가중다수결 표결에서는 독일이 인구 비중에 비해 상대적으로 표결 수가 적기 때문에 역차별을 당할 수 있다. 그러나 의제가 가결되려면 인구비율을 따져 유럽연합 총 인구의 65% 이상의 찬성이 요구된다. 따라서 유럽연합 회원국중 가장 많은 인구규모를 갖는 독일의 의사가 의사결정에 간접적으로 반영된다.

동시에 가중다수결 표결은 룩셈부르크와 몰타의 경우처럼 약소국의 표결 수는 인구규모에 비해 과도하게 책정한 것이다. 소국인 몰타는 인구가 40만에 불과하지만 3표나 되는 표결 수를 갖는다. 이와 같이 가중다수결 표결은 강대국의 현실적 영향력을 인정하면서도 소국의 대표성을 존중하여 국가 간 원활한 합의 도출을 꾀하기 위한 제도이다. 일반적으로 회원국에 사활적 이해가 걸린 국방, 조세, 조약수정과 같은 정책은 만장일치 표결이 이루어지지만 대부분의 유럽연합 공동정책은 가중다수결 표결로 결정이 이루어진다.

각료이사회의 국가별 가중다수결 표결 수

회원국 (27개국)	표결 수(345표)
독일, 프랑스, 이탈리아, 영국	29
스페인, 폴란드	27
루마니아	14
네덜란드	13
벨기에, 체코, 그리스, 헝가리, 포르투갈	12
오스트리아, 스웨덴, 불가리아	10
덴마크, 아일랜드, 리투아니아, 슬로바키아, 핀란드	7
사이프러스, 에스토니아, 라트비아, 룩셈부르크, 슬로베니아	4
몰타	3

Quota Restrictions : 수량제한(쿼터제한)

쿼터제한은 정부가 국제수지의 조절과 국내산업의 보호를 위해 일정 상품에 대하여 미리 그 수입 총량과 각국별 또는 수입업자별로 할당량을 결정하여, 그 한도 내에서 수입을 승인하는 제도이다. 유럽연합은 이러한 수량제한을 중요한 비관세 조치로 활용하여 다양한 형태로 실시하고 있다. 유럽연합은 그동안 GATT의 무차별원칙에도, 쌍무협정에 따라 국가와 유럽연합 차원에서 수량제한 조치를 취하여 왔다. 이러한 유럽연합의 수량제한 조치는 주로 일본을 비롯한 아시아 및 동유럽 국가들을 겨냥한 것이라 할 수 있다. 구체적으로 유럽연합의 수량제한 조치의 대상과 내용은 다음과 같다.

첫째, 수량제한은 무역상대국과 무역 단체
둘째, 중국을 포함한 국영무역 국가 및 쿠바에 적용되는 다자간 섬유협정(**MFA**)
셋째, 수출규제를 포함한 수출국에 적용되는 수량제한 조치

유럽연합은 이러한 수량제한 조치를 통해 광범위한 품목에 걸쳐 수입규제를 행하고 있다. 예를 들어 프랑스는 식품과 제어장치 그리고 이탈리아는 철강제품, 엔진, 자동차 등에 수량제한 조치를 적용하고 있다. 그리고 양국 모두 가전제품에 수량제한조치를 취하고 있다.

R

RAPHAEL : 라파엘 문화정책

이 프로그램은 자연유산과 관련된 활동을 보조하는 것으로, 유럽연합의 박물관, 문화유산 전문가 육성 및 유럽문화유산에 대한 연구·보존·개선을 대상으로 한다. 1996년 5개년 계획으로 시작되었다.

Rapid Reaction Mechanism(RRM) : 신속대응조치

신속대응조치는 비군사적 위기상황에 유럽연합이 신속하고 효율적으로 대응키 위한 계획이다. 신속대응조치는 1999년 12월 헬싱키 유럽이사회(Helsinki European Council)에서 시행을 결정하여 2001년 2월부터 실행되었다. 이 조치는 인도적 지원과는 달리 사회질서 붕괴와 같은 비군사적 상황에 대한 지원을 목표로 하고 있다.

Reasoned Opinion : 이유 첨부 견해

유럽공동체 226조에 따라 집행위원회가 공동체 규정을 위반한 회원국에 대해 사법재판소에 제소하기 전에 취할 수 있는 두 번째 단계이다. 첫 번째 단계는 회원국에 대한 '공식 서한(Letters of Formal Notice)'이고, 이유 첨부 견해는 그다음으로 취할 수 있는 단계이다. 이 경우 집행위원회는 소송의 배경과 이유를 명시해야 한다. 이후 회원국의 조치가 시정되지 않으면 사법재판소가 개입하는 법원소명(Refer to Court) 단계로 넘어간다.

Recite : 지역개발프로그램

유럽의 지방과 도시(Regions and Cities in Europe)를 의미하는 이

프로그램은 1991년 유럽연합 내의 사회, 경제적 결속을 강화하기 위한 목적으로 설립되었다. 주요 목표는 회원국의 지방과 도시에서 진행되는 경제사업의 네트워크를 지원하는 것이다. 1기와 2기 사업이 2001년까지 지속되었다.

Recommendation ➡ Secondary Legislation 참조

Reconsultation : 재협의

유럽연합의 의사결정 절차에서 유럽의회가 자신의 견해를 표명한 이후 법률안이 유럽의회의 수정안과 불일치하면 유럽의회가 각료이사회에 재협의를 요구할 수 있다. 이러한 유럽의회의 권리는 1973년 유럽의회, 각료이사회, 집행위원회 간 합의에 기인하고, 이는 1990년과 1992년 사법재판소에 의해 인정되었다(사례 C65/90, C388/92).

Refugee Policy : 난민정책

➡ Area of Freedom, Security and Justice

유럽연합의 망명정책의 일환으로 시행되는 정책으로 비교적 최근에 시작된 프로그램이다. 암스테르담조약에서 본격적으로 논의되기 시작하였으며, 논의 끝에 자유안전사법지대(**Area of Freedom, Security and Justice**)가 만들어졌다. 이를 통해 유럽 내로 유입되는 난민들에 대한 정보를 회원국 간에 공유하고, 1951년의 제네바협약과 1967년의 난민에 대한 협정을 준수하며, 난민문제는 유엔 고등판무관의 조언을 받도록 되어 있다.

Regional Fund Committee : 지역기금위원회

유럽지역개발기금(**ERDF**)을 관장하는 위원회로서 1975년부터 활동하고 있다.

Regional Policy : 지역정책
➡ Cohesion Fund / Cohesion Policy
➡ Structural Fund

로마조약의 전문에서 지역 간 격차를 해소해야 한다는 목표가 언급되어 있지만 초기 유럽통합과정에서 구체적으로 지역정책이 다루어지지는 않았다. 다만 유럽공동체에서는 창립 회원국의 하나인 이탈리아 남부(Mezzogiorno)의 저개발 상태가 유럽의 의무라는 특별 협정이 마련된 바 있다. 그러나 지역정책의 필요성이 1960년대와 1970년대를 거치면서 제기되었는데, 이는 경제성장률에 대한 회의주의가 증대되면서 비롯되고 또한 새로운 회원국이 가입되면서 불거지게 되었다. 이에 따라 유럽공동체는 1973년에 지역정책을 공식적으로 시행하였으나 당시에 높은 관심을 불러일으키지는 못하였다. 그러나 이후 지역정책은 단일유럽의정서(**SEA**)를 통해 유럽공동체의 사회경제적 결속에서 중요한 부분으로 고려되고 마스트리히트조약 체결시에도 중심적 의제로 등장한다. 이러한 지역정책의 중요성에 의해 1988년에 결속기금(**Cohesion Fund**)과 범유럽네트워크(**TEN**)가 창설되었다.

집행위원회는 지역과 관련된 개발정책을 수립할 의무가 있는데, 그 목표는 다음과 같다.

- 저개발 농촌지역과 산업화가 급속도로 쇠퇴하는 지역.
- 지역정책의 주요소인 재정지원은 유럽지역개발기금(**ERDF**)을 통해 실현한다.

집행위원회가 실시하는 지역정책은 회원국이나 지방차원의 정책과 충돌을 회피하는 것이 원칙이며, 통합 프로그램을 우선하여 지원한다.

Regulation : 규정

➡ Secondary Legislation

규정은 지침(**Directive**), 결정(**Decision**), 권고(**Recommendation**) 및 견해(**Opinion**)와 더불어 유럽연합법의 2차 입법의 하나로서 유럽공동체조약 249조에서 그 법적 성격에 대해 규정하고 있다. 이 가운데 규정, 지침 및 결정은 법적 구속력을 가지나 권고 및 견해는 법적 구속력을 갖지 않는다. 규정은 일반적인 적용성과 전체로서 구속력을 가지며 모든 회원국에 대해 직접적용된다. 이와 같은 규정은 그 발효에 의하여 자동적으로 회원국법의 일부로 되어 그 성질은 연방법에 가깝다.

Regulatory Committee ➡ Comitology 참조

Resolution : 결의안

각료이사회와 유럽이사회에서 수행되는 결정 방식 중 하나로 정치적 의지를 나타내고자 할 때 사용되지만 법적 구속력은 없다. 그러나 결의안은 후에 입법과정을 거쳐 정책결정 과정에 반영된다. 1978년 유럽통화시스템(EMS) 설립에 관한 정상회담 결의안과 1981년 유럽여권(European Passport)에 관한 결의안이 그 예이다.

Right of Establishment : 기업설립 권리

유럽연합 회원국 시민들은 타 회원국에서도 회사를 경영하거나 농업을 할 수 있는 권리를 갖는다. 유럽연합은 회원국 간 상이한 여러 자격조건들을 조화시키고, 상호인정하면서 유럽연합 내에서 국경을 넘어 자유로운 기업활동 권한이 확대되고 있다.

Romania : 루마니아

루마니아는 중동유럽국가 중 최초로 1974년에 당시 유럽공동체와 일반특혜관세(**GSP**) 협정을 체결한 바 있다. 이후 루마니아는 1991년과 1993년에 각각 유럽연합과 무역 및 협력협정(**Trade and Cooperation Agreement**) 및 유럽협정(**Europe Agreement**)을 체결한다. 루마니아는 1995년에 유럽연합 가입신청을 하고 1999년 헬싱키 유럽이사회(Helsinki European Council)의 결정에 따라 2002년부터 가입협상을 시작하였다. 2003년 유럽이사회는 2004년까지 루마니아와 가입협상을 마무리하고 국내 개혁이 지속적으로 이루어진다는 전제를 들어 2007년 2월에 루마니아를 회원국으로 받아들이기로 결정하였다. 집행위원회 역시 2004년 루마니아의 개혁방향을 담은 가입전략(Accession Strategy)을 제시하고 곧바로 루마니아 정부는 가입을 위한 모든 국내조치를 이행한다고 발표하였다. 2005년 4월 유럽연합과 루마니아는 가입조약에 서명하였고, 2007년 1월 1일 유럽연합에 가입하였다.

RRM ➡ Rapid Reaction Mechanism 참조

S

SAA ➡ Stabilization and Association Agreement 참조

Saarland : 자르

자르는 프랑스 북동부 로렌(Lorraine) 지역 국경과 인접한 석탄과 철강이 풍부하게 매장된 독일 서부의 주이다. 1차 대전 후 프랑스는 이 지역이 15년 동안 국제연맹(League of Nations)의 통제하에 두어지고 광산은 프랑스에 양도할 것을 요구하였다. 그러나 1935년 주민투표에 의해 이 지역 주민들은 독일로 귀속을 선택하였다. 2차 대전 후 이 지역은 프랑스 점령 지역으로 편입되었고 1947년에는 자치 권한을 획득하였으나 경제적으로는 프랑스에 결속되어 있었다. 1951년 이 지역은 유럽석탄철강공동체(**ECSC**)에 참여하였으나 1955년 이 지역 주민들이 자치권 유지에 반대하자 1959년 독일에 다시 귀속되었다. 이러한 과정은 전후 유럽통합 과정에서 프랑스와 독일 간의 협력의 결과였다.

San Marino : 산 마리노

이탈리아 중부에 있는 독립 공화국이다. 1862년 이래 이탈리아와 관세동맹을 체결하고 있다. 1983년 산마리노는 유럽공동체와 관세동맹 협상을 시작하여 1992년 비준되었다. 이에 따라 양측 사이에는 상품의 자유이동이 보장된다. 이탈리아의 유로화 도입에 따라 산마리노도 유로화를 사용하고 있다.

Santer, Jacques : 상테르(1937~)

상테르는 룩셈부르크 정치인으로 1995년부터 1999년까지 유집행위원장을 역임하였다. 그는 1965년부터 룩셈부르크의 주요 정당인 기독

사회당에 당원으로 활동하다 재무장관(1979~84)을 거쳐 1984년에 룩셈부르크의 수상이 되었다. 1995년 유럽연합의 집행위원장으로 취임한 이후 유럽연합의 확대에 대비하여 아젠다 2000(**Agenda 2000**) 계획을 수립하여 농업정책 개혁, 구조기금 개선, 유럽연합 예산 조정, 신규가입국 구조조정 지원 등 여러 프로그램을 실시하였다. 그러나 상테르는 1999년 유럽연합 집행위원회의 재정 스캔들로 인해 집행위원 전원이 동반 사퇴하면서 집행위원장직을 사임하였다.

SAP ➡ Stabilization and Association Process 참조

SAPARD ➡ Special accession Programme for Agriculture and Rural Development 참조

SCA ➡ Special Committee on Agriculture 참조

Schengen *acquis* ➡ Schengen Agreement 참조

Schengen Agreement : 쉥겐협정

1985년 6월 14일 벨기에, 프랑스, 독일, 룩셈부르크 및 네덜란드는 상호 간에 국경통제를 점진적으로 철폐하는 동시에 국민들의 자유로운 이동을 보장하기 위한 쉥겐협정을 체결하였다. 이 협정은 이후 1990년에 서명되어 1995년부터 발효되었다. 쉥겐협정을 해석하고 적용하는 과정에서 축적된 경험을 'Schengen *acquis*'라고 하는데, 암스테르담 조약에서는 Schengen *acquis*를 유럽연합의 조약으로 수용한다는 의정서를 두었다. 동 의정서에 의하면 따르면 Schengen *acquis*는 제1지주(비자, 망명, 이민 및 기타 사람의 자유이동과 관련한 기타 정책)과 제3 지주(형사문제에서의 경찰 및 사법협력에 관한 규정)로 나뉘어

적용된다. 또한 Schengen *acquis*의 유럽연합으로의 법적 통합은 관련 기관의 통합으로 이루어졌다. 즉, 각료이사회가 쉥겐집행위원회(Schengen Executive Committee)를, 그리고 이사회 사무국(**Council Secretariat**)이 쉥겐사무국(Schengen Secretariat)을 흡수하였다. 또한 의정서는 Schengen *acquis*와 그에 따른 기관에서 채택한 규칙은 모든 쉥겐협정 체결국에서 채택되어야 한다고 규정하고 있다. 이와 같이 쉥겐협정은 유럽연합의 법적, 제도 밖에서 특정 국가들 간에 만들어진 제도가 유럽연합의 제도로 흡수된 거의 유일한 사례이다. 쉥겐협정이 적용되는 이른바 쉥겐지대(Schengen area)는 점진적으로 확대되어 왔다. 이탈리아(1990), 스페인·포르투갈(1991), 그리스(1992), 덴마크, 핀란드·스웨덴(1996)이 쉥겐협정에 서명했으며, 아이슬란드와 노르웨이도 이 협정 참가국이다. 아일랜드와 영국은 아직 협정 참가국은 아니지만, 위 의정서에 따라 Schengen *acquis*의 일부 혹은 모든 규정이 적용 가능하다. 마찬가지로 이미 쉥겐협정의 서명국이지만 덴마크는 Schengen *acquis*에 의거하여 채택되는 새로운 조치의 적용여부는 선택적으로 결정할 수 있다.

Schmidt, Helmut : 슈미트(1918~)

1918년 함부르크에서 태어난 슈미트는 전후 독일 사회민주당(SPD)에 입당하여 정치 활동을 시작하였다. 1974년부터 8년 동안 총리로 재임하면서 프랑스의 지스카르 데스탱(**Valéry Giscard d'Estaing**) 대통령과 함께 협력하에 유럽정상회담을 정례화하여 통합을 심화시키는 데 기여한다.

Schuman Plan : 슈만플랜
➡ Robert Schuman

1950년 프랑스 외무장관이었던 슈만(**Robert Schuman**)이 제안한 독일과 프랑스 간 석탄철강의 공동관리 계획이다. 이 계획으로 유럽통합이 본격적으로 시작되었다. 슈만플랜에 따라 1951년 4월 18일 파리에서 프랑스, 독일, 이탈리아 및 베네룩스3국 대표들은 유럽석탄철강공동체(**ECSC**)를 설립한다. 슈만플랜이 발표된 5월 9일은 유럽의 날(**Europe Day**)로 매년 유럽에서 다양한 행사가 개최된다.

Schuman, Robert : 슈만(1886~1963)
→ Schuman Plan

슈만은 프랑스 정치인이자 관료이며 변호사로서 나치 시절 옥고를 치루기도 하였고, 이후 레지스탕스의 일원으로 활동하였다. 2차 대전 이후 프랑스 재무부장관과 총리직을 역임하였으며, 외무장관직도 수행하였다. 그는 1950년 슈만플랜(**Schuman Plan**)을 제안하여 이후 유럽통합의 길을 열어 모네(**Jean Monnet**)와 함께 통합의 아버지(founding fathers)로 불린다.

SCICOOP → Scientific and Technological Cooperation Agreement 참조

Scientific and Technological Cooperation Agreement(SCICOOP) : 과학기술협력협정

과학기술협력협정은 1996년에 유럽연합 회원국과 오스트리아, 캐나다, 이스라엘, 남아프리카 공화국 간에 과학기술 협력을 위해 체결한 협정이다.

SEA → Single European Act 참조

Secondary Legislation : 2차 입법

➡ Regulation
➡ Directive
➡ Decision
➡ Opinion
➡ Recommendation
➡ European Community Law

2차 입법은 집행위원회, 각료이사회 그리고 유럽의회 3자 간 여러 의사결정 방식을 통해 만든 일종의 법률이다. 2차 입법은 규정(**Regulation**), 지침(**Directive**), 결정(**Decision**), 견해(**Opinion**) 및 권고(**Recommendation**)로 구성되는데 각각의 2차 입법은 법적 효력과 적용범위가 상이하다. 규정과 지침은 유사한 법적 효력을 갖지만, 규정의 경우 국내 입법을 거치지 않고 유럽연합에서 직접 부과되는 최상위의 법률이다. 반면에 지침은 유럽연합의 입법 목적에 준해 각 회원국이 고유한 절차를 통해 국내입법화한 것이다. 한편 결정은 회원국, 법인 개인 등 특정 대상에게 부과되는 법률로 고도의 전문화된 기술적, 행정적 내용을 담고 있으므로 법적 규범이라기보다는 행정과정의 성격이 강하다. 이외에 주로 지역위원회(**CoR**)나 경제사회위원회(**ESC**)가 제기하는 견해와 권고는 강제성이 없는 의견표명이다.

이와 같이 다양한 2차 입법 중 특별히 중요한 의미가 있는 것은 지침이다. 일반적으로 유럽연합 2차 입법 중 구속력 및 그 포괄성에서 규정이 지침보다 상위의 법으로 인정된다. 그러나 규정은 농산물 가격, 공동관세 및 쿼터의 조정 등과 같이 특정 이슈에서 일련의 미시적 조치들을 담은 패키지 형태로 입법화된다. 따라서 규정은 모든 행위자가 동일한 구속을 받게 되므로 지침에 비해 정치적 민감성이 미약하다. 하지만 지침은 회원국 나름의 입법과정을 거치므로 자국에 유리한 입법내용을 담거나 입법의 시기 등도 다소 차이가 날 수 있다.

■Sectoral Integration

유럽연합의 모든 정책과 조치들은 이러한 설립조약과 2차 입법에 근거해야 한다. 그러므로 통합이 확대될수록 2차 입법이 증가하는 것은 당연한 현상이다. 실제 1961년에 입법화된 규정과 결정은 총 36건에 불과하였다. 그러나 1970년에 347건, 1980년에 627건 그리고 단일시장 계획이 본격화되는 시점인 1986년에는 800건으로 증가하였다.

2차 입법 유형과 효력

유 형	효력 및 이행과정
규정(regulation)	유럽연합이 직접부과, 국내적 조치 불필요
지침(directive)	회원국마다 국내입법과 조치를 통해 입법 목적 달성
결정(decision)	특정한 국가, 법인, 개인을 대상으로 부과
견해(opinion) / 권고(recommendation)	유럽연합 자문기구들이 제기하는 구속력이 없는 의견표명

Sectoral Integration : 부분통합

1950년대 유럽통합과정에서 가장 많이 쓰였던 전략으로서, 특정 산업에서 통합을 진척시켜 궁극적으로 산업부분에 통합을 확대한다는 전략이다. 유럽석탄철강공동체(ECSC)는 이러한 전략의 일환으로 만들어졌다.

SEM 2000 ➡ Sound and Efficient Management 참조

Set-aside : 휴경(공동농업정책)

공동농업정책(CAP)에서 과잉생산을 제한하기 위해 1988년 마련된 수단이다. 농민들이 토지의 1/5을 5년 이상 유휴지화하는 경우 농부들은 휴경지에 대한 보조금을 받는다. 경작이 중지된 토지는 환경적으로 좋은 조건으로 유지되어야 한다.

Sforza, Count Carlo : 스포르자(1872~1952)

스포르자는 전후 이탈리아의 초대 외무부 장관을 역임한 확고한 유럽 주의자이다. 그는 데 가스페리(Alcide de Gasperi) 총리와 함께 이탈리아를 대서양동맹과 유럽통합 과정에 편입시켜 전후 이탈리아 외교정책의 서방 노선을 완성했다.

SHAPE ➡ Supreme Headquarters Allied Powers Europe 참조

Simple Majority Voting ➡ Majority Voting 참조

Simplification : 단순화

이 용어는 유럽연합 입법과정을 더욱 쉽게 이해할 수 있고, 입법이 효율적으로 이루어지도록 한다는 취지에서 나왔다. Simplification 개념은 이미 1985년 집행위원회가 역내 단일시장(Single Market) 완성을 다룬 백서에서 더욱 효과적인 입법을 강조하면서 제기하였다. 이후 이 개념은 1992년 에든버러 유럽이사회(Edinburgh European Council)에서 정식으로 논의되었다.

집행위원회는 1980년대 중반 이후 이러한 입법의 단순화 개념에 입각해 단일시장 완성을 위한 각종 지침을 만들어 왔다. 이후 이 개념은 유럽연합의 입법을 보다 효과적이며 투명하게 진행한다는 포괄적 의미로 적용되었다. 한편 1997년 암스테르담조약 체결 시 Simplication이라는 용어는 기존 조약의 불필요한 부분을 삭제하고 새롭게 조약 번호를 부여한다는 의미로도 사용되었다.

Single Currency ➡ Euro 참조

■ Single European Act(SEA)

Single European Act(SEA) : 단일유럽의정서

열렬한 통합주의자인 들로르(Jacques Delors)가 1985년에 집행위원장에 취임하면서 유럽통합은 새로운 활력을 되찾게 되었으며, 국경 없는 유럽의 구상이 현실화되었다. 1985년 이탈리아 밀라노 정상회담(Milano Summit)에서 회원국 정상들은 들로르 집행위원장이 제시한 단일시장계획안을 승인하고, 이어서 단일유럽의정서 제정을 위한 정부간회담(IGC)을 개최하기로 결정하였다.

단일유럽의정서는 이후 여러 차례의 정부간회담을 거쳐 1985년 룩셈부르크에서 개최된 정상회담에서 채택되었고 다음해 네덜란드 헤이그에서 정식 조인되었으며, 각국의 의회 및 국민투표를 통한 비준을 거쳐 1987년 7월 1일 발효되었다. 단일유럽의정서는 유럽공동체 내에서 사람, 상품, 자본, 서비스가 자유롭게 이동할 수 있도록 모든 물리적, 기술적 장벽을 제거하기 위한 여러 제도적 개혁 방안을 담고 있다.

이 의정서는 상품과 서비스의 자유이동을 위한 장벽철폐는 물론이고 노동의 자유이동을 위한 회원국 시민 간 차별 금지 등의 내용을 담고 있다. 무엇보다도 단일유럽의정서가 유럽통합 과정에서 분기점이 된 것은 룩셈부르크 타협(Luxemburg Compromise) 체제 동안 보류되어 왔던 가중다수결(QMV) 표결을 복원하여 유럽공동체의 정책결정 기능을 정상화하였다는 데 있다. 또한 이 의정서를 통해 입법과정에서 협력절차(Cooperation Procedure)가 도입되어 유럽의회가 입법과정에서 본연의 기능을 갖게 되었다.

단일유럽의정서는 1992년까지 단일시장(Single Market)을 완성한다고 규정하였다는 점에서 당시 회원국들의 정치적 의지를 볼 수 있다. 단일유럽의정서는 국경 개방에 따른 테러나 난민 유입 등 여러 악조건에도 순조롭게 자리 잡아 통합을 심화시키고 이후 경제통화동맹(EMU)으로 가는 제도적 토대를 마련하였다.

Single Market : 단일시장

➡ Common Market

단일시장은 회원국 간의 역내시장(Internal Market)이 완결된 형태를 의미하는 것으로 1992년 12월 말 완성되었다. 1980년대 중반 이후 단일시장이란 용어는 유럽공동체조약이 명기한 공동시장의 완성을 위한 과정적 지향으로 많이 통용되었다. 지향점으로 본다면 이것은 유럽공동체조약 3조와 8조(Article 8)에 명기된 공동시장(Common Market)과 동일한 개념이다. 따라서 단일시장 계획이란 이미 공고하게 구축된 관세동맹(Customs Union)에 자유로운 요소이동을 가능케 할 법적 장벽과 각종 비관세 조치의 폐지를 통해 공동시장의 기능을 회복하는 것으로 이해할 수 있다.

Six, The : 6개국

유럽석탄철강공동체(ECSC), 유럽경제공동체(EEC), 유럽원자력공동체(Euratom)를 형성한 프랑스, 독일, 이탈리아, 벨기에, 네덜란드, 룩셈부르크를 의미하는 용어이다. 1973년까지 The Six라는 용어는 유럽자유무역연합(EFTA)를 형성한 7개국(The Seven)과 구별하기 위해 사용했다.

Slovakia : 슬로바키아

슬로바키아는 1991년에 당시 체코슬로바키아(Czech and Slovak Federative Republic)로써 유럽연합과 유럽협약(Europe Agreements)을 체결한다. 그러나 체코와 슬로바키아의 분리로 1993년에 유럽연합 가입신청을 하면서 유럽협약을 다시 체결한다. 1995년부터 유럽협약이 발효되었지만 당시 슬로바키아는 유럽연합이 요구하는 민주적 헌정질서가 만족스럽지 못해 회원국 가입이 불투명하였다. 그러

■ Slovenia

나 슬로바키아는 1998년 이후 유럽연합 가입을 최우선 외교목표로 정하고 적극적인 개혁조치를 취한다. 이에 따라 슬로바키아는 2000년 유럽연합과 가입협상을 시작하여 2005년에 회원국이 되었다. 하지만 체코와는 달리 슬로바키아는 경제구조가 낙후되어 있어 가입 이후에도 많은 어려움을 겪고 있다. GDP의 3.6%를 기록한 재정적자와 15%선에 달하는 실업률(2003년 기준)은 슬로바키아의 유로화 도입을 가로막는 가장 큰 장애요인이다.

Slovenia : 슬로베니아

슬로베니아는 오스트리아와 크로아티아의 중간의 동부 알프스 지역에 있는 인구 193만 명의 작은 국가이다. 슬로베니아는 구유고연방의 일원이었으나 세르비아계에 반발하여 1991년 10일간의 짧은 내전을 거쳐 독립하였다. 슬로베니아는 1995년에 유럽연합과 유럽협정(**Europe Agreement**)을 체결하고 이듬해 유럽연합 가입신청서를 제출한다. 슬로베니아는 2003년 3월 북대서양조약기구(**NATO**) 및 유럽연합 가입을 묻는 국민투표를 통해 각각 90%와 66%의 높은 지지를 받아 2004년과 2005년에 북대서양조약기구와 유럽연합에 가입하였다. 슬로베니아는 2001~2003년 사이의 유럽의 경기침체에도 3%의 경제성장률을 기록하고, 신속한 구조조정으로 인해 중동유럽국가 중 가장 성공적인 경제발전 국가로 인정받고 있다.

Small and Medium-sized Enterprises(SMEs) : 중소기업

유럽연합 내의 중소기업은 자본금, 종업원 수와 기술적 열세로 대기업에 비해 경영과 생산기술, 자본이 취약하다. 일반적으로 유럽연합 회원국들은 양적 기준과 질적 기준을 통해 중소기업을 분류하고 있다. 먼저, 양적 기준으로는 종업원 수, 자본, 자산, 생산 및 매출액, 평균임금 수준을 적용하여 분류한다. 한편 질적 기준으로는 시장에서의 독점 정도 및 집중도, 소유와 경영형태 등의 지표를 사용한다. 그러나 이러한 기준들은 각 회원국의 경제발전 수준에 따라 달라질 수밖에 없다. 이에 따라 유럽연합이 정하고 있는 중소기업의 정의는 종업원 수가 250명을 넘지 않고 연간 총 매출액이 5,000만 유로를 넘지 않거나, 대차대조표상의 총액 수가 4,300만 유로를 넘지 않는 기업들을 말한다.

SMEs ➡ Small and Medium-sized Enterprises 참조

SME Task Force : 중소기업진흥팀

중소기업진흥팀은 1998년 1월 1일에 집행위원회 내에 설립되었다. 이 조직은 각 회원국에서 시행하는 중소기업정책에 대한 자료를 수집하여 제공하고, 국가 간 관련정책 조정 및 중소기업에 영향을 미치는 여러 제도를 조사·연구한다. 중소기업진흥팀에서 사용하는 언어는 독일어이다.

Snake : 스네이크 통화시스템

스네이크 통화시스템은 통화 안정지역을 설립하기 위한 유럽공동체의 첫 번째 노력으로, 1971년부터 시행되었다. 유럽공동체는 1972년에 각 회원국들의 미 달러에 대한 환율의 변화의 폭을 정하여 사용한 것으로 일정기간 미 달러화에 대한 유럽 통화의 환율 변화를 그래프로 표시했을 때 그 모습이 뱀의 모양을 닮았다고 해서 'Snake'라고 불렀다. 그러나 스네이크통화시스템은 1973년 오일위기로 인한 환율의 불안정으로 실패하였다.

Soames Affair : 솜스 사건

솜스 사건은 1960년대 말 프랑스 주재 영국 대사인 솜스(Sir Christo-

■ Social Action Programme

pher Soames)가 연루된 기밀유출 사건이다. 1963년과 1967년 두 차례 영국의 유럽공동체 가입을 거부한 드골(**Charles de Gaulle**)이 1969년 2월 솜스와 개인적으로 만나 프랑스는 독일, 프랑스, 영국 등 4대 강국에 의해 지도되는 자유무역지역을 선택할 수 있다고 말하였는데 이 내용이 유럽 각국과 프랑스 신문에 유출되었다. 이에 프랑스는 영국이 외교적 신의를 어겼다고 비난하였고 영국은 정치적 어려움에 빠지게 되었다. 결국 드골은 두 달 후 사임하였고 후임 퐁피두 대통령은 드골과 달리 전향적인 자세로 나와 영국의 유럽공동체 가입을 지지하였다.

Social Action Programme : 사회정책 실행프로그램

➡ Social Policy Agenda

사회정책 실행프로그램은 1974년 심각한 경제위기 상태에서 유럽공동체가 사회정책을 시행해야 할 의무를 다하지 못했다는 비판을 수용하여 마련된 것이다. 이 프로그램은 회원국에 여러 사회정책에서 40개의 우선조치를 취하도록 요구하고 있다. 구체적으로 사회정책 실행프로그램은 완전고용, 생활 및 근로조건 개선 및 긴밀한 노사관계에 관한 내용을 담고 있다. 이러한 사회정책에 대한 요구는 1990년대 들어 본격화되어 유럽연합은 사회정책 아젠다(**Social Policy Agenda**)를 제시하여 원활한 경제활동과 새로운 일자리를 창출 그리고 지식기반사회를 위한 여러 조치에 대한 필요성을 강조하고 있다.

Social Charter : 사회헌장

➡ European Social Charter
➡ Charter of Fundamental Social Rights of Workers
➡ Social Protocol

사회헌장은 1989년 스트라스부르 유럽이사회에서 채택된 노동자들의 기본권을 명시한 문서이다. 노동자의 사회적 기본권 헌장(Charter of Fundamental Social Rights of Workers)이라고도 불리는 사회헌장은 자체적으로 법적 구속력은 없지만, 회원국뿐만 아니라 유럽연합 기구들에 정치적 지향점을 제공한다는 데 의미가 있다. 실제로 유럽연합의 기구들은 노동자들의 기본권 원칙을 공동체법 속에 적용시키고 있다. 사회헌장은 프랑스를 비롯한 회원국들에 의해 단일시장(**Single Market**)의 경제적 측면과 사회적 측면의 동등한 발전에 대한 중요성이 제기되면서 만들어졌다. 사회헌장은 단일시장의 효과가 노동자들에게도 미칠 수 있게 노동조건, 노동자의 자유로운 이동, 단체교섭, 직업교육, 동등기회, 남녀평등, 사회 안전 등에 관한 실천 방안을 명기하고 있다. 그러나 사회헌장이 노동자들의 기본 권리를 담고 있지만 이는 유럽공동체조약에 명기되거나 국제노동기구의 협약(Convention)과 같은 국제적 권리조항들에 이미 있는 내용을 확인한 것에 불과하다. 더욱이 노동자의 경영참여 문제에 대해서는 회원국 간의 심각한 대립이 표출되기도 하였다. 실제로 신자유주의적 경제발전을 주장하는 영국이 사회헌장을 거부하자 유럽연합은 영국에 선택적 탈퇴(**Opt-outs**)를 인정하였다. 그러나 1997년 보수당을 승계한 노동당 정부가 사회헌장을 승인하자, 암스테르담조약에서는 선택적 탈퇴 조항을 삭제하고 사회헌장을 유럽공동체조약에 넣어 공동체법화하였다.

Social Dialogue : 사회적 대화

➡ Social Partners

집행위원회와 유럽차원에서 사회적 파트너를 대표하는 유럽노조연맹(**ETUC**), 유럽경제인연합회(**UNICE**) 그리고 유럽공기업센터(**CEEP**) 간에 진행되는 사회적 협약은 유럽적 사회모델을 위한 필수불가결한 장치이다. 유럽차원에서 사회적 대화는 노사 간 그리고 노사정 차원에서 진행된다. 사회 대화의 성과와 노력은 이후 라켄(Raeken) 및 바르셀로나(Barcelona) 이사회에서 중요하게 논의되었다.

Social Dimension : 사회적 차원

사회적 차원은 유럽연합에서 공식적으로 사용하고 있는 개념이다. 이는 사회통합을 향한 사회적 공간의 확장을 둘러싼 불확실성과 경제통합 위주에서 타 영역으로의 확장 가능성을 탐색한다는 의미를 동시에 내포하고 있다. 구체적으로 이 개념은 1980년대 후반 중도좌파의 유럽 정치인들에 의해 주장되었으며, 공동시장의 완성을 위해 필수적 요소로 간주되었다. 이에 따라 이 개념은 1989년 노동자의 사회적 기본권 헌장(Charter of Fundamental Social Rights of Workers)이나 마스트리히트조약에서 중요한 요소로 자리잡게 되었다. 최근에는 복지보다 일자리의 창출이 더 중요하다는 신자유주의적 흐름으로 다소간 위축되는 측면이 있으나, 유럽식 사회모델을 구성해온 근간의 하나로 인식되고 있다.

Social Dumping : 사회적 덤핑

사회적 덤핑은 공동시장 내에서 고임금지역부터 저임금지역으로 생산지역을 재배치하여 고임금국가의 노동자에게 복지축소를 야기한다는 의미를 담고 있다. 이외에도 사회적 덤핑은 환경이나 노동 분야에 있어 유럽연합의 낮은 규제적 조치로 보다 높은 수준의 규제를 갖는 회원국들은 사회적 복지수준이 낮아진다는 의미로도 쓰인다. 즉, 유럽연합은 높은 환경 기준을 갖는 북유럽국가와 이보다 낮은 수준의 환경 기준을 갖는 남부유럽국가의 현실을 감안해 통상 중간 수준에서 규제를 제정한다. 이 경우 북유럽 국가는 기존의 국내규제보다 낮은 유럽연합의 규제로 사회적 덤핑이라는 부정적 영향을 받게 된다는 것이다.

Social Fund Committee : 사회기금위원회
➡ European Social Fund(ESF)

유럽사회기금(**ESF**)의 운영을 결정하는 위원회로서 유럽연합 전체 예산의 10%에 해당되는 기금을 관리한다.

Social Partners : 사회적 동반자
➡ Partnership
➡ Social Dialogue

사회정책 분야에서의 정책제안을 마련할 때 유럽연합 집행위원회가 자문을 구하는 유럽차원의 사회적 세력이다. 집행위원회와 사회적 동반자관계를 맺은 대표적 기구는 유럽노조연맹(**ETUC**), 유럽경제인연합회(**UNICE**) 그리고 유럽공기업센터(**CEEP**) 등이다. 집행위원회는 노동시장과 관련된 정책결정과 집행 시 이들 사회단체와 협의해야 한다. 또한 집행위원회는 사회정책의 실행과 집행과정에서 경제사회위원회(**ESC**)와 다양한 정책적 문제들에 대해 자문을 할 의무가 있다.

Social Policy : 사회정책
➡ Social Action Programme

유럽연합 차원에서 사회정책은 주로 고용문제와 연관된 것으로 정책 역시 노사관계에 초점이 맞추어져 있다. 1950년대에서 1970년대 초까지는 사회정책이 유럽공동체의 정책에서 중요성을 갖지 않았다. 그러나 당시 유럽공동체는 1970년대에 석유위기로 인한 대규모의 실업이 발생하면서 1974년에 사회정책 실행프로그램(**Social Action Programme**)을 채택하게 되었다. 1980년대에 들어와서는 유럽사회기금(**ESF**)의 재정지원을 통해 청년실업문제를 해소하기 위한 직업훈련 그리고 저개발지역의 고용을 촉진하기 위한 방안들이 모색되었다. 그러나 정치사회적 통합에 회의적 시각을 갖는 영국은 유럽차원의 사회정책 실행에 반대하여 왔다. 이러한 영국의 반대로 마스트리히트조약에서는 사회정책에 한해 영국에게 선택적 탈퇴(Opt-outs) 권한을 부여하였다. 최근 유럽연합의 사회정책은 사회적 배제를 극복하기 위한 방안과 노동시장에서 남녀 동등대우에 관한 여러 조치들에 중점을 두고 있다.

Social Protection Committee : 사회보장위원회

사회보장위원회는 니스조약에 따라 유럽공동체조약 제144조에 명기된 사회보장정책에서 회원국과 집행위원회 간 협력기구이다. 이 위원회는 회원국과 집행위원회로부터 각각 2인의 대표로 구성된다. 사회보장위원회는 자발적 혹은 집행위원회나 각료이사회의 요구에 따라 정책과정에서 자문을 행한다.

Social Protocol : 사회협력 의정서

- ⇒ Charter of Fundamental Social Rights of Workers
- ⇒ Social Charter

이 의정서는 노동자의 사회적 기본권 헌장(**Charter of Fundamental Social Rights of Workers**)에서 비롯된 합의로, 당시 12개 회원국 중에서 영국을 제외한 11개국이 1991년 말 마스트리히트에서 열린 유럽이사회에서 조인하였다. 이 협정서는 유럽연합조약의 일부분이 되었으며 이후 1997년에 영국이 서명하였다.

Socrates : 소크라테스 프로그램

- ⇒ Leonardo da Vinci
- ⇒ Lingua Programme
- ⇒ Eurydice

1995년에 도입된 유럽연합의 교육프로그램으로, 고등교육 분야에서 회원국 간 협력과 정보 교환 및 학생교류를 증진하기 위해 만들어졌다. 소크라테스 프로그램은 5년 단위의 프로그램으로 에라스무스(**Erasmus**), 링구아(**Lingua**), 유리디체(**Eurydice**) 및 코메누스(Comenus) 등의 언어, 교육 및 학습 프로그램을 담고 있다.

Solemn Declaration : 엄숙한 선언

➡ Gensher-Colombo Plan

겐셔-콜롬보 계획을 논의하기 위해 모인 1983년 6월 슈투트가르트 유럽이사회에서 발표한 선언서이다. 엄숙한 선언에서는 유럽연합으로의 발전을 위한 유럽공동체의 제도개혁과 유럽정치협력(**European Political Cooperation**) 문제를 다루고 있다. 엄숙한 선언은 유럽공동체 정책과 정치협력 간의 조화, 각료이사회와 유럽이사회에 대하여 조정기능 부여, 가중다수결(**QMV**)의 재도입 등의 내용을 담고 있다. 엄숙한 선언은 발표 당시에는 각 회원국 정상 간의 선언적 수준에 머물었으나, 이듬해 유럽의회의 유럽연합조약안(Draft on the European Union)의 토대가 되었다. 또한 가중다수결과 같은 일부 내용은 단일유럽의정서(**SEA**)에 의해 실현되었다.

Sound and Efficient Management(SEM 2000) : 효과적인 유럽연합 운영

이 조치는 유럽연합의 여러 행정부서와 인력의 효과적 운영을 위해 집행위원회가 1995년 실시한 개혁이다. SEM 2000에는 집행위원회의 독립 보장과 권한 강화 내용 등도 포함되어 있는데 다음과 같은 3가지 개혁 방안을 담고 있다.

첫째, 자원 운용의 효율성을 위해 인력자원과 재정자원의 운영을 집행

■ Spaak Committee

위원회의 중앙 부서에서 하부단위 부서로의 이관한다.
둘째, 결정과정 단계를 축소하기 위해 행정절차를 단순화하고 신기술을 채택해 부서 간 협력을 원활하게 한다.
셋째, 유럽관료(Eurocrat)들의 업무자질 향상을 꾀하고 인사제도를 근대화한다.

Spaak Committee : 스파크 위원회
➡ Spaak, Paul-Henry

스파크 위원회는 1955년 메시나 회담(Messina Conference)의 결정에 따라 6개국 간 경제통합 문제를 연구하기 벨기에 수상 스파크를 위원장으로 만든 정부 간 위원회이다. 스파크 위원회는 경제통합에 관한 계획을 담은 스파크보고서(Spaak Report)를 작성해 이듬해 5월 베니스에서 개최된 6개국 외무장관 회담에서 승인되었다. 스파크보고서는 유럽경제공동체와 유럽원자력공동체(Euratom)의 설립 토대가 되어 1957년 로마조약이 체결되었다.

Spaak, Paul-Henry : 스파크(1889~1972)
➡ Spaak Committee

스파크는 벨기에의 정치인으로 1932년 사회당 국회의원에 당선된 이후 각부 장관을 역임하고 1947년부터 49년까지 외무장관과 수상을 역임하였다. 그는 1949년부터 1951년까지 유럽평의회(Council of Europe)의 장을 역임하고, 1952년부터 1954년까지는 유럽석탄철강공동체(ECSC) 의장 그리고 1957년부터 1961년까지 북대서양조약기구(NATO) 사무총장을 역임하였다. 그는 모네(Jean Monnet)와 유사하게 부분 간 통합을 통해 정치통합을 이루어야 한다는 생각을 지닌 전통적인 통합주의자로 그가 1956년에 제출한 스파크보고서(Spaak Report)는 기능주의 방식에 따른 경제통합 방안을 담고 있다. 이와 같이 스파크는 유럽통합의 초기에 적극적으로 활동하면서 미스터 유럽(Mr. Europe)이라는 별칭을 얻었다.

Spaak Report ➡ **Spaak, Paul-Henry, Spaak Committee 참조**

Spain : 스페인

1986년 1월부터 유럽공동체 회원국이 된 후발 회원국 중 하나이다. 스페인은 프랑코(Francisco Franco) 장군의 집권 시기인 1962년 공동체에 가입신청을 했으나, 비민주정부라는 이유로 거절당하였다. 프랑코 장군의 사망 후 1977년 공동체 가입을 다시 신청한 스페인은 1986년 1월부터 회원국이 되었다. 스페인의 공동체 가입 협상 기간이 길었던 이유는 농업과 어업문제를 두고 공동체 회원국(주로 농업국인 프랑스와 이탈리아) 많기 때문이었다. 공동체 가입으로 스페인은 공동체 구조기금(**Structural Fund**)과 결속기금 등으로 급속한 경제발전을 이룩하였다. 이러한 경제발전은 스페인이 경제통화동맹(**EMU**) 제3단계 진입을 위한 수렴조건(**Convergence Criteria**)에 가입하여 유로화를 도입할 수 있게 되었다. 한편 공동체 가입은 그동안 국제무대에서 고립되었던 스페인을 서방세계에 편입시키는 결과를 가져왔다.

Special Accession Programme for Agriculture and Rural Development(SAPARD) : 농업발전 프로그램

농업발전 프로그램은 강화된 사전가입전략(**Reinforced Pre-accession Strategy**)의 일환으로 중동유럽 국가들의 농업부분이 유럽연합 가입 전에 공동농업정책(**CAP**) 수준에 이르도록 지원하는 프로그램이다. 이 프로그램은 2000년 1월부터 시행되어 2004년 5월 중동유럽 국가들이

■ Special Committee on Agriculture(SCA)

유럽연합에 가입하면서 폐지되었다. 이후 이들 국가들에 대한 농업구조개혁 지원은 공동농업정책과 구조기금(**Structural Fund**)을 통해 이루어진다.

Special Committee on Agriculture(SCA) : 농업특별위원회

농업특별위원회는 1960년대 각료이사회 내에 설치된 농업담당 특별위원회이다. 농업문제는 각료이사회내의 12개 실무국과 그 하위 조직인 45개의 담당부서에서 준비한다. 여기서 준비된 의제는 각료이사회 회동 이전에 각각 상주대표부(**Coreper**) 혹은 농업특별위원회에서 토의된다. 상주대표부는 주로 식품안전과 농업예산 문제를 다루고, 농업특별위원회는 농산물 시장과 농촌발전 문제를 다루고 있다.

Spillover Effect : 파급효과

➡ Neofunctionalism

파급효과는 통합효과가 특정 경제영역에서 경제 전반으로 혹은 경제에서 정치로 효과가 파급된다는 의미이다. 하스(Ernst Hass)로 대표되는 신기능주의자들은 특정 부분에서 통합이 이루어지면 연쇄적으로 다른 부분으로 통합이 확산된다고 주장하였다. 지역통합 과정에서 나타나는 파급효과는 크게 세 가지로 구분된다. 첫째, 특정 정책분야에서 통합이 성공적으로 이루어지면 기능적으로 밀접하게 연관된 다른 분야에서도 통합이 이루어진다. 둘째, 통합이 심화되면서 개인의 정치적 활동과 기대가 점차 새로운 권력중심인 초국가 기구로 옮겨가는 정치적 파급효과가 발생한다. 셋째, 통합과정에서 소외된 국가들이 유럽통합에 참여함으로써 지리적 파급효과가 발생한다. 신기능주의(**Neofunctionalism**) 통합이론이 제기하는 이러한 파급효과는 유럽통합 과정을 설명하는 중요한 개념이다.

Spinelli, Altiero : 스피넬리(1907~1986)

스피넬리는 일생을 유럽연합합중국의 대변자로 산 인물이다. 그는 1941년 벤토테네 선언(The Ventotene Manifesto)을 발표하여 연방주의 통합을 주장하였다. 이 선언서는 유럽연방주의운동의 정치적 강령으로 채택되어 '전후임무 : 유럽통합(Post-war Duties : European Unity)'이라는 제목으로 세상에 알려지게 된다. 이 선언서에서 스피넬리는 독일의 패전 이후 국민국가를 대체하여 연방적 유럽을 건설하여 유럽대륙에서 영구적인 평화를 가져와야 한다고 주장한다. 벤토테네 선언서는 당시 유럽에 팽배한 전체주의를 강력하게 비난하면서 지식인과 노동자를 중심으로 사회적 안정과 정의를 위해 유럽연방(European Federation)을 구축할 것을 촉구한 것이다. 이후 그는 1979년부터 유럽의회 의원으로 재임하면서 유럽연합조약에 대한 사상적, 정치적 기반을 닦았다. 이와 같이 스피넬리는 1980년대에 이르기까지 유럽에서 가장 영향력 있는 연방주의 사상가이며 정치가로 유럽통합과정에 지대한 영향을 미쳤다. 그는 1943년부터 이탈리아 유럽연방주의운동(Italian European Federalist Movement)에서부터 시작하여 전 생애에 걸쳐 유럽연방주의운동(European Federalist Movement)을 전개하였다. 그럼에도 그는 집행위원회 및 유럽의회에 직간접적으로 관여하면서 실제 현실정치에도 적극적으로 참여하였다.

SPRINT ➡ Strategic Programme for Innovation and Technology Transfer 참조

STABEX ➡ System of Stabilization of Export Earnings

Stabilization and Association Agreement(SAA) : 안정과 연합협정

■Stabilization and Association Process(SAP)

➡ Balkans
➡ Stabilization and Association Process(SAP)

안정과 연합협정은 유럽연합이 발칸국가들을 대상으로 2000년부터 2006년까지 시행하는 안정과 연합과정(**SAP**)의 잠정적인 목표이다. 이 협정은 1990년대 동유럽 회원국의 유럽연합 가입과정을 벤치마킹한 것으로 정치, 경제 등 전반에 걸쳐 유럽연합 가입 신청국에 대한 개혁내용을 담고 있다. 가입 신청국이 이 협정을 체결하면 유럽연합이 요구하는 가입기준(**Accession Criteria**)에 따라 국내 조치를 이행할 의무를 갖는다. 2006년 기준으로 유럽연합은 크로아티아와 마케도니아 등의 2개국과 안정과 연합협정을 체결하고 있다.

Stabilization and Association Process(SAP) : 안정과 연합과정

➡ Balkans
➡ Stabilization and Association Agreement(SAA)

안정과 연합과정은 보스니아-헤르체코비나, 마케도니아, 세르비아몬테니그로, 코스보, 크로아티아 등 구 유고연방 및 알바니아를 포함한 7개국가 및 지역에 유럽연합 가입 지위를 부여하고 이에 따른 여러 후속 조치를 담고 있다. 1999년 5월 집행위원회는 발칸지역의 발전을 위한 3가지의 정책 방향을 천명한다. 첫째, 이 지역에서 법치, 민주적 헌정질서와 자유시장 경제원칙을 확립한다. 둘째, 자생적인 정치·경제발전을 위하여 이 지역 내 국가들 간 쌍무 협력을 증진한다. 셋째, 유럽연합은 유연한 지원정책을 통해 발칸지역 내 각 국가들이 국내 실정에 맞게 정책을 시행할 수 있도록 한다. 이러한 집행위원회의 정책방향은 2000년 11월 자그레브회담(Zagreb Summit)을 통해 정식 서명되었다. 이 협력과정은 1993년 당시 유럽연합이 폴란드를 비롯한 중동유럽국가들에 대하여 유럽연합 가입조건을 명시한 코펜하겐기준(**Copenhagen**

Criteria)과 유사한 목적과 내용을 담고 있다. 구체적으로 이 협력과정 내용은 발칸지역 국가들과의 자유무역연합(FTA) 체결, 유럽연합의 통신, 운송 및 에너지 네트워크인 TEN에 발칸지역 포함 그리고 이민 망명정책에 대한 양측 간 공동대응 등이다.

Stability and Growth Pact : 안정과 성장협약

안정과 성장협약은 1999년 1월 1일부터 출범하는 경제통화동맹(EMU) 3단계의 성공을 위해 만들어진 제도적 장치이다. 이 협약은 독일의 주도로 1997년 6월 암스테르담 유럽이사회 결의(resolution)로 채택되었으며, 이후 두 개의 이사회 규정(regulation)으로 구체화되었다. 이 협약에 의해 모든 경제화폐동맹 가입국들은 예산의 균형을 추구해야 하며, 그 결과를 이사회와 집행위원회에 보고해야 한다. 이외에 경제화폐동맹 비가맹 유럽연합 회원국들은 수렴계획을 제출해야 한다. 안정과 성장협약을 통해 각료이사회는 과도한 재정적자를 방치하는 경제화폐동맹 가입국에 대한 제재 조치를 취할 수 있게 되었다. 이 경우 처음에는 일정 금액을 이자 없이 유럽연합에 예탁하는 형태를 취했으나, 2년 내에 적자재정을 시정하지 않으면 그 예탁금이 벌금으로 전환될 수 있다. 이러한 회원국에 대한 문책은 고정된 규칙이 있는 것이 아니라, 국가별 상황을 고려하여 각료이사회가 각각 적용한다.

Stability Pact for South-Eastern Europe : 남동유럽 안정화협약

남동유럽 안정화협약은 1999년 6월 유럽연합의 주도로 남동유럽의 정치 경제적 안정을 도모하기 위해 체결된 국제협약이다. 이 협약에는 유럽연합의 모든 회원국과 발칸국가, 미국, 캐나다 등의 주요 서방국가와 UN, IMF, 세계은행, 서유럽동맹(WEU), 북대서양조약기구(NATO) 등 주요 국제기구가 참가하였다. 남동유럽 안정화협약은 남동유럽 국가들의

■ Stagiaire

평화와 민주주의, 인권존중, 경제적 번영을 증진시키기 위해 국제사회가 함께 협력하고 자유무역연합(FTA)을 체결한다는 내용을 담고 있다. 당시 서방국가들은 이 협약을 통해 코소보 사태의 악화를 방지하고 발칸 지역의 평화정착을 꾀하였으나 실질적인 성과는 거두지 못하였다.

Stagiaire : 유럽관료 단기교육 프로그램

유럽관료 단기교육 프로그램은 집행위원회 내에 단기 실무교육훈련 프로그램으로 주로 집행위원회에 처음 들어온 신규관료들을 대상으로 행하는 교육프로그램이다.

Standing Committee on Employment : 고용촉진상설위원회

1979년에 설립된 고용촉진상설위원회는 고용관련 자문기능을 수행한다. 1996년에는 집행위원회가 사회적 대화를 확대하면서 이 위원회로 하여금 관련 당사자들에게 의견을 묻도록 요구하였다. 1999년 새로이 구성된 고용촉진상설위원회는 유럽이사회, 집행위원회 및 유럽노사협회 간에 고용전략을 논의하는 장이다.

Standing Committee : 유럽의회 상임위원회

➡ European Parliament
➡ Party Group

상임위원회는 유럽경제공동체가 설립되기 전인 1953년 공동의회(Common Assembly) 내 7개 위원회로 출범하였다. 1979년 유럽의회의 직접선거(**Direct Election**)가 도입되면서 상임위원회는 16개로 증가하고 이후 다시 20개로 점차 증가하다가 1999년 6월 유럽의회선거 이후 17개로 재조정된다. 그러나 2004년 이후 상임위원회는 20개로 다시 증가한다. 상임위원회는 집행위원회 총국(**DG**)과 같이 정책영역에 따라 구성되지만 인권(Human Rights), 헌정(Constitutional Affairs) 및 안보(Security and Defence) 부분은 집행위원회 총국과 달리 상임위원회에만 존재하는 정책영역이다. 상임위원회의 주 임무는 공동결정(**Codecision**) 과정에서 유럽의회 수정안의 작성 그리고 이사회의 일반 입장에 대한 평가와 감독이다. 정책결정 과정상 집행위원회 제안(proposal)은 상임위원회로 먼저 송부되고 이후 유럽의회 내 해당 상임위원회에서 수정안과 정책노선이 강구된다. 필요한 경우 상임위원회는 각료이사회와 집행위원회에 대해 구두 질의권을 행사할 수도 있다. 이러한 업무를 위해 상임위원회는 각각이 고유한 사무국(EP Committee Secretariat)을 두고 정보 수집과 함께 정치적 이슈에 대한 조언을 받는다.

Statistical Office of the European Communities(Eurostat) : 유럽연합통계국

1953년에 설립된 유럽연합통계국은 유럽연합 회원국과 유럽경제지역(**EEA**) 회원국에 대한 다양한 통계자료를 작성하고, 유럽연합의 정책결정 과정에 통계정보를 제공한다. 주 임무는 유럽연합의 정책결정과정에서 필요한 통계자료의 제공이지만 회원국 정부와 일반시민들에게도 정보를 제공한다. 1993년부터 유럽연합통계국의 자료는 출판물, 데이터베이스, CD롬의 형태로 발간되고 있다. 유럽연합통계국의 주요한 자료는 사회경제 정보에 관련된 Regio, 대외통상에 관련된 Comext, 농업기업의 구조에 대한 통계에 관한 Eurofarm 등이 있다. 이외에 모든 자료는 Data Shop Eurostat을 통해 확인할 수 있다. 유럽연합통계국은 UN이나 OECD와 같은 국제기구뿐만 아니라 중동부 유럽, 독립국가연합, 지중해, 아프리카 등 역외국가와도 협력관계를 맺고 있다.

■ Stockholm Convention

Stockholm Convention ➡ European Free Trade Association(EFTA) 참조

Strategic Programme for Innovation and Technology Transfer (SPRINT) : 혁신기술 이전프로그램

1986년에 과학기술예측산정 프로그램(FAST)을 통해 만들어진 혁신기술 이전프로그램으로 충분한 기술력을 갖지 못하는 중소기업에 대한 지원이 주 임무이다. 이 프로그램은 1994년에 혁신프로젝트(Innovation Project)로 대체되었다.

Stresa Conference : 스트레사 회담

스트레사 회담은 1958년 7월 이탈리아 스트레사에서 공동농업정책(CAP)을 만들기 위해 개최된 농업회담으로 당시 유럽경제공동체 부집행위원장인 만숄트(Sicco Mansholt)가 주도하여 농민단체와 전문가 등이 참여하였다. 이 회담에서는 유럽공동체조약 39조에 명기된 공동농업정책의 실행을 위한 여러 방안들이 논의되었다.

Structural Fund : 구조기금

➡ Cohesion Fund / Cohesion Policy
➡ Regional Policy

구조기금은 유럽연합 내 저개발 지역의 경제적 불균등을 감소시키고 경제사회적 응집을 진작시키려는 결속정책(Cohesion Policy)의 일부를 구성한다. 구조기금은 유럽지역개발기금(ERDF, 1975년), 유럽사회기금(ESF, 1960년), 유럽농업지도보증기금(EAGGF, 1962년), 어업지도재정지원기금(FIFG, 1992년) 등의 4가지 기금으로 구성되어 있다. 이 기금은 개별 프로젝트보다는 통합형 사업에 지원되며, 각 지

방정부, 집행위원회 및 회원국 간 협의에 의해 결정된다. 구조기금은 다년간 계획을 통해 지원되는데 가령 1994년에서 1999년 그리고 2000년에서 2006년까지의 지원방식이다. 구조기금은 주로 제1 목표지역(Objective 1)부터 제3 목표지역(Object 3)에 투입된다. 제1 목표지역은 1인당 국민총생산이 유럽 평균의 75%에 미달되는 곳이며, 전체 구조기금 지출의 70%를 차지한다. 제2 목표지역은 구조적인 어려움을 겪고 있는 곳이며, 제3 목표지역은 인적자원 개발을 위해 설정한 지역이다. 구조기금이 투입되는 주요 프로그램으로는 국경지역 개발을 위한 국경지역개발 프로그램(**Interreg**), 각 지방의 농업발전을 위한 Leader, 차별과 불평등을 시정하기 위한 Equal, 그리고 경제사회적 어려움을 겪는 도시 및 교외지역의 경제사회 지원을 위한 Urban 등이 있다.

Subsidiarity ➡ Principle of Subsidiarity 참조

Supranationalism : 초국가주의

초국가주의는 유럽연합의 제도와 구조가 회원국 정부보다 우월적 위치에 있고, 회원국의 국내정책이 초국가 정책으로 대치되는 통합과정을 말한다. 초국가주의가 성립되려면 국가의 주권이 유럽연합으로 양도되어야 하는데 실제 무역 및 경쟁정책과 같은 특정 부분에서는 이러한 논리가 적용된다. 일반적으로 초국가주의는 집행위원회와 유럽의회의 강력한 권한을 행사하는 통합방식을 말한다. 이러한 맥락에서 초국가주의는 정부 간 협력(intergovernmental cooperation)을 통한 통합과는 대치되는 개념이다.

Supremacy : 공동체법의 우위성

공동체법의 우위성은 공동체법과 회원국법의 저촉 시 공동체법이 회원국법에 우선한다는 원칙이다. 따라서 공동체법이 발효한 시점에 존재하는 모순된 회원국법의 적용은 자동적으로 배제된다. 또한 이후 공동체법과 모순된 내용을 담은 회원국법의 제정도 불가능하다. 이러한 원칙에 의해 회원국 법원은 공동체법과 모순되는 내용을 가진 국내법을 그 제정 시기와 무관하게 적용할 수 없다. 공동체법의 우위는 조약뿐 아니라, 규정(**Regulation**), 지침(**Directive**)과 같은 2차 입법(**Secondary Legislation**)도 포함한다. 또한 회원국법은 공동체법의 우위에 영향을 미치지 않으며, 사안에 따라서는 공동체법이 회원국 헌법보다도 우위에 있다.

Supreme Headquarters Allied Powers Europe(SHAPE) : 연합국최고사령부

연합국최고사령부는 1950년에 만들어진 유럽 주둔 연합국최고사령관(Supreme Allied Commander Europe)의 지휘부이다. 이 사령부는 처음에 파리 근교에 설치되었으나 1967년 프랑스가 북대서양조약기구(**NATO**)에서 탈퇴하자 벨기에의 몽(Mons)으로 이전하였다.

Sutherland Report : 서덜랜드 보고서

서덜랜드 보고서는 1992년 집행위원회의 요구에 따라 당시 경쟁담당 집행위원인 서덜랜드(Peter Sutherland)가 작성한 역내시장 관련 보고서이다. 이 보고서는 역내시장에서 상품의 자유이동에 대한 자세한 내용을 담고 있으며, 원활한 시장기능을 위한 회원국과 유럽공동체 기구 간 협력을 강조하고 있다. 구체적으로 이 보고서는 보충성(**Subsidiarity**) 원칙 도입, 명쾌하고 단순한 유럽공동체 규정수립, 유럽공동체법에 대한 이해를 위해 회원국의 사법부에 대한 교육, 유럽공동체와 회원국의 행정기관 간 협력 방안들을 담고 있다.

Sweden : 스웨덴

북유럽에 있는 스웨덴은 일찍부터 경제협력개발기구(OECD), 유럽자유무역연합(**EFTA**), 유럽평의회(**Council of Europe**) 등 유럽 기구에 가입하였다. 스웨덴의 유럽공동체와의 관계는 1995년까지는 유럽자유무역연합과 유럽공동체 사이에 맺어진 통상협정과 유럽경제지역(EEA)을 통해서 이루어지는 것에 한정되었다. 1991년 공동체에 가입신청을 하기 전부터 스웨덴은 공동체에 가입하려는 희망은 있었으나 중립성에 기인한 공동외교안보정책(**CFSP**)의 적용 문제 등으로 어려움을 겪었다. 공산주의가 붕괴하고 전쟁의 가능성이 사라지자 스웨덴은 공동외교안보정책을 수용한다는 결정과 함께 1991년 공동체에 가입신청을 하였다. 1994년 가입조약에 서명한 스웨덴은 국민투표에서 52.2%의 찬성으로 15번째로 공동체에 가입하였다. 스웨덴은 사람의 자유이동을 보장하는 쉥겐협정(**Schengen Agreement**)에 가입하는 등 공동체 정책에 충실했다. 그러나 스웨덴은 비록 수렴조건(**Convergence Criteria**)을 충분히 만족시켰음에도 유로화를 도입하지 않기로 결정했다.

Swiss : 스위스

스위스는 1963년부터 유럽평의회(**Council of Europe**)의 회원이며 유럽자유무역연합(**EFTA**)의 설립국이지만 UN을 비롯한 국제기구에는 관여하지 않는 전통을 갖고 있다. 이러한 스위스의 대외정책은 1990년대에 들어 변화가 일어 1992년에 국제통화기구(IMF)와 세계은행(World Bank)에 가입한다. 그러나 동년에 가입신청을 한 유럽경제지역(**EEA**)은 국민투표에서 부결이 되어 가입이 좌절되었다. 이러한 영향으로 스위스는 유럽연합 가입도 유보된 상태이다. 하지만 스위스는 유럽연합과 노동의 자유이동, 운송, 농업, 연구개발, 공공조달 및 상호인증(**Mutual Recognition**) 등 각 산업부문에서 긴밀한 협력관계를 맺고 있다.

SYSMIN ➡ System for Safeguarding and Developing Mineral Production 참조

System for Safeguarding and Developing Mineral Production (SYSMIN) : (로메협정) 광산업현대화지원정책
➡ Lomé Convention

이 프로그램은 로메협정(**Lomé Convention**)을 통해 이루어지는 경제적 조치를 말한다. 유럽연합은 유럽개발기금(**European Development Fund**)과 유럽투자은행(**EIB**)을 통해 로메협정을 체결한 아프리카, 카리브 및 태평양 도서국가(**ACP**)들에 다양한 재정원조를 제공하고 있다. 양측 간 구체적인 협력대상 부분은 수산물을 포함한 1차 상품, 기업경영과 환경 및 지역개발 등을 망라한다. 특히 1차 사업에 관련한 재정지원 프로그램은 STABEX와 SYSMIN이 있는데 STABEX는 열대 농산물에 대한 수출가격안정화시스템이며, SYSMIN은 광산업현대화지원정책이다.

System of Stabilization of Export Earnings(STABEX) : 수출가격안정화시스템
➡ Lomé Convention

STABEX는 로메협정(**Lomé Convention**)을 통해 아프리카, 카리브해 및 태평양 국가들(**ACP**)에 제공하는 재정지원 프로그램이다. STABEX는 아프리카, 카리브 및 태평양 도서국가들의 수출상품 중 유럽연합에 대한 수출 의존도가 특히 높은 커피, 코코아, 땅콩, 바나나, 면화, 야자유, 철광석, 목재, 피혁 등 12개 품목에 대해 수출액의

System of Stabilization of Export Earnings(STABEX)

일정금액을 융자해주는 제도이다. STABEX의 주요 목표는 로메협정 체결국가의 수출 안정을 해치는 요소들을 시정하고, 이들 국가의 구매력을 보호하기 위한 것이다. 1983년 3월에 2차 로메협정이 체결되면서 STABEX에는 고무, 새우, 물오징어 등을 포함해 6개 품목이 추가되었다.

■■■■■■■■■■■■ T ■■■■■■■■■■■■■

TAC ➡ Total Allowable Catch 참조

TACIS ➡ Programme for Technical Assistance to the Independent States of the former Soviet Union and Mongolia 참조

TARGET ➡ Trans-European Automated Realtime Cross Settlement Express Transfer 참조

Target Price : 목표가격

공동농업정책(**CAP**)에서 집행위원회의 제안(proposal)으로 각료이사회에서 결정되는 개별 농산물의 가격이다. 공동농업정책의 가격지지정책은 이 목표가격을 기준으로 결정된다.

TARIC ➡ Integrated Community Tariff

Tax Harmonization : 조세의 조화

유럽공동체는 단일시장(**Single Market**)의 원활한 기능을 유지하기 위해 회원국 간 상이한 조세정책을 조정하여 왔다. 유럽공동체조약 14조 2항에 명기된 역내의 국경 없는 공간은 곧 조세국경의 철폐를 의미한다. 조세의 조화는 단일시장에서 가장 중요한 정책 중 하나이다. 그러나 조세부분은 회원국 고유의 주권적 영역으로 유럽공동체가 전적으로 관여하지 못하며 필요한 부분에서만 제한적으로 개입한다. 실제 유럽공동체조약에서 조세에 대한 내용은 필요불가결한 부분만 명기하고 있다. 이러한 점에서 유럽공동체조약 2조와 3조에서도 회원국 간 조세정책

조정에 대한 유럽공동체의 임무를 명기하지 않고 있다. 실제로 세금과 관련해서 유럽연합이 개입할 수 있는 권한은 부가가치세(**VAT**)와 소비세(Excise Duties) 등과 같은 간접세를 조화시키는 데 한정된다. 직접세에 관한 모든 조치는 전 회원국의 동의가 필요하므로 유럽연합 차원의 조치는 사실상 매우 어려운 상황이다. 그러나 1996년 이후 직접세와 관련해서도 유럽연합이 조치를 취해야 한다는 여론이 일고 있다. 그 이유는 단일시장 완성 이후 회원국 간에 상이한 법인세(Corporate Tax)로 인해 여러 폐단이 야기되었기 때문이다. 실제 다른 회원국들에 비해 상대적으로 높은 법인세를 부과하고 있는 회원국들이 피해를 보고 있는 것이 현실이다. 이와 같이 회원국 간 조세조정은 통합의 심화를 위해 풀어야 할 가장 어려운 문제 중 하나이다.

Technical Assistance to the Independent States of the former Soviet Union and Mongolia(TACIS) : 독립국가연합 기술지원프로그램

➡ PHARE(Poland, Hungary Assistance for Economic Restructuring Programme)

독립국가연합 기술지원프로그램은 구소련연방과 몽고 등 체제전환기에 있는 국가들에 대하여 정치적 민주화와 시장경제로의 전환을 지원하기 위해 1991년부터 시작되었다. 독립국가연합 기술지원프로그램의 대상 국가는 아르메니아, 아제르바이잔, 벨로루시, 그루지야, 카자흐스탄, 몰도바, 러시아, 타지키스탄, 투르크메니스탄, 우크라이나 및 우즈베키스탄 및 몽고 등 총 12개국이다. 이중 몽고는 2003년에 이 프로그램을 통한 지원이 종결된다. 이 프로그램은 정치·행정 개혁 및 민간 경제부분에 대한 경제적 지원뿐 아니라, 체제전환에 따른 여러 사회적 문제를 해결하기 위한 다양한 프로젝트로 구성된다. 독립국가연합 기술지원프로그램은 1995~99년까지 2차 계획에 들어가고, 이후 1998년에는 동유럽국가에 대한 지원정책인 중동유럽 지원프로그램(**PHARE**)과 함께 브뤼셀에 통합정보센터를 설치한다. 유럽연합은 1991년부터 99년까지 독립국가연합 기술지원프로그램을 통해 약 40억 유로의 경제적 지원을 행하였고, 2000~2006년 사이에 약 31억 유로의 예산을 배정해 사업을 지속하고 있다. 현재 실행되고 있는 독립국가연합 기술지원프로그램 프로그램은 제도, 법, 행정개혁 지원, 경제발전 지원, 개혁의 사회적 결과 유도 지원, 하부구조 네트워크 지원, 환경보호, 농촌경제 지원, 핵안전 지원 등 여러 부분에서 집중적 선택을 통해 3개 분야 이내에서 지원된다.

TEMPUS ➡ Trans-European Mobility Scheme for University Studies 참조

TEN ➡ Trans-European Networks 참조

Thatcher, Margaret : 대처(1925~)

대처는 1979년부터 1990년까지 수상을 3번 연임한 영국 정치인이다. 그녀는 보수당 하원의원(1959), 정무차관(1961~1964), 교육과학장관(1970~1974)을 역임한 뒤 1975년 영국 여성 최초로 보수당 당수로 취임하였다. 이후 1979년 총선에서 승리하며 영국 총리가 되었다. 대처는 집권 후 긴축재정 원칙에 기초하여 사회보장 축소정책과 강력한 통화주의정책을 실시하였다. 또한 공공부문의 민영화와 노동법 개정을 통해 노동조합에 대한 법적 규제를 강화하였다. 이와 같은 개혁조치로 대처는 여타 유럽국가에 비해 상대적으로 높은 경제성장을 이끌어 냈으나, 높은 인플레이션과 유럽보다는 미국과의 관계를 우선시한 외교정책으로 국내외적인 비판을 받았다. 대처는 유럽통합에서 단일시장계획의 범위를 넘어서는 정치사회적 통합에는 강력히 반대하였고 집행위원회의 초국가 권한에 비판을 가하였다. 또한 1980년대 유럽공

동체 예산에 대한 영국의 재정 기여가 과도하다는 이유를 들어 환급금을 받아냈다. 대처는 수상집권 기간에 유럽통합은 어떠한 경우에도 국가의 주권을 약화시켜서는 안 된다는 태도를 일관되게 표명하여 반통합주의자로 인식되기도 하였다.

Three Wise Men ➡ Committee of Three Wise Men 참조

Threshold Price : 최저수입가격

최저수입가격은 농산품의 유럽연합 역내 수입에 대한 최저가격을 말한다. 최저수입가격은 생산품 가공비용, 농산물 수입 부과금, 추가 부과금으로 형성되는데 매년 7월 1일 결정된다. 국제시장에서 생산비 가격이 유럽연합 생산비 가격보다 낮을 경우 과도한 수입으로 역내시장이 위협받을 수 있다. 이러한 폐해를 막기 위해 유럽연합은 모든 수입 농산물에 공동 부과금을 부과한다. 또한 수입 농산물을 최저수입가격으로 맞추기 위해 추가 부과금을 부과한다.

Tindermans Report : 틴더만 보고서

1974년 파리유럽정상회담에서는 향후 유럽공동체의 정치협력에 대한 구체적 방향을 담은 보고서를 당시 벨기에 수상 틴더만(Leo Tindermans)에게 의뢰하였다. 이에 따라 1976년에 제출된 틴더만 보고서는 외교 및 안보정책에서 국가 간 협력과 경제통화동맹(**EMU**), 지역정책과 사회정책 실행 그리고 유럽의회의 직접선거(**Direct Election**) 등 다양한 내용을 담고 있다. 또한 제도개혁 측면에서 유럽공동체의 민주성을 높이기 위해 유럽의회에 입법권을 부여하는 방안을 제시하였다. 또한 틴더만 보고서는 실현 가능한 프로그램을 단계적으로 진행하고 국가 간 차별화된 통합을 의미하는 이중속도의 유럽(**Two-speed Europe**)

■Total Allowable Catch(TAC)

을 제안하였다. 그러나 이 보고서가 제안한 내용들은 매 유럽정상회담에서 이슈로 다루어지다가 1978년 이후 논의가 중단되었다. 그러나 틴더만 개인은 이 보고서를 통해 스파크(Paul-Henri Spaak)와 같이 미스터 유럽(Mr. Europe)이라는 칭호를 얻으며 친통합주의자로 널리 이름을 알리게 된다.

Total Allowable Catch(TAC) : 조업할당

공동어업정책(CFP)의 실행정책 중 하나로 어족자원의 보호를 위해 지역에 따라 각 어종별로 어획량을 할당한 제도이다. 조업할당은 각 회원국의 관계당국에 의해 감시되며 치어의 무분별한 남획을 막기 위해 그물의 종류도 통제의 대상이 된다. 그러나 스페인 같은 일부 국가의 경우 무차별적 어획과 죽은 치어의 폐기로 환경문제를 야기하기도 한다.

Trade and Cooperation Agreement : 무역 및 협력협정

무역 및 협력협정은 협정체결 국가 간 최혜국 대우(MFN)를 부여하여 수량통제와 같은 무역장벽을 철폐하여 무역관계를 발전시킨다는 목적에서 체결된다. 이 협정은 이외에도 협정 체결국 간 재정·기술적 원조, 사회기반시설 확충, 보건 및 교육프로그램 운영과 같은 여러 내용을 담고 있다. 유럽연합은 2001년부터 이란과 무역 및 협력협정 체결을 위해 협의 중에 있다. 유럽연합은 이란이 핵개발 계획을 포기한다는 조건하에 양측 간, 무역증진과 함께 원조제공 등 무역외의 부분에서 관계 증진을 꾀한다고 밝히고 있다. 유럽연합은 유사한 맥락에서 이라크와도 무역 및 협력협정을 체결할 방침이다. 최근 들어 유럽연합은 제3국과 무역 및 협력협정 체결 시 반드시 상대국의 인권상황을 고려하여 교류방안과 속도를 결정하고 있다.

Trans-European Automated Realtime Cross Settlement Express Transfer(TARGET) : 유럽은행 간 지불시스템

유럽은행 간 지불시스템은 1999년 1월 1일부터 경제통화동맹(EMU) 3단계 출범에 맞추어 유럽중앙은행(ECB)과 가맹국 상업은행 간 거래를 규율하기 위해 만들어졌다. 경제화폐동맹 비가입국 중앙은행도 이 시스템에 접근할 수 있다.

Trans-European Mobility Scheme for University Studies (TEMPUS) : 유럽대학 협력프로그램

유럽대학 협력프로그램은 1990년부터 유럽대학 간 협력을 위해 시작된 유럽연합의 교육프로그램이다. 주요 사업은 구소련과 서부 발칸반도 국가들의 대학교육에 대한 재정적 지원과 중동유럽에서 대학교육 교과지원 및 회원국 간 학생 및 교직원 교류 지원이다. 최근까지 이 프로그램을 통해 12,000여 명의 교원과 35,000여 명의 학생들이 수혜를 받았다.

Trans-European Networks(TEN) : 범유럽 네트워크

범유럽 네트워크는 유럽공동체조약 154-156조에 의해 유럽연합 시민과 경제주체들이 단일시장(Single Market)의 이익을 누리기 위해 운송, 통신 및 에너지 부분에서 범유럽 네트워크를 구성한다는 계획이다. 유럽차원에서 네트워크가 미비하면 요소의 자유이동을 규정한 단일시장은 제 기능을 발휘할 수 없다. 물론 기간산업에서의 네트워크는 경제성장과 고용에 도움을 준다. 동시에 네트워크는 국경을 넘어 연계되므로 유럽연합의 지역정책 차원에서도 유용한 인프라가 될 수 있다. 이러한 여러 장점에 따라 유럽연합은 범유럽 네트워크를 역내시장의 원활한 작동과 경제사회적 결속을 위한 핵심적 인프라로 고려하고 있다. 범유

■Transitional Period

럽 네트워크는 자체 예산뿐 아니라 구조기금(**Structural Fund**)과 결속기금(**Cohesion Fund**)과 같은 재원에 의해 운영된다. 에너지 부분에서 대표적인 성과는 이탈리아-그리스 그리고 아일랜드-영국 간 전기송전선 건설 사업이다. 또한 교통 부분에서는 런던, 파리, 브뤼셀, 쾰른, 암스테르담을 연결하는 고속 철도망, 영국-아일랜드 간 철도-선박 연계망 그리고 코펜하겐, 오슬로 및 스톡홀름을 연계하는 철도망 건설이 있다. 이외에 통신부분에서는 회원국 간 금융거래의 전산화 및 유럽차원의 이동통신네트워크 구축 등이 있다. 한편 범유럽 네트워크는 알제리-이탈리아 간 가스파이프 건설과 같이 역외 국가에서도 사업이 진행된다.

Transitional Period : 이행기간

한 회원국이 공동체 규정을 즉각적으로 적용하는 데 어려움이 있는 경우 점진적으로 도입하도록 허용된 기간을 지칭한다. 예를 들어 1957년 서명된 유럽경제공동체(EEC) 조약은 1969년 12월 말까지 관세동맹(**Customs Union**)을 완성한다는 목표를 두어 12년의 이행기간을 두었다. 그러나 유럽공동체는 예정보다 1년 6개월 앞당겨 1968년 7월 관세동맹을 완성하였다. 또한 유럽연합은 유로화(Euro) 도입을 1999년 1월부로 시행했으나, 이는 실제 생활에서 사용되지 않는 명목화폐였다. 유로화는 2002년 1월부터 본격적으로 도입되었는데 이 기간을 이행기간이라 한다. 또한 신규 회원국이 가입으로부터 받을 수 있는 어려움을 고려해 확대 협상 과정에서 이행 기간을 부여하기도 한다.

Transparency ➡ Accountability 참조

Treaty Establishing a Constitution for Europe
➡ European Constitution 참조

Treaty Establishing the European Coal and Steel Community (ECSC) / Treaty of Paris : 유럽석탄철강공동체설립조약

➡ European Coal and Steel Community(ECSC)

1950년 5월 9일 당시 프랑스의 외무장관 슈만(**Robert Schuman**)은 초국가적인 기구인 고등관청(**High Authority**)에 의하여 관리되는 석탄철강공동체(**ECSC**) 설립을 제안하였다. 이듬해 슈만은 기능주의 통합방식을 꾀한 모네(**Jean Monnet**)와 더불어 1951년 4월 18일 파리에서 파리조약(**Treaty of Paris**)으로 불리는 유럽석탄철강공동체설립조약을 체결해 유럽석탄철강공동체를 창설한다. 이 조약은 1952년 7월 24일자로 발효되었다. 유럽석탄철강공동체설립조약은 50년 한시조약으로 2002년 7월 23일부로 종료되었다.

Treaty Establishing the European Community : 유럽공동체설립조약

➡ European Communities
➡ Treaty of Rome

유럽공동체설립조약은 1957년 체결된 유럽경제공동체설립조약(Treaty Establishing the European Economic Community)의 개명이다. 1992년 유럽연합조약의 체결로 유럽경제공동체(European Economic Community)는 유럽공동체(European Community)로 개칭된다. 이에 따라 유럽경제공동체설립조약은 유럽공동체설립조약으로 개명된다. 엄밀한 의미에서 로마조약(Treaty of Rome)은 유럽공동체설립조약과 유럽원자력공동체설립조약(Treaty Establishing European Atomic Community)을 모두 포함한 것이다. 그러나 통상 로마조약은 곧 유럽공동체설립조약과 같은 맥락으로 사용된다. 1967년 발효된 유럽공동체 단일이사회 및 단일위원회설립조약(Treaty Establishing a Single Council and a Single Communication of the European

■ Treaty of Amsterdam

Communities)에 의해 사실상 3개의 개별 공동체들이 유럽공동체로 통칭되어 왔다. 그러므로 유럽공동체는 유럽원자력공동체(EURATOM), 유럽석탄철강공동체(ECSC : European Coal and Steel Community) 그리고 유럽경제공동체(European Economic Community)를 포함한 집합적 개념이므로 European Communities라는 복수의 법적 호칭을 사용하여 왔다.

Treaty of Amsterdam : 암스테르담조약

암스테르담조약 체제의 출범은 마스트리히트조약 제N조에서 이미 예정되어 있었다. 즉, 동조 제1항 제1문은 "회원국 정부 혹은 집행위원회는 유럽연합조약의 개정에 관한 시안을 이사회에 제출할 수 있다."라고 명기하고 있다. 또한 동조 제2항에서는 "이 개정시안이 유럽연합조약의 공동규정인 제A조 및 제B조에 열거된 제 목적과 규정에 일치하는지의 여부를 심사하기 위하여 회원국 정부의 대표자 회의가 1996년에 소집된다."라고 규정하고 있다. 이 규정에 따라 1996~1997년에 정부간회담(IGC)이 개최되어 유럽연합조약을 개정한 암스테르담조약이 체결되었다. 암스테르담조약은 1997년 10월 2일자로 서명되어 1999년 5월 1일자로 발효되었다.

암스테르담조약은 유럽연합조약, 제 공동체설립조약 및 일부 관련 행위를 개정했으며, 다음과 같은 4부분으로 구성되어 있다.

- 자유, 안전 및 사법
- 유럽연합과 시민
- 유효하고도 응집력 있는 대외정책
- 유럽연합의 기구

마스트리히트 조약은 이외에도 유럽연합 차원에서 고용정책의 신설, 사법 및 내무부분에서 유럽연합으로 회원국의 일부 권한 이전, 공동외교안보정책(**CFSP**)의 개혁, 가중다수결(**QMV**) 표결의 확대 및 회원국간 보다 긴밀한 협력체제 구축에 관한 규정을 담고 있다.

Treaty of Friendship / Élysée Treaty : 독-불 우호협력조약

독-불 우호협력조약은 1963년 당시 프랑스 대통령 드골(**Charles de Gaulle**)과 독일 총리 아데나워(**Konard Adenauer**) 간에 맺어진 조약이다. 이 조약은 외교정책 결정에서 상호협의뿐만 아니라 경제, 문화 부분에서의 협력을 규정하고 있다. 독-불 우호협력조약으로 양국은 정기적인 정상회담을 개최하고, 청소년 교류, 공동 군사조직 형성 등에서도 협력관계를 유지하였다. 양국은 이러한 협력을 통해 이후 마스트리히트조약이나 경제통화동맹(**EMU**) 형성에 중요한 역할을 담당한다. 당시 드골은 영국의 유럽공동체 가입을 반대하며, 국가들의 유럽(*Europe des Patries*)이라는 개념으로 유럽통합을 바라보았다. 반면에 아데나워는 초국가주의와 영국의 유럽공동체 가입을 지지하고 있었다. 드골은 이러한 자신의 구상을 실현하기 위해 독일의 도움이 필요했고, 독일 역시 유럽과 국제무대에서 프랑스의 정치적 도움이 필요한 상황이었다. 따라서 독-불 우호협력조약은 결국 양국 간에 필요와 타협의 산물이었다고 할 수 있다.

Treaty of Nice : 니스조약

유럽연합은 2000년 12월에 개최된 니스이사회에서 새로운 조약 채택을 위한 정부간회담(**IGC**) 절차를 마무리하였다. 그 결과, 2001년 2월 26일 유럽연합조약, 유럽공동체들을 설립하는 조약들 그리고 일정 관련 행위들을 개정하는 니스조약(Treaty of Nice amending the Treaty on European Union, the Treaties establishing the European Communities and certain related Acts)이 서명되었다. 정부간회

■ Treaty of Paris

담에서는 니스조약 이외에도 4개 의정서와 24개의 선언을 채택하였으며, 일부 회원국들에 의해 제시된 3개 선언에도 주목하였다.

니스조약은 암스테르담조약에서 해결하지 못했던 대부분의 기구개편 문제를 해결하였다는 데 의의가 있다. 특히 집행위원회의 크기와 집행위원 임명 방식, 각료이사회 가중다수결(QMV) 표결의 가중치 변경, 가중다수결 방식의 확대적용, 긴밀한 협력(closer cooperation)을 고양된 협력(enhanced cooperation)으로 확대 수정, 유럽사법재판소와 유럽의회의 기구개편 그리고 기타 보조기관들의 기구개편 등 유럽연합 기구에 대한 광범위한 개편이 이루어졌다. 그리고 신규 회원국들에 부여될 각 기관 내에서의 의석 수와 지위에 관한 유럽연합 차원의 공동지침을 마련하였다. 그러나 유럽연합의 지주를 구성하는 유럽석탄철강공동체(ECSC)가 2002년 7월 24일을 기해 소멸한다는 것을 제외하면 유럽연합의 3개의 지주구조(three-pillar system)는 그대로 지속된다. 이것은 유럽연합 자체의 법인격 문제가 아직도 명시적으로 혹은 정면으로 다루어지지 않았다는 것을 의미한다. 니스조약은 유럽연합 회원국의 국내비준절차를 거친 뒤 그 비준서는 이탈리아정부에 기탁되어야 하는데, 마지막 비준서가 기탁된 후 두 번째 달의 첫째 날에 발효한다. 이에 따라 당시 유럽연합 15개 회원국이 헌법상의 절차에 따라 비준을 2002년까지 마쳤고, 조약은 2003년 2월 1일자로 발효하였다.

Treaty of Paris ➡ Treaty Establishing the European Coal and Steel Community 참조

Treaty of Rome ➡ Treaty Establishing the European Community 참조

Treaty on European Union : 유럽연합조약 / 마스트리히트조약

1990년 7월 1일부터 역내 자본이동이 자유화되었으며, 경제통화동맹(**EMU**)의 완성을 위한 제2단계 사업이 시작되었다. 이에 따라 1991년 12월 9일~10일 양일간 네덜란드의 마스트리히트시에서 개최된 유럽이사회에서 경제통화동맹, 정치동맹에 관한 조약을 마련하여 유럽공동체를 대체할 유럽연합을 구상하였다. 이 조약이 바로 마스트리히트조약(Treaty of Maastricht)으로서 일명 유럽연합조약으로 부른다. 유럽연합조약이 마련됨으로써 그때까지 진행되어 왔던 부문별 통합에서 한 걸음 나아가 유럽의 정치 및 경제통합 추진에 새로운 장을 열게 되었다. 마스트리히트조약은 1993년 11월 1일자로 발효되어 1995년 1월 1일자로 유럽연합이 성립하였다. 유럽연합조약은 제A조에서 이 조약은 "유럽인들 사이에 가장 가까운 연합을 창설하는 과정에서 새로운 단계를 기록하는 것이며, 이러한 연합은 회원국들의 국가별 정체성을 존중한다."고 명문으로 규정하고 있다. 유럽연합조약은 다음과 같은 내용을 새로이 도입하였다.

첫째, 이 조약은 유럽연합의 거주자들이 그들이 거주하는 회원국에서 지방 및 유럽연합선거에 투표할 수 있는 권리를 갖는다. 또한 유럽의회에 청원하거나, 유럽연합 기구와 분쟁이 발생한 경우에 옴부즈만(**Ombudsman**)에게 의뢰할 수 있다. 이외에 유럽연합 밖에서 다른 회원국에 외교적 그리고 영사상의 보호를 요청할 수 있는 권리를 갖는 유럽시민권(**European Citizenship**)을 도입한다.

둘째, 이 조약은 유럽연합 기구들의 민주적 성격을 강화하며, 보충성의 원칙(**Principle of Subsidiarity**)을 도입한다.

셋째, 유럽연합의 필수 불가결한 부분인 경제통화동맹은 이 조약에서 설정한 절차와 일정에 따라 3단계에 걸쳐 진행한다.

이러한 조약내용에 따라 1999년 1월 1일 수렴조건을 충족한 회원국 간 단일통화인 Euro가 정부 간 대체결제통화로 통용되었으며 2002년 1월 1일부로 12개 유로존(**Eurozone**) 국가에서 전면적으로 유통되었다. 유럽연합조약은 특정 부분에 한해 선택적 탈퇴(opt-outs) 권한을 부여하여 영국은 경제통화동맹 3단계에서 불참키로 하고 덴마크 역시 국민투표에 의하여 불참키로 하였다. 그러나 스웨덴은 그 필요조건을 충족하는 즉시 유로존에 가입한다. 이 외에도 유럽연합조약은 공동외교안보정책(**CFSP**)과 내무사법협력(**CJHA**)을 신설해 회원국 협력을 통해 정책을 진행한다. 특히 내무사법협력은 회원국 간에 이민망명, 법·경찰·세관협조와 같은 사법협력을 확대한다. 또한 유럽연합조약은 환경, 사회정책, 연구 및 개발, 유럽횡단 방송망, 통신, 보건, 문화 그리고 소비자보호와 같은 분야까지 유럽연합의 역할 확대를 규정하고 있다.

Trevi Group : 트레비그룹

1975년 로마 정상회담에서 영국의 주도로 요구되어 공동체 내에서 법과 질서 구축을 위해 회원국 내무부 장관과 법무부 장관들로 구성된 모임을 지칭한다. 이듬해 룩셈부르크에서 첫 모임을 가진 트레비그룹은 회원국 테러문제 전문가들의 지원을 받아 공공질서, 범죄, 마약 들 문제를 논의했다. 이 그룹은 회원국 장관들로 구성되지만 공동체 기구가 참여하지 않는 비공식적 기구였다. 그룹 형성이 결정된 이탈리아 로마에 있는 Trevi 분수에서 유래한 이 명칭은 후에 'terrorisme, radicalrisme, extrémisme, violence internationale'의 약칭이 되었다. 마스트리히트조약의 발효에 따라 트레비그룹은 1993년부터 내무사법협력(**CJHA**)에 합병되었다.

Trialogues : 3자 회합
→ Codecision Procedure
→ Conciliation Committee

3자 회합은 공동결정절차(**Codecision Procedure**)에서 각료이사회가 유럽의회의 수정안에 대하여 입장을 표명하기 전에 행하는 각료이사회, 유럽의회 및 집행위원회 3자 간 비공식적 회합이다. 3자 회합에는 유럽의회 협상대표와 상주대표부(**Coreper** I의 최고책임자가 지휘) 집행위원회 내 총국(**DG**) 대표가 참여한다. 실무협상을 용이하게 진행하기 위해 3자 회합 참여자는 각 기구당 10명 이내로 제한한다. 공동결정절차에서는 증가하는 입법과 규정된 정책결정 시한을 맞추기 위해 이러한 비공식 회합이 증가하고 있다.

Troika : 트로이카

트로이카는 공동외교안보정책 분야에서 유럽연합을 대외적으로 대표하는 그룹을 의미한다. 암스테르담조약이 채택되기 이전까지는 과거의 유럽정치협력(**European Political Cooperation**)과 공동외교안보정책(**CFSP**) 분야에서 유럽연합을 대표하였던 전직, 현직 및 차기 이사회 의장국을 통칭하여 트로이카라 칭하여 왔다. 이는 유럽연합이 공동외교안보정책의 일관성을 유지하여 대외적 정책목표를 실현하는 데 긍정적으로 기여하려는 목적에서 비롯된다. 1999년 암스테르담조약의 발효로 공동외교안보정책 분야에서 현직 이사회 의장국이 여전히 유럽연합을 대외적으로 대표한다. 그러나 이사회 의장국은 공동외교안보정책 고위대표(**High Representative for the CFSP**)를 겸임하는 각료이사회 사무총장(**Council Secretary-General**)과 집행위원회 대외관계총국(DG External Relations)의 공동 지원을 받는다. 이에 따라 이들 3자를 트로이카라 명하고 있다. 이와 더불어 이사회 차기

의장국 역시 현직 의장국과 함께 대외협력 관련 논의 및 협상에 참여하기도 한다.

Turkey : 터키

터키는 오랜 동안 유럽의 일원으로 이미 1949년에 만들어진 유럽평의회(**Council of Europe**)의 창설멤버였다. 터키는 1961년 유럽공동체에 준회원국 가입신청을 하고, 1963년에는 앙카라 협정(Ankara Agreement)을 체결하며 이후 1970년에는 유럽공동체와 관세 및 수량제한 철폐 등의 후속 절차를 밟기도 한다. 그러나 1980년대 들어 터키가 사이프러스에 무력침공을 감행하면서 유럽연합과 터키와의 관계도 냉각된다. 이러한 와중에도 터키는 1987년에 유럽공동체에 가입신청을 한다. 하지만 당시 유럽공동체는 터키가 정치·경제적 발전이 미흡할 뿐 아니라, 그리스-터키 간 불편한 관계로 사이프러스 문제에 악영향을 초래할 수 있다는 점을 들어 터키의 가입을 거부한다. 이후 1990년대 들어서 유럽연합은 전향적인 자세로 나와 터키가 정치·경제적 조건만 충족되면 유럽연합에 합류할 수 있다고 천명하고, 1995년에 터키와 관세동맹(**Customs Union**)을 형성한다. 또한 1999년에 유럽연합은 헬싱키 유럽이사회(Helsinki European Council)에서 터키를 여타 동유럽국가와 동등한 가입 후보국으로 인정한다. 2004년 유럽이사회는 터키와 가입협상을 시작하기로 결정하고, 이후부터 양측 간 협상이 진행되고 있다.

Two-Speed Europe ➡ Differentiated Integration 참조

U

Unanimity : 만장일치제도

각료이사회에서 토의되는 안건을 회원국 모두의 동의에 의해 결정하는 제도이다. 각료이사회는 집행위원회의 제안(proposal)에 대해 만장일치(**Unanimity**), 가중다수결(**QMV**), 단순다수결(**Simple Majority Voting**)의 방법에 따라 결정을 내린다. 유럽연합에서 단일시장(**Single Market**)과 관련한 정책은 대부분 가중다수결에 근거하여 결정을 내리지만, 외교안보정책분야(**CFSP**) 및 내무사법분야(**CJHA**) 협력과 같이 회원국이 정책권한을 보유하고 있는 분야에 대해서는 여전히 회원국의 만장일치에 따라 의사결정을 하고 있다. 1987년 단일유럽의정서(**SEA**)의 발효 이후 가중다수결제도가 적용되는 정책분야는 지속적으로 확대되어 왔으나, 외교안보분야, 조세 관련 정책분야, 사회정책분야 등에 대해서는 만장일치제도가 여전히 적용되고 있다. 2003년 발효된 니스조약은 유럽연합 확대에 대비하여 만장일치제가 적용되는 정책분야를 축소하고 가중다수결표결을 확대키로 결정하였다.

UNICE ➡ Union of Industrial and Employers' Confederations 참조

Union of Industrial and Employers' Confederations(UNICE) : 유럽경제인연합회

유럽경제인연합회는 1958년 유럽지역의 산업계와 경제계의 이익을 대표할 목적으로 설립된 경제단체이다. 2006년 기준 유럽지역 33개국의 산업 및 사용자를 대표하는 39개 단체가 회원으로 가입하고 있다. 유럽경제인연합회는 유럽지역 전체 기업의 이해관계를 대표하므로 유럽연합 정책결정과정에 지대한 영향을 행사한다. 매년 유럽경제인연합회가 발간하는 유럽산업의 경쟁력에 관한 보고서는 유럽연합과 회원국의 경제정책 운용에 중요한 자료로 활용된다.

United Kingdom : 영국

왕정국가인 영국은 유럽연합 회원국 중 초국가적 통합에 가장 부정적인 국가 중 하나이다. 영국은 초기 유럽통합 과정에 참여하지 않았는데, 이는 초국가적 통합에 대한 반감과 영국의 전통적인 유럽정책과의 모순 때문이었다. 영국은 초국가적 통합 대신 보다 느슨한 형태의 자유무역 지역대를 생각하고 있었다. 그러나 프랑스 등을 비롯한 대륙국가들의 반대로 무산된 후, 덴마크 등과 함께 1960년 유럽자유무역연합(**EFTA**)을 설립했다. 자유무역연합을 형성했으나 영국은 유럽공동체의 정치, 경제적 영향력을 확인했기에 1963년과 1967년 두 번에 걸쳐 공동체 가입을 신청했다. 그러나 두 번 모두 드골(**Charles de Gaulle**)에 의해 무산되었다. 영국의 공동체 가입은 드골이 사임하고 퐁피두(**Georges Pompidou**) 대통령이 영국의 가입을 찬성하자 1973년 이루어지게 되었다. 공동체 가입이 영국의 전통적인 유럽통합관의 변화에 기인한 것은 아니었다. 공동체 가입 후에도 영국은 가입조건 재협상, 초국가성 반대, 예산문제에 대한 대처(**Magaret Thatcher**) 수상의 공동체 예산문제에 대한 불만 표출, 단일통화 도입 과정에서 유럽연합 탈퇴 위협 등 통합에 어려움을 야기했다. 1990년대 중반 광우병 파동 때 유럽연합 회원국들이 영국 쇠고기의 수입을 금지하자 유럽연합 운영에 비협조적인 자세로 일관해 공동체 운영에 어려움을 주기도 하였다. 영국의 유럽통합에 대한 부정적 태도는 보수당의 메이저(**John Major**)가 물러나고 노동당의 블레어(**Tony Blair**)가 집권한 이후 약화되었다.

V

Van Gend en Loos : 반 장 앙 루스 사건 판결

➡ Direct Effect

반 장 앙 루스 사건은 유럽공동체법의 일반원칙 중 하나인 직접효력(**Direct Effect**) 원칙을 다룬 최초의 판결이다. 직접효력은 유럽연합의 입법이 회원국 정부의 헌정질서와 정치적 목적에 구속받지 않고 독립적으로 회원국의 시민과 법인에 부과할 수 있다는 원칙이다. 이 사건(Case 26/62 van Gend en Loos v. Nederlandse Administratie der Belastingen〔1963〕ECR1, at 12)에서는 네덜란드가 유럽공동체 조약 발효 후에 관세분류를 변경하여 특정 제품에 대해 관세액이 증가한 경우로, 이는 관세의 증액을 금지한 유럽공동체조약 12조를 위반한 것이다. 이 사건에서 네덜란드 국내법원에 해당하는 관세위원회(Tarief-commissie)는 유럽공동체조약 제177조의 선결적 판단절차에 따라 사안을 유럽사법재판소에 송부하였다. 이에 따라 유럽사법재판소는 유럽공동체법은 "회원국법과는 관계없이 개인(individuals)에게 의무만을 부과하는 것은 아니라, 권리도 부여한다."라고 판시하여 유럽공동체조약 12조(신규관세의 도입 및 관세증액의 금지)의 직접효력을 인정한다. 이후 직접효력 원칙은 1974년 Van Duyn 결정(Case 41/74, Van Duyn v. Home Office〔1974〕ECR 1337)을 통해 공동체 지침(**Directive**)의 효력 범위를 설정하는 데 적용된다.

나아가 Ratti 결정(Case 148/78, Ratti〔1979〕ECR 1629)을 통해 직접효력은 회원국정부의 지침 시행기한이 경과한 이후에 적용된다는 보다 명시적인 원칙이 성립된다.

Variable Geometry : 가변적 지역
- Differentiated Integration
- Europe à la carte
- Two-Speed Europe

국가 간 통합과정과 속도를 차별화한다는 이 개념은 Differentiated Integration 및 Europe à la carte과 유사한 의미로 1980년대 초 당시 집행위원장인 들로르(Jacques Delors)가 처음 사용하였다. 가변적 지역이란 유럽연합의 공동정책 실행과정에서 회원국 간 능력의 격차를 고려하여 그 속도와 범위를 상이하게 조정하는 것이다. 이 개념은 이미 1976년에 틴더만 보고서(Tindermans Reports)에서 언급한 이중속도의 유럽(Two-speed Europe)과 같은 내용을 담고 있다. 가변적 지역은 주로 경제통화동맹(EMU)과 신규회원국에 대한 노동의 자유이동에서 적용된다. 선택적 탈퇴(Opt-outs)는 이러한 국가 간 가변적 지역이 제도화된 것이다.

VAT : 부가가치세

부가가치세는 재화나 용역이 생산되거나 유통되는 모든 거래단계에서 생기는 부가가치를 과세대상으로 하는 간접세이다. 부가가치는 기업이 지급하는 급료, 지급이자, 세금공과, 감가상각비 및 이윤을 합계하여 계산하는 가산법과 기업의 재화와 용역 등의 매출액에서 기업의 재화와 용역 등의 매입액을 공제하여 계산하고 있다. 따라서 부가가치세는 부가가치에 세율을 곱하여 산출하게 되는데, 공제법의 원리에 의하면 부가가치세는 매출세액에서 매입세액을 공제한 금액이 된다. 유럽에서는 부가가치세가 1967년부터 부과되고 있다. 1986년 단일유럽의정서(SEA)로 발전된 콕필드 보고서(Cockfield Report)는 단일시장(Single Market)을 완성하기 위해서는 간접세들을 표준화하여야 한다고 주장했다. 그러나 당시 회원국들 간 현격한 경제적 차이로 인해 세율의 표준화에 많은 어려움이 있었다. 현재 유럽연합의 부가가치세는 최저 15%에서 최고 25% 사이에서 정하도록 되어 있다. 참고로 덴마크와 스웨덴은 회원국들 중 가장 높은 25% 세율의 부가가치세율을 적용하고 있다. 프랑스, 영국, 독일의 세율은 각각 19.6%, 17.5%, 16%이다. 유럽연합 역내무역의 경우, 부가가치세는 원산지(Country of Origin)에서 부가하는 방식을 따르고 있다. 즉 회원국 간 교역은 국내 판매와 마찬가지로 원산지국인 수출국가가 부가가치세를 부과하며, 수입국은 별도의 부가가치세를 부과하지는 않는다.

Vatican : 바티칸

1929년 무솔리니와 라테란 조약(Lateran Treaty)에 의해서 독립성을 가지는 교황령으로, 세계에서 가장 작은 국가이다. 이탈리아의 관세영역 외부에 위치함에 따라 바티칸으로 들어오는 상품은 이탈리아 관세가 부과되지 않는다. 바티칸은 유럽공동체와의 관계에서 특별한 협정을 맺고 있지는 않지만 브뤼셀에 대사를 파견해 외교관계를 맺고 있다. 이탈리아가 유로를 도입함에 따라 바티칸도 유로를 사용하고 있다.

VERs ➡ Voluntary Exports Restraints 참조

Veto : 거부권

거부권은 유럽이사회 및 각료이사회에서 회원국 정부가 정책과 입법안의 채택을 저지할 수 있는 권한을 의미한다. 단일유럽의정서 체결 이후 유럽연합의 의사결정과정에서 가중다수(**QMV**) 표결이 계속 확대되고 있지만 조약 재정, 신규회원국 가입여부 결정, 각국 간 조세조정과 같이 주요한 사안에서는 만장일치 표결을 적용해 회원국의 거부권을 인정하고 있다. 그러나 거부권이 실제 사용되는 경우는 매우 드물다.

Visegrad : 비세그라드 국가

➡ Central European Free Trade Agreement(CEFTA)

비세그라드 국가는 체코, 슬로바키아, 폴란드 그리고 헝가리의 4개국을 통칭하는 용어이다. 원래 비세그라드 국가는 체코슬로바키아가 분리되기 전에 참여하여 3개국이었으나 1993년 이후 체코와 슬로바키아의 분리로 4개국으로 늘어났다. 이들 4개국은 지리적으로 서유럽과 인접하며 여타 동유럽국가에 비해 앞선 정치경제적 발전을 이룬 국가들로 상호 간 교류가 활발하였다. 비세그라드 국가는 유럽연합에 가입하기 전인 1993년에 중부유럽 자유무역협정(**CEFTA**)를 결성하여 상호간 경제교류를 확대하여 왔다. 중부유럽자유무역지역에는 1996년과 1997년에 각각 슬로베니아와 루마니아가 가입하고, 이후 1999년에는 불가리아까지 참여하였다. 비세그라드 국가들은 2004년 5월 유럽연합 가입 이후에도 중동유럽의 안보와 경제발전을 위해 상호협력 관계를 지속하고 있다.

Voluntary Exports Restraints(VERs) : 수출자율규제

수출자율규제는 특정기간 동안 무역상대국의 요구에 따라 수출량을 제한하는 제도로 특정 산업이 수입에 따른 어려움을 겪는 경우 산업보호를 위해 취한다. 수출국가가 수입국가의 이러한 요구를 수용하지 않으면 수입국가는 수량제한(**Quota Restrictions**)과 같은 강도 높은 수입규제 조치를 취한다. 1980년대에 많은 국가들이 수출자율규제 조치를 취하면서 국제무역기구(WTO)는 회원국들에 이 제도의 사용을 자제토록 촉구한 바 있다. 유럽연합도 일본 자동차의 무차별적인 수입에 대응하기 위해 1991년부터 수출자율규제 조치를 취하고 있다.

Vredeling : 브레드링 제안

집행위원회의 고용 및 사회문제 담당 위원을 역임한 네덜란드 출신의 브레드링(Henk Vredeling)의 이름을 붙인 용어이다. 이 제안은 1980년에 집행위원회가 회사법 정관을 만들기 위해 제출한 것으로 당시 각료이사회에서 거부되었다. 그러나 브레드링 제안에서 제기한 종업원의 이사회 참가에 관한 사항은 1989년 노동자의 사회적 기본권 헌장(<u>Charter of Fundamental Social Rights of Workers</u>)에 반영되었다.

W

Werner Report : 베르너 보고서

베르너 보고서는 1970년에 당시 룩셈부르크 수상이었던 베르너(Pierre Werner)가 책임을 진 위원회에서 제출한 경제통화동맹(EMU) 창설에 관한 보고서이다. 이 보고서는 회원국 간 경제정책의 조정, 환율 변동폭 축소, 자본시장 통합 그리고 공동화폐와 유럽중앙은행(ECB) 창설 등의 내용을 담았다. 베르너 보고서는 1980년까지 경제통화동맹의 완전이행을 위한 3단계 계획을 제출하였고, 이후 이 계획은 각료이사회에서 수정된 형태로 채택되었다. 그러나 1970년대 경제위기로 인하여 베르너 보고서의 내용은 실현되지 못하고 한참 후인 1988년부터 이 계획이 추진되었다.

Western European Armaments Group(WEAG) : 서유럽군비그룹

➡ Independent European Programme Group(IEPG)

서유럽군비그룹은 방위산업시장 개방과 유럽차원의 방위산업기술과 산업기반 구축을 위해 1993년 서유럽동맹(WEU) 내 13개 국가들이 결성한 협력체이다. 이미 1976년 아이슬란드를 제외한 북대서양조약기구(NATO) 회원국들은 방위산업에서 국가 간 협력을 담은 방위산업 프로그램그룹(IEPG)을 결성했다. 이후 1991년 서유럽동맹 회원국들은 유럽군수기구(European Armaments Agency)를 형성하는 과정에서 방위산업에서의 국가 간 협력을 결정한다. 이에 따라 1993년 5월 유럽독립프로그램그룹 회원국들은 방위산업 협력에 관련된 모든 결정은 13개 회원국 간 합의에 의해 결정키로 한다. 이후 유럽독립프로그램그룹은 서유럽군비그룹으로 이름을 개칭하고 2000년에 오스트리아, 체코, 핀란드, 헝가리, 폴란드, 스웨덴을 받아들여 19개국으로 확장되었다.

Western European Union(WEU) : 서유럽동맹

➡ Petersberg Task

서유럽동맹은 1955년에 유럽방위공동체(**EDC**) 설립 계획이 무산되자 브뤼셀조약(Treaty of Brussels) 가맹국을 중심으로 결성된 방위 및 안보 협력체이다. 초기 서유럽동맹은 소련 등 사회주의권을 효과적으로 견제하고, 서독의 군사력 강화를 방지한다는 공동방위체제의 성격을 지녔다. 그러나 1949년 북대서양조약기구(**NATO**)가 출범하자, 상당기간 서유럽동맹은 유명무실한 기구로 존재하여 왔다. 이후 1990년대 들어 탈냉전과 유럽통합이 진척되면서 유럽의 독자적 방위군사기구로서 서유럽동맹의 역할이 부각된다. 이에 따라 1992년 서유럽동맹 회원국들은 이른바 페테스베르그 임무(**Petersberg Task**)를 통해 유럽 밖에서 평화유지활동을 위한 군사적 행동을 취하기로 결정한다. 한편 마스트리히트조약에서는 공동외교안보정책(**CFSP**)에 관한 규정에서 유럽연합의 방위와 관련된 정책결정과 군사적 행동 권한을 서유럽동맹에 부여하였다. 이에 따라 서유럽동맹은 유럽연합의 공동외교안보정책에서 군사적 역할을 담당하는 주요한 기구가 되었다. 1999년 발효된 암스테르담조약은 페테스베르그 임무를 사실상 유럽연합 공동외교정책의 체제 내로 포함시킴으로써 유럽안보방위정책(**ESDP**)의 토대를 구축하였다. 유럽연합은 또한 2002년에 서유럽동맹의 하위조직인 안보학연구소(Institute for Security Studies)와 위성센터(Satellite Center)를 유럽연합 체제 안으로 편입시킨다. 2003년에 발효된 니스조약 역시 서유럽동맹의 군사적 역할을 강조하고 있다. 2005년 기준 서유럽동맹에는 10개 정회원국, 6개 준회원국, 5개 옵저버국, 7개 준동반국 등 총 28개국이 참여하고 있다. 한편, 공동외교안보정책 고위대표(**High Representative for the CFSP**)를 겸임하는 각료이사회 사무총장(**Council Secretary-General**)이 서유럽동맹의 사무총장직을 겸임하고 있다.

WEU ➡ Western European Union 참조

White Paper : 백서

일반적으로 백서는 정부가 정치, 경제, 외교 등의 시책과 계획을 알리기 위한 목적에서 발행하는 보고서를 의미한다. 유럽연합의 백서는 집행위원회가 유럽 내 특정 분야의 현황을 평가하고 향후 공동으로 취할 방책을 제시하는 공식보고서이다. 대표적인 집행위원회 백서로는 1985년의 역내시장백서(**White Paper on the Completion of the Internal Market**), 1994년의 성장·경쟁력·고용백서(**White Paper on Growth, Competitiveness and Employment**) 등이 있다. 집행위원회 백서에 제안된 내용은 각료이사회의 승인을 거쳐 유럽연합의 공동프로그램 및 정책으로 진행한다.

White Paper on Completing the Internal Market : 역내시장백서

➡ Single European Act(SEA)

역내시장백서는 1985년 집행위원회가 단일시장(**Single Market**) 창설을 목표로 비관세장벽 철폐를 제안한 백서이다. 당시 유럽공동체는 관세동맹(**Customs Union**)이 이루어졌지만 회원국 시장에 존재하는 다양한 유형의 장벽으로 인해 경제통합의 이익을 누리지 못하였다. 이런 배경에서 집행위원회는 역내시장백서를 통해 회원국 간에 상이한 통관절차 및 서류 등의 물리적 장벽, 상이한 기술규격과 표준 등의 기술적 장벽, 회원국 간 부가가치세 및 내국세 세율과 같은 조세장벽으로 경제통합 효과가 상쇄된다고 지적하였다. 나아가 집행위원회는 유럽시장에 존재하는 약 300개(이후 282개로 조정)의 행정적, 기술적, 조

세 상의 비관세장벽을 철폐하여 자본, 상품, 서비스, 인력의 자유로운 이동을 가능케 할 단일시장계획을 제안하였다. 이후 역내시장백서에서 제기한 일정에 따라 회원국들은 1992년 말까지 자국 시장에 존재하는 비관세장벽을 철폐하고, 제도를 정비하여 1993년 1월에 완전한 역내시장이 만들어졌다.

White Paper on Governance : 거버넌스 백서

1990년대 전반에 걸쳐 유럽통합이 급진전 되면서 여러 문제점이 표면화되었는데 가장 논란이 된 것은 유럽연합의 민주성 결핍(**democratic deficit**) 문제이다. 이러한 문제점을 인식한 집행위원회는 2001년 '유럽연합의 거버넌스(White Paper of the European Governance, Com〔2001〕428 final)'로 명명한 백서를 통해 유럽연합의 운영과 제도 개혁에 대한 방향을 제시한다. 이 백서에서는 경제통합이 효과적으로 진행되어 왔다는 평가와 함께 경제통화동맹(**EMU**)이 실현되고 회원국의 확대에 따른 새로운 통치구조의 필요성을 역설하고 있다. 무엇보다도 이 백서의 핵심은 유럽연합이 그동안 결여되어 왔다는 민주성의 결핍문제를 공론화하고 이의 해결책을 강구한 것이다. 집행위원회는 이 백서를 통해 유럽연합이 유럽시민들에게 보다 밀접하게 다가가기 위해 비정부 간 기구, 노조, 전문가 및 종교단체의 참여를 보장하며, 이른바 공동체방식(**Community Method**)에 따른 통치가 모색되어야 한다고 강조한다. 이 백서 발표 이후 유럽연합의 통치구조의 변화에 대한 많은 논의들이 전개되었다.

White Paper on Growth, Competitiveness and Employment : 성장·경쟁력·고용백서

1993년 집행위원회가 당시 유럽공동체의 장기발전전략에 관해 발표한

■ Widening

백서이다. 집행위원회는 이 백서를 통해 유럽경제의 장기침체와 11%에 달하는 높은 실업률을 해소하기 위해 총체적 성장과 고용창출을 가능케 할 정책의 필요성을 역설하였다. 이 백서에서는 유럽차원에서 정보과학기술의 발전을 통해 유럽경제의 경쟁력 강화와 성장을 유도하고, 교육훈련의 제공 등 인적자원에 대한 투자확대를 통해 실업 해소에 기여하는 등 다각적인 노력이 필요하다는 점을 지적하였다. 구체적인 이 백서의 내용은 다음과 같다.

첫째, 유럽연합은 유럽기업이 글로벌 경제의 새로운 도전에 대응할 수 있도록 정책적 지원을 제공한다.

둘째, 유럽기업은 지식기반사회에서 경쟁력 우위를 점할 수 있는 능력을 제고한다.

셋째, 유럽연합은 지속적 산업 발전이 가능할 수 있는 역량을 배양한다.

넷째, 수요와 공급 간의 시간적 격차를 완화할 제도적 조정이 이루어져야 한다.

집행위원회가 제출한 성장·경쟁력·고용백서는 이후 암스테르담조약에 고용에 관한 새로운 장이 마련되는 데 크게 기여하였다.

Widening : 확대

➡ Deepening
➡ Enlargement

유럽연합의 확대는 유럽연합에 신규 회원국의 가입을 허용함으로써 외연적 확장을 이루어가는 과정을 말하며, 내용적으로 유럽연합이 확대(**Enlargement**)와 동일한 의미를 지닌다. 유럽연합의 확대 과정은 유럽연합의 제도 및 기관의 개혁과정과 밀접하게 연관되므로 유럽통합의 확대는 심화(**Deepening**)와 연계하여 동시에 논의되고 있다.

Worker's Rights : 노동자의 권리

➡ Charter of Fundamental Social Rights of Workers
➡ Charter of Fundamental Rights of the European Union

노동자의 권리는 로마조약에 명시된 바와 같이 노동자의 생활 및 노동조건을 개선하며, 회원국들에 고용과 관련된 여러 문제에서 협력하도록 만드는 역할을 의미한다. 대다수의 관련 유럽연합의 정책은 노동과 관련된 지침(**Directive**)들을 통해 실현된다. 이는 직업의 건강성 및 안전 그리고 노동의 자유로운 이동 원칙 등을 망라한다. 노동자들에게 회사의 의사결정에 참여하게 하는 노력은 노동자의 사회적 기본권 헌장(**Charter of Fundamental Social Rights of Workers**)에 잘 나타나 있다. 이 권리는 2000년에 조인된 유럽기본권헌장(**Charter of Fundamental Rights of the European Union**)에서도 극명하게 드러나고 있다.

Y

Yaoundé Convention ➡ Lomé Convention 참조

Yugoslavia : 유고슬라비아

유럽 발칸반도에 있는 세르비아(Servia), 크로아티아(Croatia), 슬로베니아(Slovenia), 보스니아-헤르체고비나(Bosnia-Herzegovina), 마케도니아(Macedonia), 몬테네그로(Montenegro) 등으로 이루어진 다종교, 다인종으로 구성된 연방국가였다. 1차 세계대전 후 왕국으로 출발했으나, 2차 세계대전 후 티토(J.. B. Tito)에 의해 연방인민공화국이 되어 소련의 영향력하에 있었다. 1991년 슬로베니아를 필두로 크로아티아, 보스니아-헤르체고비나, 마케도니아가 독립하자 해체되어 세르비아-몬테네그로가 코소보(Kosovo) 등을 포함하여 유고연방공화국(Federal Republic of Yugoslavia)을 형성했다. 신유고연방의 다수를 형성하는 세르비아의 대통령인 밀로세비치(Slobodan Milosevic)는 독립을 요구하는 알바니아계 코소보인에 대한 대량학살을 감행해 나토(NATO)의 개입을 야기했다. 밀로세비치는 전범재판 중 사망하였고, 코소보에는 국제연합의 잠정통치 아래 놓였다. 이러한 결과로 유고연방은 2000년 10월까지 외교적 고립과 경제적 제재를 받았다. 2001년 이후 유럽연합은 발칸 안정화를 위해 발칸지역 발전지원 계획(**CARDS**)을 실행하고 있다.

Youth for Europe : 청년프로그램

1987년에 유럽연합이 유럽청년들에게 유럽적 정체성과 통합에 대한 이해를 도모하기 위해 마련한 프로그램이다. 이 프로그램은 대학교육을 받지 못한 청년들에게 적어도 일주일의 기간에 타 회원국가에서 지

내게 하는 내용을 포함한다. 이 경우 참가자들은 그들이 방문하는 국가에 대한 사회문화적 정보를 미리 제공받도록 되어 있다. 이 프로그램은 1950년대에 실시된 프랑스와 독일 간의 경험에서 착안되었는데, 2000년 이후 청년프로그램(Youth Programme)으로 대체되었다.

Youthstart : 청년실업해소 프로그램

청년실업해소 프로그램은 유럽차원에서 교육, 직업훈련 및 고용기회에서 배제된 청년들을 위한 프로그램으로 각국마다 처한 환경에 따라 다양한 목적을 갖는다. 스웨덴, 그리스, 영국에서는 실업프로그램이 주를 이루며, 아일랜드와 벨기에에서는 교육기회를 갖지 못한 층에 대한 지원에 집중되고, 덴마크와 이탈리아에서는 교육과정에서 이탈한 청년들을 위한 사업이 집중된다. 주요 사업영역으로는 장기 청년실업자, 여성실업자 및 농촌지역의 청년실업자에 대한 프로그램 등이다.

색인(Index)

한 → 영　　(ㄱ)

가입 신청국 : Applicant Countries 20, 352
가입기준 : Accession Criteria 10, 45, 148
가입동반자관계 : Accession Partnership 11
가입전 구조개혁조치 : Instrument for Structural Policy for Pre-Accession (ISPA) 255
가입전전략 : Pre-Accession Strategy 318
가입절차 : Accession Process 12
가입조약 : Accession Treaty 13, 148, 242
가입협상 : Accession Negotiation 11, 148
가중다수결 : Qualified Majority Voting (QMV) 142, 314, 323
각료이사회 : Council of the European Union 12, 42, 59, 99, 108, 131, 203, 288, 310
각료이사회 사무총장 : Council Secretary-General 80, 109, 248, 375
강제지출 : Compulsory Expenditure 89, 167
개방성 : Openness 300
개입 : Intervention 260
개입가격 : Intervention Price 73, 260
거버넌스 백서 : White Paper on Governance 387
거부권 : Veto 381
건설적 기권 : Constructive Abstention 92
겐셔 : Genscher, Hans Dietrich 239
겐셔–콜롬보 계획 : Genscher-Colombo Plan 131, 133, 239, 263
견해 : Opinion 16, 70, 112, 301, 329, 335
결속기금 : Cohesion Fund 25, 60, 122, 328
결속정책 : Cohesion Policy 61, 122, 356
결손 보전금 : Deficiency Payments 119
결의안 : Resolution 144, 213, 329
결정 : Decision 118
경쟁정책 : Competition Policy 83, 88, 357

경제사회위원회 : Economic and Social Committee(ESC) 20, 69, 93, 141, 345
경제재무장관이사회 : Council of Economic and Finance Ministers(Ecofin) 107, 139
경제재정위원회 : Economic and Financial Committee 139
경제재정정책 : Economic and Financial Policy 139
경제통화동맹 : Economic and Monetary Union(EMU) 26, 32, 45, 68, 94, 140, 198
경제통화동맹 창설위원회 : Committee of the Creation of the EMU 68
경제협력개발기구 : Organization for Economic Cooperation and Development(OECD) 297, 302, 359
경찰사법협력 : Police and Judical Cooperation in Criminal Matters 314
고등관청 : High Authority 15, 247, 369
고용 및 노동시장 위원회 : Employment and Labour Market Committee 146
고용촉진상설위원회 : Standing Committee on Employment 354
고용촉진위원회 : Employment Committee 146
고위대표 : High Representative 81, 247, 385
공개적 협력 : Open Method of Coordination (OMC) 191, 299
공동결정절차 : Codecision Procedure 58, 82, 90, 202, 375
공동관세율 : Common Customs Tariff(CCT) 75
공동기술교육훈련프로그램 : Community Programme for Education and Training in Technology(COMETT) 86
공동농업정책 : Common Agricultural Policy (CAP) 18, 47, 71, 85, 243, 305
공동방위정책 : Common Defence Policy 75, 169

한글 ➡ 영어 색인

공동시장 : Common Market 36, 73, 81, 119, 125, 156, 232, 272
공동어업정책 : Common Fisheries Policy (CFP) 78
공동역외관세 : Common External Tariff (CET) 77, 115
공동연구개발센터 : Joint Research Center (JRC) 130, 266
공동외교안보정책 : Common Foreign and Security Policy(CFSP) 29, 65, 79, 218, 265
공동외교안보정책 협력체제 : Corespondance Européenne(COREU) 103
공동운송정책 : Common Transport Policy 83
공동유럽안보방위정책 : Common European Security and Defence Policy(CESDP) 76
공동유럽연구개발정보 : Common European Research Project Information Format (CERIF) 53, 75
공동입장(공동결정절차) : Common Position 82
공동체 목표 1지역 : Objectives 1 297
공동체 방식 : Community Method 85, 387
공동체선호 : Community Preference 71, 85
공동체 지원체제 : Community Support Frameworks(CSFs) 87
공동체법의 우위성 : Supremacy 111, 357
공동체의 축적된 법체계 : Acquis Communautaire 10, 14, 148
공동통상정책 : Common Commercial Policy (CCP) 65, 73
공동핵융합연구 : Joint European Torus (JET) 265
공동행동 : Joint Action 81, 235, 265
공산권수출통제위원회 : Coordination Committee for Multilateral Export Controls(COCOM) 58, 101
공석위기 : Empty Chair Crisis 72, 146, 245

과학기술협력협정 : Scientific and Technological Cooperation Agreement (SCICOOP) 334
관련법 규정의 조화 : Harmonization 246
관리위원회 : Management Committee 64, 279, 315
관세동맹 : Customs Union 20, 81, 115, 368
관세와 무역에 관한 일반협정 : General Agreement on Tariffs and Trade(GATT) 237
광산업현대화지원정책 : System for Safeguarding and Developing Mineral Production(SYSMIN) 360
괴리지표 : Divergence Indicator 131
교육, 직업훈련 및 청년정책 : Education, Vocational Training and Youth Policy 144
구조기금 : Structural Fund 211, 290, 356
국가들의 유럽 : Europe des Patries 121, 221, 293, 371
국경지역개발 프로그램 : INTERREG 259
권고 : Recommendation 329, 327, 335
규정 : Regulation 118, 180, 329
규제위원회 : Regulatory Committee 64, 329
균형성, 비례성 : Proportionality 322
그로티우스 프로그램 : Grotius Programme 243
그리스 : Greece 242
기능주의 : Functionalism 169, 235
기업설립 권리 : Right of Establishment 329
기업정책 : Enterprise Policy 150
기업합병정책 : Merger Policy 284
기업혁신센터 : Business Innovation Centers (BICs) 46, 170
기업협력네트워크 : Business Cooperation Network(BC-NET) 34, 46
기업협력센터 : Business Cooperation Center(BCC) 46
까시스 드 디종 판결 : Cassis de Dijon 48

색인(Index)

한 → 영 (ㄴ)

난민정책 : Refugee Policy 327
남동유럽 안정화협약 : Stability Pact for South-Eastern Europe 353
내각 : Cabinet 48
내륙운송 네트워크 : Inland Waterways 255
내무사법 조정위원회 : Coordinating Committee 100
내무사법협력 : Cooperation in the fields of Justice and Home Affairs(CJHA) 22, 97, 100, 250, 374
네덜란드 : Nethelands, The 293
노동자의 권리 : Worker's Rights 389
노동자의 사회적 기본권헌장 : Charter of Fundamental Social Rights of Workers 55, 213
노르웨이 : Norway 295
녹색통화 : Green Currencies 242
녹서 : Green Paper 62, 243, 283
농업단체위원회 : Comite d'organisations professionnelles agricoles(COPA) 67, 257
농업마라톤회담 : Agricultural Marathon 18, 72
농업발전프로그램 : Special Accession Programme for Agriculture and Rural Development(SAPARD) 12, 319, 349
농업특별위원회 : Special Committee on Agriculture(SCA) 72, 310, 332, 350
니스조약 : Treaty of Nice 371

한 → 영 (ㄷ)

다뉴브 위원회 : Danube Commission 117
다비뇽 : Davignon, Etienne 117
다비뇽 보고서 : Davignon Report 102, 117
다빈치 프로그램 : Leonardo da Vinci 271
다수결 제도 : Majority Voting 278
다자간 무역회담 : QUAD 323
다층적 거버넌스 : Multi-Level Governance (MLG) 290
단순화 : Simplification 337
단일시장 : Single Market 17, 50, 135, 228, 267, 339, 362
단일유럽의정서 : Single European Act(SEA) 25, 67, 209, 231, 271, 338
단일통화 : Single Currency 158, 337
대처 : Thatcher, Margaret 61, 246, 364
더블린 망명협정 : Dublin Asylum Convention 27, 134, 161
덩커크조약 : Dunkirk Treaty 41, 135
데 가스페리 : De Gasperi, Alcide 54, 119, 186, 263, 337
덴마크 : Denmark 124
독립국가연합 기술지원프로그램 : Technical Assistance to the Independent States of the former Soviet Union and Mongolia (TACIS) 165, 363
독-불우호협력조약 : Treaty of Friendship / Elysee Treaty 371
독일 : Germany 240
독일중앙은행 : Bundesbank 45
동반자관계 : Partnership 63, 195, 257, 306
동반자-협력협정 : Partnership and Cooperation Agreements(PCAs) 307
동심원 통합 : Concentric Circles 89
동의절차 : Assent Procedure 24, 150
두쥬 보고서 : Dooge Report 132
두쥬 위원회 : Dooge Committee 131, 134, 231
드골 : De Gaulle, Charles 15, 106, 120, 221, 241, 317, 371
들로르 : Delors, Jacques 121, 338
들로르 패키지 : Delors Package 73, 122, 168
들로르 계획 : Delors Plan 123

한 ➡ 영 (ㄹ)

라켄선언 : Laeken Declaration 269
라트비아 : Latvia 269
라파엘 문화정책 : RAPHAEL 326
로마조약 : Treaty of Rome 372
로메협정 : Lomé Convention 105, 274, 360
루르관리기구 : International Ruhr Authority(IRA) 260
루마니아 : Romania 330
룩셈부르크 : Luxembourg 275
룩셈부르크 타협 : Luxembourg Compromise 147, 275
리스본전략 : Lisbon Strategy 150, 273
리투아니아 : Lithuania 274
리히텐슈타인 : Liechtenstein 272
링구아 프로그램 : Lingua 272

한 ➡ 영 (ㅁ)

마그렙 : Maghreb 278
마니페스트 위기 : Manifest Crisis 280
마샬플랜 : Marshall Plan 206, 282, 303
마슈렉 : Mashreq 31, 282
마케도니아 : Macedonia 277
만숄트 : Mansholt, Sicco Leendert 36, 281
만숄트 플랜 : Mansholt Plan 280
만장일치제도 : Unanimity 377
망명정책 : Asylum Policy 26
맥밀란 : Macmillan, Harold 277
메시나 회담 : Messina Conference 286, 348
메이저 : Major, John Roy 278
면세상품 : Duty-free Goods 135
모나코 : Monaco 287
모네 : Monnet, Jean 14, 85, 247, 289
모네식의 통합방식 : Monnet Method 290
목표가격 : Target Price 260, 362

몰리터 그룹 : Moliter Group 287
몰타 : Malta 279
무역 및 협력협정 : Trade and Cooperation Agreement 366
문화2000 : Culture 2000 114
문화정책 : Cultural Policy 113
미디어 정책 : Media Policy 283
미디어 플러스 : Media Plus 283
미테랑 : Mitterand, François 200, 287
민주성 결핍 : Democratic Deficit 13, 57, 123, 270, 387
민주주의와 인권프로그램 : European Initiative for Democracy and Human Rights (EIDHR) 145, 195
밀라노 정상회담 : Milano Summit 132, 221, 286, 338

한 ➡ 영 (ㅂ)

바나나 레짐 : Banana Regime 30
바르셀로나 과정 : Barcelona Process 32, 163
바르셀로나 선언 : Barcelona Declaration 31, 163
바르플랜 : Barre Plan 32
바티칸 : Vatican 381
반 장 앙 루스 사건 판결 : Van Gend en Loos 379
발라뒤르 계획 : Balladur Plan 29
발전연합협정 : Development Association Agreement 26, 25, 96, 125
발칸 : Balkans 29
발칸지역 발전지원계획 : Community Assistance for Reconstruction, Development and Stabilization(CARDS) 39, 48, 84
발틱 : Baltic 30
방위산업 프로그램그룹 : Independent European Programme Group(IEPG) 251

색인(Index)

백서 : White Paper 243, 386
범유럽네트워크 : Trans-European Networks
　　　　　　(TEN) 83, 164, 328, 367
법률고문관 : Advocate-General 83, 110
베네룩스 : Benelux 36
베네룩스 경제동맹 : Benelux Economic
　　　　　　Union(BENELUX) 35
베르너 보고서 : Werner Report 140, 384
베옌 플랜 : Beyen Plan 36
벨기에 : Belgium 34
벨기에-룩셈부르크 경제동맹 : Belgium-
　Luxembourg Economic Union(BLEU) 34
보스니아-헤르체고비나 : Bosnia-Herzegovina
　　　　　　39, 390
보스만 판결 : Bosman Case 37
보충성 : Subsidiarity 357
보충성의 원칙 : Principle of Subsidiarity
　　　　　　319, 373
부가가치세 : VAT 43, 136, 380
부분통합 : Sectoral Integration 336
부정행위 : Fraud 22, 234
부정행위 방지국 : European Anti-fraud
　　　　　　Office(OLAF) 168
북대서양조약기구 : North Atlantic Treaty
　Organization(NATO) 15, 162, 251, 294
불가리아 : Bulgaria 44
브레드링 제안 : Vredeling 383
브레튼 우즈 체제 : Bretton Woods 39
브루헤 그룹 : Bruges Group 41
브뤼셀조약 : Brussels Treaty 41, 385
브뤼셀화 : Brusselization 41
블레어 : Blair, Tony Charles Lynton 37
비 강제지출 : Non-compulsory Expenditure
　　　　　　42, 294
비관세장벽 : Non-tariff barriers 294
비세그라드 국가 : Visegrad 382

한→영 (ㅅ)

사이프러스 : Cyprus 115, 242
사회기금위원회 : Social Fund Committee
　　　　　　214, 345
사회보장위원회 : Social Protection
　　　　　　Committee 346
사회적 대화 : Social Dialogue 343
사회적 덤핑 : Social Dumping 344
사회적 동반자 : Social Partners 345
사회적 차원 : Social Dimension 344
사회정책 : Social Policy 345
사회정책 실행프로그램 : Social Action
　　　　　　Programme 342
사회헌장 : Social Charter 55, 342
사회협력 의정서 : Social Protocol 346
산 마리노 : San Marino 331
산업기술기반연구프로그램 : Basic Research
　in Industrial Technologies for Europe
　　　　　　(BRITE) 33
산업정책 : Industrial Policy 150, 251
상주대표단 : Permanent Mission 310
상주대표부 : Permanent Representatives
　Committee(Coreper) 99, 275, 310, 350
상테르 : Santer, Jacques 331
상표보호정책 : Community Trade Mark 87
상호인증 : Mutual Recognition
　　　　　　50, 125, 290, 359
생활 및 노동조건개선재단 : European
　Foundation for the Improvement of
　Living and Working Conditions 193
샤를마뉴상 : Charlemagne Prize 54, 120
서덜랜드 보고서 : Sutherland Report 358
서유럽군비그룹 : Western European
　　Armaments Group(WEAG) 169, 384
서유럽동맹 : Western European
　　　　　　Union(WEU) 42, 169, 385

선택적 탈퇴 : Opt-outs 126, 302
섬유산업협력위원회 : Coordinating
　　 Committee for the Textile Industries in
　　　　 the EEC(COMITEXTIL) 101
성명 : Declaration 118
성장·경쟁력·고용백서 : White Paper on
　 Growth, Competitiveness and Employment
　　　　　　　　　　　　　　 387
소크라테스 프로그램 : Socrates 346
솜스 사건 : Soames Affair 341
수량제한(쿼터제한) : Quota Restrictions 325
수렴조건 : Convergence Criteria 61, 94
수출가격안정화시스템 : System of Stabiliza-
　　 tion of Export Earnings(STABEX) 360
수출자율규제 : Voluntary Exports
　　　　　　 Restraints(VERs) 382
쉥겐협정 : Schengen Agreement 97, 332
슈만 : Schuman, Robert 103, 221, 334
슈만플랜 : Schuman Plan 333
슈미트 : Schmidt, Helmut 68, 333
스네이크 통화시스템 : Snake 341
스웨덴 : Sweden 359
스위스 : Swiss 359
스톡홀름협약 : Stockholm Convention 356
스트레사 회담 : Stresa Conference 356
스파크 : Spaak, Paul-Henry 34, 348
스파크 보고서 : Spaak Report 349
스파크 위원회 : Spaak Committee 348
스페인 : Spain 349
스포르자 : Sforza, Count Carlo 337
스피넬리 : Spinelli, Altiero 112, 351
슬로바키아 : Slovakia 339
슬로베니아 : Slovenia 340
시민의 유럽위원회 : Committee for a
　　　　　　 People's Europe 67, 231
시장분할협정 : Market-Sharing Agreement
　　　　　　　　　　　　　　 281

시장접근전략 : Market Access Strategy 281
신기능주의 : Neofunctionalism 292, 350
신대서양의제 : New Transatlantic Agenda
　　　　　　　　　　 (NTA) 293
신속대응군 : Eurofor 161
신속대응조치 : RRM
　　 (Rapid Reaction Mechanism) 326, 330
신유럽헌장 : Charter of Paris for a New
　　　　　　 Europe 55
실무그룹 : Council Working Groups/
　　　　　　 Parties 109, 305
심화 : Deepening 119, 388

한➡영　　(ㅇ)

아데나워 : Adenauer, Konrad 15
아루샤 협정 : Arusha Convention 23
아리안 로켓 : Ariane 22
아시아-유럽정상회담 : Asia-Europe Meeting
　　　　　　　 (ASEM) 23
아야정상회담 : Aja Summit 19
아이슬란드 : Iceland 250
아일랜드 : Ireland 262
아젠다 2000 : Agenda 2000 18, 168
아프리카, 카리브 및 태평양도서국가 : African,
　　 Caribbean and Pacific Countries(ACP)
　　　　　　　　　　 13, 16, 23, 179
악어클럽 : Crocodile Club 112, 133
안도라 : Andora 20
안정과 성장협약 : Stability and Growth Pact
　　　　　　　　　　 61, 300, 353
안정과 연합과정 : Stabilisation and
　　 Association Process(SAP) 26, 353
안정과 연합협정 : Stabilisation and
　　 Association Agreement(SAA) 26, 351
알바니아 : Albania 19
암스테르담조약 : Treaty of Amsterdam 370

색인(Index)

야운데 협정 : Yaoundé Convention 372, 390
엄숙한 선언 : Solemn Declaration 239, 347
에든버러 성장계획 : Edinburgh Growth Initiative 144
에라스무스 프로그램 : European Community Action Scheme for the Mobility of University Students(ERASMUS) 178
에스토니아 : Estonia 155
에어버스 : Airbus 18, 190
여성고용촉진 프로그램 : New Opportunities for Women(NOW) 293
역내시장 : Internal Market 82, 259, 339
역내시장백서 : White Paper on Completing the Internal Market 386
역내시장조정국 : Office for Harmonization in the Internal Market(OHIM) 298
역외영토 : Overseas Countries and Territories(OCTs) 304
연간사업계획 : Annual Work Programme (AWP) 20
연구개발정보서비스 : Community Research and Development Information Service (CORDIS) 87
연방주의 : Federalism 227
연합국최고사령부 : Supreme Headquarters Allied Powers Europe(SHAPE) 358
연합협정 : Association Agreement 25
영국 : United Kingdom 378
예산 : Budget 42
예산집행 승인절차 : Discharge Procedure 131
오디세우스 프로그램 : Odysseus Programme 297
오스트리아 : Austria 27
옴부즈만 : Ombudsman 299
요새화된 유럽 : Fortress Europe 231
유고슬라비아 : Yugoslavia 390

유럽 2000 : Europe 2000 164
유럽 항공운항 안전기구 : Eurocontrol 159
유럽1심재판소 : Court of First Instance (CFI) 110, 299
유럽가(歌) : European Anthem 216, 168
유럽개발기금 : European Development Fund (EDF) 105, 187
유럽경제공동체 : European Economic Community(EEC) 34, 189, 339
유럽경제영역 : European Economic Space 190
유럽경제위원회 : Economic Commission for Europe(ECE) 142
유럽경제이익단체연합 : European Economic Interest Grouping(EEIG) 190
유럽경제인연합회 : Union of Industrial and Employers' Confederations(UNICE) 16, 377
유럽경제지역 : European Economic Area (EEA) 26, 188, 355
유럽경제협력기구 : Organization for European Economic Cooperation(OEEC) 282, 303
유럽경찰국 : European Police Office (Europol) 121, 207, 222, 293, 371
유럽경찰대학 : European Police College (CEPOL) 207
유럽계정단위 : European Unit of Account (EUA) 185, 220
유럽고용전략 : European Employment Strategy(EES) 191
유럽고용협약 : European Confidence Pact for Employment 180
유럽공동체 : European Communities(EC) 42, 59, 177
유럽공동체 학술단체연합 : European Community Studies Associations(ECSA) 143, 218

유럽공동체 학점인정시스템 : European Communities Course Credit Transfer System(ECTS) 177
유럽공동체법 : European Community Law 82, 179, 358, 379
유럽공동체설립조약 : Treaty Establishing the European Community 369
유럽과학기술연구협력 : European Cooperation on Scientific and Technical Research(COST) 184
유럽관료 : Eurocrat 13, 160
유럽관료 단기교육 프로그램 : Stagiaire 354
유럽교육훈련재단 : European Training Foundation(ETF) 53, 217
유럽국민연합 : European People's Party (EPP) 153, 206
유럽군단 : Eurocorps 159
유럽군수기구 : European Armaments Agency(EAA) 169
유럽기 : European Flag 193
유럽기본권헌장 : Charter of Fundamental Rights of the European Union(CFR) 54
유럽기업가 원탁회의 : European Roundtable of Industrialists(ERT) 212
유럽기업등록소 : European Business Register(EBR) 171
유럽기업정보센터 : European Business Information Center(EBIC) 171
유럽기업혁신센터 네트워크 : European BIC Network (EBN) 46, 170
유럽난민기금 : European Refugee Fund 210
유럽노동안전보건기구 : European Agency for Safety and Health at Work 166
유럽노조연맹 : European Trade Union Confederation(ETUC) 216, 257
유럽농업지도보증기금 : European Agricultural Guidance and Guarantee Fund(EAGGF) 71, 167
유럽-대서양 협력이사회 : Euro-Atlantic Partnership Council(EAPC) 158
유럽대학 : College of Europe 41, 61, 185
유럽대학 협력프로그램 : Trans-European Mobility Scheme for University Studies (TEMPUS) 367
유럽도로교통 통합사례 : ERTA Case 154
유럽문제 전문가회의 : Conférence des Organes Spécialisés dans les Affaires Communautaires(COSAC) 91
유럽문화수도 : European Capitals of Culture 172
유럽문화도시 : European City of Culture 173, 267
유럽문화센터 : European Cultural Center 184, 185
유럽문화재단 : European Cultural Foundation(ECF) 185
유럽미래협력회의 : European Convention 138
유럽미래회의 : Convention on the Future of Europe 93, 269
유럽방송연합 : European Broadcasting Union(EBU) 171
유럽방위공동체 : European Defence Community(EDC) 42, 186, 385
유럽부흥개발은행 : European Bank for Reconstruction and Developement(EBRD) 170
유럽비행안전기구 : European Organization for the Safety of Air Navigation (Eurocontrol) 202
유럽사법재판소 : Court of Justice(COJ) 111
유럽사법협력단 : European Juridical Cooperation Unit(Eurojust) 197
유럽사회기금 : European Social Fund(ESF) 87, 214, 345

색인(Index)

유럽사회정책 의제 : European Social Agenda 212
유럽사회헌장 : European Social Charter 55, 213
유럽산업연맹 : European Industry Federations(EIFs) 145, 195
유럽석탄철강공동체 : European Coal and Steel Community(ECSC) 14, 174, 240, 339
유럽석탄철강공동체설립조약 : Treaty Establishing the European Coal and Steel Community(ECSC) / Treaty of Paris 143, 175, 369
유럽식품안전기구 : European Food Safety Agency(EFSA) 193
유럽신속대응군 : European Rapid Reaction Force(ERRF) 76, 209
유럽안보방위정책 : European Security and Defence Policy(ESDP) 75, 212, 286
유럽안보협력기구 : Organization for Security and Cooperation in Europe(OSCE) 92, 272, 304
유럽안보협력회의 : Conference on Security and Cooperation in Europe(CSCE) 55, 65, 91, 113, 303
유럽안정화협약 : Pact on Stability in Europe 29, 305
유럽약물감시센터 : European Monitoring Center for Drugs and Drug Addition (EMCDDA) 200
유럽에너지헌장 : European Energy Charter 191
유럽여권 : European Passport 205
유럽연구개발위원회 : European Research and Development Committee(CERD) 211
유럽연구개발정보 : Common European Research Project Information Format (CERIF) 75

유럽연구협력기구 : European Research Cooperation Agency(EUREKA) 211, 287
유럽연방주의자운동 : European Federalist Movement/Movimento Federalista Europeo(MFE) 192
유럽연방주의자운동 : MFE (European Federalist Movement) 192
유럽연합 : European Union 217
유럽연합가입 사전협정 : Pre-Accession Partnership Agreement 26, 318
유럽연합 공식홈페이지 : Europa 163, 301
유럽연합 교육정보 네트워크 : Eurydice 223
유럽연합 군사위원회 : Military Committee of the European Union 286, 315
유럽연합 상징 : European Symbols 215
유럽연합 시민권 : European Citizenship 57
유럽연합 여론조사 : Eurobarometer 159
유럽연합 인력관리국 : European Communities Personnel Selection Office(EPSO) 178
유럽연합 입법 데이터베이스 : Eur-Lex 84, 157, 298
유럽연합 지주구조 : Pillars of the European Union 312
유럽공동체 학술단체연합 : European Community Studies Association(ECSA) 143, 218
유럽연합 학술단체연합 : European Union Studies Associations(EUSA) 218
유럽연합 관보 : Official Journal of the European Union(OJ) 201, 298
유럽연합-남미공동시장 간 협력 : EU-MERCOSUR Relationship 156
유럽연합대학원 : European University Institute(EUI) 220
유럽연합방문자프로그램 : European Union Visitors Programme(EUVP) 219, 223
유럽연합법 : European Union Law 219, 226, 233, 256

유럽연합설립 조약안 : Draft Treaty
    Establishing the European Union(DTEU)
    133, 218
유럽연합시민권 : Citizenship of the Union
    (European Citizenship) 57
유럽연합시민자문서비스 : Citizens Europe
    Advisory Service 56
유럽연합으로의 투자 : Inward Investment 261
유럽연합자료실 : European Documentation
    Center(EDC) 188
유럽연합조약 / 마스트리히트조약 : Treaty on
    European Union 373
유럽연합출판국 : European Official
    Publications(EUR-OP) 201, 298
유럽연합통계국 : Statistical Office of the
    European Communities(Eurostat)
    224, 355
유럽우주국 : European Space Agency(ESA)
    22, 214
유럽운동 : European Movement 56, 201
유럽원자력공동체 : European Atomic Energy
Community(EAEC/Euratom) 34, 169, 177
유럽원자력연구소 : European Organization
    for Nuclear Research(CERN) 201
유럽원조협력 사무국 : Europe Aid
    Cooperation Office 165
유럽은행 간 지불시스템 : Trans-European
    Automated Realtime Cross Settlement
    Express Transfer(TARGET) 367
유럽의 날 : Europe Day 175, 221, 334
유럽의 황금삼각지대 : Golden Triangle in
    Europe 241
유럽의약품평가기구 : European Agency for
the Evaluation of Medicinal Products 167
유럽의회 : European Parliament 202
유럽의회 상임위원회 : Standing Committee
    354

유럽의회 일반사무국 : EP General
    Secretariat 153
유럽이사회 : European Council 106, 184
유럽이익단체연합 : European Economic
    Interest Grouping(EEIG) 190
유럽인권감시센터 : European Monitoring
    Center on Racism and Xenophobia
    (EUMC) 200
유럽인권협약 : European Convention on
    Human Rights(ECHR) 55, 183
유럽자유무역연합 : European Free Trade
Association(EFTA) 86, 124, 188, 194, 378
유럽재건기구 : European Agency for
    Reconstruction(EAR) 166
유럽전투기 : Eurofighter 161
유럽정보기술 연구개발전략 프로그램 :
    European Strategic Programme for
Research and Development in Information
    Technology(ESPRIT) 33, 155, 215
유럽정치공동체 : European Political
    Community 36, 120, 208
유럽정치협력 : European Political
Cooperation(EPC) 102, 153, 208, 316
유럽중앙은행 : European Central Bank
    (ECB) 45, 172, 367
유럽중앙은행제도 : European System of
    Central Banks(ESCB) 158, 172, 288
유럽지방의회 : Assembly of European
    Regions(AER) 24
유럽지불동맹 : European Payment Union
    (EPU) 206
유럽지역개발기금 : European Regional
Development Fund(ERDF) 87, 210, 327
유럽-지중해 동반자관계 :
    Euro-Mediterranean Partnership(EMP)
    31, 146, 162
유럽직업훈련 개발센터 : Center Europeen

색인(Index)

pour le Developpement de la Formation Professionnelle(CEDEFOP) 52, 173
유럽직장평의회 : European Works Council (EWC) 220
유럽통신표준화기구 : ETSI(European Telecommunication Standards Institute) 155, 216
유럽통합 회의론자 : Eurosceptics 222
유럽통화기구 : European Monetary Institute(EMI) 69, 95, 172, 198
유럽통화단위 : European Currency Unit (ECU) 33, 185, 224
유럽통화동맹협회 : Association for the Monetary Union of Europe(AMUE) 26
유럽통화제도 : European Monetary System (EMS) 199
유럽통화제도 2 : European Monetary System 2 199
유럽통화협력기금 : European Monetary Cooperation Fund(EMCF) 186, 198
유럽투자기금 : European Investment Fund (EIF) 145, 196
유럽투자은행 : European Investment Bank (EIB) 113, 195, 360
유럽특허국 : European Patent Office 206
유럽특허협약 : European Patent Convention 205
유럽평의회 : Council of Europe 55, 107, 359
유럽표준화기구 : Comite Europeen de Normalisation(CEN) 63
유럽합중국설립위원회 : Action Committee for the United States of Europe(ACUSE) 14, 15
유럽행정학교 : European Administrative School(EAS) 166
유럽헌법 : European Constitution 94, 181, 222, 322
유럽헌법조약 : Treaty Establishing a Constitution for Europe 95, 368
유럽협정 : Europe Agreement 30, 164, 249
유럽화 : Europeanization 197
유럽환경기구 : European Environment Agency(EEA) 192
유럽회의 : Congress of Europe 92, 184
유럽회의 : European Conference 105, 180
유레스 : EURES 157
유로그룹 : Eurogroup 162
유로랜드 : Euroland 162
유로지역 : Eurozone 163, 222
유로화 : Euro 158, 199
유연화 : Flexibility 230
유예 : Derogation 125
이동의 자유 : Freedom of Movement 235
이민정책 : Immigration Policy 250
이사회 : Council 106
이사회 사무국 : Council Secretariat 108, 333
이오니아 합의 : Ionnina Compromise 261
이유 첨부 견해 : Reasoned Opinion 326
이익집단 : Interest Group 257
이중다수결 : Double Majority 133
이중속도의 유럽 : Two-Speed Europe 125, 376
이중직 : Dual Mandate 134
이탈리아 : Italy(Italia) 263
이행기간 : Transitional Period 368
인도적 지원국 : European Community Humanitarian Office(ECHO) 17, 179
일괄타결 : Package Deal 305
일반이사회 : General Affairs Council(GAC) 28, 237, 311
일반특혜관세 : Generalized System of Preferences(GSP) 237
입법 데이터베이스 : Communitatis Europae Lex(CELEX) 84

한글➡영어 색인

(ㅈ)

자르 : Saarland 331
자문위원회 : Advisory Committee 15, 64
자유무역지대 : Free Trade Area 235
자유안전사법지대 : Area of Freedom, Security and Justice 22, 91
자유주의 정부 간 교섭이론 : Liberal Intergovernmetnaism 271
재정정책 : Financial Policy 228
재협의 : Reconsultation 327
적극적/소극적 통합 : Positive and Negative Integration 318
전문가교환 프로그램 : Karolus 267
정당대표자회담 : Party Leaders's Meeting/Party Leader's Summits 309
정당연합 : Party Group 307
정보화사회 : Information Society 253
정보화 사회 포럼 : Information Society Forum(ISF) 254
정부간회담 : Intergovernmental Conference (IGC) 132, 258, 302, 371
정치담당위원 : Political Directors 316
정치동맹 : Political Union 316
정치안보위원회 : Political and Security Committee(PSC) 76, 80, 315, 322
정치위원회 : Political Committee 118, 315
젠킨스 : Jenkins, Roy 265
조세의 조화 : Tax Harmonization 362
조업할당 : Total Allowable Catch(TAC) 366
조정위원회 : Conciliation Committee 59, 90
중·동유럽 : Central and Eastern Europe (CEE) 51
중·동유럽국가 : Central and Eastern European Countries(CEEC) 51
중·동유럽 지원프로그램 : Programme of Community aid to the countries of Central and Eastern Europe(PHARE) 321
중동유럽국가 : CEEC(Central and Eastern European Countries) 51
중부유럽 자유무역협정 : Central European Free Trade Agreement(CEFTA) 51, 382
중소기업 : Small and Medium-sized Enterprises(SMEs) 144, 340
중소기업진흥팀 : SME Task Force 341
중앙은행 총재회의 : Committee of the Governors of the Central Banks 68
지문비교 시스템 : Eurodac 160
지방정부자문이사회 : Consultative Council of Social and Regional Authorities 93
지스카르데스텡 : Giscard d'Destaing, Valery 241
지역개발프로그램 : Recite 326, 357
지역기금위원회 : Regional Fund Committee 327
지역위원회 : Committee of the Regions(CoR) 20, 69, 141, 320
지역정책 : Regional Policy 24, 328
지중해지역 특별프로그램 : Mediterranean Special Programme(MEDA) 284
지침 : Directive 118, 128, 329, 389
직접선거 : Direct Election 127, 203, 354
직접선거 : Direct Universal Suffrage 130
직접적용 : Direct Application 126
직접효력 : Direct Effect 111, 127, 226, 379
집단유예 : Block Exemptions 37
집행위원 : Commissioner 66
집행위원장 : Commission President 66
집행위원회 : European Commission 48, 175
집행위원회 공식문서 : COM Document 62, 243
집행위원회 대표부 : Commission Delegation 65
집행위원회 도서관시스템 : ECLAS 138

403

색인(Index)

집행위원회 총국 : Directorate General(DG) 129, 307

한→영 (ㅊ)

차별화된 통합 : Differentiated Integration 125
차별화된 통합 : Europe à la carte 126
차별화된 통합 : Variable Geometry 89, 125, 380
책임성 : Accountability 13, 301
처칠 : Churchill, Winston 54, 56, 103, 201
청년고용훈련 프로그램 : Programme for the Vocational Training of Young People and Their Preparation for Adult and Working Life(PETRA) 320
청년실업해소 프로그램 : Youthstart 391
청년프로그램 : Youth for Europe 390
청원권 : Petitions 58, 270, 312
체코 : Czech Republic 116
체키니 보고서 : Cecchini Report 50
초국가주의 : Supranationalism 85, 357
최저수입가격 : Threshold Price 365
최적통화지역 : Optimum Currency Area 301

한→영 (ㅋ)

칼레이도스코프 : Kaleidoscope 114, 267
캥거루 그룹 : Kangaroo Group 267
커미톨로지 : Comitology 64, 124
커미톨로지 위원회 : Comitology Committees 64, 65
코덴호프 칼레르기 : Coudenhove-Kalergi, Richard 105
코스타-에넬 판결 : Costa v. Enel 104
코토누협정 : Cotonou Agreement 105, 275
코펜하겐 보고서 : Copenhagen Report 102

코펜하겐 기준 : Copenhagen Criteria 10, 102, 353
콕필드 백서 : Cockfield White Paper 58, 259
콜 : Kohl, Helmut 54, 240, 268
콜럼버스 : Columbus콜럼버스 62
크로아티아 : Croatia 112

한→영 (ㅌ)

탈규제화 : Deregulation 125
터키 : Turkey 376
통합공동체관세 : Integrated Community Tariff(TARIC) 256
통합 지중해 프로그램 : Integrated Mediterranean Programmes(IMP) 256
통합조약 : Merger Treaty 170, 285
통화 바스켓 : Basket of Currencies 33
통화위원회 : Monetary Committee 288
통화정책 : Monetary Policy 288
투명성 : Transparency 301, 368
투자자유지침 : Investment Security Directives 261
트레비그룹 : Trevi Group 27, 97, 374
트로이카 : Troika 375
틴더만 보고서 : Tindermans Report 185, 365

한→영 (ㅍ)

파급효과 : Spillover Effect 289, 350
파도아 스키옵파 보고서 : Padoa-Schioppa Report 306
파리조약 : Treaty of Paris 175, 369, 372
파리헌장 : Charter of Paris 55
팍토르탐 사건 판결 : Factortame I 226
팔코네 프로그램 : Falcone Programme 227
패튼 : Patten, Chris 309
페로스 제도 : Faeroes, The 227

한글➡영어 색인

페테스베르그 임무 : Petersberg Task 311, 385
포르투갈 : Portugal 318
폴란드 : Poland 314
퐁텐블로 정상회담 : Fontainebleau Summit 67, 230
퐁피두 : Pompidou, George Jean Raymond 209, 241, 317
퐁피두그룹 : Pompidou Group 97, 317
푸쉐플랜 : Fouchet Plan 121, 208, 231, 293
프라코비치 사건 판결 : Fracovich 233
프랑스 : France 233
프로디 : Prodi, Romano 264, 320
플레벵 계획 : Pleven Plan 313
핀란드 : Finland 229

한➡영   (ㅎ)

할슈타인 : Hallstein, Walter 54, 176, 245
합법성 : Legitimacy 270
핵심회원국 : Core Europe 102, 255
핵심회원국 : Inner Core 255
험블로트 사건 판결 : Humblot 248
헝가리 : Hungary 249
헤이그 회담 : Hague Congress 245
헬싱키 최종의정서 : Helsinki Final Act 247
혁신기술 이전프로그램 : Strategic Programme for Innovation and Technology Transfer(SPRINT) 356
협력절차 : Cooperation Procedure 99, 338
협력협정 : Cooperation Agreement 96, 187, 278
협의절차 : Consultation Procedure 93
확대 : Enlargement 148, 388
확대 : Widenning 388
환경감시계획 : Eco-Management and Audit Scheme(EMAS) 139
환경인증 라벨 : Eco-Label 138
환경정책 : Environmental Policy 151
환율안정메커니즘 : Exchange Rate Mechanism(ERM) 90, 154, 199, 224
회계감사원 : Court of Auditors 110
회원국의 개입 : Engrenage 147
효과적인 유럽연합 운영 : Sound and Efficient Management(SEM 2000) 347
휴경 : Set-aside 336
히스 : Heath, Edward 246

기타➡영

133조 위원회 : Article 133 Committee 22, 74
2차 입법 : Secondary Legislation 77, 118, 128, 158, 300, 335
3인 현자위원회 : Committee of Three Wise Men 70
3자 회합 : Trialogues 375
3자협정 : Inter-Institutional Agreement 259
4대 이동의 자유 : Four Freedoms of Movement 189, 232
6개국 : Six, The 145, 339

405

■ 색인(Index)

영 → 한 (a)

Accession Criteria : 가입기준　10, 45, 148
Accession Negotiation : 가입협상　11, 148
Accession Partnership : 가입동반자관계　11
Accession Process : 가입절차　12
Accession Treaty : 가입조약　13, 148, 242
Accountability : 책임성　13, 301
ACP(African, Caribbean and Pacific Countries) : 아프리카, 카리브 및 태평양 도서국가　13, 16, 23, 179
Acquis Communautaire : 공동체의 축적된 법체계　10, 14, 148
Action Committee for the United States of Europe(ACUSE) : 유럽합중국 설립위원회　14, 15
ACUSE(Action Committee for the United States of Europe) : 유럽합중국 설립위원회　15
Adenauer, Konrad : 아데나워　15
Advisory Committee : 자문위원회　15, 64
Advocate-General : 법률고문관　16
AER(Assembly of European Regions) : 유럽지방의회　16, 24
African, Caribbean and Pacific Countries (ACP) : 아프리카, 카리브 및 태평양도서국가　13, 16, 23, 179
Agenda 2000 : 아젠다 2000　18, 168
Agricultural Marathon : 농업마라톤회담　18, 72
Airbus : 에어버스　18, 190
Aja Summit : 아야정상회담　19
Albania : 알바니아　19
AMUE(Association for the Monetary Union of Europe) : 유럽통화동맹협회　26
Andora : 안도라　20
Annual Work Programme(AWP) : 연간사업계획　20

Applicant Countries : 가입 신청국　20, 352
Area of Freedom, Security and Justice : 자유안전사법지대　22, 91
Ariane : 아리안 로켓　22
Article 133 Committee : 133조 위원회　22, 74
Arusha Convention : 아루샤 협정　23
ASEM(Asia-Europe Meeting) : 아시아-유럽정상회담　23
Asia-Europe Meeting(ASEM) : 아시아-유럽정상회담　23
Assembly of European Regions(AER) : 유럽지방의회　24
Assent Procedure : 동의절차　24, 150
Association Agreement : 연합협정　25
Association for the Monetary Union of Europe(AMUE) : 유럽통화동맹협회　26
Asylum Policy : 망명정책　26
Austria : 오스트리아　27
AWP(Annual Work Programme) : 연간사업계획　20, 28

영 → 한 (b)

Balkans : 발칸　29
Balladur Plan : 발라뒤르 계획　29
Baltic : 발틱　30
Banana Regime : 바나나 레짐　30
Barcelona Declaration : 바르셀로나 선언　31, 163
Barcelona Process : 바르셀로나 과정 32, 163
Barre Plan : 바르플랜　32
Basic Research in Industrial Technologies for Europe(BRITE) : 산업기술기반연구프로그램　33
Basket of Currencies : 통화 바스켓　33
BCC(Business Cooperation Center) : 기업협력센터　34, 46

BC-NET(Business Cooperation Network
: BC-NET) : 기업협력네트워크 34, 46
Belgium : 벨기에 34
Belgium-Luxembourg Economic Union
(BLEU) : 벨기에-룩셈부르크 경제동맹 34
Benelux Economic Union(BENELUX) :
베네룩스 경제동맹 35
Benelux : 베네룩스 36
Beyen Plan : 베옌 플랜 36
BICs(Business Innovation Centers) :
기업혁신센터 46, 170
Blair, Tony Charles Lynton : 블레어 37
BLEU(Belgium-Luxembourg Economic
Union) : 벨기에-룩셈부르크 경제동맹 37
Block Exemptions : 집단유예 37
Bosman Case : 보스만 판결 37
Bosnia-Herzegovina : 보스니아-헤르체고비나
39, 390
Bretton Woods : 브레튼 우즈 체제 39
BRITE(Basic Research in Industrial
Technologies for Europe) :
산업기술기반연구프로그램 33, 40
Bruges Group : 브루헤 그룹 41
Brusselization : 브뤼셀화 41
Brussels Treaty : 브뤼셀조약 41, 385
Budget : 예산 42
Bulgaria : 불가리아 44
Bundesbank : 독일중앙은행 45
Business Cooperation Center(BCC) :
기업협력센터 46
Business Cooperation Network(BC-NET)
: 기업협력네트워크 34, 46
Business Innovation Centers(BICs) :
기업혁신센터 46, 170
Butter Mountain and Wine Lake :
농산물 과잉생산 47

영 ➡ 한   (C)

Cabinet : 내각 48
CAP(Common Agricultural Policy :
공동농업정책 18, 48, 71, 85, 243, 305
CARDS(Community Assistance for Reconstruction, Development and Stabilization)
: 발칸지역 발전지원계획 39, 48, 84
Cassis de Dijon : 까시스 드 디종 판결 48
CCP(Common Commercial Policy) :
공동통상정책 50, 65, 73
CCT(Common Customs Tariff) :
공동관세율 50, 75
Cecchini Report : 체키니 보고서 50
CEDEFOP(European Center for the
Development of Vocational Training) :
유럽직업훈련개발센터 52, 173
CEE(Central and Eastern Europe) :
중·동유럽 51
CEEC(Central and Eastern European
Countries) : 중동유럽국가 51
CEFTA(Central European Free Trade
Agreement : 중부유럽 자유무역협정 51, 382
CELEX : 입법 데이터베이스 84
CEN(Comité Européen de Normalisation)
: 유럽표준화기구 63
CEPOL(European Police College) :
유럽경찰대학 207
CERD(European Research and Development Committee) : 유럽연구개발위원회 211
CERIF(Common European Research
Project Information Format) :
유럽연구개발정보 53, 75
CERN(European Organization for Nuclear
Research) : 유럽원자력연구소 53, 201
CESDP(Common European Security and
Defence Policy) : 공동유럽안보방위정책 76

색인(Index)

CET(Common External Tariff) : 공동역외관세 53, 77, 115
CFI(Court of First Instance) : 유럽1심재판소 53, 110
CFP(Common Fisheries Policy) : 공동어업정책 53, 78
CFR(Charter of Fundamental Rights of the European Union) : 유럽기본권헌장 54
CFSP(Common Foreign and Security Policy) : 공동외교안보정책 29, 53, 65, 218
Charlemagne Prize : 샤를마뉴상 54, 120
Charter of Fundamental Rights of the European Union(CFR) : 유럽기본권헌장 54
Charter of Fundamental Social Rights of Workers : 노동자의 사회적 기본권헌장 55
Charter of Paris : 파리헌장 55
Charter of Paris for a New Europe : 신유럽헌장 55
Churchill, Winston : 처칠 54, 56, 103, 201
Citizens Europe Advisory Service : 유럽연합 시민자문서비스 56
Citizenship of the Union(European Citizenship) : 유럽연합 시민권 57
CJHA(Cooperation in the fields of Justice and Home Affairs) : 내무사법협력 97, 250
Cockfield White Paper : 콕필드 백서 58, 259
COCOM(Coordination Committee for Multilateral Export Controls) : 공산권 수출통제위원회 58, 101
Codecision Procedure : 공동결정절차 58, 82, 90, 202, 375
Cohesion Fund : 결속기금 25, 60, 122, 328
Cohesion Policy : 결속정책 61, 122, 356
COJ(Court of Justice) : 유럽사법재판소 111
College of Europe : 유럽대학 41, 61, 185
Columbus : 콜럼버스 62
COM Document : 집행위원회 공식문서 62

COMETT(Community Programme for Education and Training in Technology) : 공동기술교육훈련 프로그램 63, 86
Comité Européen de Normalisation(CEN) : 유럽표준화기구 63
COMITEXTIL(Coordinating Committee for the Textile Industries in the EEC : 섬유산업협력위원회 101
Comitology : 커미톨로지 64, 124
Comitology Committees : 커미톨로지 위원회 64, 65
Commission Delegation : 집행위원회 대표부 65
Commissioner : 집행위원 66
Commission President : 집행위원장 66
Committee for a People's Europe : 시민의 유럽위원회 67, 231
Comite d'organisations professionnelles agricoles(COPA) : 농업단체위원회 67, 257
Committee of the Creation of the EMU : 경제통화동맹 창설위원회 68
Committee of the Governors of the Central Banks : 중앙은행 총재회의 68
Committee of the Regions(CoR) : 지역위원회 20, 69, 141, 320
Committee of three Wise Men : 3인 현자위원회 70
Common Agricultural Policy(CAP) : 공동농업정책 18, 47, 71, 85, 243, 305
Common Commercial Policy(CCP) : 공동통상정책 65, 73
Common Customs Tariff : 공동관세율 75
Common Defence Policy : 공동방위정책 75, 169
Common European Research Project Information Format(CERIF) : 공동유럽연구개발정보 53, 75

Common European Security and Defence Policy(CESDP) : 공동유럽안보방위정책 76
Common External Tariff(CET) : 공동역외관세 77, 115
Common Fisheries Policy(CFP) : 공동어업정책 78
Common Foreign and Security Policy (CFSP) : 공동외교안보정책 29, 65, 79, 217, 265
Common Market : 공동시장 36, 73, 81, 119, 125, 156, 232, 272
Common Position : 공동입장(공동결정절차) 82
Common Position : 공동입장(공동외교안보정책) 82
Common Transport Policy : 공동운송정책 83
Communitatis Europae Lex(CELEX) : 입법 데이터베이스 84
Community Assistance for Reconstruction, Development and Stabilization(CARDS) : 발칸지역 발전지원계획 39, 48, 84
Community Method : 공동체 방식 85, 387
Community Preference : 공동체선호 71, 85
Community Programme for Education and Training in Technology(COMETT) : 공동기술교육훈련 프로그램 86
Community Research and Development Information Service(CORDIS) : 연구개발정보서비스 87
Community Support Frameworks(CSFs) : 공동체 지원체제 87
Community Trade Mark : 상표보호정책 87
Competition Policy : 경쟁정책 83, 88, 357
Compulsory Expenditure : 강제지출 42, 89
Concentric Circles : 동심원 통합 89
Conciliation Committee : 조정위원회 59, 90

Conférence des Organes Spécialisés dans les Affaires Communautaires(COSAC) : 유럽문제 전문가회의 91
Conference on Security and Cooperation in Europe(CSCE) : 유럽안보협력회의 19, 55, 91, 247, 303
Congress of Europe : 유럽회의 92, 185
Constructive Abstention : 건설적 기권 92, 265
Consultation Procedure : 협의절차 93
Consultative Council of Social and Regional Authorities : 지방정부자문이사회 93
Convention on the Future of Europe : 유럽미래회의 93, 269
Convergence Criteria : 수렴조건 61, 94
Cooperation Agreement : 협력협정 96, 278
Cooperation in the fields of Justice and Home Affairs(CJHA) : 내무사법협력 22, 97, 100, 250, 374
Cooperation Procedure : 협력절차 99, 338
Coordinating Committee : 내무사법 조정위원회 100
Coordinating Committee for the Textile Industries in the EEC(COMITEXTIL) : 섬유산업 협력위원회 101
Coordination Committee for Multilateral Export Controls (COCOM) : 공산권 수출통제위원회 58, 101
COPA(Comité d'organisations profession-nelles agricoles) : 농업단체위원회 67, 257
Copenhagen Criteria : 코펜하겐 기준 10, 102, 353
Copenhagen Report : 코펜하겐 보고서 102
COPS(Political and Security Committee) : 정치안보위원회 76, 80, 102, 315
CoR(Committee of the Regions) : 지역위원회 20, 69, 102, 141, 320

■ 색인(Index)

CORDIS(Community Research and Development Information Service) :
　　　연구개발정보서비스　87, 102
Core Europe : 핵심회원국　102, 255
Coreper(Permanent Representatives Committee) : 상주대표부　99, 275, 310, 350
Corespondance Européenne(COREU) :
　　　공동외교안보정책 협력체제　103
COREU(Corespondance Européenne) :
　　　공동외교안보정책 협력체제　103
COSAC(Communautaires) :
　　　유럽문제 전문가회의　91, 103
COST(European Cooperation on Scientific and Technical Research) :
　　　유럽과학기술연구협력　103, 184
Costa v. Enel : 코스타-에넬 판결　104
Cotonou Agreement : 코토누협정　105, 275
Coudenhove-Kalergi, Richard :
　　　코덴호프 칼레르기　105
Council : 이사회　106
Council of Economic and Finance Ministers(Ecofin) : 경제재무장관이사회　107, 139
Council of Europe : 유럽평의회
　　　19, 55, 107, 224, 350
Council of the European Union : 각료이사회
　　　12, 42, 99, 108, 131, 203, 288, 310
Council Secretariat : 이사회 사무국　108
Council Secretary-General : 각료이사회
　　　사무총장　80, 109, 248, 375
Council Working Groups / Parties :
　　　실무그룹　109, 305
Court of Auditors : 회계감사원　110
Court of First Instance(CFI) :
　　　유럽1심재판소　110
Court of Justice(COJ) : 유럽사법재판소　111
Croatia : 크로아티아　112
Crocodile Club : 악어클럽　112, 133

CSCE(Conference on Security and Cooperation in Europe) : 유럽안보협력회의　29, 305
CSFs(Community Support Frameworks) :
　　　공동체 지원체제　87, 113
Cultural Policy : 문화정책　113
Culture 2000 : 문화2000　114
Customs Union : 관세동맹　20, 81, 115, 368
Cyprus : 사이프러스　115, 242
Czech Republic : 체코　116

영 ➡ 한　　(d)

Danube Commission : 다뉴브 위원회　117
Davignon, Etienne : 다비뇽　117
Davignon Report : 다비뇽 보고서　102, 117
Decision : 결정　118
Declaration : 성명　118
Deepening : 심화　119, 388
Deficiency Payments : 결손 보전금　119
De Gasperi, Alcide : 데 가스페리
　　　54, 119, 186, 263, 337
De Gaulle, Charles : 드골
　　　15, 106, 120, 221, 317, 371
Delors, Jacques : 들로르　121, 338
Delors Package : 들로르 패키지　73, 122, 168
Delors Plan : 들로르 계획　123
Democratic Deficit : 민주성 결핍
　　　13, 57, 123, 270, 387
Denmark : 덴마크　124
Deregulation : 탈규제화　125
Derogation : 유예　125
Development Association Agreement :
　　　발전연합협정　26, 96, 125
DG(Directorate General) : 집행위원회 총국
　　　125, 129, 307
Differentiated Integration : 차별화된 통합
　　　125

영어 ➡ 한글 색인

Direct Application : 직접적용 126
Direct Effect : 직접효력 111, 127, 226, 379
Direct Election : 직접선거 127
Directive : 지침 118, 128, 329, 389
Directorate General(DG) : 집행위원회 총국 129, 307
Direct Universal Suffrage : 127, 130
Discharge Procedure : 예산집행 승인절차 131
Divergence Indicator : 괴리지표 131
Dooge Committee : 두쥬 위원회 131, 134, 231
Dooge Report : 두쥬 보고서 132
Double Majority : 이중다수결 133
Draft Treaty Establishing the European Union(DTEU) : 유럽연합설립 조약안 133, 218
DTEU(Draft Treaty Establishing the European Union) : 유럽연합설립 조약안 133, 134, 218
Dual Mandate : 이중직 134
Dublin Asylum Convention : 더블린 망명협정 27, 134, 161
Dunkirk Treaty : 덩커크조약 41, 135
Duty-free Goods : 면세상품 135

영 ➡ 한 (e)

EAA(European Armaments Agency) : 유럽군수기구 137, 169
EAEC(European Atomic Energy Community) : 유럽원자력공동체 169, 266, 339
EAGGF(European Agricultural Guidance and Guarantee Fund) : 유럽농업지도보증기금 71, 137, 167
EAPC(Euro-Atlantic Partnership Council) : 유럽-대서양 협력이사회 158
EAR(European Agency for Reconstruction) : 유럽재건기구 166
EAS(European Administrative School) : 유럽행정학교 166
EBIC(European Business Information Center) : 유럽기업정보센터 171
EBN(European BIC Network) : 유럽기업혁신센터 네트워크 46, 170
EBR(European Business Register) : 유럽기업등록소 171
EBRD(European Bank for Reconstruction and Development) : 유럽부흥개발은행 170
EBU(European Broadcasting Union) : 유럽방송연합 171
EC(European Communities) : 유럽공동체 177
ECB(European Central Bank) : 유럽중앙은행 45, 172, 367
ECE(Economic Commission for Europe) : 유럽경제위원회 142
ECF(European Cultural Foundation) : 유럽문화재단 185
ECHO(European Community Humanitarian Office) : 인도적 지원국 17, 179
ECHR(European Convention on Human Rights) : 유럽인권협약 55, 138, 183
ECLAS : 집행위원회 도서관시스템 138
Ecofin : 경제재무장관이사회 107, 139
Eco-Label : 환경인증 라벨 138
Eco-Management and Audit Scheme (EMAS) : 환경감시계획 139
Economic and Financial Committee : 경제재정위원회 139
Economic and Financial Policy : 경제재정정책 139
Economic and Monetary Union(EMU) : 경제통화동맹 26, 45, 68, 94, 140, 198

411

색인(Index)

Economic and Social Committee(ESC) : 경제사회위원회 20, 69, 93, 141, 345
Economic Commission for Europe(ECE) : 유럽경제위원회 142
ECSA(European Community Studies Associations) : 유럽공동체 학술단체연합 143
ECSC(European Coal and Steel Community) : 유럽석탄철강공동체 174, 240, 280
ECTS(European Communities Course Credit Transfer System) : 유럽공동체 학점인정시스템 143, 177
ECU(European Currency Unit) : 유럽통화단위 33, 185, 224
EDC(European Defence Community) : 유럽방위공동체 42, 186, 385
EDC(European Documentation Center) : 유럽연합자료실 143, 188
EDF(European Development Fund) : 유럽개발기금 105, 187
Edinburgh Growth Initiative : 에든버러 성장계획 144
Education, Vocational Training and Youth Policy : 교육, 직업훈련 및 청년정책 144
EEA(European Economic Area) : 유럽경제지역 26, 188, 355
EEA(European Environment Agency) : 유럽환경기구 192
EEC(European Economic Community) : 유럽경제공동체 34, 189, 339
EEIG(European Economic Interest Grouping) : 유럽이익단체연합 190
EES(European Employment Strategy) : 유럽고용전략 191
eEurope 145
eEurope Action Plan : eEurope 실행계획 145
EFSA(European Food Safety Agency) : 유럽식품안전기구 193

EFTA(European Free Trade Association) : 유럽자유무역연합 86, 124, 188, 194, 378
EIB(European Investment Bank) : 유럽투자은행 113, 195, 360
EIDHR(European Initiative for Democracy and Human Rights) : 민주주의와 인권 프로그램 145, 195
EIF(European Investment Fund) : 유럽투자기금 145, 196
EIFs(European Industry Federations) : 유럽산업연맹 145, 195
EMAS(Eco-Management and Audit Scheme) : 환경감시계획 139
EMCDDA(European Monitoring Center for Drugs and Drug Addition) : 유럽약물감시센터 200
EMCF(European Monetary Cooperation Fund) : 유럽통화협력기금 186, 198
EMI(European Monetary Institute) : 유럽통화기구 69, 95, 172, 198
Employment and Labour Market Committee : 고용 및 노동시장 위원회 146
Employment Committee : 고용촉진위원회 146
Empty Chair Crisis : 공석위기 72, 146, 245
EMP(Euro-Mediterranean Partnership) : 유럽-지중해 동반자관계 31, 146, 162
EMS(European Monetary System) : 유럽통화제도 198
EMU(Economic and Monetary Union) : 경제통화동맹 26, 32, 45, 68, 94, 149, 198
Engrenage : 회원국의 개입 147
Enlargement : 확대 148, 388
Enterprise Policy : 기업정책 150
Environmental Policy : 환경정책 151
EPC(European Political Cooperation) : 유럽정치협력 102, 153, 209, 316

EP General Secretariat :
　　　　　유럽의회 일반사무국 153
EPP(European People's Party) :
　　　　　유럽국민연합 153, 206
EPSO(European Communities Personnel Selection Office) : 유럽연합 인력관리국 178
EPU(European Payment Union) :
　　　　　유럽지불동맹 206
ERASMUS(European Community Action Scheme for the Mobility of University Students) : 에라스무스 프로그램 178
ERDF(European Regional Development Fund) : 유럽지역개발기금 87, 211, 327
ERM(Exchange Rate Mechanism) :
　　　　　환율안정 메커니즘 90, 154, 199, 224
ERRF(European Rapid Reaction Force) :
　　　　　유럽신속대응군 76, 210
ERT(European Roundtable of Industrialists) : 유럽기업가 원탁회의 212
ERTA Case : 유럽도로교통 통합사례 154
ESA(European Space Agency) : 유럽우주국 22, 215
ESC(Economic and Social Committee) :
　　　　　경제사회위원회 141, 345
ESCB(European System of Central Banks) : 유럽중앙은행제도 158, 172, 288
ESDP(European Security and Defence Policy) : 유럽안보방위정책 75, 213, 286
ESF(European Social Fund) : 유럽사회기금 87, 214, 345
ESPRIT(European Strategic Programme for Research and Development in Information Technology) : 유럽정보기술 연구개발전략 프로그램 33, 155, 215
Estonia : 에스토니아 155
ETF(European Training Foundation) :
　　　　　유럽교육훈련재단 53, 217

ETSI(European Telecommunication Standards Institute) : 유럽통신표준화기구 216
ETUC(European Trade Union Confederation) : 유럽노조연맹 216, 257
EUA(European Unit of Account) :
　　　　　유럽계정단위 185, 220
EUI(European University Institute) :
　　　　　유럽연합대학원 220
EUMC(European Monitoring Center on Racism and Xenophobia) : 유럽인권감시센터 200
EU-MERCOSUR Relationship : 유럽연합-남미공동시장 간 협력 156
Euratom(European Atomic Energy Community) : 유럽원자력공동체 169, 266, 339
EUREKA(European Research Cooperation Agency) : 유럽연구협력기구 211, 287
EURES : 유레스 157
Eur-Lex : 유럽연합 입법 데이터베이스 157
Euro : 유로화 158, 199
Euro-Atlantic Partnership Council(EAPC) :
　　　　　유럽-대서양 협력이사회 158
Eurobarometer : 유럽연합 여론조사 159
Eurocontrol : 유럽 항공운항 안전기구 159
Eurocorps : 유럽군단 159
Eurocrat : 유럽관료 13, 160
Eurodac : 지문비교 시스템 160
Eurofighter : 유럽전투기 161
Eurofor : 신속대응군 161
Eurogroup : 유로그룹 162
Eurojust(European Juridical Cooperation Unit) : 유럽사법협력단 197
Euroland : 유로랜드 162, 222
Euro-Mediterranean Partnership(EMP) :
　　　　　유럽-지중해 동반자관계 31, 146, 162
EUR-OP(European Official Publications) :
　　　　　유럽연합출판국 201, 298

색인(Index)

Europa : 유럽연합 공식홈페이지　163, 301
Europe 2000 : 유럽 2000　164
Europe Agreement : 유럽협정　30, 164, 249
Europe Aid Cooperation Office :
　　　　　　　유럽원조협력 사무국　165
Europe à la carte : 차별화된 통합　126, 165
European Administrative
School(EAS) : 유럽행정학교　166
European Agency for Reconstruction
　　　(EAR) : 유럽재건기구　166
European Agency for Safety and Health at
　　Work : 유럽노동안전보건기구　166
European Agency for the Evaluation of
Medicinal Products : 유럽의약품평가기구　167
European Agricultural Guidance and
　　　　Guarantee Fund(EAGGF) :
　　　　　유럽농업지도보증기금　71, 167
European Anthem : 유럽가(歌)　168, 216
European Anti-fraud Office(OLAF) :
　　　　　　　부정행위 방지국　168
European Armaments Agency(EAA) :
　　　　　　　유럽군수기구　169
European Atomic Energy Community
　(EAEC) : 유럽원자력공동체　169, 266, 339
European Bank for Reconstruction and
　Developement(EBRD) : 유럽부흥개발은행
　　　　　　　　　　　　　　170
European BIC Network (EBN) :
　　　　유럽기업혁신센터 네트워크　170
European Broadcasting Union(EBU) :
　　　　　　　유럽방송연합　171
European Business Information
　Center(EBIC) : 유럽기업정보센터　171
European Business Register(EBR) :
　　　　　　　유럽기업등록소　171
European Capitals of Culture :
　　　　　　　유럽문화수도　173

European Central Bank(ECB) :
　　　　유럽중앙은행　45, 172, 367
European Center for the Development of
　　Vocational Training(CEDEFOP) :
　　　유럽직업훈련개발센터　52, 173
European Citizenship : 유럽연합 시민권　57
European City of Culture :
　　　　　　유럽문화도시　173
European Coal and Steel Community
(ECSC) : 유럽석탄철강공동체　174, 240, 280
European Commission : 집행위원회　48, 175
European Communities : 유럽공동체　177
European Communities Course Credit
　Transfer System(ECTS) : 유럽공동체
　　　　학점인정시스템　177
European Communities Personnel Selection
　Office(EPSO) : 유럽연합 인력관리국　178
European Community Action Scheme for
　the Mobility of University Students
　(Erasmus) : 에라스무스 프로그램　178
European Community Humanitarian Office
　(ECHO) : 인도적 지원국　17, 179
European Community Law :
　　　　　　유럽공동체법　179
European Community Studies Association
(ECSA) : 유럽공동체 학술단체연합　180, 218
European Conference : 유럽회의　180
European Confidence Pact for
　Employment : 유럽고용협약　180
European Constitution : 유럽헌법　181, 322
European Convention : 유럽미래협력회의
　　　　　　　　93, 183, 269
European Convention on Human Rights
　(ECHR) : 유럽인권협약　55, 183
European Cooperation on Scientific and
　Technical Research (COST) :
　　　유럽과학기술연구협력　184

European Council : 유럽이사회 106, 184
European Cultural Center : 유럽문화센터 184
European Cultural Foundation(ECF) : 유럽문화재단 185
European Currency Unit(ECU) : 유럽통화단위 33, 185, 224
European Defence Community(EDC) : 유럽방위공동체 42, 186, 385
European Development Fund(EDF) : 유럽개발기금 105, 187
European Documentation Center(EDC) : 유럽연합자료실 188
European Economic Area(EEA) : 유럽경제지역 26, 188, 355
European Economic Community(EEC) : 유럽경제공동체 34, 189, 339
European Economic Interest Grouping (EEIG) : 유럽경제이익단체연합 190
European Economic Space : 유럽경제영역 190
European Employment Strategy(EES) : 유럽고용전략 191
European Energy Charter : 유럽에너지헌장 191
European Environment Agency(EEA) : 유럽환경기구 192
European Federalist Movement/ Movimento Federalista Europeo(MFE) : 유럽연방주의자운동 192
European Flag : 유럽기 193
European Food Safty Agency(EFSA) : 유럽식품안전기구 193
European Foundation for the Improvement of Living and Working Conditions : 생활 및 노동조건개선재단 193
European Free Trade Association(EFTA) : 유럽자유무역연합 83, 124 188, 194
European Industry Federations(EIFs) : 유럽산업연맹 195
European Initiative for Democracy and Human Rights(EIDHR) : 민주주의와 인권 프로그램 145, 195
European Investment Bank(EIB) : 유럽투자은행 113, 195, 360
European Investment Fund(EIF) : 유럽투자기금 144, 196
Europeanization : 유럽화 197
European Juridical Cooperation Unit (Eurojust) : 유럽사법협력단 197
European Monetary Cooperation Fund (EMCF) : 유럽통화협력기금 186, 198
European Monetary Institute(EMI) : 유럽통화기구 69, 95, 172, 198
European Monetary System(EMS) : 유럽통화제도 198
European Monetary System 2 : 유럽통화제도 2 199
European Monitoring Center for Drugs and Drug Addition(EMCDDA) : 유럽약물감시센터 200
European Monitoring Center on Racism and Xenophobia(EUMC) : 유럽인권감시센터 200
European Movement : 유럽운동 56, 201
European Official Publications(EUR-OP) : 유럽연합출판국 201, 298
European Organization for Nuclear Research(CERN) : 유럽원자력연구소 201
European Organization for the Safety of Air Navigation(Eurocontrol) : 유럽비행안전기구 202
European Parliament : 유럽의회 202
European Passport : 유럽여권 205

색인(Index)

European Patent Convention :
　　　　　유럽특허협약　205
European Patent Office : 유럽특허국　206
European Payment Union(EPU) :
　　　　　유럽지불동맹　206
European People's Party(EPP) :
　　　　　유럽국민연합　206
European Police College(CEPOL) :
　　　　　유럽경찰대학　207
European Police Office(Europol) :
　　　　　유럽경찰국　121, 207, 222, 293, 371
European Political Community :
　　　　　유럽정치공동체　36, 120, 208
European Political Cooperation(EPC) :
　　　　　유럽정치협력　102, 208, 316
European Rapid Reaction Force(ERRF) :
　　　　　유럽신속대응군　76, 209
European Refugee Fund : 유럽난민기금　210
European Regional Development Fund
　(ERDF) : 유럽지역개발기금　87, 210, 327
European Research and Development
　Committee(CERD) : 유럽연구개발위원회　211
European Research Cooperation Agency
　(EUREKA) : 유럽연구협력기구　211, 287
European Roundtable of Industrialists
　(ERT) : 유럽기업가 원탁회의　212
European Social Agenda : 유럽사회정책 의제
　　　　　212
European Social Charter : 유럽사회헌장　213
European Social Fund(ESF) : 유럽사회기금
　　　　　213, 345
European Space Agency(ESA) : 유럽우주국
　　　　　22, 214
European Strategic Programme for Rese-
　arch and Development in Information
　Technology(ESPRIT) : 유럽정보기술
　연구개발전략 프로그램　33, 155, 215

European Symbols : 유럽연합 상징　215
European System of Central Banks
　(ESCB) : 유럽중앙은행　155, 172, 216
European Telecommunication Standards
　Institute(ETSI) : 유럽통신표준화기구　216
European Trade Union Confederation
　(ETUC) : 유럽노조연맹　216, 257
European Training Foundation(ETF) :
　　　　　유럽교육훈련재단　53, 217
European Union : 유럽연합　217
European Union Law : 유럽연합법　179, 218
European Union Studies Associations
　(EUSA) : 유럽연합 학술단체연합　218
European Union Visitors Programme
　(EUVP) : 유럽연합방문자 프로그램　219
European Unit of Account(EUA) :
　　　　　유럽계정단위　185, 220
European University Institute(EUI) :
　　　　　유럽연합대학원　220
European Works Council(EWC) :
　　　　　유럽직장평의회　220
Europe Day : 유럽의 날　175, 221, 334
Europe des Patries : 국가들의 유럽
　　　　　121, 221, 293, 371
Europol(European Police Office) :
　　　　　유럽경찰국　121, 207, 222, 293, 371
Eurosceptics : 유럽통합 회의론자　222
Eurostat(Statistical Office of the European
　Communities) : 유럽연합통계국　222, 355
Eurozone : 유로지역　163, 222
Eurydice : 유럽연합 교육정보 네트워크　223
EUSA(European Union Studies
　Association) : 유럽연합 학술단체연합　218
EUVP(European Union Visitors
　Programme) : 유럽연합 방문자프로그램　219
EWC(European Works Council) :
　　　　　유럽직장평의회　220, 223

Exchange Rate Mechanism(ERM) :
　　환율안정메커니즘　90, 154, 199, 224

영 ➡ 한　　(f)

Factortame I : 팍토르탐 사건 판결　226
Faeroes, The : 페로스 제도　227
Falcone Programme : 팔코네 프로그램　227
Federalism : 연방주의　227
FEOGA : 유럽농업지도보증기금　71, 167, 228
Financial Policy : 재정정책　228
Finland : 핀란드　229
Flexibility : 유연화　230
Fontainebleau Summit : 퐁텐블로 정상회담
　　　　　　　　　　　　　　67, 230
Fortress Europe : 요새화된 유럽　231
Fouchet Plan : 푸쉐플랜　121, 209, 231, 293
Four Freedoms of Movement :
　　　　　　　4대 이동의 자유　189, 232
Fracovich : 프라코비치 사건 판결　233
France : 프랑스　233
Fraud : 부정행위　22, 234
Freedom of Movement : 이동의 자유　235
Free Trade Area : 자유무역지대　235
Functionalism : 기능주의　169, 235

영 ➡ 한　　(g)

GAC(General Affairs Council) : 일반이사회
　　　　　　　　　　　　　28, 237, 310
GATT(General Agreement on Tariffs and
　　Trade) : 관세와 무역에 관한 일반협정　237
General Affairs Council(GAC) : 일반이사회
　　　　　　　　　　　　　28, 237, 310
General Agreement on Tariffs and Trade
　　(GATT) : 관세와 무역에 관한 일반협정　237
Generalized System of Preferences(GSP) :
　　　　　　　일반특혜관세　237, 244
Genscher-Colombo Plan : 겐셔-콜롬보 계획
　　　　　　　　　　　　　133, 239, 263
Genscher, Hans Dietrich : 겐셔　239
Germany : 독일　240
Giscard d'Destaing, Valery :
　　　　　　　지스카르 데스텡　241
Golden Triangle in Europe :
　　　　　　　유럽의 황금삼각지대　241
Greece : 그리스　242
Green Currencies : 녹색통화　242
Green Paper : 녹서　62, 243, 283
Grotius Programme : 그로티우스 프로그램
　　　　　　　　　　　　　　　　243
Group of Seven : G7　240, 244, 319, 323
GSP(Generalized System of references) :
　　　　　　　일반특혜관세　237, 244

영 ➡ 한　　(h)

Hague Congress : 헤이그 회담　245
Hallstein, Walter : 할슈타인　54, 176, 245
Harmonization : 관련법 규정의 조화　246
Heath, Edward : 히스　246
Helsinki Final Act : 헬싱키 최종의정서　247
High Authority : 고등관청　15, 247, 369
High Representative : 고위대표　247, 285
Humblot : 험블로트 사건 판결　248
Hungary : 헝가리　249

영 ➡ 한　　(i)

Iceland : 아이슬란드　250
IEPG(Independent European Programme
　　Group) : 방위산업 프로그램그룹　251
IGC(Intergovernmental Conference) :
　　　　　　　정부간회담　132, 258, 302, 371

색인(Index)

Immigration Policy : 이민정책 250
IMP(Integrated Mediterranean Programmes) : 통합 지중해 프로그램 256
Independent European Programme Group (IEPG) : 방위산업 프로그램그룹 251
Industrial Policy : 산업정책 150, 251
Information Society : 정보화사회 253
Information Society Forum(ISF) : 정보화 사회 포럼 254
Inland Waterways : 내륙운송 네트워크 255
Inner Core : 핵심회원국 102, 255
Integrated Community Tariff(TARIC) : 통합공동체관세 256
Integrated Mediterranean Programmes (IMP) : 통합 지중해 프로그램 256
Interest Group : 이익집단 257
Intergovernmental Conference(IGC) : 정부간회담 132, 258, 302, 371
Inter-Institutional Agreement : 3자협정 259
Internal Market : 역내시장 82, 259, 339
INTERREG : 국경지역개발 프로그램 259
International Ruhr Authority(IRA) : 루르관리기구 260
Intervention : 개입 260
Intervention Price : 개입가격 73, 260
Investment Security Directives : 투자자유지침 261
Inward Investment : 유럽연합으로의 투자 261
Ionnina Compromise : 이오니아 합의 261
IRA(International Ruhr Authority) : 루르관리기구 260
Ireland : 아일랜드 262
ISF(Information Society Forum) : 정보화사회 포럼 254
ISPA(Instrument for Structural Policy for Pre-Accession) : 가입전 구조개혁조치 255
Italy(Italia) : 이탈리아 263

영→한 (j)

Jenkins, Roy : 젠킨스 265
Joint Action : 공동행동 81, 235, 265
Joint European Torus(JET) : 공동핵융합연구 265
Joint Research Center(JRC) : 공동연구개발센터 130, 266
JRC(Joint Research Center) : 공동연구개발센터 130, 266

영→한 (k)

Kaleidoscope : 칼레이도스코프 114, 267
Kangaroo Group : 캥거루 그룹 267
Karolus : 전문가교환 프로그램 267
Kohl, Helmut : 콜 54, 240, 268

영→한 (l)

Laeken Declaration : 라켄선언 269
Latvia : 라트비아 269
Legitimacy : 합법성 270
Leonardo da Vinci : 다빈치 프로그램 271
Liberal Intergovernmetnaism : 자유주의 정부 간 교섭이론 271
Liechtenstein : 리히텐슈타인 272
Lingua : 링구아 프로그램 272
Lisbon Strategy : 리스본전략 150, 273
Lithuania : 리투아니아 274
Lomé Convention : 로메협정 105, 274, 360
Luxembourg : 룩셈부르크 275
Luxembourg Compromise : 룩셈부르크 타협 147, 275

영→한 (m)

Macedonia : 마케도니아 277
Macmillan, Harold : 맥밀란 277
Maghreb : 마그레브 26, 97 278
Majority Voting : 다수결 제도 278
Major, John Roy : 메이저 278
Malta : 몰타 279
Management Committee : 관리위원회 64, 279, 315
Manifest Crisis : 마니페스트 위기 280
Mansholt Plan : 만솔트 플랜 280
Mansholt, Sicco Leendert : 만솔트 36, 281
Market Access Strategy : 시장접근전략 281
Market-Sharing Agreement : 시장분할협정 281
Marshall Plan : 마샬플랜 206, 282, 303
Mashreq : 마슈렉 31, 282
MEDA(Mediterranean Special Programme) : 지중해 지역 특별프로그램 283
Media Plus : 미디어 플러스 283
Media Policy : 미디어정책 283
Mediterranean Special Programme (MEDA) : 지중해지역 특별프로그램 284
Merger Policy : 기업합병정책 284
Merger Treaty : 통합조약 170, 285
Messina Conference : 메시나 회담 286, 348
MFE(European Federalist Movement) : 유럽연방주의자운동 192
Milano Summit : 밀라노 정상회담 132, 221, 286, 338
Military Committee of the European Union : 유럽연합 군사위원회 286, 315
Mitterand, François : 미테랑 200, 287
MLG(Multi-Level Governance) : 다층적 거버넌스 290
Moliter Group : 몰리터 그룹 287
Monetary Committee : 통화위원회 288
Monetary Policy : 통화정책 288
Monnet, Jean : 모네 14, 85, 247, 289
Monnet Method : 모네식의 통합방식 289
MSA(Maastricht Social Agreement) : 마스트리히트 사회협정 290
MSPA(Maastricht Social Policy Agreement) : 마스트리히트 사회협약 290
Multi-Level Governance(MLG) : 다층적 거버넌스 290
Mutual Recognition : 상호인증 50, 125, 290

영→한 (n)

NATO(North Atlantic Treaty Organization) : 북대서양조약기구 162, 251, 292
Neofunctionalism : 신기능주의 292, 350
Nethelands, The : 네덜란드 293
New Opportunities for Women(NOW) : 여성고용촉진 프로그램 293
New Transatlantic Agenda(NTA) : 신대서양의제 293
Non-compulsory Expenditure : 비 강제지출 42, 294
Non-tariff barriers : 비관세장벽 294
North Atlantic Treaty Organization (NATO) : 북대서양조약기구 162, 251, 292
Norway : 노르웨이 295
NOW(New Opportunities for Women) : 여성고용촉진 프로그램 293
NTA(New Transatlantic Agenda) : 신대서양의제 293

영→한 (o)

Objectives 1 : 공동체 목표 1지역 297
OCTs(Overseas Countries and Territories)

■ 색인(Index)

: 역외영토 297, 304
Odysseus Programme : 오디세우스 프로그램 297
OECD(Organization for Economic Cooperation and Development) : 경제협력개발기구 297, 302, 359
OEEC(Organization for European Economic Cooperation) : 유럽경제협력기구 282, 297, 303
Office for Harmonization in the Internal Market(OHIM) : 역내시장조정국 298
Official Journal of the European Union(OJ) : 유럽연합 관보 201, 298
OHIM(Office for Harmonization in the Internal Market) : 역내시장조정국 298
OJ(Official Journal of the European Union) : 유럽연합 관보 201, 298
OLAF(European Anti-fraud Office) : 부정행위 방지국 168, 298
Ombudsman : 옴부즈만 299
Open Method of Coordination(OMC) : 공개적 협력 191, 299
Openness : 개방성 300
Opinion : 견해 16, 70, 301, 329, 335
Optimum Currency Area : 최적통화지역 301
Opt-outs : 선택적 탈퇴 126, 302
Organization for Economic Cooperation and development(OECD) : 경제협력개발기구 297, 302, 359
Organization for European Economic Cooperation(OEEC) : 유럽경제협력기구 282, 303
Organization for Security and Cooperation in Europe(OSCE) : 유럽안보협력기구 92, 272, 304
OSCE(Organization for Security and Cooperation in Europe) : 유럽안보협력기구 92, 272, 304
Overseas Countries and Territories (OCTs) : 역외영토 304

영 ➡ 한 (p)

Package Deal : 일괄타결 305
Pact on Stability in Europe : 유럽안정화협약 29, 305
Padoa-Schioppa Report : 파도아 스키옵파 보고서 306
Partnership : 동반자관계 63, 195, 257, 306
Partnership and Cooperation Agreements (PCAs) : 동반자-협력협정 307, 310
Party Group : 정당연합 307
Party Leaders's Meeting / Party Leader's Summits : 정당대표자회담 309
Patten, Chris : 패튼 309
PCAs(Partnership and Cooperation Agreement) : 동반자-협력협정 307, 310
Permanent Mission : 상주대표부 310
Permanent Representatives Committee (Coreper) : 상주대표부 99, 275, 310
Petersberg Task : 페테스베르그 임무 311, 385
Petitions : 청원권 58, 270, 312
PETRA(Programme for the Vocational Training of Young People and Their Preparation for Adult and Working Life) : 청년고용훈련프로그램 312, 320
PHARE(Programme of Community aid to the countries of Central and Eastern Europe) : 중·동유럽 지원프로그램 321
Pillars of the European Union : 유럽연합 지주구조 312
Pleven Plan : 플레벵 계획 313
Poland : 폴란드 314

Police and Judical Cooperation in Criminal Matters : 경찰사법협력 314
Political and Security Committee(PSC) : 정치안보위원회 76, 80, 315, 322
Political Committee : 정치위원회 118, 315
Political Directors : 정치담당위원 316
Political Union : 정치동맹 316
Pompidou, George Jean Raymond : 퐁피두 209, 241, 317
Pompidou Group : 퐁피두그룹 97, 317
Portugal : 포르투갈 318
Positive and Negative Integration : 소극적/적극적 통합 318
Pre-Accession Partnership Agreement :
Pre-Accession Strategy : 가입전전략 318
Principle of Subsidiarity : 보충성의 원칙 319, 373
Prodi, Romano : 프로디 264, 320
Programme for the Vocational Training of Young People and Their Preparation for Adult and Working Life(PETRA) : 청년고용훈련 프로그램 320
Programme of Community aid to the countries of Central and Eastern Europe (PHARE) : 중·동유럽 지원프로그램 321
Proportionality : 균형성, 비례성 322
PSC(Political and Security Committee) : 정치안보위원회 76, 80, 315, 322

영 ➡ 한 (q)

QMV(Qualified Majority Voting) : 가중다수결 142, 314, 323
QUAD : 다자간 무역회담 323
Qualified Majority Voting(QMV) : 가중다수결 142, 314, 323
Quota Restrictions : 수량제한(쿼터제한) 325

영 ➡ 한 (r)

RAPHAEL : 라파엘 문화정책 326
Rapid Reaction Mechanism(RRM) : 신속대응조치 326, 330
Reasoned Opinion : 이유 첨부 견해 326
Recite : 지역개발프로그램 326, 357
Recommendation : 권고 327, 329, 335
Reconsultation : 재협의 327
Refugee Policy : 난민정책 327
Regional Fund Committee : 지역기금위원회 327
Regional Policy : 지역정책 24, 328
Regulation : 규정 118, 180, 329
Regulatory Committee : 규제위원회 64, 329
Resolution : 결의안 144, 213, 329
Right of Establishment : 기업설립 권리 329
Romania : 루마니아 330
RRM(Rapid Reaction Mechanism) : 신속대응조치 326, 330

영 ➡ 한 (s)

SAA(Stabilization and Association Agreement) : 안정과 연합협정 26, 351
Saarland : 자르 331
San Marino : 산 마리노 331
Santer, Jacques : 상테르 331
SAP(Stabilization and Association Process) : 안정과 연합과정 26, 332, 352
SAPARD(Special accession Programme for Agriculture and Rural Development) : 농업발전 프로그램 12, 319, 332, 349
SCA(Special Committee on Agriculture) : 농업특별위원회 72, 310, 332, 350
Schebgen Acquis : 쉥겐협정 97, 332
Schengen Agreement : 쉥겐협정 97, 332

색인(Index)

Schmidt, Helmut : 슈미트 68, 333
Schuman Plan : 슈만플랜 103, 333
Schuman, Robert : 슈만 103, 334
SCICOOP(Scientific and Technological Cooperation Agreement) : 과학기술협력협정 334
Scientific and Technological Cooperation Agreement(SCICOOP) : 과학기술협력협정 334
SEA(Single European Act) : 단일유럽의정서 25, 67, 203, 231, 271, 338
Secondary Legislation : 2차 입법 47, 77, 118, 128, 158, 300, 335
Sectoral Integration : 부분통합 336
SEM 2000(Sound and Efficient Management) : 효과적인 유럽연합 운영 336, 347
Set-aside : 휴경 336
Sforza, Count Carlo : 스포르자 337
SHAPE(Supreme Headquarters Allied Powers Europe) : 연합국최고사령부 358
Simplification : 단순화 337
Single Currency : 단일통화 158, 337
Single European Act(SEA) : 단일유럽의정서 25, 67, 203, 231, 271, 338
Single Market : 단일시장 17, 228, 267, 339
Six, The : 6개국 339
Slovakia : 슬로바키아 339
Slovenia : 슬로베니아 340
Small and Medium-sized Enterprises (SMEs) : 중소기업 144, 340
SMEs(Small and Medium-sized Enterprises) : 중소기업 144, 340
SME Task Force : (집행위원회) 중소기업진흥팀 341
Snake : 스네이크 통화시스템 341
Soames Affair : 솜스 사건 341
Social Action Programme : 사회정책 실행프로그램 342
Social Charter : 사회헌장 55, 342
Social Dialogue : 사회적 대화 343
Social Dimension : 사회적 차원 344
Social Dumping : 사회적 덤핑 344
Social Fund Committee : 사회기금위원회 214, 345
Social Partners : 사회적 동반자 345
Social Policy : 사회정책 345
Social Protection Committee : 사회보장위원회 346
Social Protocol : 사회협력 의정서 346
Socrates : 소크라테스 프로그램 346
Solemn Declaration : 엄숙한 선언 239, 347
Sound and Efficient Management(SEM 2000) : 효과적인 유럽연합 운영 347
Spaak Committee : 스파크 위원회 348
Spaak, Paul-Henry : 스파크 348
Spaak Report : 스파크 보고서 349
Spain : 스페인 349
Special Accession Programme for Agriculture and Rural Development (SAPARD) : 농업발전프로그램 12, 319, 349
Special Committee on Agriculture (SCA) : 농업특별위원회 72, 310, 332, 350
Spillover Effect : 파급효과 289, 350
Spinelli, Altiero : 스피넬리 112, 351
STABEX(System of Stabilization of Export Earnings) : 수출가격안정화시스템 360
Stabilisation and Association Agreement (SAA) : 안정과 연합협정 26, 351
Stabilisation and Association Process (SAP) : 안정과 연합과정 26, 332, 352
Stability and Growth Pact : 안정과 성장협약 61, 300, 353
Stability Pact for South-Eastern Europe : 남동유럽 안정화협약 353

Stagiaire : 유럽관료 단기교육 프로그램 354
Standing Committee on Employment :
　　　　　고용촉진상설위원회 354
Standing Committee : 유럽의회 상임위원회
　　　　　354
Statistical Office of the European
　Communities(Eurostat) : 유럽연합통계국
　　　　　222, 355
Stockholm Convention : 스톡홀름협약 356
Strategic Programme for Innovation and
　Technology Transfer(SPRINT) : 혁신기술
　　　　　이전프로그램 356
Stresa Conference : 스트레사 회담 356
Structural Fund : 구조기금 210, 356
Subsidiarity : 보충성 357
Supranationalism : 초국가주의 85, 357
Supremacy : 공동체법의 우위성 111, 357
Supreme Headquarters Allied Powers
　Europe(SHAPE) : 연합국최고사령부 358
Sutherland Report : 서덜랜드 보고서 358
Sweden : 스웨덴 359
Swiss : 스위스 359
SYSMIN(System for Safeguarding and
　　Developing Mineral Production) :
　　　　　광산업현대화지원정책 360
System for Safeguarding and Developing
　Mineral Production(SYSMIN) :
　　　　　광산업현대화지원정책 360
System of Stabilization of Export Earnings
　(STABEX) : 수출가격안정화시스템 360

영 ➡ 한 　(t)

TAC(Total Allowable Catch) : 조업할당 366
TACIS(Programme for Technical
　Assistance to the Independent States of
　the former Soviet Union and Mongolia) :
　　　　　독립국가연합 기술지원프로그램 165, 363
TARGET(Trans-European Automated
　　Realtime Cross Settlement Express
　Transfer) : 유럽은행간 지불시스템 362, 367
Target Price : 목표가격 260, 362
TARIC(Integrated Community
　Tariff) : 통합공동체관세 256, 362
Tax Harmonization : 조세의 조화 362
Technical Assistance to the Independent
　States of the former Soviet Union and
　Mongolia(TACIS) : 독립국가연합 기술지원
　　　　　프로그램 165, 363
TEMPUS(Trans-European Mobility
　　Scheme for University Studies) :
　　　　　유럽대학 협력프로그램 367
TEN(Trans-European Networks) :
　　　범유럽 네트워크 83, 164, 328, 367
Thatcher, Margaret : 대처 61, 246, 364
Three Wise Men : 3인 현자위원회 70, 365
Threshold Price : 최저수입가격 365
Tindermans Report : 틴더만 보고서 185, 365
Total Allowable Catch(TAC) :
　　　　　조업할당 366
Trade and Cooperation Agreement :
　　　　　무역 및 협력협정 366
Trans-European Automated Realtime
　Cross Settlement Express Transfer
　(TARGET) : 유럽은행 간 지불시스템 367
Trans-European Mobility Scheme for
　University Studies(TEMPUS) :
　　　　　유럽대학 협력프로그램 367
Trans-European Networks(TEN) :
　　　범유럽네트워크 83, 164, 328, 367
Transitional Period : 이행기간 368
Transparency : 투명성 368
Treaty Establishing a Constitution for
　Europe : 유럽헌법조약 95, 368

색인(Index)

Treaty Establishing the European Coal and Steel Community(ECSC) / Treaty of Paris : 유럽석탄철강공동체설립조약 143, 369
Treaty Establishing the European Community : 유럽공동체설립조약 369
Treaty of Amsterdam : 암스테르담조약 370
Treaty of Friendship / Elysee Treaty : 독-불우호협력조약 371
Treaty of Nice : 니스조약 371
Treaty of Paris : 파리조약 175, 369, 372
Treaty of Rome : 로마조약 372
Treaty on European Union : 유럽연합조약 / 마스트리히트조약 373
Trevi Group : 트레비그룹 27, 97, 374
Trialogues : 3자 회합 375
Troika : 트로이카 375
Turkey : 터키 376
Two-Speed Europe : 이중속도의 유럽 126, 376

영→한 (u)

Unanimity : 만장일치제도 377
UNICE(Union of Industrial and Employers' Confederations) : 유럽경제인연합회 16, 377
Union of Industrial and Employers' Confederations(UNICE) : 유럽경제인연합회 16, 377
United Kingdom : 영국 378

영→한 (v)

Van Gend en Loos : 반 장 앙 루스 사건 판결 379
Variable Geometry : 차별화된 통합 89, 125, 380

VAT : 부가가치세 43, 136, 380
Vatican : 바티칸 381
VERs(Voluntary Exports Restraints) : 수출자율규제 381, 382
Veto : 거부권 381
Visegrad : 비세그라드 국가 382
Voluntary Exports Restraints(VERs) : 수출자율규제 382
Vredeling : 브레드링 제안 383

영→한 (w)

Werner Report : 베르너 보고서 228, 384
Western European Armaments Group (WEAG) : 서유럽군비그룹 169, 384
Western European Union(WEU) : 서유럽동맹 42, 169, 385
WEU(Western European Union) : 서유럽동맹 42, 169, 385
White Paper : 백서 243, 386
White Paper on Completing the Internal Market : 역내시장백서 386
White Paper on Governance : 거버넌스 백서 387
White Paper on Growth, Competitiveness and Employment : 성장·경쟁력·고용백서 387
Widenning : 확대 148, 388
Worker's Rights : 노동자의 권리 389

영→한 (y)

Yaoundé Convention : 야운데 협정 274, 390
Yugoslavia : 유고슬라비아 390
Youth for Europe : 청년프로그램 390
Youthstart : 청년실업해소 프로그램 391